China Food Ingredients
Supply Chain Development Report

中国食材供应链发展报告

2023

中国物流与采购联合会食材供应链分会
国家农产品现代物流工程技术研究中心 | 编

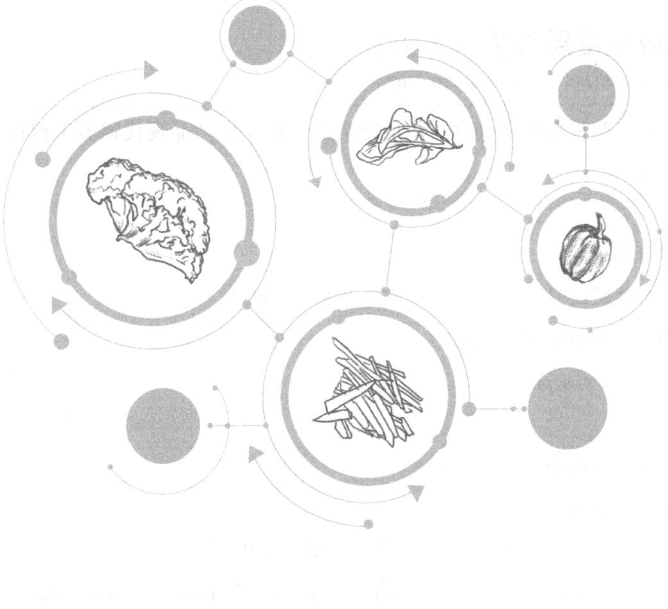

中国市场出版社
China Market Press
·北京·

图书在版编目（CIP）数据

中国食材供应链发展报告 . 2023 / 中国物流与采购联合会食材供应链分会，国家农产品现代物流工程技术研究中心编 . — 北京 ：中国市场出版社有限公司，2023. 11

ISBN 978-7-5092-2484-7

Ⅰ. ①中… Ⅱ. ①中… ②国… Ⅲ. ①食品-原料-供应链管理-研究报告-中国-2023 Ⅳ. ①F426. 82

中国国家版本馆 CIP 数据核字（2023）第 190757 号

中国食材供应链发展报告（2023）

ZHONGGUO SHICAI GONGYINGLIAN FAZHAN BAOGAO（2023）

编　　者：中国物流与采购联合会食材供应链分会　国家农产品现代物流工程技术研究中心

责任编辑：王雪飞

出版发行：中国市场出版社

社　　址：北京市西城区月坛北小街 2 号院 3 号楼（100837）

电　　话：（010）68034118/68021338

网　　址：http：//www. scpress. cn

印　　刷：北京捷迅佳彩印刷有限公司

规　　格：185mm×260mm　　1/16

印　　张：24. 25　　**字　　数**：460 千字

版　　次：2023 年 11 月第 1 版　　**印　　次**：2023 年 11 月第 1 次印刷

书　　号：ISBN 978-7-5092-2484-7

定　　价：280. 00 元

《中国食材供应链发展报告（2023）》

编委会

危　平　顺丰冷运　总裁

张义龙　江西省供销冷链科技有限公司　总经理

李　翔　厦门建发食品供应链有限公司　总经理

张彦平　南京卫岗乳业有限公司　物流总经理

张建国　苏州南环桥市场投资有限公司　总经理

李冬志　物美集团　供应链负责人

陈一明　宏鸿农产品集团有限公司　副总裁

吴砚峰　广西职业技术学院　物流学院党总支书记、院长

严　松　四川集鲜数智供应链科技有限公司　总经理

吴　翔　镇江恒伟供应链管理有限公司　首席执行官

周　亮　华润万家（控股）有限公司　物流运营中心副总裁

施　云　麦当劳（中国）有限公司　麦当劳中国副总裁、供应链总经理

赵宏奎　云南云海肴餐饮管理有限公司　供应链总监

侯震洋　深圳明日资本管理有限公司　董事长

徐彦峰　安徽江淮汽车集团股份有限公司　轻型商用车营销公司总经理助理

高　戈　开利运输冷冻（中国）　总经理

崔　尧　绝味食品股份有限公司　供应链总监

韩天舒　百胜中国　副总裁

温海涛　山东新和盛飨食集团有限公司　总裁

潘　炜　启橙中国　创始人兼 CEO

樊会霞　索迪斯（中国）企业管理服务有限公司　大中华区供应链管理部总监

潘风山　明康汇生态农业集团有限公司　副总裁

《中国食材供应链发展报告（2023）》

编辑部

主　　编　秦玉鸣

副 主 编　于凤龙

编辑人员　刘丹丹　胡溢洋　刘丽娜　王　影　田高鹏

　　　　　李维维　赵　云　王　硕　从　庆　李　翔

　　　　　李晓霞　郭永绮　吴　喃

前言 PREFACE

《中国食材供应链发展报告（2023）》是中国物流与采购联合会食材供应链分会编写出版的食材供应链领域的专项研究报告，系统介绍并分析了我国食材供应链的发展环境、现状、存在问题及发展趋势，涵盖了食材供应链从产到销全环节、全球食材供应链发展情况以及食材热门细分领域等多维度内容，以期给读者带来更多思考与启发。

全球食材供应链一体化程度日益提高。从种植、采摘、分拣、包装，到运输、储存和销售，各环节均日趋精细化，并协调优化。全球市场趋势显示，消费者越发关注食材安全、质量和可持续性。

区域化供应链逐渐形成。为确保食材安全、提升应对气候变化的能力，各国着手打造以地区为单位的独立食材供应链，有利于增强食材供应的可持续性和稳定性，同时也有利于促进区域内的经济合作。

信息化发展日新月异。物联网、大数据、人工智能等技术的运用使食材供应链的透明度和效率得到显著提升。供应商、零售商和消费者可以实时了解市场动态，准确预测需求，从而提高整个供应链的效率和响应速度。

温控物流是确保食材新鲜和质量的关键环节。在全球范围内，冷链物流网络正在不断完善和发展。运用先进的冷藏技术和设备以及严格的操作标准，可以保证食材在运输过程中的安全与质量。

食材安全与质量是供应链的重中之重。各国政府和企业都非常重视食材安全，实施严格的质量检验、食材追溯体系以及标准化流程来确保食材的安全和质量。

多元化和个性化的消费需求也对供应链提出了新的挑战。为满足不同消费者的需求，供应链需要具备更高的灵活性和响应速度，能够提供多元化和个性化的食材选择。

2022年，新冠疫情的影响逐步得到控制，国内经济社会发展恢复平稳。从经济环境来看，2022年中国GDP为121.02万亿元，同比增长3.0%，中国经济表现出了韧性强、潜力大、活力足的特点，应对外部冲击能力不断增强。综合来看，在疫情、扶贫攻坚、经济恢复等多种复杂形势下，国家层面的食材相关政策涵盖了提高食材流通水平、食材品牌化发展、农批市场转型升级、食材加工产业链、提高种源自主率、食材供应链等多种维度。地方出台的相关政策主要涉及规模化种养殖、区域公共品牌、数字技术应用、产业集群、食材仓储保鲜设施建设、食材信息追溯与质量安全、中央厨房、净菜加工、消费扶贫、食材物流、特色食材等不同热门领域，各地结合自身农业生产流通状况，实事求是制定符合其发展水平的配套政策。在地方层面与国家政策保持同步，推动食材市场良性稳定发展，从宏观层面保障中国食材生产与供应，为食材市场健康发展提供了稳定的政策环境。

在行文结构方面，《中国食材供应链发展报告（2023）》共分为五部分：第一章为中国食材供应链发展环境分析，重点从政策、经济、社会、技术（PEST）四个维度分析影响行业和企业的宏观因素；第二章为2022年中国食材供应链体系现状，从产地、加工、流通、销地、品牌建设等五个维度分析我国食材供应链发展现状，挖掘行业问题，研判发展趋势；第三章为全球食材供应链发展现状及趋势，围绕全球食材贸易格局、全球食材消费情况和典型国家食材供应链现状等三个方面对全球食材供应链现状进行剖析，对全球食材供应链发展趋势进行判断，并通过中外对比洞察中国食材供应链发展的机会点；第四章为预制食材行业专题报告，从定义、产业链现状、发展环境、现存问题及发展趋势多角度对预制食材行业进行分析；第五章为食材细分题材及企业展示，主要结合2022年食材供应链行业热点，选取清洁低碳、牛肉、爆品预制菜牛蛙等三个细分题材对细分领域进行分析。

为了更全面客观地描述行业发展现状，今年的报告更侧重于基础内容的梳理与行业数据的定义及统计分析。编委会调研了大量的企业，收集了丰富的数据，坚持以求真务实、严谨负责的态度完成本次报告的资料收录和书稿编写工作，希望可以为行业从业者呈现更深入、更系统的行业现状，如有疏漏与不足之处恳请批评指正。

中国物流与采购联合会副会长兼秘书长　崔忠付

2022年8月10日

目录

CONTENTS

第二章　2022年中国食材供应链体系现状

第一章
中国食材供应链发展环境分析

本章共分为四节，重点从政策、经济、社会、技术（PEST）四个宏观环境维度分析影响行业和企业的宏观因素。第一节政策分析的内容主要包括食材供应链行业术语、规范及标准、重点政策解读。第二节经济分析的内容主要包括食材产业发展阶段、食材行业投融资情况。第三节社会分析的内容主要包括城镇化、居民消费情况、消费变化因素等。第四节技术分析的内容主要包括硬件设施基本情况、食材供应链信息设备、大数据数字化等。对宏观环境因素进行分析时，不同行业和企业根据自身特点和经营需要，分析的具体内容会有差异。

第一节　中国食材供应链行业政策环境分析

我国食材产业出现了生产端“优质卖不上优价”与消费端“优价买不到优质”并存的现象。食材如何从“凭感觉”变为“定标准”、从“种得优”跨向“卖得好”、从“产业优势”转为“品牌价值”等问题有待解决，这些也是研究食材领域发展的重大方向。2022年，一系列涉及农业发展的重磅政策接连出台，其中，多项内容与食材供应链产业密切相关，为产业走上高质量发展道路提供了重要的政策支持。

一、食材相关定义和行业术语

食材供应链涉及全链路众多环节，业务范围广且细分领域较多。从横向来看，主要包括水果、蔬菜、肉类、水产品、蛋奶制品、预制菜、果蔬汁、调味料等多种产品及其组合；从纵向来看，食材主要分为初级食材和加工食材，包括常温食材、低温食材。目前食材供应链领域的主要行业术语，如表1-1所示[1]。

表1-1　我国食材供应链领域重点行业术语及定义

序号	行业术语	定义
1	食材	食材由初级食材和加工食材的两部分组成，可分为常温食材和低温食材。
2	初级食材	初级食材是指可直接食用食材，包括果蔬、肉禽、水产、蛋奶、粮油、食用菌、香料作物等产品。
3	加工食材	加工食材是指通过处理而改变基本自然性状或化学性质后的可食用产品，泛指经过加工、烹饪后可以食用的各种原材料。通常包括预制菜、果蔬汁、调味品等。
4	食材产业链	食材产业链是指初级食材从原料、加工、生产到销售等各个环节的关联性网络结构。
5	食材供应链	食材供应链是指食材生产及流通过程中，涉及将产品或服务提供给最终用户活动的上游与下游企业所形成的网链结构。其主要流通产品多为初级食材（如蔬菜、水果、肉、禽、蛋、水产品等）和加工食材（如预制菜、半成品、果蔬汁、调料包等）。

[1] 本报告内容仅可食用食材范畴。

续 表

序号	行业术语	定义
6	食材流通	食材流通是指食材通过买卖的形式实现从生产领域到消费领域转移而产生的一系列物流活动。食材流通包括运输、储存、加工、配送等一系列环节。
7	低温物流	低温物流是指低温食材在采购、加工、储藏、运输直至销售到消费者的各环节始终保持在规定的适宜温度、湿度等环境下，以保证食材的质量，减少损耗。
8	食材加工	食材加工是对可食用食材直接进行去皮、清洗、分割、包装等加工的过程或对非可食用食材进行可食用转化的过程。
9	预制食材 1.0	预制食材 1.0（即食、即热预制）指运用标准化流水作业，已完成杀菌或熟制加工制成，并进行包装，开封后可直接食用或经过复热即可食用的产品。
10	预制食材 2.0	预制食材 2.0（即烹预制）是指经过洗、切、搭配、加工完成的菜品，采取冷冻或真空等一系列方式进行包装保存，只需通过简单烹调即可食用。目的是省去食材采购、制作、卫生处理等步骤，通过加热或蒸炒等烹饪方式，就能直接作为餐桌上便捷的产品。
11	中央厨房	中央厨房又称中心厨房或配餐配送中心，其主要任务是将原料按菜单分别制作加工成半成品或成品，配送到各连锁经营店进行二次加热和销售组合后销售给各顾客，也可直接加工成成品与销售组合后直接销售给顾客。
12	订单农业	订单农业又称合同农业、契约农业，是一种新型农业生产经营模式，是农户根据其本身或其所在的乡村组织同食材的购买者之间所签订的订单，组织安排食材生产的一种农业产销模式。订单农业很好地适应了市场需要，避免了盲目生产。

二、食材行业及供应链规范及标准

2021 年，《国家标准化发展纲要》提出一项重要任务目标，要健全现代农业全产业链标准，加快构建推动高质量发展的标准体系。从 2022 年起，各省份陆续开启全国农产品食材标准化工作，保障农产品及初级食材质量安全，增加有效供给途径。

（一）《农业生产“三品一标”提升行动方案》《农业标准化生产实施方案（2022—2025 年）》等系列变化

优化农业生产结构和产品结构，提升农产品绿色化、优质化、特色化、品牌化水平，是为改善粗放式农业发展、强化供需匹配、适应消费升级需求，向更高层次、更深领域推进而制定的实施方案。

1. 方向变化

“三品一标”，即无公害农产品、绿色食品、有机食品、农产品地理标志。更新的品种培优、品质提升、品牌打造和标准化生产，全面性提升，是更广泛和更高意义上的“三品一标”。

2. 四个新格局

（1）种源。品种培优是核心，品质提升占40%，品牌打造占20%，标准化生产占40%。推广优良品种，推广一批强筋弱筋优质小麦、高蛋白高油玉米、优质粳稻籼稻、高油高蛋白大豆等品种，推广一批优质晚熟柑橘、特色茶叶、优质蔬菜、道地药材等品种，推广一批禽类、生猪、奶牛、水产等良种。

（2）质量。提升农产品加工业拉动力，拓展农产品初加工，建设产地仓储保鲜冷链物流设施，延长供应时间，保证产品质量。发展农产品精深加工，推进农产品标准化、清洁化、智能化生产。

（3）品牌。培育知名品牌，建立农业品牌标准，鼓励地方政府、行业协会等打造一批地域特色突出、产品特性鲜明的区域公用品牌。结合粮食生产功能区、重要农产品生产保护区和特色农产品优势区建设，培育一批“大而优”、“小而美”、有影响力的农产品品牌，鼓励龙头企业加强自主创新，打造一批竞争力强的企业品牌。加强品牌管理，制定农业品牌工作管理办法，深入推进中国农业品牌目录制度建设，发布品牌目录与消费索引。建立农业品牌评价体系，发布公益性农业品牌评价与发展指数，完善评价和退出机制。强化农业品牌监管，实行农业品牌动态管理，加大对冒牌、套牌和滥用品牌的惩处力度。促进品牌营销，挖掘和丰富品牌内涵，培育品牌文化，利用农业展会、产销对接会、电商等平台促进品牌营销，引导1000个国内优秀农业品牌参加国际知名展会，支持建立境外展示展销中心，提升品牌影响力。

（4）标准。农业生产无标可依是常见现象，我国以小农经济为主体，实现区域内循环。《农业生产“三品一标”提升行动实施方案》首次提出一个新的标准理念：按照“有标采标、无标创标、全程贯标”的要求，加快产地环境、投入品管控、农兽药残留、产品加工、储运保鲜、品牌打造、分等分级关键环节标准的制修订，推动建立现代农业全产业链标准体系。到2025年，建设绿色标准化农产品生产基地800个、畜禽养殖标准化示范场500个。要开展30个产品全产业链标准化试点，建设300个现代农业全产业链标准集成应用基地，培育一批农业企业标准“领跑者”，扶持一批由农业产业化龙头企业牵头，家庭农场和农民合作社跟进，广大小农户参与的农业产业化联合体，以带动大规模的标准化生产。事实证明，农产品有标，不仅有利于促进产品品质的提升和打开国内市场，也有利于走进国际市场。

（二）2022 年版《农产品质量安全法》更新及变化

从生产环节到加工、消费环节的要求更加精准，原则更加突出，做好与《食品安全法》的衔接，实现农产品从田间地头到百姓餐桌的全过程监管。

1. 坚持四个最严要求

（1）坚持最严谨的标准。强化农产品质量安全风险管理和标准制定，明确农产品质量安全标准内容，与《食品安全法》有关标准规定相衔接。完善农产品质量安全风险监测制度和风险评估制度。

（2）坚持最严格的监管。贯彻落实"处罚到人"要求，参照《食品安全法》和"两高"司法解释等，将小农户纳入监管，实现监管对象全覆盖。强化农产品生产经营全过程管控，建立产地监测制度，鼓励发展绿色、优质农产品，加大监管力度，建立食用农产品质量安全追溯制度，完善农产品质量安全监督抽查、日常检查等监管措施。

（3）坚持最严厉的处罚。参照《食品安全法》，整体提高了对各类违法行为的处罚额度。特别是对使用国家明确禁用的农药、兽药等情节严重的违法行为但尚不构成犯罪的，采取行政拘留的处罚措施，同时处以罚款等处罚措施；对一般违法行为，采取罚款等常规处罚措施。考虑到小农户和规模主体的差异性，在法律责任部分对小农户的处罚力度作了区分。

（4）坚持最严肃的问责。健全农产品质量安全责任机制，明确农产品生产经营者的主体责任，落实地方人民政府的属地管理责任和农业农村、市场监管部门的监督管理职责。对责任落实不力、问题突出的地方人民政府，上级人民政府可以对其主要负责人进行责任约谈。对监管人员不依法履职，或滥用职权、玩忽职守等行为，在法律责任中根据违法行为和后果的不同分别制定了罚则，警告、记过、记大过、降级、撤职等都非常明确。对发生农产品质量安全事故造成严重后果的，其主要负责人还应当引咎辞职。

2. 强化三个原则

（1）源头治理。强化基层监管，夯实"最初一公里"，明确农产品质量安全标准范围。

（2）风险管理。健全完善风险监测和风险评估制度。

（3）全程控制。加强农产品质量安全追溯管理。

3. 修订三大变化

（1）生产经营“重承诺”。明确规定农产品生产经营者应当对其生产经营的农产品质量安全负责，接受社会监督，承担社会责任。

（2）监管执法“有力度”。明确了农业农村、市场监管部门的监管职责，强调了农业农村和市场监管部门应当加强协调配合和执法衔接，建立全程监管协作机制，确保农产品从生产到消费各环节的质量安全。

（3）放心消费“有保障”。强调要大力发展新的“三品一标”农产品（绿色食品、有机农产品、地理标志农产品和达标合格农产品），强调要推行农业标准化生产、推广绿色生产技术，加强农产品质量安全信用体系建设。

三、食材行业发展相关重点政策解读

2022 年，食材产业相关政策陆续出台，一方面引导行业走上更规范的轨道，一方面推动着产业高质量发展。政策中，有“十四五”相关的规划、方案，有瞄准万亿赛道“预制菜”的推进措施，有食材安全相关的，有对外贸易的，还有产地建设的，等等，中国物流与采购联合会食材供应链分会（以下简称中物联食材供应链分会）汇总 2022 年至 2023 年第一季度重点食材政策方向，如表 1-2 所示。

表 1-2　2022 年至 2023 年第一季度政策方向

序号	相关政策文件及方向
1	党的二十大报告： 加快构建新发展格局，着力推动高质量发展。全方位夯实粮食安全根基。
2	历届中央一号文件： 1982 年《全国农村工作会议纪要》 1983 年《当前农村经济政策的若干问题》 1984 年《中共中央关于一九八四年农村工作的通知》 1985 年《中共中央 国务院关于进一步活跃农村经济的十项政策》 1986 年《中共中央 国务院关于一九八六年农村工作的部署》 2004 年《中共中央 国务院关于促进农民增加收入若干政策的意见》 2005 年《中共中央 国务院关于进一步加强农村工作提高农业综合生产能力若干政策的意见》 2006 年《中共中央 国务院关于推进社会主义新农村建设的若干意见》 2007 年《中共中央 国务院关于积极发展现代农业扎实推进社会主义新农村建设的若干意见》 2008 年《中共中央 国务院关于切实加强农业基础设施建设进一步促进农业发展农民增收的若干意见》

续 表

序号	相关政策文件及方向
2	2009 年《中共中央 国务院关于 2009 年促进农业稳定发展农民持续增收的若干意见》 2010 年《中共中央 国务院关于加大统筹城乡发展力度进一步夯实农业农村发展基础的若干意见》 2011 年《中共中央 国务院关于加快水利改革发展的决定》 2012 年《中共中央 国务院关于加快推进农业科技创新持续增强农产品供给保障能力的若干意见》 2013 年《中共中央 国务院关于加快发展现代农业进一步增强农村发展活力的若干意见》 2014 年《中共中央 国务院关于全面深化农村改革加快推进农业现代化的若干意见》 2015 年《中共中央 国务院关于加大改革创新力度加快农业现代化建设的若干意见》 2016 年《中共中央 国务院关于落实发展新理念加快农业现代化实现全面小康目标的若干意见》 2017 年《中共中央 国务院关于深入推进农业供给侧结构性改革加快培育农业农村发展新动能的若干意见》 2018 年《中共中央 国务院关于实施乡村振兴战略的意见》 2019 年《中共中央 国务院关于坚持农业农村优先发展做好“三农”工作的若干意见》 2020 年《中共中央 国务院关于抓好“三农”领域重点工作 确保如期实现全面小康的意见》 2021 年《中共中央 国务院关于全面推进乡村振兴加快农业农村现代化的意见》 2022 年《中共中央 国务院关于做好 2022 年全面推进乡村振兴重点工作的意见》 2023 年《中共中央 国务院关于做好 2023 年全面推进乡村振兴重点工作的意见》
3	2022 年《中共中央 国务院关于加快建设全国统一大市场的意见》
4	2022 年《加快推进冷链物流运输高质量发展的实施意见》
5	中央政治局会议明确提出“内循环为主，扩内需”
6	提升供应链精细化管理水平，创新供应链协同运营模式
7	推动流通环节再造升级，发挥农批市场的主导力，提升流通效率
8	健全企业责任体系，落实食材安全责任制
9	2021 年中共中央、国务院推动实施《国家标准化发展纲要》
10	农产品及食材加工税收减免政策

除此以外，多地政策加码，也瞄准了预制菜万亿赛道。

2022 年，广东、山东、福建、河北等地出台预制菜产业发展政策。

2022 年 3 月 25 日，广东省政府发布《加快推进广东预制菜产业高质量发展十条措施》。

2022 年 5 月，广东省办公厅公布广东预制菜产业高质量发展工作联席会议成员名单，加强宣传和政策解读，支持和规范预制菜产业发展。

2022 年，山东省政府办公厅出台《关于推进全省预制菜产业高质量发展的意见》。2022 年 12 月，济南政府出台《济南市支持预制菜产业高质量发展十条政策措施》。潍坊也出台预制菜产业专项扶持政策，编制预制菜企业、产品白名单，引领产业高质量发展。其他各市也相继出台了支持文件。县级层面，诸城市创新发展“诸城模式”，培育预制菜加工企业 556 家，形成百亿级规模的预制菜产业集群。莱阳市成立乡村产业预制菜发展专班，推出 18 项支持产业发展的举措。

第二节　中国食材经济环境分析

一、主要食材产业发展阶段说明

（一）我国蔬菜产业发展经历了五个阶段

第一阶段是 1978—1989 年，该阶段蔬菜生产稳步发展，种植面积由 300 多万公顷实现翻一番，年均增长达到 6%。

第二阶段是 1990—1999 年，该阶段蔬菜生产进入快速增长期，种植面积由 600 多万公顷增长至 1343 万公顷，同样实现翻一番，产量由 1.95 亿吨增至 4.05 亿吨，年均增长率超过了 8.5%。

第三阶段是 2000—2009 年，十年间我国蔬菜产业进入平稳发展期，完善了整个产业体系，种植面积和产量都分别保持在 2.13%和 4.28%的增长。

第四阶段是重要决策期，从 2010 年到 2020 年，“十三五”完美收官，迎来了“十四五”新的起始，蔬菜产量增速在此期间放缓，重点打造流通体系和市场体系，不再一味地追求产量，年均增长率约为 3%。

目前属于第四阶段向第五阶段，即创新阶段的转变中。

（二）我国肉类产业发展经历了五个阶段

第一阶段是统购统销阶段（1949—1984 年）：生猪生产实行“调五留五”政策，主要特点是养殖规模小，生产水平低，产品短缺，种、料、药和技术服务等处于起步阶段，生产和消费严格按国家计划调配。

第二阶段是市场放开发展阶段（1985—1997 年）：家庭联产承包责任制的推行，极大调动了畜禽养殖的积极性，生猪产业进入新的发展阶段。1985 年，《中

共中央 国务院关于进一步活跃农村经济的十项政策》发布，逐步取消生猪派养派购，实行自由上市，随行就市，按质论价，生猪购销政策放开。随着“菜篮子”工程和生猪产销经营体制改革的不断推进，生猪生产发展迅速，居民猪肉消费大幅提高。

第三阶段是过渡阶段（1998—2004 年）：1998 年以来，生猪养殖从以数量增长为主逐步向数量质量并重、优化结构和增加效益为主转变，主要特点是生猪养殖开始向优势区域集中，产业整合速度加快，更加注重质量安全和可持续发展。经历前一阶段的较快速发展后，产量大幅提升，产业发展由“量”向“质”转变，生产效率、食品安全问题成为产业发展的新增要素。

第四阶段是现代化转型升级阶段（2005 年至今）：2005 年以来，生猪养殖规模化、标准化水平大幅提升，良种覆盖率逐步提高，产业升级步伐加快，主要呈现为规模化水平不断提升、产地及销区更加集中、环保升级、食品安全升级以及生产效率升级。

目前属于第四阶段转向第五阶段，即创新阶段的转变中。

（三）我国水果产业发展可分为三个阶段

第一阶段是面积阶段：栽植面积由快速扩张向平稳发展，1982—1989 年期间和 1991—1996 年期间，中国大部分水果产区经历了两次大规模扩张。

第二阶段是优势产区集中阶段：1997—2004 年期间，区域布局由分散发展向优势产区集中发展。产业布局持续向劳动力丰富、病虫害少、生产成本较低的西北高海拔地区迁移扩张。

第三阶段是种植模式由传统种植向高效集约化发展（2005 年至今）：无病毒苗木得到普遍应用，老果园改造和新品种推广速度加快，无公害、绿色、有机水果栽培方式得到大面积推行，采后商品化处理能力明显增强，水果品质和质量安全水平大幅提升。

目前属于第三阶段向第四阶段转变中。

（四）我国水产品产业发展可分为四个阶段

第一阶段是传统渔业阶段，即水产 1.0 时代。采用纯人工捕捞，水产养殖受到自然条件极大的束缚。

第二阶段是设施渔业时期，即水产 2.0 时代。机械化、设施化、工厂化发展，出现陆基工厂、网箱等装备技术。

第三阶段是数字渔业阶段，即水产 3.0 时代。数字化、自动化、信息化发展，提高了水产养殖效率。

第四阶段是智能渔业阶段，即水产4.0时代。智能化让水产养殖更加容易，将物联网和大数据运用到养殖和保鲜中，弥补了传统水产养殖和流通的短板。

（五）我国牛奶产业发展阶段

奶业的第一阶段是常温奶阶段：乳业及加工业处于增长期，我国提倡“每天一杯奶”，打响奶业振兴第一枪。

第二阶段是风味奶阶段：主要是扩大产品品类，增加乳制品品种和风味，酸奶是第二大类产品。

现在奶业正处于低温化阶段：随着新兴渠道的出现以及物流配送的升级，区域性小企业开始有所发展，加上消费者观念的逐渐升级，乳制品市场在低温化和健康化的趋势下进行产品结构的优化。

（六）我国禽蛋产业发展阶段

第一阶段是小规模养殖阶段：改革开放初期，蛋类主要还是以小规模养殖为主。在中国传统养殖行业当中，禽蛋养殖已形成规模，品牌猪肉市场近乎收储化，唯独蛋鸡养殖行业还是以千家万户的小规模群体生产经营方式为主。

第二阶段是规模化养殖阶段：小规模养殖户受成本、技术等因素限制，在污染处理方面无法达到国家要求，逐步退出市场竞争。

第三阶段是现代化养殖阶段：主要体现在无污染的养殖场地、封闭式饲养模式、精选优质蛋鸡品种、严格的防疫制度、营养搭配饲料、科学的管理水平、现代化追溯技术等方面。

二、2022年食材行业投融资情况

2022年对于食材供应链领域来说是不平凡的一年，挑战与机遇并存，压力与希望共生。资本市场的寒气传到了食材供应链领域，叠加疫情影响、成本上升等国内外多重因素，产业投资、PE/VC（私募股权投资和风险投资）等各渠道的投资数量和金额均有下降。但寒冬之中春意已现，在食材供应链产业链当中，B端（企业端）更注重降本增效，C端（消费端）追求高效便捷，下游餐饮连锁化率在不断提升，同时得益于政策红利的释放，食材供应链领域投融资[1]获得了新的

[1] 食材供应链的投融资指的是产业链上下游的一级市场投融资活动，主要涉及农业、餐饮供应链、食品饮料等三个细分领域。

动能。

此外，在当前的宏观环境下，资本市场情绪趋于理性，企业估值愈加合理，利于龙头企业进行进一步的整合和市场出清，投资食材供应链领域的机会显现。

（一）农业领域的投融资情况

农业领域主要涉及农林牧渔及初加工、农业科技与服务、农资、生物农业等。

据不完全统计，2022 年农业领域涉及的投融资金额总计达到 160 亿元，数量达到 350 起，如表 1-3 所示。

表 1-3　2022 年农业领域部分精选投资案例

时间	公司	轮次	融资额
2022 年 12 月	中科原动力	A 轮	1 亿元
2022 年 12 月	后稷数农	天使轮	1000 万元
2022 年 12 月	五百家	股权投资	未披露
2022 年 11 月	SmartPlant Editor	种子轮	未披露
2022 年 11 月	极麋生物	天使轮	2000 万元
2022 年 10 月	艾迪晶生物	天使轮	数千万元
2022 年 9 月	脂禾生物	天使轮	数千万元
2022 年 9 月	飞熊领鲜	B 轮	1 亿元
2022 年 9 月	弥生生物	天使轮	数千万元
2022 年 8 月	德默特	Pre-A 轮	1 亿元
2022 年 8 月	小雨农智	A 轮	数千万元
2022 年 8 月	爱科农	股权投资	未披露
2022 年 8 月	戒上健康	A 轮	1000 万元
2022 年 8 月	钱大妈	股权投资	未披露
2022 年 8 月	岚江科技	天使轮	未披露
2022 年 8 月	岚江科技	天使轮	数百万元
2022 年 8 月	绿氮生物	种子轮	1000 万元
2022 年 8 月	黎拓生物	种子轮	数千万元
2022 年 8 月	惠达科技	战略投资	未披露
2022 年 8 月	惠利生物	A 轮	3 亿元
2022 年 6 月	科腾生物	股权投资	未披露

续　表

时间	公司	轮次	融资额
2022 年 6 月	摩珈生物	B 轮	8000 万美元
2022 年 6 月	爱科农	A+轮	1 亿元
2022 年 6 月	好植健康	天使轮	未披露
2022 年 5 月	麦麦科技	天使轮	数千万元
2022 年 5 月	CCHX	A 轮	1 亿元
2022 年 5 月	中捷四方	B 轮	数千万元
2022 年 5 月	遇见味来	种子轮	近千万元
2022 年 4 月	精渔科技	战略投资	未披露
2022 年 4 月	戒上健康	天使轮	1000 万元
2022 年 4 月	Reelli	种子轮	未披露
2022 年 4 月	零极限健康	种子轮	未披露
2022 年 4 月	食朴科技	种子轮	未披露
2022 年 4 月	明康汇	战略投资	数亿元
2022 年 3 月	德默特	天使轮	数千万元
2022 年 3 月	百奥云	Pre-A 轮	数千万元
2022 年 3 月	齐禾生科	种子轮	1 亿元
2022 年 3 月	好食科技	种子轮	1200 万元
2022 年 3 月	芝诺科技	天使轮	1000 万元
2022 年 3 月	鲜生活冷链	B 轮	数亿元
2022 年 3 月	微元合成	天使轮	1 亿元
2022 年 3 月	元达生物	天使轮	未披露
2022 年 3 月	爱科农	A 轮	未披露
2022 年 3 月	中农美蔬	天使轮	700 万元
2022 年 3 月	盈嘉合生	A 轮	数千万元
2022 年 2 月	迈泽裕丰	天使轮	未披露
2022 年 2 月	力文所	种子轮	1000 万元
2022 年 2 月	千木知微	A 轮	未披露
2022 年 2 月	微构工场	A 轮	未披露
2022 年 2 月	昌进生物	Pre-A 轮	5500 万元
2022 年 2 月	中科原动力	A+轮	数千万元
2022 年 1 月	快弹科技	Pre-A 轮	1000 万元
2022 年 1 月	黄天鹅	C2 轮	未披露
2022 年 1 月	科腾生物	股权投资	未披露
2022 年 1 月	椰优格	天使轮	120 万美元

数据来源：中国物流与采购联合会食材供应链分会整理。

（二）农业领域投融资特点

1. 农业科技项目热度不减

全球爆红的 ChatGPT 颠覆了人们对于人工智能价值的认知。而数字技术在农业领域的应用还相对比较初级，在发展过程中不断精进、优化技术，减缓甚至消除外部环境限制的影响，未来对农业生产效率的提升作用想象空间巨大。从 2022 年投融资数据可见，资本在重点押注智能农机、农业数字化产品和技术、粮食检测综合解决方案、农业信息化整体解决方案、农产品流通产业数字化服务、智慧农业解决方案、温室自动化控制解决方案、农业卫星遥感数据分析服务等领域，未来农业生产将实现全过程的效率和质量提升。

2. 生物农业备受青睐

生物农业是指运用先进的生物技术和生产工艺栽培各种农作物的农业生产方式。其中包括种植业、林业、微生物发酵工程产业、畜牧业等生产项目。2022 年生物农业相关的 PE/VC 投融资事件共计 41 起，比 2021 年（31 起）增长了 32.26%。其中合成生物学项目共计 19 起，占比约 50%；与生物育种、基因编辑相关的项目共 12 个。毫无疑问，合成生物与生物育种已经成为当前热门的明星赛道，其吸金能力有望在未来进一步增强。

3. 合成生物异军突起

2022 年有 10 个以上以合成生物为技术基础的新蛋白、细胞肉项目获得融资，并且有专注于投资新蛋白的基金，譬如道夫子、力矩中国等，公开信息显示道夫子 2022 年投资孵化了 6 个新蛋白项目，力矩中国在国内参与投资了 5 个相关项目。传统蛋白生产方式在数量、质量和可持续方面无法满足人类未来生活需求。习近平总书记指出："要向森林要食物，向江河湖海要食物，向设施农业要食物""发展生物科技、生物产业，向植物动物微生物要热量、要蛋白"。研发真菌源蛋白产品、合成型替代蛋白产品、服务动植物生产的保障型产品成为弥补蛋白不足的重要科学技术。未来，微生物种业的重要性程度，也不会亚于动物、植物种业等。生物农业版块中的合成生物是 2022 年重点关注的细分行业，其应用覆盖了医疗健康、食品饮料、工业化学等多个领域，是近年来异军突起的投资风口。

从投资轮次来看，2022 年种子轮及天使轮的投融资项目占比扩大。一方面，一些之前的热点领域，如生鲜电商、新茶饮等行业的头部项目已经上市或趋于成熟，估值较高，而行业竞争又进入了白热化阶段，或者显示出后劲不足，因而资本表现比较谨慎，不再热衷于追捧某些成熟的明星项目，使得 B 轮以上的融资项目数量均出现不同程度的缩水。另一方面，受政策影响和科技驱动，投资风口出现变幻，投资机构偏好发生迁移，例如，生物育种、合成生物、预制菜等领域的新项目开始受到更多青睐。因而 PE/VC 投资轮次中的早期占比有所上升，折射出资本市场对大农业未来的发展充满信心，整个农业行业表现出旺盛的生命力和投资潜力。

（三）餐饮零售供应链领域投融资情况

餐饮零售供应链领域主要涉及预制菜、调味品、供应链服务等。据不完全统计，2022 年餐饮供应链领域涉及的投融资金额总计达到 80 亿元，数量达到 60 起，如表 1-4 所示。

表 1-4　2022 年餐饮供应链部分精选投资案例

时间	公司	轮次	融资额
2022 年 1 月	鲜生活	战略融资	未披露
2022 年 1 月	自嗨锅	战略投资	未披露
2022 年 1 月	珍味小梅园	B+轮	数千万元
2022 年 1 月	今麦郎	战略融资	6 亿元
2022 年 2 月	新和盛农牧	B 轮	数千万元
2022 年 2 月	河北华田	战略融资	未披露
2022 年 3 月	舌尖英雄	B 轮	16 亿元
2022 年 3 月	鲜生活	B 轮	数亿元
2022 年 3 月	信良记	战略融资	未披露
2022 年 3 月	伊品生物	拟收购	不超过 15 亿元
2022 年 3 月	牛大吉	A+轮	1 亿元
2022 年 3 月	每日咕嘟	天使轮	约千万元
2022 年 3 月	肉班长	天使+轮	未披露
2022 年 3 月	点吧	天使轮	1000 万元
2022 年 3 月	物满鲜	天使轮	数千万元
2022 年 4 月	辣么卤力	天使轮	数千万元
2022 年 4 月	明康汇	战略融资	数亿元
2022 年 4 月	十七门	A 轮	数千万元
2022 年 4 月	内蒙古宇航人	战略融资	未披露
2022 年 4 月	大于等于九	A 轮	约亿元
2022 年 4 月	冻品码头	A 轮	数千万元
2022 年 4 月	恩喜村	B 轮	数亿元

续　表

公司	时间	轮次	融资额
2022 年 4 月	烹烹袋	Pre-A 轮	数千万元
2022 年 4 月	踏船头	战略融资	未披露
2022 年 4 月	联舌工坊	天使轮	千万元
2022 年 4 月	现风牲	首轮融资	1 亿元
2022 年 5 月	前海粤十	战略融资	未披露
2022 年 5 月	微团餐	种子轮	数百万元
2022 年 5 月	乐饮创新	A 轮	5000 万元
2022 年 5 月	裙丸	天使轮	数百万元
2022 年 5 月	本味鲜物	A 轮	数千万元
2022 年 5 月	珍味小梅园	战略融资	未披露
2022 年 5 月	观麦科技	C 轮	数亿元
2022 年 5 月	青年菜君	Pre-A 轮	约千万元
2022 年 6 月	滕阁巷	天使轮	数百万元
2022 年 6 月	九橙餐饮	战略融资	未披露
2022 年 6 月	乐着居	B 轮	约亿元
2022 年 6 月	鼎味泰	战略融资	近亿元
2022 年 6 月	肉班长	天使+轮	未披露
2022 年 7 月	日远饮品	A 轮	数千万元
2022 年 7 月	花花食界	天使轮	数千万元
2022 年 7 月	利合味道	D 轮	未披露
2022 年 7 月	三旋供应链	战略融资	未披露
2022 年 7 月	一块小宇宙	天使轮	数千万元
2022 年 7 月	奶油鲜升	天使轮	未披露
2022 年 7 月	利和味道	D 轮	未披露
2022 年 8 月	咚吃	A++轮	数千万元
2022 年 8 月	莫小仙	B+轮	约亿元
2022 年 8 月	浩林创亿	天使轮	数百万元
2022 年 9 月	中地乳业	股权融资	约 12.06 亿港币
2022 年 9 月	蜀海	B 轮	8 亿元
2022 年 9 月	优野蔬菜	A 轮	数千万元
2022 年 9 月	品珍科技	Pre-A 轮	数千万元
2022 年 10 月	筷百味	种子轮	数百万元

续　表

公司	时间	轮次	融资额
2022 年 10 月	火号	A 轮	数千万元
2022 年 11 月	植鲜生	A 轮	千万元
2022 年 11 月	苏麻苏辣	A+轮	500 万元
2022 年 11 月	瑞云冷链	Pre-A 轮	2 亿元
2022 年 11 月	澄明食品	战略融资	未披露

数据来源：中国物流与采购联合会食材供应链分会整理。

（四）餐饮零售供应链领域投融资特点

1. 预制菜仍是主流投资领域

预制菜市场资本浪潮热度不减。龙头企业动作不断，通过融资、并购、扩产等加速市场布局，提升市场竞争力。资本看好的预制菜公司需要具备三个能力：第一，有很好的供应链整合能力；第二，有很好的产品研发、迭代能力；第三，有品牌能力。

从资本市场来看，2022 年初受多重因素影响，二级市场上预制菜概念股全面上涨，预制菜市场大火，成为投资界的新宠，吸引大牌资本争相涌入。从上游的种养殖企业到下游的食品加工、餐饮企业，都在布局预制菜。

从市场规模来看，2022 年预制菜销量大增，方便、快捷、品类多、口味佳等特点精准抓住现代忙碌都市人“痛点”，预制菜市场空间广阔。如此巨大的市场规模，对于资本来说有着比较大的吸引力。

2. 供应链服务领域的投资趋向头部企业

头部企业通常拥有广泛的客户网络、优质的产品力和高效的履约能力。这些优势吸引了投资者的关注，同时头部企业更重视且更有能力进行数字化改造，可进一步提升产品和服务的效率。同时，头部企业一般背靠产业集团，如鲜生活、蜀海等，拥有极其强大的产业协调能力和产业整合能力。

（五）食品饮料领域投融资情况

食品饮料领域投融资主要包括酒、休闲食品、茶、咖啡、烘焙、替代蛋白、饮料、乳制品等细分领域。

据不完全统计，2022 年食品饮料领域涉及的投融资金额总计达到 190 亿元，数量达到 236 起，如表 1-5 所示。

表 1-5　2022 年食品饮料领域部分精选投资案例

时间	品牌	赛道	轮次	金额
1 月	柠季	柠檬茶	A+轮	未披露
1 月	COMMUNE	餐酒吧	A+轮	数亿元
1 月	甘食记	肥肠粉	A 轮	5000 万元
1 月	小仙兔	茶饮	天使轮	千万元
1 月	把愚酸菜鱼	酸菜鱼	A 轮	1 亿元
1 月	琼姐老火锅	火锅	A 轮	1 亿元
1 月	易嫂食堂	社区快餐	天使轮	数百万元
1 月	茉莉奶白	中式茶饮	种子轮	未披露
2 月	书亦烧仙草	植物基新茶饮	股权融资	6 亿元
2 月	马记永	牛肉面	Pre-A 轮	未披露
2 月	苏阁鲜茶	鲜果茶	战略融资	未披露
2 月	陈香贵	牛肉面	B 轮	过亿元
2 月	欢牛蛋糕屋	甜品烘焙	A 轮	近千万元
2 月	西琳姑娘	新疆茶饮	天使轮	600 万元
2 月	佳邻集团（熊大爷）	餐饮零售	C 轮	近亿元
2 月	吉祥馄饨	中式快餐	天使轮	近亿元
2 月	十分湘	米粉快餐	天使轮	数千万元
2 月	seesaw	精品咖啡	A++轮	数亿元
2 月	阿嬷手作	手作茶饮	A 轮	未披露
3 月	疆小骆	疆文化餐饮	种子轮	数百万元
3 月	舌尖科技	多品牌餐食企业	16 亿元	B 轮
3 月	辣盘盘	麻辣烫	A 轮	千万级
3 月	TIMS	精品咖啡	股权融资	1.9 亿美元
3 月	顾思特汉堡	汉堡快餐	A 轮	未披露
3 月	盛香亭	热卤	B 轮	未披露
3 月	马香远	牛肉面	天使轮	千万级
3 月	茶嘟嘟	鲜果茶	天使轮	千万级
3 月	Arabica Coffee	精品咖啡	战略融资	未披露
3 月	放哈	西北茶饮	天使轮	千万级
3 月	五二兰柠檬茶	柠檬茶	种子轮	数百万元
3 月	熊猫烫火锅	创意火锅	种子轮	千万级

续　表

时间	品牌	赛道	轮次	金额
4月	喜姐炸串	炸串	A+轮	500万元
4月	KUMOKUMO	芝士蛋糕	Pre-A轮	数千万元
4月	几汤鲜汤砂锅粥	外卖粥	天使轮	1500万元
4月	耍羊气	羊肉粉面	天使+轮	近千万元
4月	FELICITY ORIGIN	精品果咖	A轮	1000万元
4月	琨雅餐饮（森罗塔）	西式快餐	A轮	5000万元
4月	TCOMMA	新茶饮	天使+轮	5000万欧元
4月	爱氏	热狗	天使轮	千万级
4月	之之茶	新茶饮	天使轮	500万元
4月	小森日禾	平价日料	天使轮	数百万元
4月	鸡装箱	炸鸡	战略融资	未披露
4月	DOC咖啡	精品咖啡	战略融资	未披露
5月	茉莉奶白	中式茶饮	天使轮	数千万元
5月	小满茶田	新茶饮	并购	未披露
5月	麻爪爪	卤味	A+轮	近亿元
5月	RUU咖啡	精品咖啡	股权融资	未披露
6月	十英尺•茶书铺	纯茶	天使轮	未披露
6月	CocoJuLiet	精致咖啡	A轮	未披露
6月	津津咖喔	蛋包饭	天使轮	数百万元
6月	歪咖啡	咖啡连锁	Pre-A轮	未披露
6月	大师兄面食	西北面食	Pre-A轮	未披露
6月	五味小面	社区快餐	天使轮	数百万元
6月	牛爽爽	牛肉火锅	天使轮	近千万元
6月	咖啡之翼	咖餐厅	定向增发	1亿元
7月	阿嬷手作	手作茶饮	A+轮	未披露
7月	Jpg咖啡	咖啡连锁	天使轮	未披露
7月	比星咖啡	意式咖啡	天使轮	数千万元
7月	熊爪咖啡	咖啡连锁	天使轮	天使轮
7月	悸动烧仙草	国风茶饮	战略融资	数千万美元
8月	阿爆柠檬茶	柠檬茶	天使轮	千万级
8月	十三烧	海鲜烧烤	天使轮	数百万元
8月	Vinvin	新茶饮	天使轮	数千万元

续 表

时间	品牌	赛道	轮次	金额
8月	糖茶	鲜果茶	天使轮	千万级
8月	可斯贝莉	社区烘焙	B轮	数千万元
8月	御华麟	港式茶点	天使轮	300万元
9月	半汤抄手	小吃连锁	天使轮	千万级
9月	龙门局渣打点心	中式烘焙	天使轮	500万元
9月	麦子妍茶	创新烘焙	A轮	5000万元
9月	Wagas	健康轻食	并购	未披露
9月	啡之家	咖啡连锁	天使轮	未披露
9月	酥品局	中式烘焙	天使+轮	5000万元
9月	ZAKUZAKU泡芙	泡芙	并购	未披露
9月	紫燕食品	卤味	IPO	6.36亿元
9月	漫咖座	咖啡连锁	种子轮	未披露
9月	Moon Ground	果蔬汁	种子轮	数百万元
9月	Two Sense	烘焙咖啡	天使轮	数百万元
9月	身材食料	健康轻食	天使轮	数百万元
10月	茶大椰	椰子茶	天使轮	近千万元
10月	新派暴走记	小吃连锁	A+轮	3000万元
10月	莽二毛肚火锅	火锅	天使轮	近千万元
10月	意士多咖啡	新派咖啡	天使轮	数千万元
10月	包馔夜包子	小吃连锁	天使轮	近千万元
11月	卡仕隆	IP汉堡	天使轮	千万级
11月	怪物困了	咖啡连锁	天使轮	百万级
11月	酷约翰	咖啡	天使轮	未披露
11月	愚公炸串	小吃连锁	A轮	3000万元
11月	舞爪	卤味	A+轮	数千万元
11月	熊姬	手作奶	天使轮	千万级
11月	豆校长	小吃连锁	A轮	近3500万元
11月	酒号巴士	精酿酒馆	A+轮	7200万港币
11月	争鲜	回转寿司	股权融资	未披露
12月	比星咖啡	意式咖啡	天使+轮	未披露
12月	耀华力	泰餐	战略融资	未披露
12月	乐乐茶	新茶饮	战略融资	5.25亿元

续　表

时间	品牌	赛道	轮次	金额
12月	楚郑	中式汉堡	天使轮	300万元
12月	陈香贵	兰州拉面	战略融资	未披露
12月	萨么烘焙	社区烘焙	Pre-A轮	600万元
12月	如此多姣	新式茶咖	天使轮	1000万元
12月	辛猫咖啡	咖啡连锁	天使轮	未披露

数据来源：中国物流与采购联合会食材供应链分会整理。

（六）食品饮料领域投融资特点

1. 传统热门赛道有所降温，但仍有空间

传统明星赛道是茶咖酒及餐饮，相比2021年，每一个赛道的融资数量几乎都在减少，如2021年大火的线下餐饮融资数量超80起，但2022年仅50多起；茶咖酒2021年融资数量120多起，而2022年仅90多起。

但资本仍看重餐饮的连锁化以及茶咖的下沉市场机会。

餐饮领域，从餐饮品牌的拓店节奏和投资人的押注方向看，人们普遍相信餐饮业正在迎来一个“大连锁”时代，或者用一个更具想象力的词——“万店时代”。

许多数据和现象都在为“万店”提供支撑。相比美国、日本，中国的餐饮行业连锁化程度不高，这意味着可观的拓展空间。与此同时，冷链和中央厨房的发展、加盟制的创新、行业数字化能力的补齐，种种变量都让“万店”愿景看上去不再遥远。而在趋势中，标准化、易操作的饮品和刚需高频的小吃快餐，被认为是更有可能拿下“万店”王冠的品类。

茶咖领域，融合趋势愈强，不仅是在产品创新上，赛道也在融合，一方面，新茶饮也在涉足咖啡，如书亦烧仙草入股DOC，柠季投资了RUU，奈雪的茶入手了AOKKA、怪物困了，喜茶投资了少数派咖啡，另外新茶饮品牌7分甜创立咖啡品牌轻醒咖啡……另一方面，2022年底，茶咖新品牌如此多娇获得1000万元融资，其秉持“比咖啡多一点”的品牌理念，将中式茶与西式咖啡相结合，产品特色是将东方茶叶萃取后的“清冽”与芝士乳品提炼出的“醇厚”进行调配，并将茶叶与咖啡的味型进行交融。

2. 健康食品领域受到青睐

2022年全年，最受资本青睐的是健康食品品类，有高达42家企业获得新一轮融资；与此同时，健康食品品类赛道获得的总融资额为22.91亿元。

从 2022 年“功能+食品”的融资情况来看，2022 年较为明显的细分品类，一是益生菌产品，如每日的菌、解你，消费者对食品免疫力和肠道健康的兴趣在增强；二是美容抗衰，如森美、UNOMI，尤其森美在一年内完成种子轮、天使轮、Pre-A 三轮融资；三是针对某一预防疾病的精准营养在 2022 年受到了更多关注，如针对高血糖人群的 DGI 食品，如慢糖家、糖友饱饱、玛士撒拉等，以及针对精准健康营养的靶向食品。

不过总体来说，整个健康食品的融资基本都处于早期阶段，赛道也非常年轻，暂时还未出现有明显优势的明星企业，需要更多创新品牌去挖掘、去乘风破浪。

（七）食材供应链领域整体投融资趋势展望

2022 年，我们虽然看到资本市场的降温，但寒冬之中春意已现，2023 年行业投融资正在呈现几大趋势。

1. 去中心化，区域为王

中国的人口红利正在消失，渠道红利也在消失，消费市场可能会越来越分散。这种去中心化的趋势，其实意味着消费企业的发展路径和背后的投资思路都应有相对应的变化。过去投资往往会追求尽快做出一个全国品牌，现在，投资人开始意识到，区域为王或许也是方向之一。通过整合属地的产业链上下游，发挥区域协同效应，一样可以产生成本优势方。

2. 投资人更看重现金流，烧钱模式不可持续

曾经，以生鲜电商为代表的“烧钱大战”让世人瞠目结舌。在新消费领域，“烧钱”抢市场一度是惯用的玩法。然而自 2021 年起，国家开始打击社区团购低价扰乱市场的行为，这一高压态势持续至今，深刻影响着消费领域的投资逻辑。在 2022 年，随着资本退潮，生鲜电商、社区团购已经从风口上坠地，新茶饮/咖啡赛道也是盛景难在。正如一些投资人坦言，他们并非不看好新消费，只是还有更值得投资的赛道已然出现。

3. 餐饮零售供应链行业的资本化进程正在加速

在过去，风险资本倾向于寻找具有“增长想象力”的项目，而在经历了一轮轮挤泡沫后，行业也在回归理性，寻求有确定性的赛道。相比于 C 端项目，虽然供应链项目缺乏“想象力”，但其面临的行业竞争较小，营收稳定，投资风险更低。这对厌恶风险的投资人而言，是个不错的选择。同时供应链企业也在上市方面存在一定优势。

4. 三产融合将增大创新价值势能

随着城乡不断融合，未来一二三产业融合加快，尤其是都市农业的发展将为农业带来市场、资金、技术等要素，在提升农业产业附加值的同时，也会创造新的投资高地。此外，疫情期间与民生保障相关的赛道机遇明显，特别是涉及民生必需品“三保”（保量、保质、保价）的基础设施（分级仓库加工流通等）。虽然疫情终结，但与“三保”相关的投资机会不会消失，甚至有望继续加强。

第三节　中国食材供应链行业社会环境分析

一、城镇化水平现状

根据国家统计局数据显示，2022 年我国常住人口城镇化率为 65.2%，处于城镇化快速发展区间，但增长趋势逐渐放缓。20 年间，我国人口城镇化率从 2003 年的 40.5%上升为 65.2%，大约增长了 25 个百分点，如图 1-1 所示。

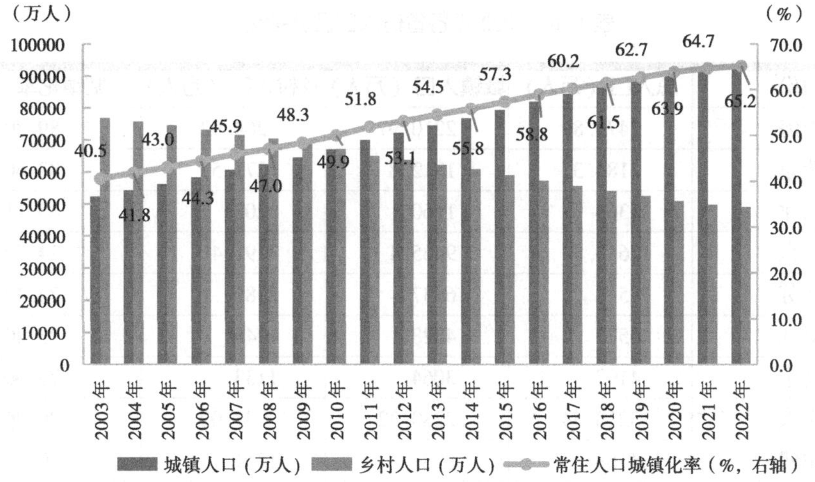

图 1-1　2003—2022 年我国常住人口城镇化率

数据来源：国家统计局，由中物联食材供应链分会整理绘制。

2022 年，城镇化率超过 70%的省份有 9 个，分别为上海、北京、天津、广东、江苏、辽宁、重庆和福建，其中大部分集中在东部发达地区，辽宁领跑东北地区，重庆领跑西南地区。

2022 年有 19 个省份的城镇化率低于全国平均水平，包括湖北、山东、陕西、山西、吉林、江西、河北、海南、青海、湖南、安徽、四川、新疆、河南、广西、贵州、甘肃、云南和西藏，其中不乏农业大省、如山东、河南、河北等，如图 1-2 和表 1-6 所示。

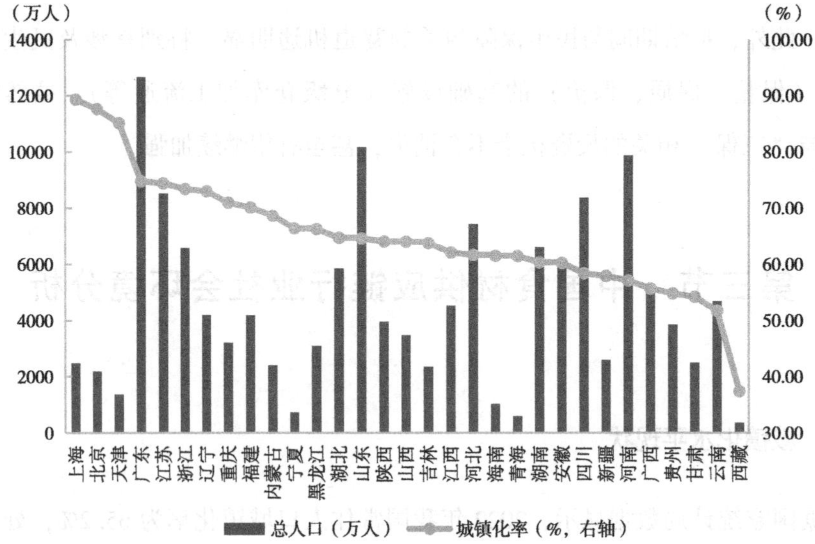

图 1-2　2022 年各省份总人口及城镇化率

数据来源：各省份年度统计公报，由中物联食材供应链分会整理绘制。

表 1-6　2022 年各省份人口及城镇化率

省份	总人口（万人）	城镇人口（万人）	乡村人口（万人）	城镇化率（%）
上海	2475.89	2210.97	264.92	89.30
北京	2184.3	1912.8	271.5	87.60
天津	1363	1160	203	85.11
广东	12656.8	9465.4	3191.4	74.79
江苏	8518	6337	2181	74.40
浙江	6577	4828	1749	73.40
辽宁	4197	3064	1133	73.00
重庆	3213.34	2280.32	933.02	70.96
福建	4188	2937	1251	70.11
内蒙古	2401.17	1647.2	753.97	68.60
宁夏	728	483	245	66.34
黑龙江	3099	2052	1047	66.20
湖北	5844	3779	2065	64.67
山东	10162.79	6559.06	3603.73	64.54
陕西	3956	2532	1424	64.02
山西	3481.35	2226.5	1254.85	63.96
吉林	2347.69	1496.18	851.51	63.73

续　表

省份	总人口（万人）	城镇人口（万人）	乡村人口（万人）	城镇化率（%）
江西	4527.98	2810.52	1717.46	62.07
河北	7420	4575	2845	61.65
海南	1027.02	631.51	395.51	61.49
青海	595	366	229	61.43
湖南	6604	3983	2621	60.31
安徽	6127	3686	2441	60.20
四川	8374	4886.2	3487.8	58.35
新疆	2587	1498	1089	57.89
河南	9872	5633	4239	57.07
广西	5047	2809	2238	55.65
贵州	3856	2114	1742	54.81
甘肃	2492.42	1350.64	1141.78	54.19
云南	4693	2427	2266	51.72
西藏	364	136	228	37.36

数据来源：各省份年度统计公报，由中物联食材供应链分会整理。

二、居民消费情况

（一）居民可支配收入

随着我国经济的发展，居民人均可支配收入逐年上涨。2022 年我国居民人均可支配收入为 36883 元，较 2021 年上涨 2.9%，上涨幅度有所减缓，如图 1-3 所示。

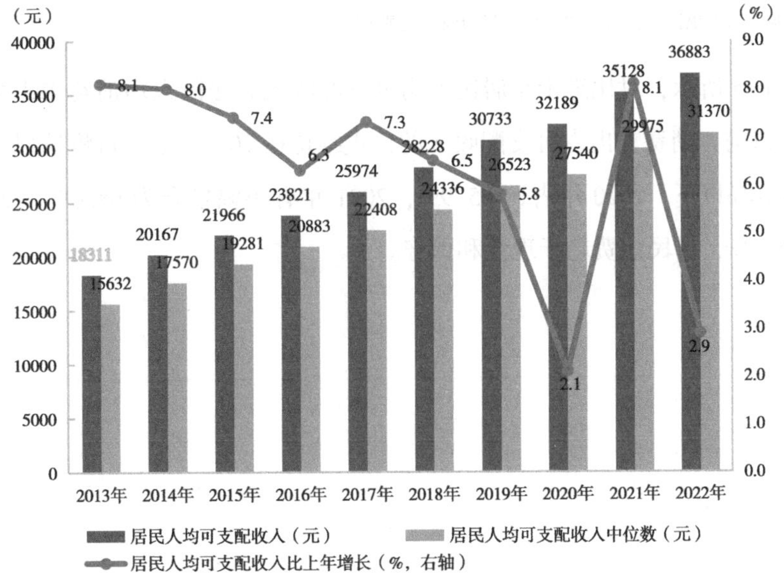

图 1-3　2013—2022 年我国居民人均可支配收入

数据来源：国家统计局，由中物联食材供应链分会整理绘制。

随着居民人均可支配收入的提高，居民人均消费支出也逐渐攀升，除 2020 年受疫情影响外，近十年都是呈上升趋势。食品烟酒作为居民最基本的消费品类占整体支出的比例维持在 30%上下。2022 年，居民人均消费支出 24538 元，其中食品烟酒支出 7481 元，占比 30.5%，对比 2021 年 29.8%有小幅提升，如图 1-4 所示。

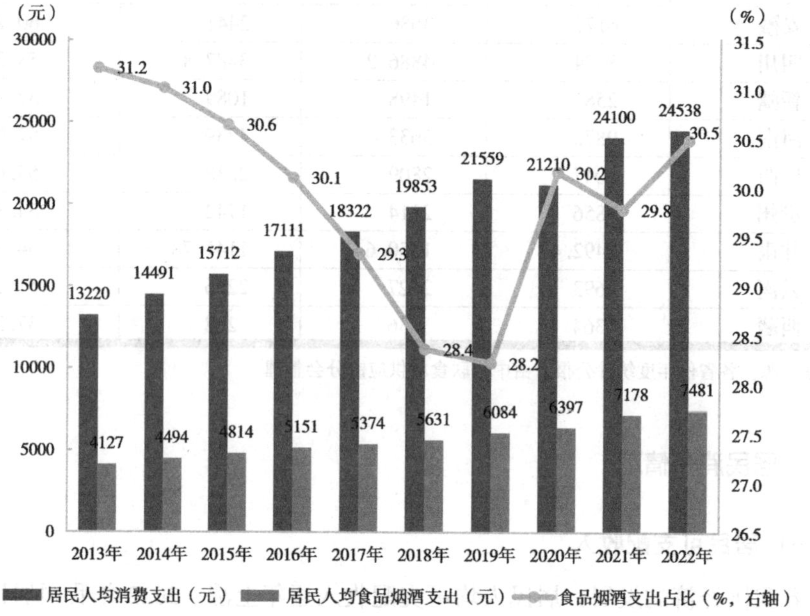

图 1-4　我国居民人均消费支出

数据来源：国家统计局，由中物联食材供应链分会整理绘制。

如图 1-5 所示，对比近十年居民人均可支配收入和居民人均消费支出数据，在 2019 年及以前，消费支出占可支配收入的比重维持在 70%以上。自疫情以来，该比重下跌到 70%以下，2020 年占比 65.9%，2021 年有小幅攀升为 68.6%，2022 年又下降到 66.5%，居民消费趋于理性和保守。

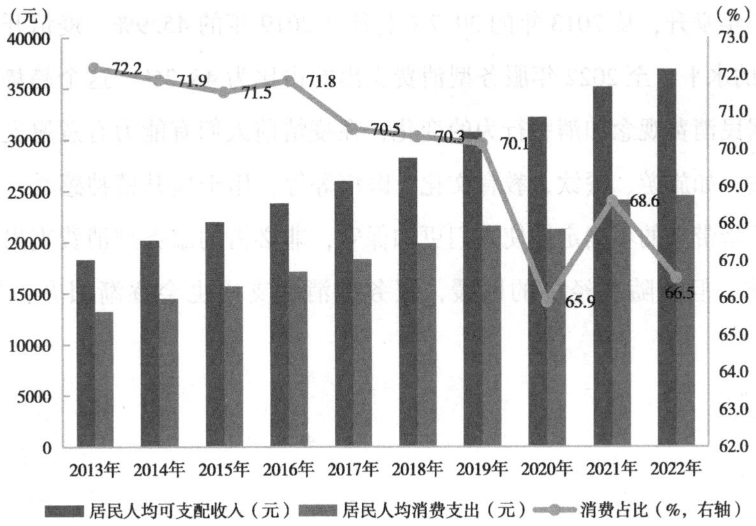

图 1-5　我国居民人均可支配收入与消费支出对比

数据来源：国家统计局，由中物联食材供应链分会整理绘制。

(二) 居民消费水平

2022 年我国居民消费水平 31718 元，对比 2021 年增加 705 元，其中城镇居民消费水平 38289 元，对比 2021 年增加 294 元，农村居民消费水平 19530 元，对比 2021 年增加 1096 元，农村居民消费水平提升较快，如图 1-6 所示。

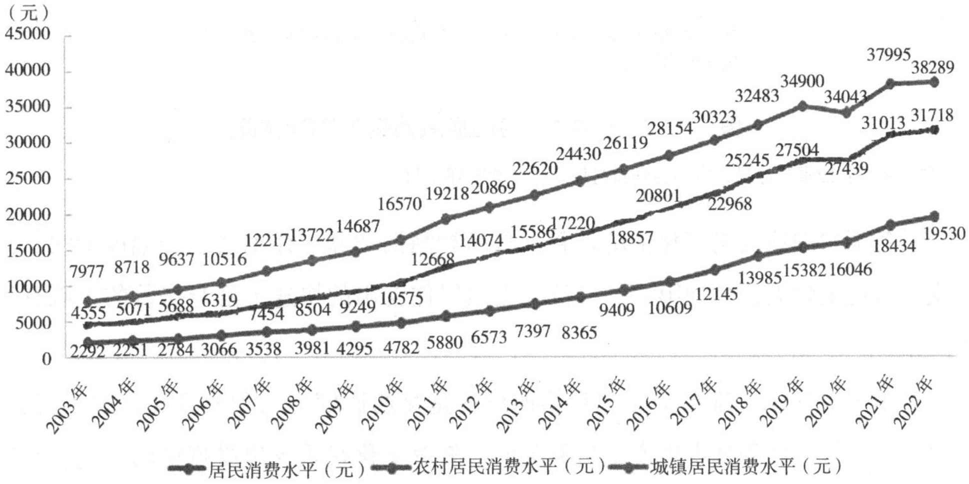

图 1-6　2003—2022 年我国居民消费水平变化趋势

数据来源：国家统计局，由中物联食材供应链分会整理绘制。

(三) 居民消费结构

纵观近十年我国居民消费结构的变化情况，在疫情前，我国居民服务型消费支出的占比逐年攀升，从 2013 年的 39.7%上升至 2019 年的 45.9%，疫情开始后下降至 2017 年的水平，至 2022 年服务型消费支出的占比为 43.2%。这个趋势变化也反映出我国居民消费观念和消费行为的变化，在疫情前人们有能力有意愿支付更多的服务性消费，如旅游、餐饮、教育文化、医疗等等，用于提升精神感受、提高生活品质，但疫情带来的不确定性使人们更加保守，非必需的服务型消费支出势必会首先受到影响。但是随着经济的回暖，服务型消费支出也会逐渐回升，如图 1-7 所示。

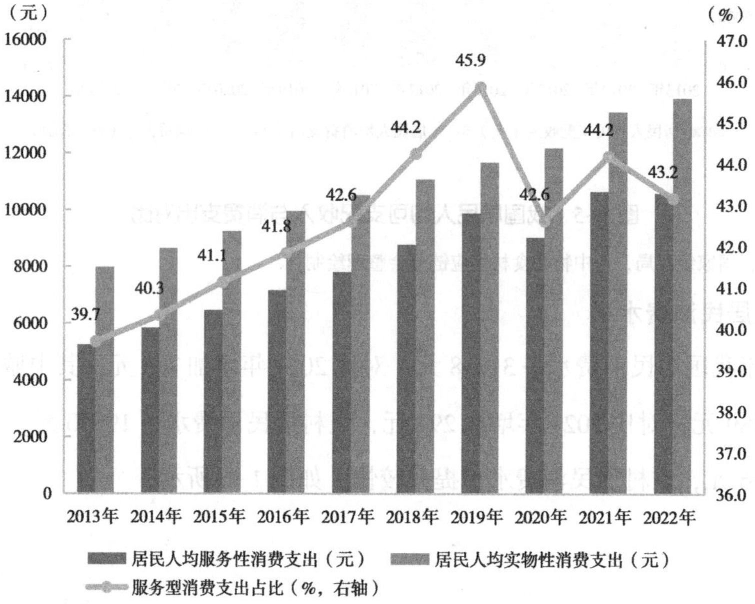

图 1-7　2013—2022 年我国居民消费结构变化情况

数据来源：国家统计局，由中物联食材供应链分会整理绘制。

从各消费细项支出变化情况来看，食品烟酒消费和居住消费上涨幅度最快，消费支出占比也较大，分列第一、二位，当然居住支出的快速上涨与房价的上涨有很大关系。

如图 1-8 所示，排在第三位和第四位的是交通通信支出和教育文化娱乐支出，这些也都是与人们的基本生产生活相关的。教育文化娱乐支出受疫情的影响、教育行业相关政策等影响从 2020 年开始下降，但复苏态势较强。随着生活节奏的加快、生活压力越来越大，人们对健康的关注度越来越高，生活习惯、饮食习惯发生变化，医疗保健支出也是逐年升高。除了老年人外，中青年人逐渐成为医疗保健消费的主力。与之相对应的是衣着支出增长缓慢，被医疗保健支出超越。

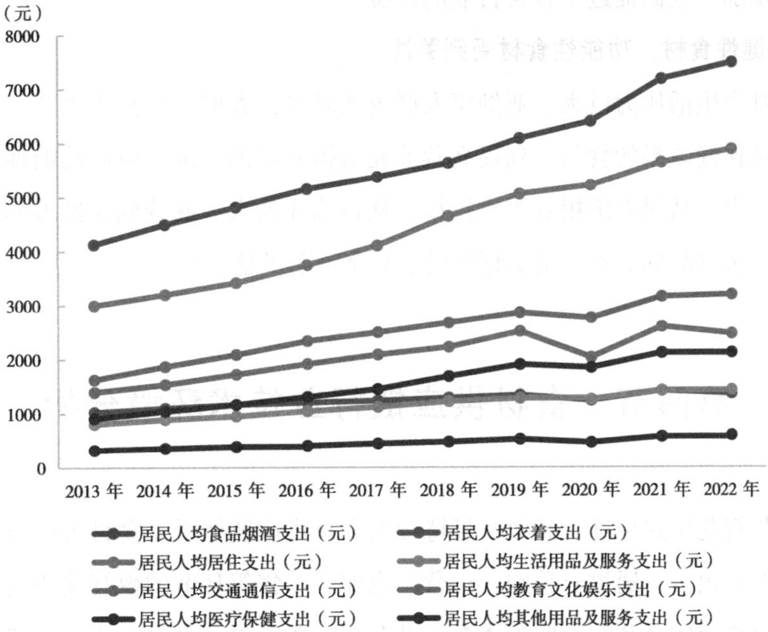

图 1-8 2013—2022 年我国居民各项消费支出情况

数据来源：国家统计局，由中物联食材供应链分会整理绘制。

三、消费的变化对食材供应链行业的影响

经济的发展带来了生活水平的提升和生活方式的改变，也使得消费结构、消费行为发生了变化，对食材供应链行业也产生一定的影响。

1. 更加追求食材的品质

随着常住人口城镇化率的提高，拉动了城镇居民消费水平的提升，人们的食材消费观念从“吃得饱”向“吃得好”再向“吃得精”过渡，对食材的品质、品牌、服务的要求也越来越高，个性化、多元化的食材消费需求涌现。

我国居民的可支配收入增加，购买力随之增加，对高端食材的需求量增加，从我国历年递增的牛肉的需求量中可见一斑。

同时，为了保障食材的品质，对冷链物流的需求量加大、对冷链物流的服务要求增加，如产地预冷、全程不断链等。

2. 食材消费渠道更加多样化

随着生活节奏的加快，时间成了宝贵的资源，越来越多的新的食材消费方式涌现，从传统的线下农贸市场、超市、生鲜店到传统电商再到 O2O（线上到线下）、社区团购、直播，消费方式日益多元化。人们也不再拘泥于在家吃饭，对餐饮的消

费需求量增加，进而促进了食材行业的发展。

3. **保健性食材、功能性食材受到关注**

现代社会生活压力巨大，亚健康人群越来越多，人们更加注重养生、保健，通过食用具备保健效果的食材达到提高营养元素摄入量的目的，因而功能性食材的需求量越来越多。从只吃细粮到改吃粗粮，从畜牧业的人工圈养到天然放养，再到绿色有机无公害食品的热销、清洁标签的倡导都说明了这一点。

第四节　食材供应链行业技术环境分析

运用数智化构建标准、高效、可持续的食材供应链体系。食材供应链的数智化要从各个节点出发，通过对采购、运营、仓储、零售等环节的数智化改造，建立标准化的食材供应体系和全面监管体系，以全链智能化提升食材企业的精细化管理能力，进而更好地服务供应链企业进行集采集配，有效控制成本、提升整体效率，从而实现全链条健康发展。

一、硬件设施基本情况

设施农业已经写进了2023年的中央一号文件，但是在政府的公开文件中，没有任何关于设施农业的定义和概念阐释。中物联食材供应链分会从环节流程方面梳理了相关硬件设施的基本情况。

（一）产地采收

收储设备：我国农机装备总量近2亿台（套），农作物耕种收综合机械化率超72%。

初级食材周转筐：据相关数据统计，国内农产品因包装问题所产生的损耗可达5%以上，中国纸制品包装箱成本占农产品总成本的15%~20%。一次性周转筐的市价为7~8元，筐质量也成为隐性风险。二手一次性周转筐价格为3~4元。

（二）仓储环节

冷库：制冷设备的一种。冷库是指用人工手段，创造与室外温度或湿度不同的环境，也是食品、液体、化工、医药、疫苗、科学试验等物品的恒温恒湿贮藏设备。

托盘：托盘标准化可以实现物品包装的单元化、规范化和标准化，保护物品，方便物流和商流。实现托盘联运和机械化作业，既可以有效避免人工搬运造成的货物损毁，也可以避免货物未能有效集装所造成的计数差错。有利于降低全社会物流成本，迅速提高搬运效率，是材料流动过程有序化的有效手段，在降低生产成本和提高生产效率方面起着巨大的作用。

制冷系统：食品冷链配送系统比常温物流系统的要求更高、更复杂，因此其投资成本也会更高。例如，农产品在生产加工、包装运输、储存销售等物流环节都需要专门的冷冻设施设备等。又如，生鲜果蔬等食品在流通各环节中始终处于规定的低温条件下，必须安装温控设备、使用冷藏车或低温仓库和采用先进的信息系统等。

（三）交接环节

搬运设备：具体可分为装卸搬运设备和保管设备、计量设备、养护检验设备、通风照明设备、消防安全设备、劳动防护设备以及其他用途设备和工具等。

（四）运输环节

包括运输车辆、标准单元化器具（无线 POS 扫描机、服务器、调制解调器、交换机）、信息处理设备、收货设备（称重设备、农药残留检测设备、电脑、手推车、滚轮车）。

（五）加工环节

包括清洗设备、烘干设备、加工设备（切片机、去皮机、榨汁机、打浆机、搅拌机、包装机等）、作业流水线（清洗设备、操作器具）、基础设备、灭菌设备（高压灭菌锅、电子束灭菌设备、紫外线灭菌设备等）。

二、食材供应链信息平台设施设备技术情况

（一）食材追溯系统

保证来源。食品安全管理是食材供应链管理的重中之重，数智化管理可以帮助食材供应链企业建立起全程可追溯的管理体系，让食品安全更有保障。通过追溯系统可将质检流程线上化，并可将质检结果透明展示给客户及监督机构，形成多维监督。

1. RFID（射频识别）技术

可以为食品生产和供应链的各个环节提供精确的追溯记录。每一箱食材都可附加一个 RFID 标签，在每个环节都实现自动采集、记录和传输，使制造商、供应商、商家和消费者等都能追溯每件食品的来源、流向和质量信息。如在农场，RFID 动物耳标贴在猪、牛、羊耳朵上，与农场数据库相连接，能够实现对动物健康、喂养、疫苗和药物等的信息和历史追溯；处理过程中，可以将每批产品信息与原料、机器

等相关数据记录，确保每批次产品的质量符合规范；运输和储存中，则可以实现对温度、湿度等参数的监测和记录。这样，当食品安全问题发生时，可以通过 RFID 动物耳标追溯数据确定食品的批次和来源，快速查找和处理问题。

2. 条形码

自动进行阅读识别，只要用扫描阅读器扫过条形码的标签，计算机就可以自动进行阅读识别，确定商品的代码，然后找定价、做累计等，进行汇总结算，输出总金额。具有快速、准确的特点。产品管理能对商品销售的信息进行分类、汇总和分析，有利于经营管理活动的顺利进行。比较典型的就是清点库存和销售盘点。

3. 二维码

二维码可以存储大量的信息，包括产品的名称、规格、产地、生产日期、有效期、质量检验报告等。通过扫描二维码获取信息能够确保准确性和真实性。在供应链管理中，产品的质量和安全是至关重要的，通过二维码的应用，可以更好地保证产品的质量和安全，避免虚假信息的误导和影响。

（二）信息化平台搭建

“数据可视+运输全程监管”让供应链管理更透明。通过可视化平台，可以实时查看订货数量，对食材类型数据进行分析，同时掌握各基地收货进度、拣货指令数量，以及食材未到货、未拣货、已拣货、已复核状态。可方便管理层对于重要数据实时掌握，提升企业决策效率和工作效率。

1. 物联网技术

物联网概述了供应链如何影响业务，这对于更复杂的价值链尤其重要，这些价值链往往被分解为一系列数据孤岛。物联网有助于打破这种孤岛，从而为整个供应链的团队提供有洞察力和及时的数据，使他们能够进行协作以避免潜在的供应链问题或瓶颈。通过自动收集数据，物联网系统消除了数据收集中的人为错误，从而有助于提高需求预测水平。使用物联网供应链的管理人员，可以根据历史数据和实时数据预测需求。例如，库存水平可以指示订单的时间，也可以用于自动化订单。供应链数据可以不间断地收集，也可以按指定的时间间隔收集。无论哪种方式，它都允许企业使用难以收集的数据或不可能手动收集的数据。

2. 区块链等技术

区块链技术是一种分布式数据库技术，它可以实现数据的可追溯和不可篡改。区块链是一种分布式账本技术，其特点是去中心化、不可篡改和可追溯。区块链由多个区块构成，每个区块记录着一定数量的交易信息和时间戳，每个区块之间通过哈希值链接，形成了一个不可篡改的分布式账本。由于其去中心化的特点，区块链不依赖于中心化机构的信任，而是通过共识机制对所有参与者进行验证和授权。区块链技术可以实现对食品供应链的全程追溯，追踪食品的来源、加工、运输、存储等环节的信息，以及对每个环节的检验结果和合规证明进行记录和存储。这样可以快速定位和排除食品安全问题，并及时采取有效措施，保证食品的安全和质量。

3. SaaS（软件即服务）系统

SaaS系统涵盖从点餐、收银、预订、排队到后厨管理、连锁管理及供应链管理等系列餐饮服务工具，不仅可以帮助经营者提升效率，还为消费者提供更高效、快捷的体验。同时系统对接团购、外卖等平台，通过对全部的数据进行分析，生成对应的统计报表，餐厅的经营状态可得到清晰可视化的展示。而且作为消费者，在就餐高峰期，会面临排队以及出菜慢的问题，大大降低了就餐体验，而餐饮SaaS系统的应用，恰恰就能解决这一问题，消费者可以通过互联网平台看到餐厅的实时菜品与座位，就餐前在平台进行预订、选座，并提前点好餐、付完款。商家会根据消费者的预订信息，在消费者到店前提前准备好菜品并提醒就餐。

（三）智能仓储管理系统

智能仓储管理系统可以实时监控运输流程，减少人为的操作，提高工作效率和准确率，大大降低企业管理成本。

1. 入库管理

智能仓储管理系统能够实现仓库进货、入库单的记录和货物入库信息的查询，以及货物的分类、定位、上架，并对不同SKU（最小存货单位）的货物进行决策，如：将冷链商品存储在冷藏区，将危险品存放在安全区域等。

2. 出库管理

智能仓储管理系统可以对商品的销售出库进行管理，根据订单进行拣货、复核，实现出库清单的记录和跟踪，并可实现生产日期、有效期或溯源码的出库核验。

3. 盘点管理

当需要对仓库物品进行盘点时，智能仓储管理系统会随时记录货物的状态，确保无盲点盘点，提高盘点的准确性和效率。系统还支持自动生成盘点单，实现盘点过程中的盘点、盘点结果分析等功能，降低盘点时间成本。

4. 库存管理

智能仓储管理系统可以随时掌握物品的库存状况，提高物资的利用率、保证物品的安全和保持库存平衡，且可提供库存报告和BP（业务流程）统计以便管理层进行生产决策。

5. **物流管理**

智能仓储管理系统的物流管理功能可以对物品进、出仓库的运输流程进行管理，监控物流状态，提高货物运输的实时性和物流的质量。

6. **管理报表**

智能仓储管理系统内置有丰富的报表功能，方便检查库存、出入库的记录等情况，帮助企业管理层进行决策和分析。

（四）温度监控和检测软件

为了保证食品安全，需要在流通过程中保持车辆跟踪定位、车厢温控记录等，运输管理系统可对冷链车进行 GPS（全球定位系统）、温度、视频全运输流程监控，实时掌控食材环境，牢牢把控食材安全。仓库储藏环境对存储物品品质影响很大，传统仓库环境质量采用人工测量记录，管理人员对仓储环境缺乏有效的监测手段。随着信息化水平的提高，为改进仓储管理方式，在大型仓库中使用仓库温湿度监控系统就能让储藏变得十分方便。

1. **数据不丢失**

不同于人工记录，软件记录可以长时间保存和处理数据，即使出现网络故障，也可保证数据永不丢失。

2. **多级监控点**

实时监控仓库内现场的温度、湿度、烟雾等数据，并将环境现场的温度、湿度、烟雾等数据采集到数据采集终端内，还可以根据实时数据实现采集点自动报警，防止事故发生。

3. **全天候监控**

可在线 24 小时实时连续地采集和记录监测点位的温度、湿度、烟雾浓度等各项环境参数情况，以数字、图形和图像等多种方式进行实时显示和记录存储监测信息，监测点位可多达上千个。

（五）物流配送系统

可对车辆、司机进行管理，对作业操作规范、运输进度做到全程监管并及时反馈，避免食材损耗，保证供应链的稳定性。

（六）厨房智能管理系统

厨房智能管理系统能够基于菜肴标准化和成本控制进行餐厅食谱智能生成，并以此为起点实现原料需求统计、订单审批、进销存管控、烹饪任务调度、经营数据分析等工作的流程一体化和数据链共享，帮助各层级业务管理者实时、精准、高效、智能、可溯地分析掌控经营状况。

三、大数据数字化赋能结论

美国企业发展的经验是对内提效靠数字化、对外提效则要依靠供应链建设，因此 20 世纪 70 年代也是美国软件和供应链的黄金十年。这十年间，SAP、微软、甲骨文等著名软件公司相继成立，与此同时，供应链领域也诞生了许多巨头。在中国，我们即将迎来这样的黄金十年。很多行业观察者判断，企业服务软件和供应链在未来 50 年会是一个不可逆驱动力。食材供应链同样如此，眼下已经迎来了最佳的发展机会。优质的食材供应链企业将扮演枢纽角色，在促进产业融合、推动农商互联、提高餐饮行业发展质量过程中发挥重要作用。

第二章
2022 年中国食材供应链体系现状

本章被划分为五个部分，以五个关键领域来解析 2022 年至 2023 年第一季度食材供应链的发展状况。首先对食材供应链的各个方面进行概括，然后对当前食材行业的发展现状进行归纳整理，并深入挖掘行业问题。基于大量的研究和数据，提出一些意见和解决方案。第一节重点讨论了食材的产地体系，涵盖了农产品的产量情况、产地端的建设情况、产销对接模式以及存在的问题和发展趋势。第二节专注于加工体系，介绍了加工体系的基本情况、加工相关政策以及 2035 年的目标，同时分析了食材加工的市场规模、发展问题及趋势。第三节流通体系部分，描述了食材流通的发展状况、市场规模，以及流通基础设施和环节技术情况，探讨了食材流通当前存在的问题及其未来的发展趋势。第四节聚焦于销地体系，首先介绍了食材消费的整体情况，进一步分析了餐饮（连锁）的发展情况、问题及趋势；同时也探讨了零售业的发展情况、问题及趋势。第五节食材供应链品牌建设部分，首先阐述了食材供应链上品牌建设的意义，然后分析了国内品牌业态的发展情况和国际品牌业的发展情况。

第一节　中国食材供应链产地体系分析

我国是农业大国、食材品类丰富，受益于农业科学技术的进步，产出比不断提高、食材产量逐年增加。根据中国物流与采购联合会食材供应链分会对食材的明确定义，食材可分为初级食材和加工食材。本节重点围绕初级食材展开分析，具体包括粮食、蔬菜、水果、肉类、水产品和蛋奶等重点品类。

一、中国食材产地农产品产量情况

如图 2-1 所示，2022 年，除禽蛋产量有小幅回落外，其他品类产量均呈逐年上升趋势。

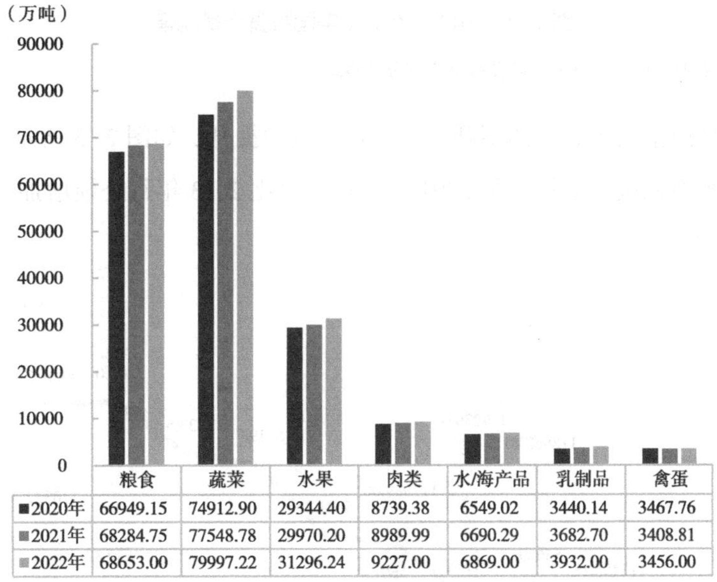

	粮食	蔬菜	水果	肉类	水/海产品	乳制品	禽蛋
■2020年	66949.15	74912.90	29344.40	8739.38	6549.02	3440.14	3467.76
■2021年	68284.75	77548.78	29970.20	8989.99	6690.29	3682.70	3408.81
■2022年	68653.00	79997.22	31296.24	9227.00	6869.00	3932.00	3456.00

图 2-1　2020—2022 年各品类产量规模

数据来源：农业农村部、国家统计局、海关总署。

（一）粮食产量及区域市场分析

1. 粮食产量规模

2022 年，我国粮食总产量 68652. 8 万吨，较 2021 年的 68284. 8 万吨增加 368 万吨，环比增长 0. 54%，如图 2-2 所示。按收获季节划分，2022 年早稻产量 2812 万吨、夏粮产量 14740 万吨、秋粮产量 51100 万吨，对比 2021 年分别增长 0. 36%、0. 99%和 0. 42%。按作物品种划分，2022 年谷物产量 63324. 3 万吨、薯类 2977. 4 万吨、豆类 2351 万吨，其中，谷物以玉米、稻谷和小麦为主。

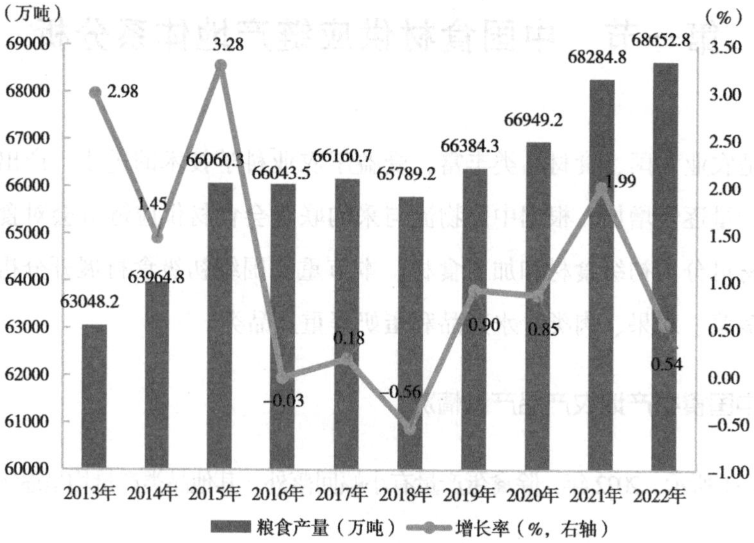

图 2-2　2013—2022 年中国粮食产量规模

数据来源：农业农村部，由中物联食材供应链分会整理。

我国粮食产量逐年攀升离不开单位面积产量的提升，如图 2-3 所示。2022 年我国每公顷播种面积粮食平均产量 5801. 7 千克，对比 2013 年每公顷增加 362. 2 千克，增长率为 6. 7%。

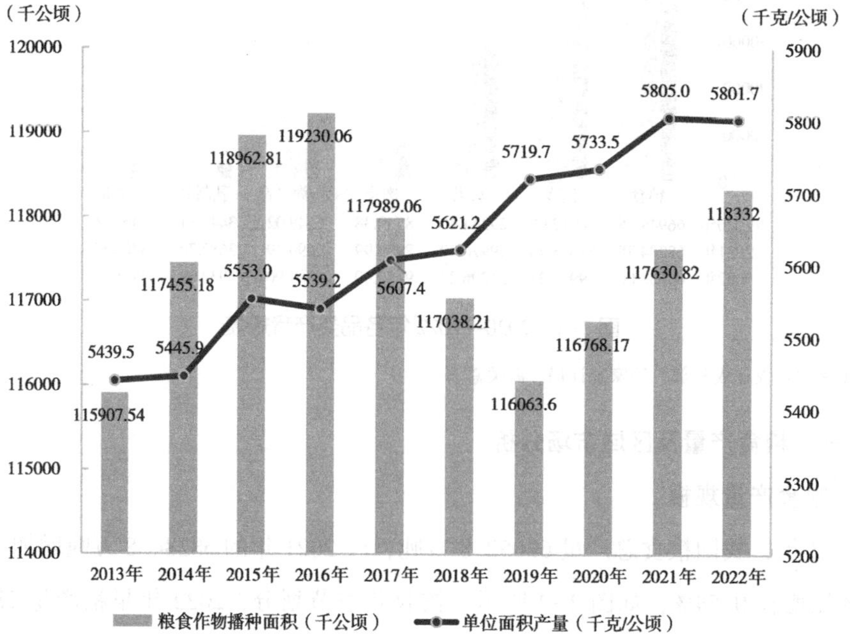

图 2-3　2013—2022 年粮食作物播种面积及单位产量

数据来源：农业农村部，由中物联食材供应链分会整理。

2. 区域市场分析

2022 年，我国粮食产量排名前十的省份是黑龙江、河南、山东、安徽、吉林、内蒙古、河北、江苏、四川和湖南，如表 2-1 所示。排名前十省份粮食总产量为 46340.5 万吨，占全年总产量的 67%。

表 2-1　2022 年各省份粮食产量

序号	省份	播种面积（千公顷）	总产量（万吨）	单位面积产量（千克/公顷）
1	黑龙江	14683.2	7763.1	5287.1
2	河南	10778.4	6789.4	6299.1
3	山东	8372.2	5543.8	6621.6
4	安徽	7314.2	4100.1	5605.7
5	吉林	5785.1	4080.8	7053.9
6	内蒙古	6951.8	3900.6	5610.9
7	河北	6443.8	3865.1	5998.1
8	江苏	5444.4	3769.1	6922.9
9	四川	6463.5	3510.5	5431.4
10	湖南	4765.5	3018	6333
11	湖北	4689	2741.1	5846
12	辽宁	3561.5	2484.5	6976.1
13	江西	3776.4	2151.9	5698.4
14	云南	4211	1958	4649.7
15	新疆	2433.9	1813.5	7451
16	山西	3150.3	1464.3	4647.9
17	广西	2829.3	1393.1	4924
18	陕西	3017.5	1297.9	4301.2
19	广东	2230.3	1291.5	5790.9
20	甘肃	2699.8	1265	4685.5
21	贵州	2788.7	1114.6	3997
22	重庆	2046.7	1072.8	5241.8
23	浙江	1020.4	621	6085.3
24	福建	837.6	508.7	6073.2
25	宁夏	692.3	375.8	5428.8
26	天津	376.7	256.2	6802.1

续 表

序号	省份	播种面积（千公顷）	总产量（万吨）	单位面积产量（千克/公顷）
27	海南	273	146.6	5368.9
28	西藏	192.6	107.3	5573.6
29	青海	303.5	107.3	3534.8
30	上海	122.8	95.6	7782.1
31	北京	76.7	45.4	5910.9
—	全国统计	118332.1	68652.8	5801.7

数据来源：农业农村部。

如表2-2所示，在谷物作物中，黑龙江省以玉米、大豆为主，河南省以小麦、玉米为主，山东省以小麦、玉米为主，安徽省以稻谷和小麦为主，吉林省以玉米为主，内蒙古自治区以玉米为主，河北省以玉米和小麦为主，江苏省以稻谷和小麦为主，四川省以稻谷和玉米为主，湖南省以稻谷为主。

表2-2　粮食产量排名前十省份主要谷物作物

序号	省份	主要作物种类
1	黑龙江	玉米、大豆、稻谷
2	河南	小麦、玉米
3	山东	小麦、玉米
4	安徽	稻谷、小麦
5	吉林	玉米
6	内蒙古	玉米
7	河北	玉米、小麦
8	江苏	稻谷、小麦
9	四川	稻谷、玉米
10	湖南	稻谷

数据来源：农业农村部，由中物联食材供应链分会整理。

薯类作物对环境适应能力较强，四川、贵州、云南、重庆、甘肃等西部地区是薯类作物的主要产区，总产量占比50%以上。

在豆类作物中，黑龙江、内蒙古、四川、云南等东北部和西部地区是豆类的主要产区，产量占总产量的60%左右。

粮食生产是关系国计民生和粮食安全的大事，稳产保供有压力、有挑战，是今后一段时期内的重要任务。

（二）蔬菜产量及区域市场分析

1. 蔬菜产量规模

蔬菜作为多种维生素和矿物质摄入的主要来源，是人们日常饮食不可或缺的食材之一。我国是世界上蔬菜生产大国，受蔬菜种植技术的提升和种植面积的增加，蔬菜产量连年递增。如图 2-4 所示，2022 年我国蔬菜产量为 79997.2 万吨，对比 2021 年增长 2448.4 万吨、增长率 3.2%。

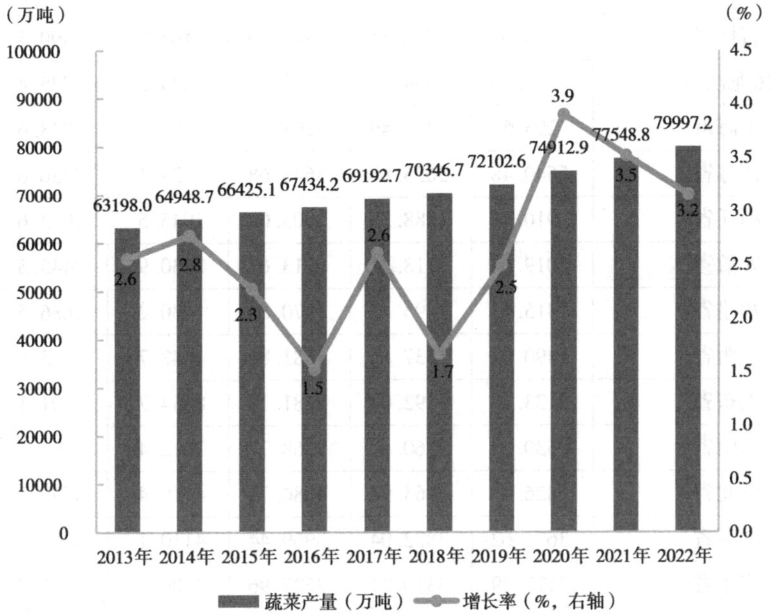

图 2-4　2013—2022 年蔬菜产量及增速

数据来源：国家统计局，由中物联食材供应链分会整理。

2. 区域市场分析

如表 2-3 所示，2022 年我国蔬菜产量排名前十的省份为山东、河南、江苏、河北、四川、湖北、湖南、广西、广东和贵州，排名第一的省份蔬菜产量 53827.23 万吨，占全国总产量比例为 67.3%。

表 2-3 2017—2022 年中国各省份蔬菜产量

单位：万吨

省份	2017 年	2018 年	2019 年	2020 年	2021 年	2022 年
北京市	156.82	130.55	111.45	137.9	165.6	198.86
天津市	269.61	253.98	242.78	266.5	239	256.44
河北省	5058.53	5154.5	5093.14	5198.2	5284.2	5406.79
山西省	806.74	821.87	827.83	861.2	976.3	1010.28
内蒙古自治区	1111.35	1006.52	1090.8	1075.1	993.7	1012.87
辽宁省	1797.84	1852.33	1885.39	1960	1990.2	2055.38
吉林省	356.64	438.15	445.39	464.9	490.5	514.84
黑龙江省	798.59	634.4	655.4	674.3	725.4	759.84
上海市	293.5	294.49	268.11	252.9	248.6	259.63
江苏省	5540.48	5625.88	5643.68	5728.1	5856.6	5974.67
浙江省	1910.45	1888.37	1903.09	1945.5	1933.6	1976.66
安徽省	2019.64	2118.21	2213.61	2330.9	2445.3	2537.7
福建省	1415.31	1493	1570.69	1630.2	1686.5	1752.9
江西省	1490.07	1537	1581.81	1642.7	173.6	1786.86
山东省	8133.77	8192.04	8181.15	8434.7	8801.1	9045.78
河南省	7530.22	7260.67	7368.74	7612.4	7607.2	7845.3
湖北省	3826.4	3963.94	4086.71	4119.4	4299.8	4407.93
湖南省	3671.62	3822.04	3969.44	4110.1	4268.9	4356.7
广东省	3177.49	3330.24	3527.96	3706.8	3855.7	3999.11
广西壮族自治区	3282.63	3432.16	3636.36	3830.8	4047.5	4236.52
海南省	553.05	566.77	571.98	572.8	588.9	605.43
重庆市	1862.63	1932.72	2008.76	2092.6	2184.3	2272.36
四川省	4252.27	4438.02	4639.13	4813.4	5039.09	5198.7
贵州省	2272.16	2613.4	2734.84	2990.9	3280.1	3355.73
云南省	2077.76	2205.71	2304.14	2507.9	2748.86	2857.92
西藏自治区	72.73	72.57	77.49	84.3	89.5	81.58
陕西省	1733.99	1808.44	1897.38	1957.7	2012.8	2082.15
甘肃省	1212.31	1292.57	1388.75	1478.5	1655.3	1736.64
青海省	148.08	150.26	151.86	151.4	150.1	151.81
宁夏回族自治区	539.94	550.81	565.91	566.4	532.94	527.94
新疆维吾尔自治区	1820.06	1465.12	1458.82	1714.9	1620.4	1731.91

数据来源：国家统计局，由中物联食材供应链分会整理。

目前，我国已形成相对比较集中的蔬菜生产基地，主要有山东寿光、山东莘县、河北张北县、四川彭州、云南元谋、河北邯郸永年区、河南新野、广东湛江、甘肃张掖和甘肃兰州等。以主要蔬菜生产基地为主体，各地区中小型基地为辅助，平衡不同季节、不同地区间的蔬菜供给，共同守护百姓“菜篮子”。

（三）水果产量及区域市场分析

1. 水果产量规模

水果富含多种维生素和膳食纤维、对维持身体健康、平衡营养起着重要的作用。我国是水果生产大国，水果产量呈上升趋势。如图 2-5 所示，2022 年我国水果总产量 31296.2 万吨，较 2021 年增加 1326 万吨、增长率为 4.4%。

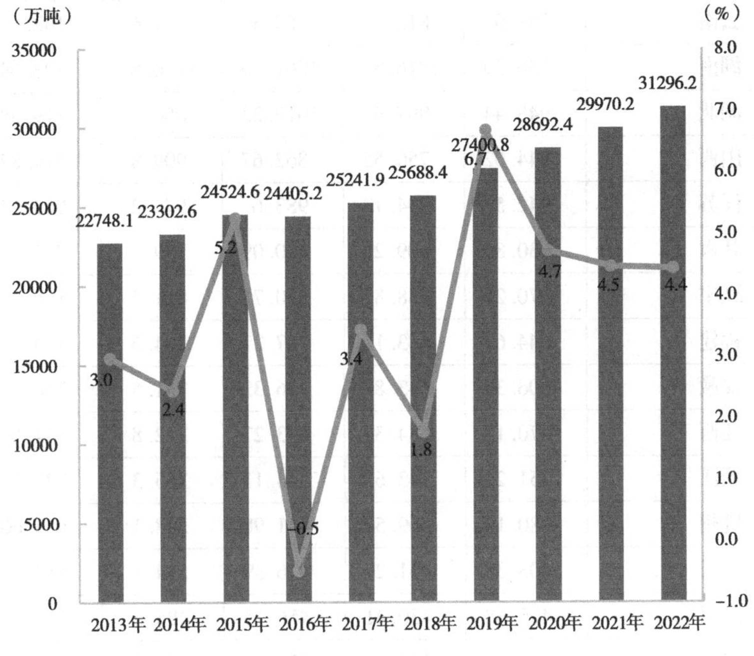

图 2-5　2013—2022 年水果产量及增长率

数据来源：国家统计局，由中物联食材供应链分会整理。

2. 区域市场分析

如表 2-4 所示，2022 年，我国水果产量排名前十的省份为广西、山东、河南、陕西、广东、新疆、河北、四川、云南和湖南，排名前十的省份产量 29393.45 万吨，占总产量比例为 65.2%。

表 2-4　2017—2022 年中国各省份水果产量

单位：万吨

省份	2017 年	2018 年	2019 年	2020 年	2021 年	2022 年
广西	1900.4	2116.56	2472.13	2785.7	3121.13	3402.46
山东	2804.3	2788.79	2840.24	2938.9	3032.59	3095.6
河南	2602.44	2492.76	2589.66	2563.4	2455.34	2542.03
陕西	1922.06	1835.08	2012.79	2070.6	2141.13	2240.78
广东	1538.73	1669.16	1768.62	1882.6	1957.79	2028.38
新疆	1420.2	1497.85	1604.75	1660.4	1659.51	1672.61
河北	1365.34	1347.93	1391.48	1424.4	1445.08	1533.87
四川	1007.88	1080.67	1136.7	1221.3	1290.9	1380.5
云南	783.9	813.35	860.32	961.6	1142.6	1289.05
湖南	956.39	1016.82	1061.99	1150.8	1193.64	1208.17
湖北	948.44	997.99	1010.23	1066.8	1119.38	1143.24
山西	844.02	750.55	862.67	909.8	974.87	1002.8
江苏	942.5	934.13	983.6	974.2	969.13	1002.1
甘肃	630.85	609.28	710.09	779	883.77	965.46
辽宁	770.27	788.87	820.7	851.3	856.42	879.7
福建	644.67	683.11	727.21	764.6	810.29	865
安徽	606.35	643.83	706.32	741.5	778.1	798.3
江西	670.12	684.37	693.27	712.8	744.64	749.38
浙江	751.29	743.62	744.11	755.3	722.55	704.49
贵州	280.14	369.53	441.98	548.1	653.66	698.87
重庆	403.38	431.27	476.39	514.8	553.18	593.28
海南	405.48	430.41	456.15	495.6	525.67	563.47
宁夏	210.6	197.21	258.64	204.5	262.77	271.73
黑龙江	236.91	170.82	164.96	170.1	184.29	189.43
内蒙古	322.88	264.18	280.41	238.7	190.82	175.54
吉林	89.52	148.14	153.95	146.6	164.09	166.02
天津	58.25	62.47	57.43	56.4	49.43	57.85
北京	74.4	61.46	59.9	53.8	48.84	38.33
上海	46.39	54.31	48.07	43.9	32.62	31.92
西藏	0.16	0.32	2.38	2.2	3.01	3.14
青海	3.65	3.51	3.69	2.9	2.96	2.77

数据来源：国家统计局。

水果种植受地理环境和气候影响较大，不同种类的水果主产区分布不同。如苹果以山东、陕西、河北等北方省份为主产区，广东、广西、福建、海南等华南地区省份则以热带和亚热带水果为主。我国水果种类多样，极大丰富了人们的“果盘子”。

（四）肉类产量及区域市场分析

1. 肉类产量规模

我国肉类产量在 2021 年扭跌为升后，2022 年继续保持增长势头。如图 2-6 所示，2022 年我国肉类总产量 9328.44 万吨，较 2021 年增加 338.45 万吨，增长率为 3.8%。其中，猪肉、禽肉占比较高，分别为 59%和 26%，其次是牛肉和羊肉，占比为 8%和 6%。

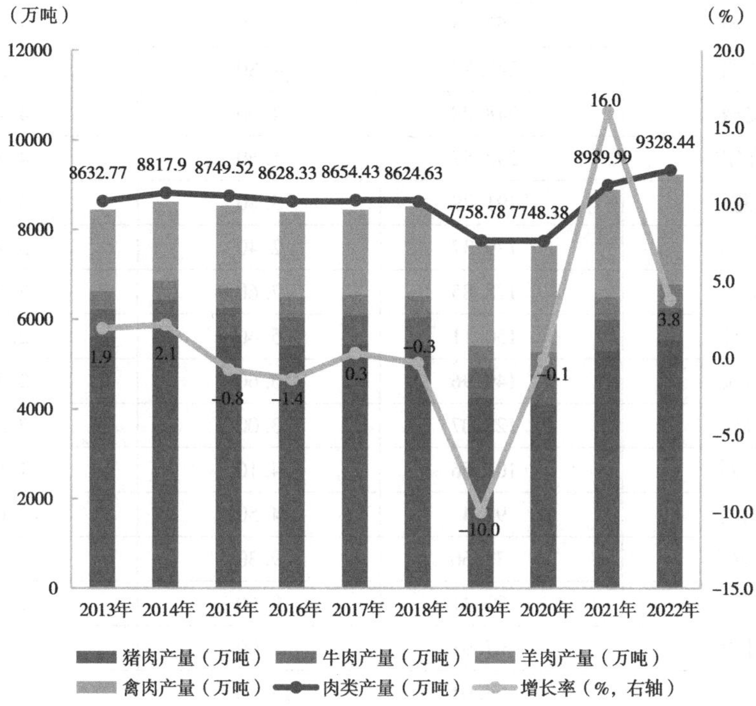

图 2-6 2013—2022 年肉类产量及增长率

数据来源：国家统计局，农业农村部，由中物联食材供应链分会整理。

2. 区域市场分析

（1）猪肉。猪肉在我国居民的肉食中占据着非常重要的地位，传承数百年的饮食习惯使得猪肉成为中国百姓餐桌上重要的食材之一，保证猪肉的稳定供给意义重大。如表 2-5 所示，2022 年我国猪肉产量排名前十的省份为四川、湖南、河南、云南、山东、湖北、广东、河北、广西和江西，排名前十省份猪肉产量 3529.78 万吨，占总产量的 63.7%。

表 2-5 2022 年全国各省份猪肉产量

省份	数量（万吨）	增速（%）	占全国比率（%）
四川	478	3.80	8.63
湖南	457.9	3.30	8.26
河南	434.89	1.90	7.85
云南	393.17	9.10	7.10
山东	368.39	3.50	6.65
湖北	331.69	4.30	5.99
广东	279.81	6.30	5.05
河北	273.39	2.90	4.93
广西	262.65	7.10	4.74
江西	249.89	4.80	4.51
安徽	248.28	4.00	4.48
辽宁	242.57	1.60	4.38
黑龙江	191.79	3.80	3.46
江苏	179.37	2.40	3.24
贵州	178.85	7.60	3.23
吉林	150.11	5.40	2.71
重庆	149.96	5.60	2.71
福建	128.07	3.00	2.31
陕西	101.56	4.10	1.83
山西	92.4	4.50	1.67
内蒙古	73.66	9.30	1.33
浙江	71.41	9.60	1.29
甘肃	67.91	6.00	1.23
新疆	57.01	14.40	1.03
海南	33.86	10.90	0.61
天津	16.68	-2.28	0.30
宁夏	9.03	-0.90	0.16
上海	8.27	15.66	0.15
青海	6.3	5.80	0.11
北京	2.78	5.70	0.05
西藏	1.79	33.58	0.03

数据来源：国家统计局，由中物联食材供应链分会整理。

华中、华东和西南地区为我国传统生猪主产区，其中四川、河南、河北、山东、湖南、湖北六省的生猪出栏量超过全国出栏量的 40%。这些传统的生猪主产区与长三角、珠三角和京津冀等猪肉消费集中区相邻，也确保了猪肉供给流通的顺畅性。

（2）牛肉。随着生活水平的提升，人们对牛肉营养价值的认可度提升，牛肉的消费需求逐渐增加，促使牛肉的生产量逐渐攀升。2022 年我国牛肉总产量 718.26 万吨，对比 2013 年 613.08 万吨增加 105.18 万吨、增长率 17.2%。如表 2-6 所示，2022 年我国牛肉产量排名前十的省份为内蒙古、山东、河北、黑龙江、新疆、吉林、云南、四川、河南和辽宁，排名前十省份牛肉产量 448.01 万吨，占总产量的 67.9%。

表 2-6　全国部分省份 2022 年度牛肉产量情况

省份	数量（万吨）	增速（%）	占全国比率（%）
内蒙古	71.87	4.60	10.01
山东	60.4	-1.50	8.41
河北	58.08	4.00	8.09
黑龙江	52.67	3.90	7.33
新疆	49.37	1.80	6.87
吉林	44.32	8.50	6.17
云南	43.61	3.80	6.07
四川	38.63	4.70	5.38
河南	36.71	3.30	5.11
辽宁	32.35	2.70	4.50
甘肃	27.18	0.60	3.78
贵州	22.84	-3.20	3.18
青海	21.88	3.00	3.05
湖南	21.6	1.40	3.01
西藏	21.35	4.10	2.97
江西	17.13	2.50	2.38
湖北	16.26	2.70	2.26
广西	14.94	6.50	2.08
宁夏	12.47	5.40	1.74
安徽	11.66	4.57	1.62
山西	9.1	1.50	1.27
陕西	8.93	-0.30	1.24

续表

省份	数量（万吨）	增速（%）	占全国比率（%）
重庆	7.95	4.19	1.11
广东	4.53	3.66	0.63
天津	2.93	5.02	0.41
江苏	2.89	3.58	0.40
福建	2.69	5.08	0.37
海南	2.02	-5.16	0.28
浙江	1.52	-8.43	0.21
北京	0.43	0.00	0.06
上海	0	—	0.00

数据来源：国家统计局，由中物联食材分会整理。

东北、中部、西北和西南地区是我国的牛肉主产区，东北地区和中部地区农作物秸秆资源丰富，而西北和西南地区牧场饲草资源丰富，具有天然的养殖优势。但肉牛饲养周期长，加上我国饲养成本高、养殖模式相对落后，牛肉供给优化空间巨大。

（3）羊肉。羊肉是我国部分地区居民重要的或必需的生活消费品之一，随着我国羊肉产业的发展，我国肉羊存栏量、出栏量连年递增，羊肉产量大幅增加。如表2-7所示，2022年我国羊肉产量为524.53万吨，较2013年的409.9万吨增加114.63万吨、增幅28%。2022年，我国羊肉产品排名前十的省份为内蒙古、新疆、河北、甘肃、山东、河南、四川、安徽、云南和湖南，排名前十省份羊肉产量399.47万吨，占比达76%。

表2-7 全国部分省份2022年度羊肉产量情况

省份	数量（万吨）	增速（%）	占全国比率（%）
内蒙古	110.25	-3.00	20.92
新疆	60.72	0.50	11.52
河北	36.89	8.90	7.00
甘肃	36.52	9.00	6.93
山东	33.7	2.10	6.39
河南	29.05	0.60	5.51
四川	27.43	1.30	5.20

续　表

省份	数量（万吨）	增速（%）	占全国比率（%）
安徽	24.99	14.21	4.74
云南	21.72	2.70	4.12
湖南	18.2	4.00	3.45
黑龙江	15.23	1.70	2.89
宁夏	12.48	8.80	2.37
青海	12.38	0.50	2.35
山西	11.17	7.50	2.12
湖北	10.53	9.10	2.00
陕西	10.2	0.50	1.94
吉林	8.32	9.00	1.58
江苏	7.19	9.44	1.36
重庆	6.89	-0.58	1.31
辽宁	6.66	-3.00	1.26
西藏	5.1	0.00	0.97
贵州	4.68	-4.20	0.89
广西	4.31	7.40	0.82
江西	3.13	8.80	0.59
浙江	2.43	0.41	0.46
福建	2.33	1.30	0.44
广东	2.01	2.55	0.38
海南	1.07	-3.60	0.20
天津	1.04	0.00	0.20
上海	0.24	-17.24	0.05
北京	0.19	0.00	0.04

数据来源：国家统计局，由中物联食材分会整理。

西北、西南牧区和中部农区是我国羊肉的主产区，如内蒙古的呼伦贝尔西旗羊、锡林郭勒盟羊、新疆阿勒泰羊、甘肃盐池滩羊、四川简阳羊等都是深受市场认可的品种。应继续调整优化产业结构、加快推进羊肉产业战略转型，提高羊肉产量、稳定羊肉供给，支持我国“肉案子”工程建设和发展。

（4）禽肉。禽肉是我国最为常见的消费肉品类，自改革开放以来，我国肉禽行业得到长足发展，形成了从上游的种禽培育与商品代养殖，中游的屠宰与加工，再到下游的食品生产的完整产业体系。根据农业农村部和国家统计局相关数据显示，2022 年我国禽肉产量 2443 万吨，增长 2.6%。据不完全统计，2022 年我国禽肉产量排名前十的省份为山东、安徽、广东、广西、辽宁、河南、江苏、河北、江西和吉林。山东省禽肉产量最多，为 375.90 万吨；其次为安徽省，为 191.80 万吨。排名前十省份的产量为 1647.5 万吨，占我国禽肉总产量的 67.4%，如表 2-8所示。

表 2-8 全国部分省份 2022 年禽肉产量情况

省份	数量（万吨）	增速（%）	占全国比率（%）
山东	375.90	3.00	15.39
安徽	191.80	4.60	7.85
广东	189.48	4.00	7.76
广西	164.08	-3.00	6.72
辽宁	162.80	4.20	6.66
河南	154.63	3.10	6.33
江苏	126.60	5.90	5.18
河北	107.00	1.30	4.38
江西	88.40	3.00	3.62
吉林	86.81	5.50	3.55
湖北	82.11	0.60	3.36
湖南	79.60	2.30	3.26
黑龙江	51.80	6.20	2.12
贵州	32.69	5.10	1.34
山西	29.80	11.80	1.22
新疆	23.83	-1.90	0.98
内蒙古	22.10	7.60	0.90
陕西	10.82	0.90	0.44
甘肃	9.90	5.00	0.41
兵团	7.02	-2.80	0.29
宁夏	2.55	-0.80	0.10
青海	0.31	-2.90	0.01

数据来源：国家统计局、农业农村部。

（五）水产品产量及区域市场分析

1. 水产品产量规模

我国海岸线总长 3.2 万千米、大陆海岸线长 1.8 万千米，内海和边海水域面积

470 万平方千米，内陆水域面积 27 万平方千米，水产品资源丰富，是世界上主要的水/海产品生产国之一。

如图 2-7 所示，2022 年，我国水产品总产量 6868. 78 万吨，其中海水产品产量 3465. 94 万吨、淡水产品产量 3402. 84 万吨，较 2021 年总产量 6690. 29 万吨增加 178. 49 万吨，增速 2. 7%。在海水产品中，鱼类和贝类产品产量占比较高，接近 80%，而淡水产品以鱼类为主，产量占比已超过 80%。

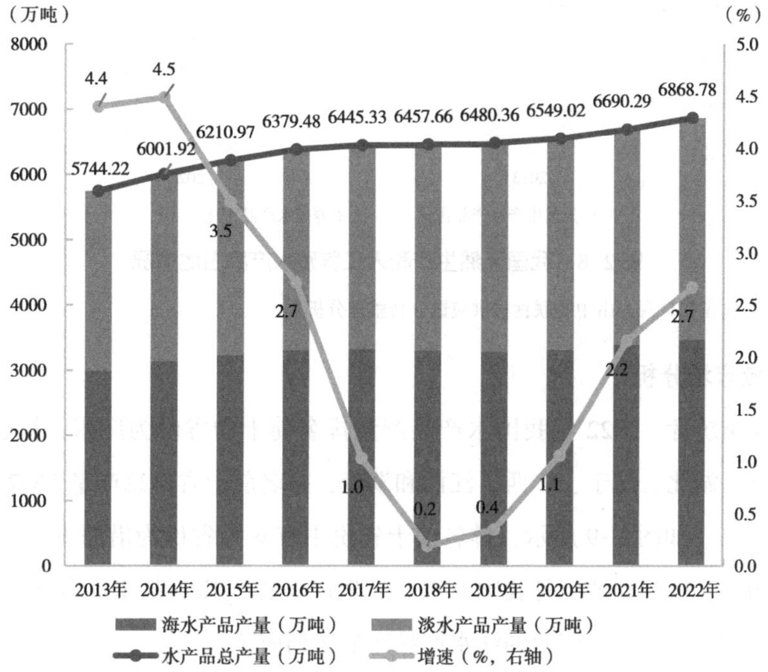

图 2-7　2013—2022 年水产品产量及增速

数据来源：国家统计局，由中物联食材供应链分会整理分析。

我国水产品供给以人工养殖为主，随着对渔业资源和环境保护力度的加大及水产养殖技术的提升，我国天然生产水产品的比例降低、人工养殖水产品的比例升高，2013 年我国人工养殖水产品比例为 73. 3%，到了 2022 年这一比例上升至 81. 1%，如图 2-8 所示。2022 年，在海水产品产量中，人工养殖比例为 66%，而淡水产品产量中，人工养殖比例高达 96%。

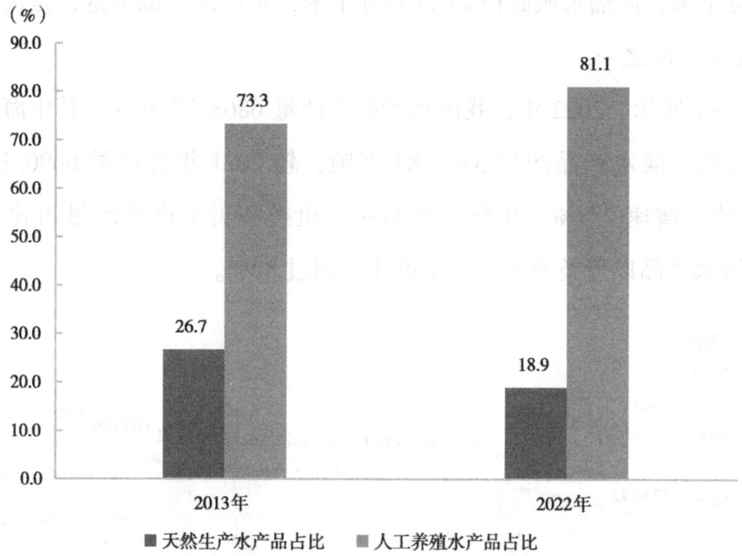

图 2-8　我国天然生产和人工养殖水产品占比情况

数据来源：国家统计局，由中物联食材供应链分会整理分析。

2. 区域市场分析

据不完全统计，2022 年我国水产品产量排名前十的省份为广东、福建、山东、浙江、江苏、湖北、辽宁、广西、江西和湖南，排名前十省份总产量 5647. 48 万吨，占比达 82. 2%。如图 2-9 所示，排名前十省份中有 6 个省份为沿海省份、4 个为内陆省份，山东、福建和浙江是我国海水产品生产大省，其中浙江舟山渔场是我国最大的渔场。湖北、广东、广西的淡水产品产量名列前茅。

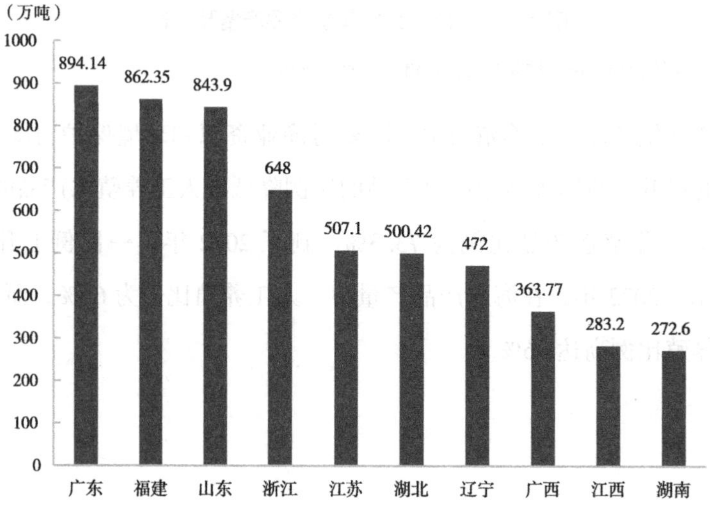

图 2-9　2022 年我国水产品产量排名前十省份情况

数据来源：农业农村部、2022 年各省国民经济和发展统计公报，由中物联食材供应链分会整理。

(六) 蛋奶产量及区域市场分析

1. 蛋奶产量规模

根据中国居民平衡膳食宝塔比例显示，蛋奶产品和肉类、水产品一起共同为我国居民的健康提供了优质的蛋白质和钙元素摄入。为增强体质，尤其是青少年和儿童的身体健康，我国政府大力推动蛋奶工程建设，近五年来，蛋奶产量保持持续增长。如图 2-10 所示，2022 年，我国蛋奶总产量为 7388.01 万吨，同比 2021 年增长 4.2%。其中禽蛋产量 3456.38 万吨、牛奶产量 3931.63 万吨。

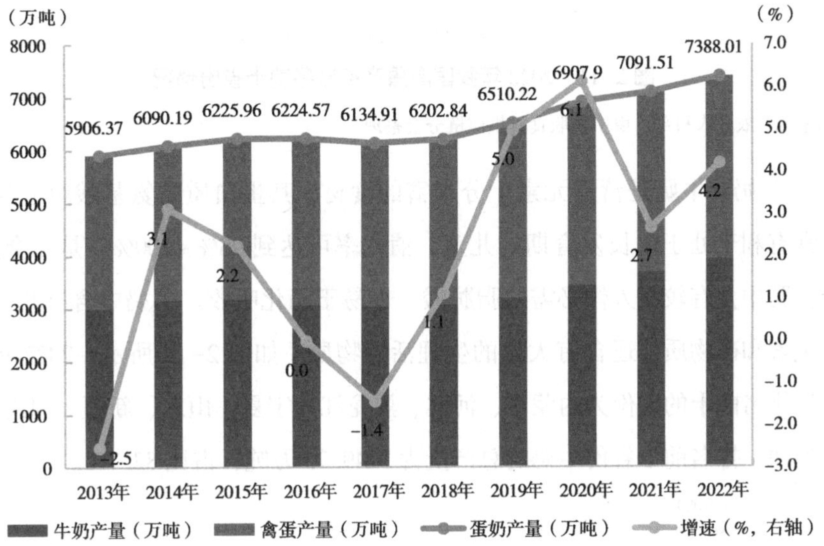

图 2-10　2013—2022 年蛋奶产量及增速

数据来源：国家统计局，由中物联食材供应链分会整理。

2. 区域市场分析

（1）禽蛋。如图 2-11 所示，据不完全统计，2022 年我国禽蛋产量排名前十的省份为河南、山东、河北、辽宁、江苏、湖北、安徽、四川、山西和湖南，排名前十省份产量 2652.8 万吨，占比达 76.8%。禽蛋作为畜牧业禽类副产品，其主产区与禽肉主产区重合度较高。

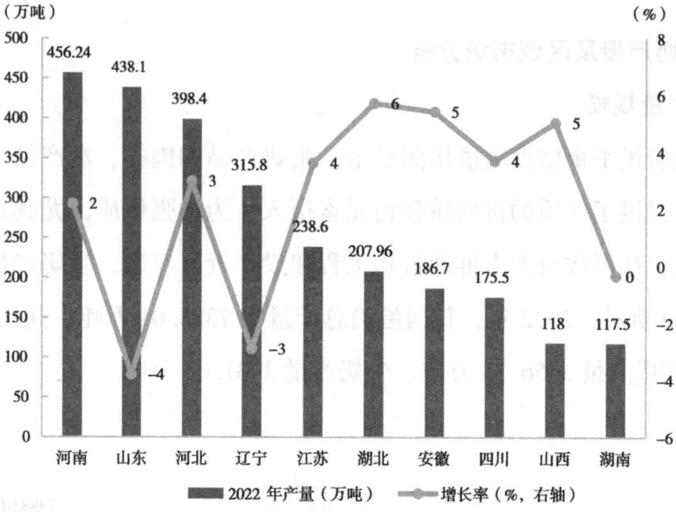

图 2-11　2022 年我国禽蛋产量排名前十省份情况

数据来源：农业农村部，由中物联食材供应链分会整理。

（2）牛奶。牛奶是营养元素十分丰富的食材，其蛋白质的氨基酸组成与人体接近，非常有利于处于生长发育期的儿童，消化率可达到98%~100%，是完全蛋白质。牛奶的脂肪中含有较多人体必需的脂肪酸，也易于消化吸收。牛奶中含有几乎所有种类的维生素和矿物质，还含有大量的生理活性物质。如图 2-12 所示，2022 年，我国牛奶产量排名前十的省份为内蒙古、河北、黑龙江、宁夏、山东、新疆、河南、山西、辽宁、陕西，排名前十省份牛奶的总产量为 3249.75 万吨，占比 82.7%。

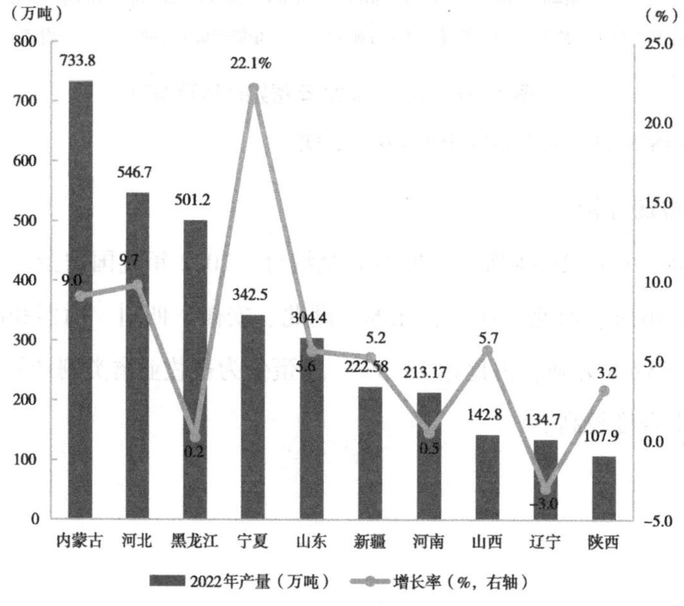

图 2-12　2022 年我国牛奶产量排名前十省份情况

数据来源：农业农村部、各省统计公报，由中物联食材供应链分会整理。

粮食和重要农副产品食材的稳产保供对我国社会经济的稳定发展起着极其重要的作用，食材产量的提升对保障好“粮袋子”、“菜篮子”、“果盘子”、“肉案子”和“奶瓶子”发挥着积极的作用，也是食材供应链相关工作人员的共同职责和使命所在。

二、中国食材产地端建设情况

（一）我国食材重点产区情况

不同食材生长所要求的气候环境不同。我国幅员辽阔，食材种类丰富、各类食材主产区分布有着明显的地域特性。如表 2-9 所示，经中国物流与采购联合会食材供应链分会整理统计，我国各类食材重点产区分布如下：

表 2-9　我国各类食材主要产区分布

食材品类	主要产区
粮食	黑龙江、河南、山东、安徽、吉林、内蒙古、河北
蔬菜	山东、河南、湖北、湖南
水果	广西、山东、河南、陕西、广东、新疆
猪肉	四川、湖南、河南、云南、山东、湖北
牛肉	内蒙古、山东、河北、黑龙江、新疆、吉林
羊肉	内蒙古、新疆、河北、山东、甘肃、河南
禽肉	山东、安徽、广东、广西、辽宁、河南
水产品	山东、广东、福建、浙江、江苏、湖北
蛋类	河北、辽宁、江苏、山东、湖北
奶制品	内蒙古、黑龙江、河北、山东、新疆

数据来源：中物联食材供应链分会整理。

1. 山东省农产品产地情况

山东省是我国的农业大省，主要食材产量均排位靠前，2022 年各品类食材产量如图 2-13 所示，其中，粮食产量增速缓慢，仅为 0.8%，肉类、牛奶、蔬菜、水果和水产品（不含远洋渔业）产量增速相对稳定，但受蛋鸡养殖规模缩小的影响，禽蛋产量降低，呈现负增长。

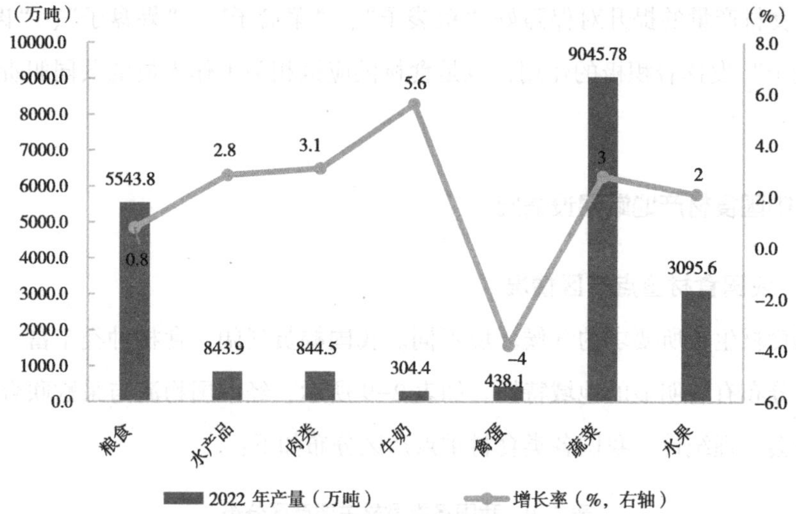

图 2-13　2022 年山东省主要食材产量及增速

数据来源：农业农村部。

（1）农业规模化经营情况。根据山东省国民经济和社会发展统计公报显示，2021 年，山东省累计培育家庭农场 10.4 万家、农民专业合作社 24.5 万户、农业产业化省级以上重点龙头企业 1133 家。2022 年，山东省拥有家庭农场 11.6 万家、农民专业合作社 24.3 万户、农业产业化省级以上重点龙头企业 1128 家，新型农业经营主体总数量持续增加，有 85%以上的农户参与到农业规模化、组织化经营中来，农业规模化水平不断提升。

（2）特色农产品食材产区。寿光是我国蔬菜主产区，其种植的蔬菜不仅销往全国 30 多个省（市、自治区）的 200 多个大中城市，也远销国外。根据寿光市政府公开发表数据显示，2022 年寿光蔬菜（含食用菌）种植面积 62.6 万亩，较 2021 年 62.3 万亩增加 0.3 万亩，同比增长 0.48%；2022 年寿光蔬菜产量 389.2 万吨，较 2021 年 379.8 万吨增加 9.4 万吨，同比增长 2.47%。

在规模化经营方面，据不完全统计，寿光市共有 1480 多家果蔬合作社，其中，国家级示范社 6 个、省级示范社 32 个、市级示范社 75 个、县级示范社 149 个。

在蔬菜育种方面，寿光被农业农村部认定为国家级区域性良种繁育基地。根据 2022 年寿光市国民经济和社会发展统计公报显示，截至 2022 年末，寿光市育种研发企业达 15 家，省级平台 7 家，自主研发的蔬菜品种 178 个。其中，寿光蔬菜种业集团获批国家“育繁推一体化”企业，并入选国家种业阵型企业及第一批省级种质资源保护单位，永盛农业入选国家育种联合攻关阵型企业。

在品牌建设方面，寿光实施“区域+企业+产品”三位一体品牌战略。2019 年，“寿光蔬菜”成功注册地理标志集体商标；2021 年，“寿光蔬菜”区域公用品牌正式发布；截至 2022 年，寿光累计建设“崔西一品”“斟灌彩椒”等单体品牌生产基地 5 家，累计创建山东省知名农产品企业产品品牌 6 个、“三品一标”农产品认证 390 个、粤港澳大湾区“菜篮子”产品认证基地 69 家。产地品牌建设助推了寿光蔬菜高质量发展。

2. 河南省农产品产地情况

河南省也是我国传统的农业大省，2022 年，除牛奶产量外，其他食材产量均保持稳定增长，如图 2-14 所示。

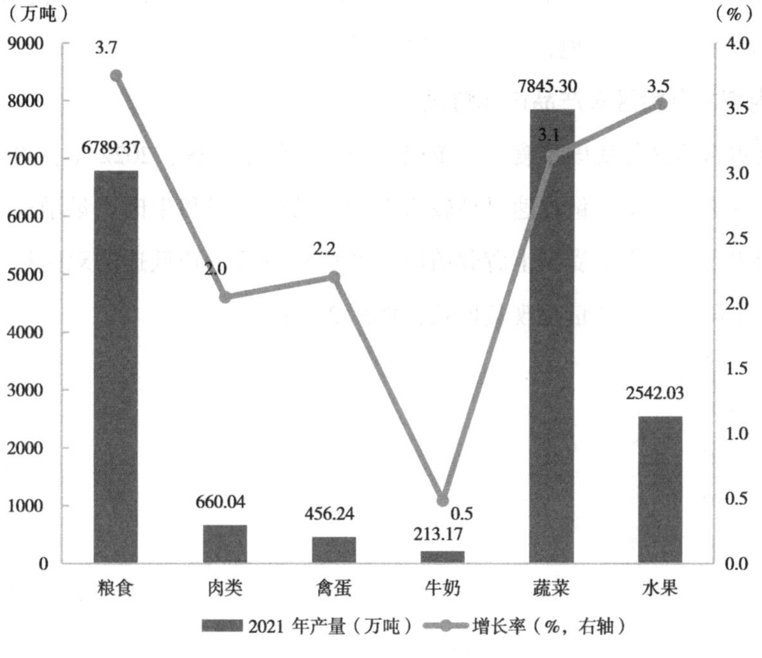

图 2-14　2022 年河南省主要食材产量及增速

数据来源：国家统计局、农业农村部，由中物联食材供应链分会整理。

（1）农业规模化经营情况。根据社科大数据平台（CCAD）数据显示，2022 年，河南省农业（含林业）合作社存量 19. 46 万户、家庭农场存量 3. 66 万家，对比 2021 年的 19. 08 万户和 2. 93 万家分别增长了 2%和 25%。另据河南省农业农村厅数据显示，河南省农业产业化重点龙头企业共有 4186 家，其中，国家重点龙头企业 102 家、省级重点龙头企业 1067 家，农业经营规模化程度有较大提升。

（2）特色农产品食材产区。河南省灵宝市是地理标志产品灵宝苹果的产区，灵宝市苹果产业高速发展，荣获国家出口苹果及果汁质量安全示范区、无公害苹果生产示范基地和优势苹果产业带等称号，并且灵宝苹果于 2022 年入选国家农业品牌精品培育名单。根据灵宝市 2022 年国民经济和社会发展计划的数据显示，2022 年灵宝市苹果种植面积 90 万亩，年产量 140 万吨，较 2021 年的总产量 148.1 万吨减少 8.1 万吨，2022 年一产产值 84.2 亿元。

寺河乡是灵宝苹果的核心产区，全乡发展果品龙头公司 5 家，果品专业合作社 81 家，其中国家级产业化龙头企业 1 家、省级产业化龙头企业 1 家，有 6 家企业合作社的苹果通过绿色食品认证。

在种植新技术发展方面，灵宝市建立河南省精品苹果开发院士工作站、中国农科院郑州果树研究所灵宝苹果试验站、中原学者灵宝工作站等 5 个技术创新平台、13 个高科技技术示范基地，大力推广新技术。

3. 内蒙古自治区农产品产地情况

内蒙古自治区是我国粮食、牛羊肉和奶制品的主产区，2022 年，内蒙古自治区粮食、牛羊肉和牛奶产量增速呈现较大差异，其中牛奶和牛肉产量增速较高，粮食产量增速平稳，但肉羊受到上游养殖成本增加和下游消费低迷的双向挤压，存栏量和出栏量下降，羊肉产量呈现负增长，如图 2-15 所示。

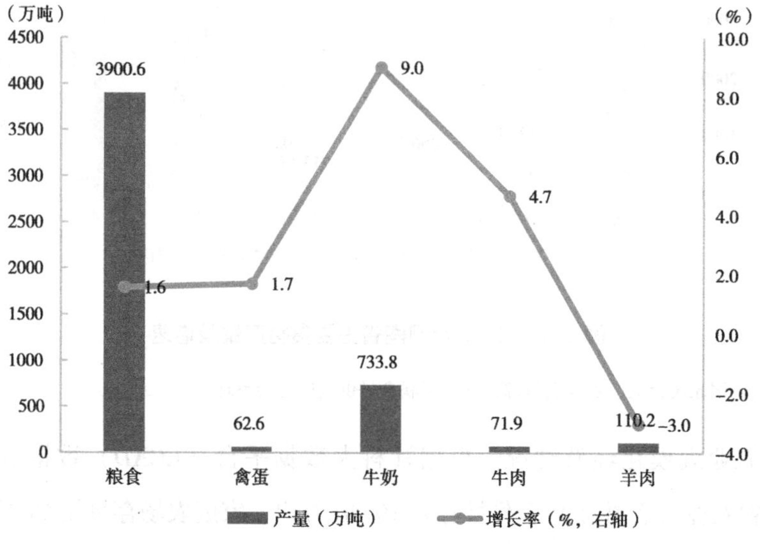

图 2-15　2022 年内蒙古自治区主要食材产量及增速

数据来源：农业农村部、国家统计局。

（1）农业规模化经营情况。根据社科大数据平台（CCAD）数据显示，2022

年，内蒙古自治区农林牧渔合作社存量 7.33 万户，对比 2021 年的 7.55 万户降低了 3%，家庭农场存量 0.37 万家，对比 2021 年的 0.35 万家增长了 8%。据农业农村部公布的第十次监测合格和递补农业产业化国家重点龙头企业名单显示，内蒙古自治区拥有国家级农业产业化龙头企业 39 家，同时拥有自治区及重点农业产业化龙头企业 710 余家，农业规模化程度有待提高。

（2）特色农产品食材产区。通辽是我国“科尔沁牛”中国特色农产品优势区、科尔沁肉牛产业集群核心区，被中国畜牧业学会养牛学分会命名为“中国草原肉牛之都”。2022 年，通辽市肉牛存栏 367 万头、出栏 125.7 万头，深度育肥 17 万头，建成万头牛场 5 个、千头牛场 10 个、标准化母牛繁育场 20 个，积极推动建设全国肉牛产业第一重镇工作。

在规模化经营方面，据不完全统计，通辽肉牛养殖专业合作社达到 700 个、肉牛规模养殖场（户）超过 2000 家，规模化养殖比例在 48%以上。

在育种方面，通辽市建成市旗镇村四级肉牛良种繁育推广体系，据不完全统计，现有肉牛良种繁育推广机构 140 多个、技术推广人员 3900 多人，建有 2 个国家级肉牛核心育种场和 1 个国家级种公牛站，优质种公牛存栏 180 余头，年生产冻精 350 万支以上。

在加工屠宰方面，通辽市 2022 年实际屠宰加工肉牛不足 8 万头，本地屠宰率较低，全产业链协同发展有待提高。

4. 广东省农产品产地情况

广东省是我国水产品养殖、捕捞大省，水果产量也位居前列，为丰富我国居民的餐桌提供了有力保障，如图 2-16 所示。2022 年，广东省水产品产量 894.14 万吨，位居全国第一，较 2021 年增加 1.1%，其中淡水产品和海水产品各占据“半壁江山”。

（1）农业规模化经营情况。据社科大数据平台（CCAD）数据显示，2022 年，广东省农林牧渔相关合作社数量 5.21 万户、家庭农场 0.11 万家，对比 2021 年的 5.05 万户和 0.1 万家分别增加 3%和 7%。据农业农村部公布的第十次监测合格和递补农业产业化国家重点龙头企业名单显示，广东省拥有国家级农业产业化龙头企业 62 家，另据广东省农业农村厅披露名单显示，2022 年广东省认定的省级重点农业产业化龙头企业 1403 家，国家级和省级重点龙头企业数量总和较 2021 年的 1292 家增加 8.6%，农业规模化程度有所提升。

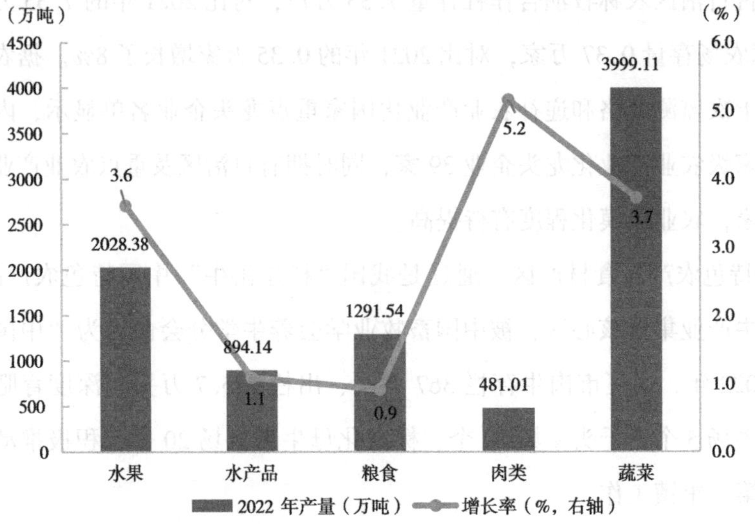

图 2-16　2022 年广东省主要食材产量及增速

数据来源：国家统计局、广东省 2022 年国民经济与社会发展统计公报。

（2）特色农产品食材产区。广东省是我国最大的荔枝产区，其种植面积和产量均位于全国首位。据广东省农业农村厅公开发表数据显示，2022 年广东省荔枝种植面积约 408 万亩，产量约 146 万吨，超过全国荔枝种植面积和总产量的 50%。目前广东省已形成粤西早中熟荔枝优势区，以茂名、湛江为主的粤西早中熟优势产区，以揭阳、汕尾为主的粤东中迟熟优势产区和以广州、东莞为主的珠三角晚熟荔枝优势产区。

在品牌建设方面，据广东省人民政府公开发表数据显示，截至 2023 年 5 月，广东省拥有荔枝区域公用品牌 14 个、荔枝类省级重点农业龙头企业 16 家、绿色食品认证企业 32 家、广东名牌产品 28 个，有 3 个荔枝产品被认定为广东省十大名牌系列农产品，14 个荔枝产品被认定为国家地理标志产品。

（二）我国特色农产品优势产区

从 2017 年开始，截至 2020 年，我国特色农产品优势产区已认证四批，共计 308 个，具体名录参见附录 1。

从空间分布上，特色农产品优势产区覆盖 31 个省（市、自治区），其中，广西、河北、四川、山东、湖北五省数量较多，如图 2-17 所示。

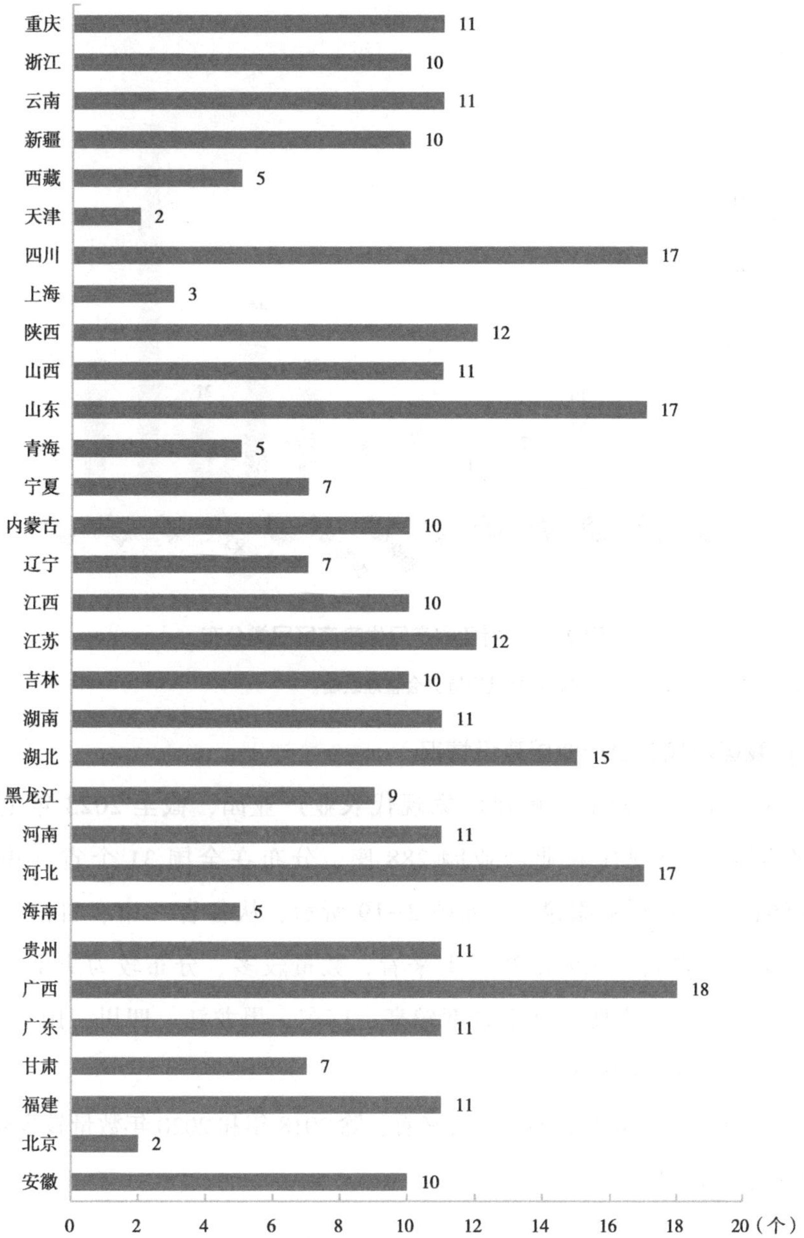

图 2-17　特色农产品优势产区地理分布

数据来源：农业农村部，由中物联食材供应链分会整理绘制。

从品类上，覆盖粮食、蔬菜、水果、水产品、肉类、茶叶、药材、坚果、菌菇、棉麻蚕丝等多个品类，其中，蔬菜和水果优势产区数量较多，如图 2-18 所示。

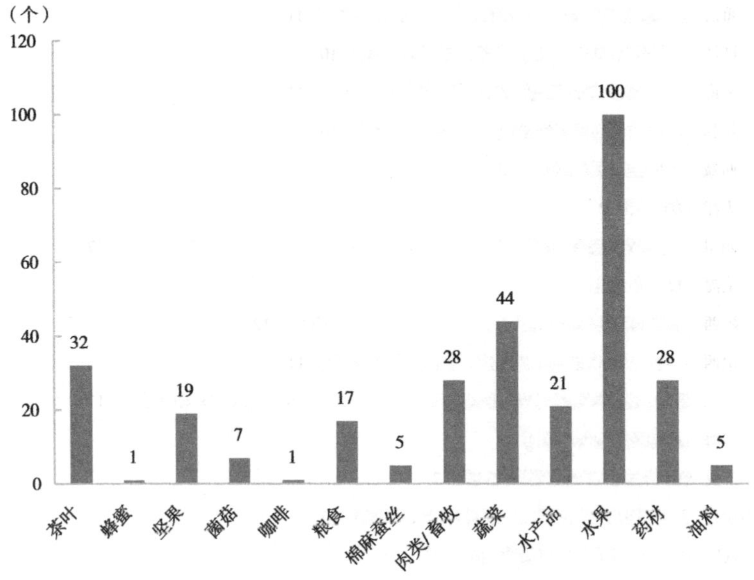

图 2-18　特色农产品优势产区品类分布

数据来源：农业农村部，由中物联食材供应链分会整理绘制。

（三）我国现代农业产业园建设情况

2017 年，我国开始批准创建国家现代农业产业园，截至 2023 年上半年全国共批准创建国家现代农业产业园 288 座，分布在全国 31 个省（市、自治区），具体创建名单详见附录 2。如图 2-19 所示，从各省（市、自治区）批准建设的国家现代农业产业园的数量上来看，数量较多、分布较为集中的区域与我国各类食材产量的主要产区契合度较高。广东、黑龙江、四川、山东、新疆、河南和江苏均达到 10 座以上。

如图 2-20 所示，从批准创建年份来看，除 2018 年和 2020 年数量较少外，其他年份均保持在 40 座以上。

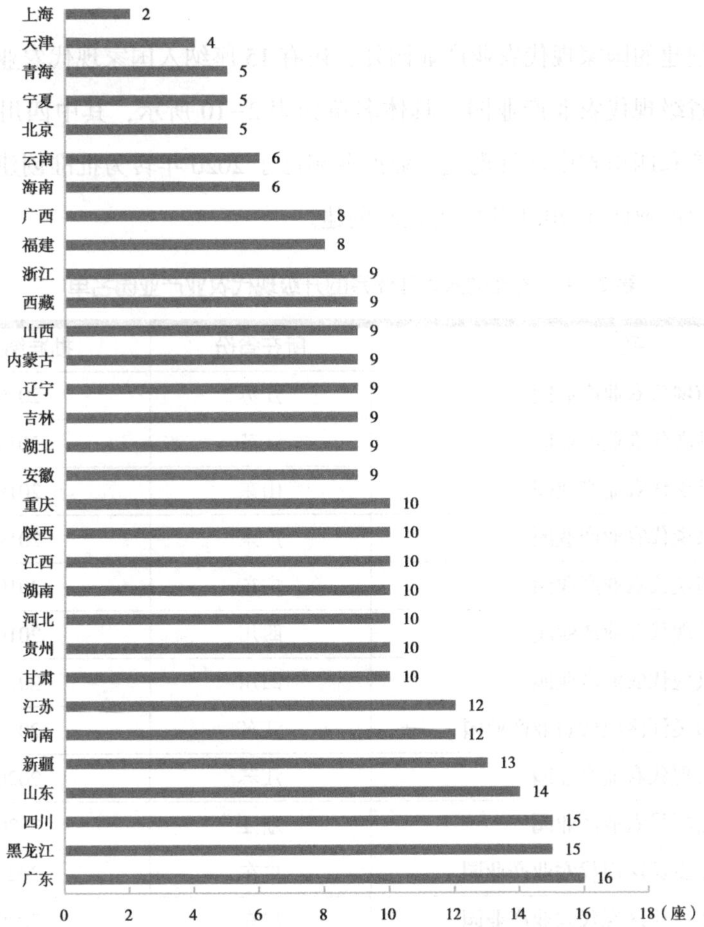

图 2-19　国家现代农业产业园省份分布

数据来源：农业农村部披露信息，由中物联食材供应链分会整理。

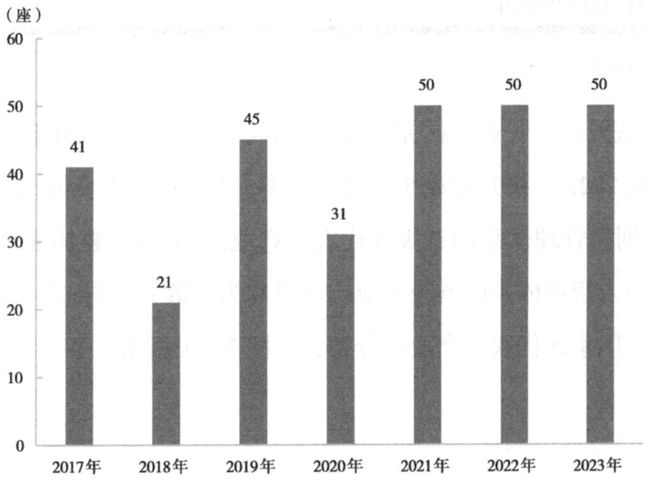

图 2-20　2017—2023 年上半年国家现代农业产业园批准创建数量

数据来源：农业农村部披露信息，由中物联食材供应链分会整理。

除批准创建的国家现代农业产业园外，还有15座纳入国家现代农业产业园创建管理体系的省级现代农业产业园，具体名单如表2-10所示，其中四川省资中县现代农业产业园和四川省南江县现代农业产业园已于2020年转为批准创建，四川省三台县现代农业产业园于2021年转为批准创建。

表2-10　批准纳入管理体系的升级现代农业产业园名单

名　称	所在省份	批准纳入年份
江苏省邳州市现代农业产业园	江苏	2019年
江苏省沭阳县现代农业产业园	江苏	2019年
山东省东阿县现代农业产业园	山东	2019年
广东省翁源县现代农业产业园	广东	2019年
广东省普宁市现代农业产业园	广东	2019年
四川省资中县现代农业产业园	四川	2019年
四川省南江县现代农业产业园	四川	2019年
江苏省苏州市吴江区现代农业产业园	江苏	2020年
江苏省宝应县现代农业产业园	江苏	2020年
浙江省德清县现代农业产业园	浙江	2020年
广东省惠州市惠城区现代农业产业园	广东	2020年
广东省广州市从化区现代农业产业园	广东	2020年
广东省英德市现代农业产业园	广东	2020年
四川省崇州市现代农业产业园	四川	2020年
四川省三台县现代农业产业园	四川	2020年

数据来源：农业农村部披露信息，由中物联食材供应链分会整理。

从2018年底开始，农业农村部联合财政部等部委开始对批准创建的产业园展开认定工作。截至2023年初共完成5批认定工作，共150座产业园通过认定，其中含12座纳入国家创建管理体系的省级现代农业产业园12座，整体通过率50%（以国家级产业园和纳入管理体系的省级产业园的总和为基数）。详细名单参见附录3。

认定通过的国家现代农业产业园分布，如图2-21所示。

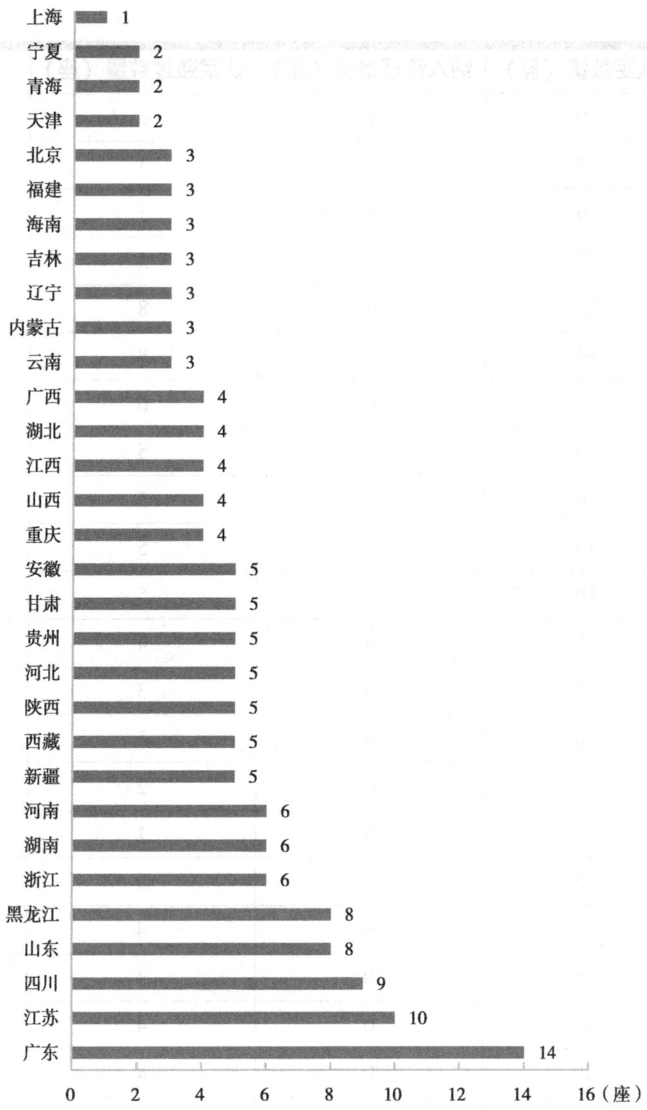

图 2-21　认定通过的国家现代农业产业园分布

数据来源：农业农村部，由中物联食材供应链分会整理。

从目前的数据分析结果来看，广东省认定通过率最高，其次是江苏省，另有 7 个省份认定通过率高于平均通过率 50%，具体可参见表 2-11 所示。

表 2-11　各省份认定通过率

省份	认定数量（座）	纳入管理数量（座）	认定通过数量（座）	通过率（%）
广东	16	5	14	67
江苏	12	4	10	63
湖南	10	0	6	60

续 表

省份	认定数量（座）	纳入管理数量（座）	认定通过数量（座）	通过率（%）
浙江	9	1	6	60
北京	5	0	3	60
安徽	9	0	5	56
西藏	9	0	5	56
黑龙江	15	0	8	53
山东	14	1	8	53
河南	12	0	6	50
甘肃	10	0	5	50
贵州	10	0	5	50
河北	10	0	5	50
陕西	10	0	5	50
广西	8	0	4	50
海南	6	0	3	50
云南	6	0	3	50
天津	4	0	2	50
上海	2	0	1	50
四川	15	4	9	47
湖北	9	0	4	44
山西	9	0	4	44
江西	10	0	4	40
重庆	10	0	4	40
宁夏	5	0	2	40
青海	5	0	2	40
新疆	13	0	5	38
福建	8	0	3	38
吉林	9	3	3	33
辽宁	9	0	3	33
内蒙古	9	0	3	33

数据来源：农业农村部，由中物联食材供应链分会整理。

三、食材产地端产销对接模式

我国食材种类丰富，产销对接方式多样，目前常见的产销对接模式有农批对接、农超对接、农工对接、农餐对接、农消对接、电商模式、一体化模式等，如图 2-22 所示。

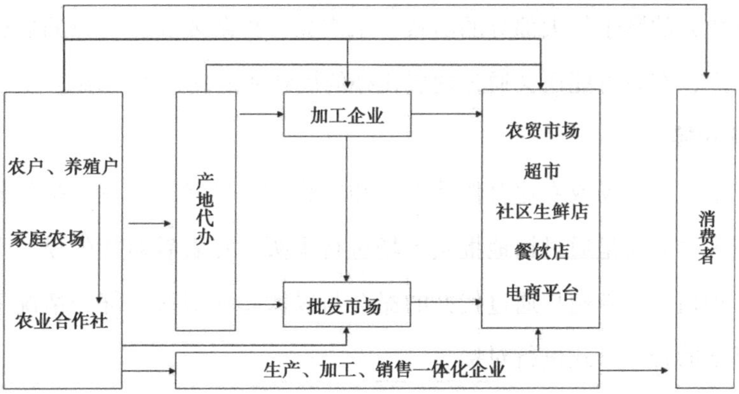

图 2-22　食材产销对接图

数据来源：中物联食材供应链分会绘制。

1. 农批对接

即农户、家庭农场、农业合作社等直接和批发市场进行对接。这种模式下有一个很重要的角色，即产地代办，充当了农户与销地批发商/批发市场之间的纽带。

瓜果蔬菜、肉类、粮食、禽蛋、鲜活水产品等食材主要通过批发市场进行销售流通。传统的批发市场是流通平台，批发市场内的大批发商通过产地代办对接农户、家庭农场或合作社进行食材采购（对于肉类食材，一般批发市场内的一级批发商也是屠宰加工厂，会直接向养殖户或通过代办向养殖户进行活畜采买）。部分转型的批发市场具备采购批发功能，也会直接进行产地的采购。

2. 农超对接

即农户、家庭农场、合作社等和大型超市直接对接。大型超市需求量大、对产品品质较为关注。传统的超市供货模式为通过大型批发市场进行采购，环节多、成本高、质量不稳定，农超对接模式下，超市的采购员通过产地代办的撮合直接进行源头采购，减少中间环节，降低采购成本，也更容易对产品品质进行把控。

这种模式一般适用于采购大规模流通的果蔬类食材、鲜活水产品，肉类、口粮类产品主要还是通过屠宰场、加工企业采购。

另外，小型的、单体的超市一般还是通过销地批发市场进行食材的采购。

但是大型连锁超市一般的结算方式是固定账期，对于农户或小型的农业经营主体更多的是只接受现结的方式，这种结算习惯上的差异也是影响农超对接发展的一个不利因素。

3. 农工对接

即农户、家庭农场或农业合作社和屠宰场、加工企业直接对接的模式。这中间也经常看到代办的影子，大部分的活畜、水产品、果蔬要通过代办的撮合销售给屠宰场或加工厂，有时可能还会通过两层代办的周转才能到达工厂端。

4. 农餐对接

即农户、家庭农场或农业合作社直接和团餐或连锁餐饮企业对接的模式。小型餐饮企业或夫妻店还是通过销地批发市场进行采买。在农餐对接的模式下，绝大部分情况下，种植户、养殖户通过代办的撮合与餐饮企业对接，部分情况下是双方通过种养殖基地的合作形式进行对接。

目前农餐对接的规模比较小，合作的也是需求量较大的部分品类，对于餐饮企业日常消费量较小的品类主要还是以地采为主。

5. 农消（消费者）对接

即农户、家庭农场、农业合作社直接和消费者进行对接，没有中间商。随着电商的发展，尤其是直播行业的发展，各平台电商助农、直播助农的力度加大，产地端可以直接向消费者进行售卖。这种情况下，产地端可以直接将新鲜的食材卖给消费者，没有中间环节，生产端可以获得相对高的价值。

同时，还有一种最为传统的农消对接的模式是部分小散农户直接到当地的集贸市场或沿街面向消费者进行售卖，这种情况在产地比较常见。

6. 电商模式

即农户、家庭农场或合作社与线上电商直接对接的模式。电商平台通过产地直采减少中间环节，也更加能够把控食材质量。

7. 一体化模式

即大型加工企业、零售企业、餐饮企业等自建或合作建设生产基地，打造生产、加工、销售一体化的模式。

经中物联食材供应链分会调研，在众多模式中，大部分农户、家庭农场、合作社都是通过产地代办与采购端进行衔接，部分地区通过代办进行销售的比例可达到90%以上。

四、中国食材产地端存在的问题

（一）冷链物流环节薄弱

我国食材产地各经营主体间冷链意识发展不均衡。目前我国食材生产的经营主体还是以小、散农户为主，以蔬菜水果等食材的种植为例，产销对接主要依靠当地的代办，大部分是现收现摘，对于卖给谁、卖完之后如何存储并不关心，使得农民对田间地头的冷库需求不高，产地预冷、冷链储运意识薄弱。

但目前规模较大的专业合作社、农业企业对建设产地冷库、产地预冷的意识已经较强。中物联食材供应链分会在河南省温县进行调研时，通过与当地企业沟通发现该意识已经觉醒。温县是铁棍山药的产区，当地的铁棍山药一般在每年的年底前完成销售，若没有销售完则需要进入冷库进行保鲜存储。再如杨梅对温度的要求非常高，一些专业化的企业会自建产地预冷的冷库用于采摘后的预冷。

另外，我国产地冷链设施不完善、分布不均匀。根据中物联冷链委的数据统计，2022 年，我国冷库容量约 2.1 亿立方米，但主要分布在东部地区或较发达城市，中西部地区及底线城镇、乡村冷库设施少，分布不均匀。同时，产地冷库、预冷设施利用率低、成本高。农产品是季节性产品，上市时间相对集中，使得冷链设施的使用时间也较为集中，尤其是保鲜期较短的品类，如杨梅上市时间集中在 5—6 月、上市期只有 1 个月，且保鲜期短，一旦产品下市，冷库或预冷设施将处于空置状态，整体利用率低，也间接导致使用成本高昂。

（二）科研成果转化率低

一方面，科研院所能够对接转化的资源不多，种苗培育、种养殖技术研发成功后主要以政府推广、试点的方式落地，社会化的大规模推广复制的机会不多。以河南某市与某科研所合作的草莓园为例，在试点推广期间，农民负责种植，科研院所负责种苗和技术支持，政府负责产品的销售，草莓的品质和效益较高。但试点期结束后，需要由农民自己购买种苗、支付技术支持费用，因种苗成本较高，农民为了节约成本，自行留种、嫁接，同时缺乏种植技术指导导致果实的品质越来越差、销量越来越差。

另一方面，科研人员成果转化推广的意愿不强。相较于解决产地的实际问题和科研成果的推广转化，部分科研院所更加重视经费和科研成果是否获奖，对科研人员的考核主要以承担课题项目、发表论文为主，也影响了将科研成果推广转化的积极性。

（三）农业生产托管的服务组织专业性不足

我国农业生产托管的服务组织主要有村集体、农业托管公司、合作社、家庭农场、种植大户，其中村集体不属于农业经营主体。中物联食材供应链分会参与一线调研、座谈发现，目前农业生产托管的服务组织还存在专业性不足等问题。家庭农场、种植大户等组织其根本还是农户，其种植技术依然有一定的限制、人力物力财力也受限。而农业托管公司目前数量较少，且人员的专业性不足。管理人员不懂农村、不懂农业，单纯用管理项目的模式来管理农业生产，导致产量和效益不佳。针对社会化的农业托管公司，可以考虑由政府牵头建设托管公司储备库，对托管公司进行监管、考核，设立资质门槛，让真正懂农村、懂种植的组织来负责。

五、中国食材产地端发展趋势分析

（一）规模化、机械化种养殖不断发展，新型农业经营主体不断壮大

第三次农业普查数据显示，2016 年，我国农业经营户 2.07 亿户，其中小农户占比 98.1%，以农业生产经营或服务为主的农民合作社 91 万个，规模化经营占比低。根据《中国农村政策与改革统计年报》数据，截至 2021 年底，全国农村土地流转面积达 5.57 亿亩，占承包耕地总面积 15.75 亿亩的 35.4%，对比 2014 年的 4.03 亿亩增加了 1.54 亿亩，占比较 2014 年的 28.8%增加了 6.6 个百分点。

我国农业生产已经进入从主要依靠人力、畜力转向主要依靠机械动力的时代，伴随着土地规模化程度的提高，机械化水平也将全面提升。

《2021 年全国农业机械化发展统计公报》数据显示，2021 年全国农作物耕种收综合机械化率达 72.03%，较上年提高 0.78 个百分点；其中机耕率、机播率、机收率分别达到 86.42%、60.22%、64.66%。畜牧养殖、水产养殖、农产品初加工、设施农业等产业机械化率分别达到 38.50%、33.50%、41.64%、42.05%，较上年分别提高 2.72、1.85、2.45、1.51 个百分点。

同时，拥有先进机械、种养殖技术的新型农业经营主体也将不断壮大。根据全国农业农村经济运行数据，2021 年，全国家庭农场、农民合作社分别达到 390 万家和 220 万个，各类农业生产社会化服务组织 95.5 万个，农业社会化服务覆盖面积达到 16.7 亿亩次，带动小农户超过 7800 万户。2022 年，全国家庭农场、农民合作社分别达到 390 万家、222 万个，农业社会化服务覆盖面积 18.7 亿亩次、带动小农户超过 8900 万户。最新数据显示，截至 2023 年上半年，全国家庭农场、农民合作社、家庭农场、农业社会化服务组织分别超过 397 万个、223.4 万家、104 万个。

未来随着城镇化进程的进一步加快，进城务工人员增多，农村土地加速流转，有利于规模化、机械化经营的发展。但是从宏观层面，受制于城镇就业岗位的限制和农村人口基数的影响，我国农业规模化发展必须是适度的，从微观层面，对于每个经营主体也有利益最大化的经营规模，盲目贪大不可取。

（二）高端食材的旺盛需求推动农业精品化发展

随着我国居民消费水平的提升、食材消费逐步升级，尤其是中产阶级和富裕阶层对高端食材的需求愈加旺盛，精品水果、精品蔬菜、精品蛋白质食材逐渐进入人们的视野，一百元一个的苹果、七八十元一斤的美早樱桃、上千元一斤的和牛肉不再是吸引眼球的新闻。当普通食材还在量增价不增、食材生产者苦于寻找销售渠道的时候，精品化高端食材往往因为产量有限而供不应求。食材产业是保障民生的产业，在保证人们基本生产生活的前提下，积极推动农业精品化发展可以成为农业经营主体增收的有效措施。

（三）农业生产更加注重环境友好可持续

随着我国双碳目标的提出，食材供应链行业也逐渐开始探索低碳转型，食材生产端也不例外。根据《2023 中国农业农村低碳发展报告》，我国农业生产总碳排放量为 8.28 亿吨二氧化碳当量，占全国碳排放的 6.7%，农业温室气体产生的前四大来源主要是畜牧业及其肥料使用、农业用地、作物燃烧及毁林，其中畜牧业是最主要的温室气体排放源。可以通过改变种养殖技术、突破固碳技术、投入使用新能源等方式降低农业生产产生的碳排放。

第二节　中国食材供应链加工体系分析

本节重点梳理了我国食材加工行业发展情况、存在的行业问题以及政策指引方向，并对其全面分析，探讨行业趋势。随着食材消费结构的不断演化，食材加工一直是一个持续发展和变化的行业，从过去农副食品初加工到如今预制食材，都有着翻天覆地的变化，产品的革新对于食材加工领域发展提出了不小的挑战。

一、我国大力推动食材加工体系建设

2022 年，我国初级农产品产量和采后的初级食材损失率仍是食材体系的头痛问题之一。我们提倡适度加工、精准加工，一是系统研究农产品全产业链保鲜及品质变化

规律，为适度、精准加工技术创新提供理论支撑；二是提升产地初加工和商品化处理水平，避免过度处理；三是充分利用厨余废料、果皮果渣等开发饲料类等产品，提高食物综合利用效率，推动农产品加工减损增效，能够有效推进食材加工体系建设，发挥食材加工市场价值。比如农业农村部发布的《关于拓展农业多种功能 促进乡村产业高质量发展的指导意见》提出，以农产品加工业为重点打造农业全产业链；发展食材预处理、面制、米制、带馅、调理等主食加工，培育“原料基地+中央厨房+物流配送（餐饮门店、商超销售）”以及“中央厨房+餐饮门店（连锁店、社区网点、终端客户）”等模式；创响知名农业品牌；集成加工技术成果；建设标准原料基地等。

当前，中共中央把坚持农业农村优先发展、解决三农问题作为工作的重中之重，在“十四五”发展规划中重点提及加工产业的发展要求。强化食材供应链水平、提高食材加工占比、打通食材产销渠道、满足食材消费升级需求，对于促进农民增收和乡村振兴而言意义重大，对于实现农民增收、农业增效，促进农村经济与社会的可持续发展，从根本上缓解农业、农民、农村“三农”问题，具有十分重要的战略意义。

二、我国食材加工体系相关政策展示

（一）国家层面食材加工相关政策

为落实党中央国务院2022年全面推进乡村振兴重点工作部署的实施意见，全力抓好粮食和农业生产，保障粮食等重要农产品有效供给，推进农业绿色转型，提升农产品加工业，我国各级政府出台了一系列措施。

2022年至2023年3月，国家出台了关于促进食材加工体系建设的政策，如表2-12所示。

表2-12 食材加工体系建设政策汇总

政策名称	相关内容关键词
“十四五”全国农产品质量安全提升规划	加工食材的质量及安全
“十四五”全国农产品产地市场体系发展规划	“市场+初加工”体系规划
开展2022年农业现代化示范区创建工作	加工工艺、基础设施
做好2022年农业生产发展等项目实施工作	产地加工、基础设施
做好2022年农产品产地冷藏保鲜设施建设工作	食材初加工、保鲜流通
农业品牌精品培育计划（2022—2025年）	加工赋能增值
关于实施农产品“三品一标”四大行动的通知	加工提升质量举措

续　表

政策名称	相关内容关键词
关于落实党中央国务院 2023 年全面推进乡村振兴重点工作部署的实施意见	食材加工产业链建设、配套
关于加快推进农产品初加工机械化高质量发展的意见	加工设施
关于印发《畜禽屠宰“严规范 促提升 保安全”三年行动方案》的通知	加工工艺、质量安全

数据来源：国家部委网站不完全统计，详细政策见附录 4。

（二）各地方层面食材加工发展目标

2022 年，各省份在疫情期间，积极推动食材加工行业发展，因地制宜地发展粮油、畜禽、水产、蔬菜、水果等优势食材，加强特色乡土食材加工。此外预制菜作为食材加工新业态，各地方也给足了政策支持，如表 2-13 所示。

表 2-13　各省份食材加工 2035 目标

省份	（截至 2025 年）发展目标
山东	打造省级农产品加工强县 50 个、加工示范企业 600 家，培育国家级、省级农村产业融合发展示范园 40 家。
江苏	打造 300 个省级示范项目，鼓励和支持发展农产品产地初加工，全省规模以上农产品加工企业主营收入超过 1.4 万亿元。
安徽	农产品加工业营业收入达到 1.8 万亿元，农产品加工业与农业总产值比达到 2.8：1，主要农产品加工转化率达到 80%。
浙江	培育壮大“中央厨房+冷链配送+物流终端”“中央厨房+快餐门店”“健康数据+营养配餐+私人订制”等新型加工业态。到 2025 年浙江将建设 100 个产地农产品仓储保鲜冷链物流基地。
福建	鼓励建设标准化预制菜种植基地、养殖基地，发挥规模效应。培育一批富有特色、全国知名的预制菜品牌，形成预制菜产业高地，带动周边预制菜加工产业带发展。2025 年，建设 30 个现代农业产业园、20 个优势特色产业集群。
江西	2025 年，新增超 10 亿元的龙头企业 50 家，总数达到 100 家；新增超 1 亿元的龙头企业 200 家，总数达到 1000 家以上；农产品加工业总产值达到 1 万亿元。
广东	2025 年，农产品加工业总产值达 1.85 万亿元。农产品加工业与农业总产值比达到 2.7：1，其中农副食品加工业规模以上总产值达到 4700 亿元，食品制造业规模以上总产值达到 2600 亿元。
广西	提升农产品加工转化水平，转化率力争超 70%，建设农产品加工集聚区 300 个以上。力争在每个市创建以设施农业为主的自治区级示范园区 1~2 个，全区创建以设施农业为主的国家级示范园区 5 个、国家级沿海渔港经济区 3 个，设施农业总产值达 3000 亿元以上。

续 表

省份	（截至 2025 年）发展目标
海南	大力发展农产品初加工、精深加工、冷链物流等产业，形成农产品加工物流集群。2025 年，全省规模以上农产品加工业产值达到 800 亿元，农产品加工业产值达到 1600 亿元，农产品加工业产值与农业总产值比重有较大幅度提升，农产品加工转化率有较大幅度提高。
湖北	2025 年，农产品加工业持续壮大，全省农产品加工业主营收入达到 1.8 万亿元，农产品加工业产值与农业总产值之比达到 2.8：1，主要农产品加工转化率达到 80%，省级农业产业化重点龙头企业达到 1000 家、国家级达到 100 家。
湖南	到 2025 年，湖南省十大农业优势特色产业全产业链产值全部超过或接近千亿元，大力发展水果加工业，延伸产业链条。预制菜产业力争到 2025 年实现产业规模倍增，加工产值达到 700 亿元。
河南	2025 年，全省规模以上预制菜企业主营业务收入突破 1000 亿元，全省规模以上预制菜企业超过 200 家，其中 10 亿元以上企业超过 30 家，培育预制菜上市企业 5 家以上。2025 年，果蔬等农产品产后损失率降低到 10%以下。
河北	2025 年，培育年产值超 50 亿元的加工产业集群 20 个、超 100 亿元的达到 10 个。
山西	打造农产品精深加工品牌休闲产品、特色生物发酶产品、营养食疗产品等拳头型产品，培育形成 10 个具有全国知名度的领军品牌。全省农业产业化国家重点龙头企业超过 70 家，省级重点龙头企业数量达到 1000 家左右，实现 2100 亿元产值目标。
内蒙古	助推全区农畜产品加工业与农牧业总产值比力争由 1.3：1 提高到 2.8：1，主要农畜产品加工转化率力争由 65%提高到 80%。内蒙古自治区主要农畜产品加工转化率力争达到 80%；力争千亿级产业集群达到 4 个，百亿级产业集群达到 10 个；自治区级产业化龙头企业达到 800 家；培育形成在国内外具有较高知名度的农畜产品区域公用品牌 30 个以上，绿色、有机农产品年均增长 6%以上。
宁夏	全区农产品加工业产值达到 1500 亿元以上，农产品加工转化率提高到 80%以上，规上企业占比提高到 5%以上。主营业务收入超 10 亿元、5 亿元、1 亿元的企业分别达到 10 家、15 家、80 家以上。
新疆	提升改造 7 个农产品加工园区，配套仓储物流冷链保鲜设施，落实农户储藏窖及设施建设。2025 年，农产品加工环节损失率力争降到 5%以下，全区农产品加工业与农业总产值比由 2020 年的 1.6：1 提高至 2.4：1。
云南	2025 年，云南省农产品产地冷藏保鲜设施库容量计划达到 800 万立方米以上，建成 40 个农产品产地冷链集配中心，果蔬、鲜切花、食用菌等农产品产地低温处理率分别达到 30%、70%、70%左右，产地贮藏保鲜和商品化处理能力明显提升。2025 年，力争全省食品工业产值突破 3000 亿元，年均增速保持在 13.5%以上。
贵州	2025 年，力争全省农产品加工转化率达到 70%左右，农产品加工产值超过 8000 亿元，带动 140 万户群众就业，力争形成 3~5 个有全国影响力、价值超百亿的“贵字号”农业品牌。累计制修订 12 大农业特色优势产业在生产、流通、加工、质量安全等方面标准 310 个。

续　表

省份	（截至 2025 年）发展目标
四川	2025 年，全省培育 50 个乡村振兴特色产业加工园区、50 家省级以上农机装备“专精特新”企业、100 家乡村振兴带动标杆企业，推动 2000 家农产品加工龙头企业实现上云。努力实现农产品加工营业收入突破 1.8 万亿元。
西藏	支持农产品加工企业参与涉农项目建设，提升技术装备水平。 拓展农产品初加工机械购置补贴范围。引导金融机构优先支持减损增效成效显著的农产品加工企业。督促国家和行业标准执行力度，总结推广农产品加工减损增效典型模式案例。农畜产品加工综合转化率达到 20%以上、产值增长 10%以上。2025 年，农产品加工环节损失率降到 5%以下。到 2035 年，农产品加工环节损失率降到 3%以下。
辽宁	果蔬加工企业向园区集聚，确保蔬菜、肉蛋奶等农产品生产和供应。引导资源要素向优势产品和优势产区集中。形成一批有影响力的头部企业、一批知名的食品品牌和一批优势特色产业集群，规模以上农产品加工企业营业收入达到 4500 亿元，年均增速 8%。
吉林	2025 年，培育打造一批自主创新能力强、加工水平高、处于行业领先地位的农产品加工和食品企业，大幅度提高粮食、畜禽和特产品精深加工比重，构建现代乡村产业体系，农产品加工业和食品产业在农业增效、农民增收、农村繁荣发展中的作用更加突出。利用 5~10 年时间，推动农业及农产品加工业和食品产业产值接近万亿级规模。
黑龙江	大力推进农业标准化生产，继续抓好农产品质量安全县创建。至 2025 年，全省农产品加工业营业收入预计实现 4500 亿元。

数据来源：地方部委官方信息不完全统计，详细政策见附录 5。

（三）食材加工行业画像

食材加工产业链通常是指以食材加工为中心，由上游农业的种植、饲养、捕捞延伸到下游零售业、餐饮业等所组成的生产–加工–流通–渠道–销售体系，如图 2–23 所示。

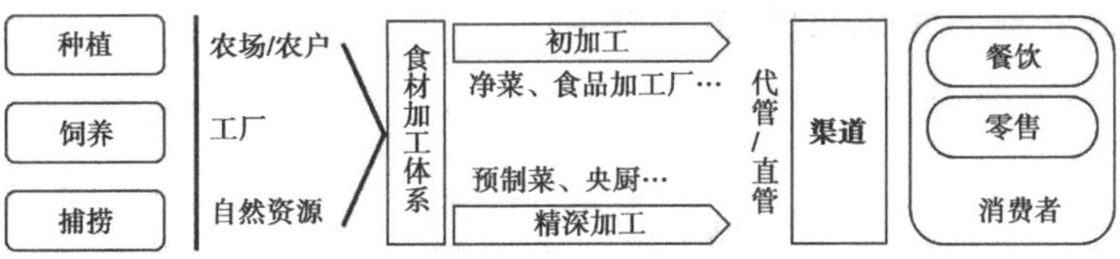

图 2–23　食材加工行业环节图谱

资料来源：中物联食材供应链分会。

食材加工环节主要包含产地预冷、检验检疫、分拣作业、加工处理、包装、质量管理及存储（以上环节不含产地端生产/采摘等）。详见图 2–24 所示。

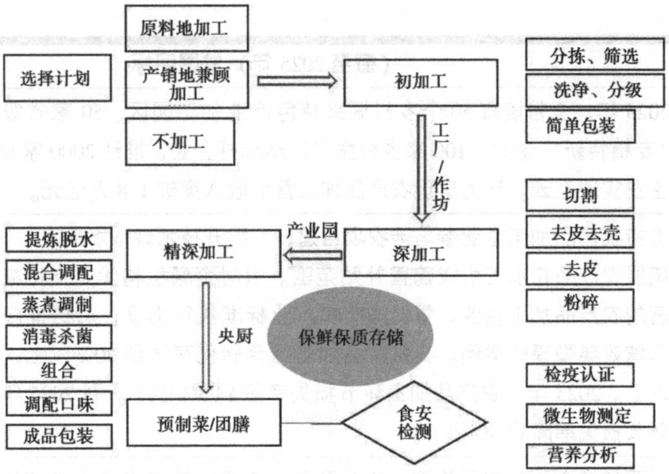

图 2-24　食材加工环节业务图谱

资料来源：中物联食材供应链分会。

奶制品加工产业展示图，详见图 2-25 所示。

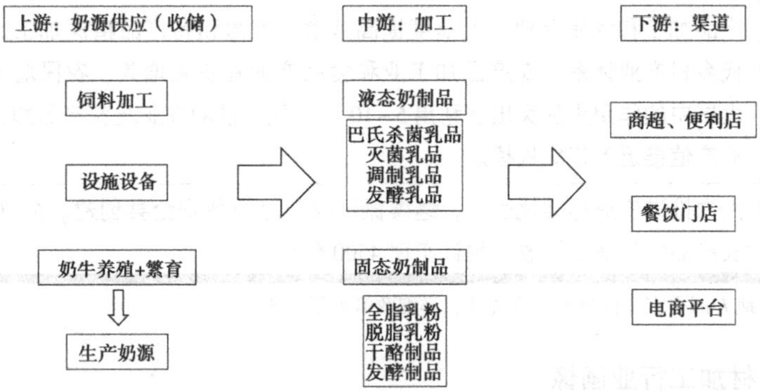

图 2-25　奶制品加工展示图

资料来源：中物联食材供应链分会。

果蔬加工产业展示图，详见图 2-26 所示。

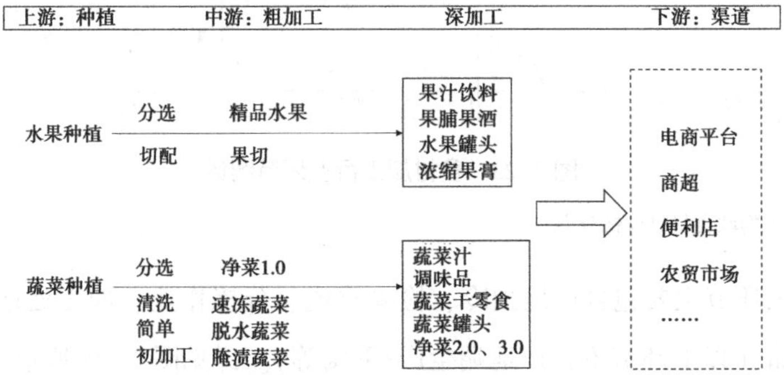

图 2-26　果蔬加工展示图

资料来源：中物联食材供应链分会。

水产品加工产业展示图，详见图 2-27 所示。

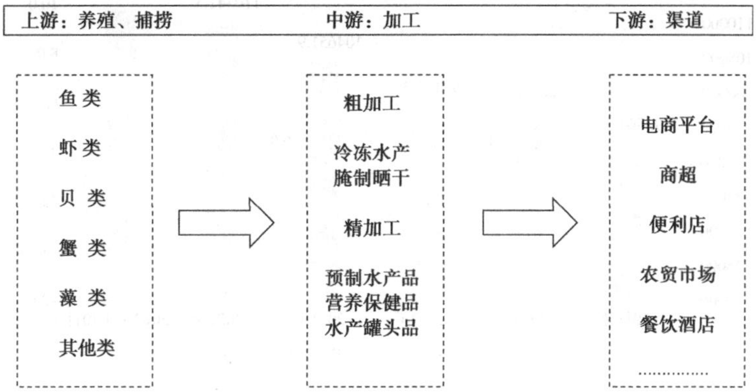

图 2-27 水产品加工展示图

资料来源：中物联食材供应链分会。

肉制品加工产业展示图，详见图 2-28 所示。

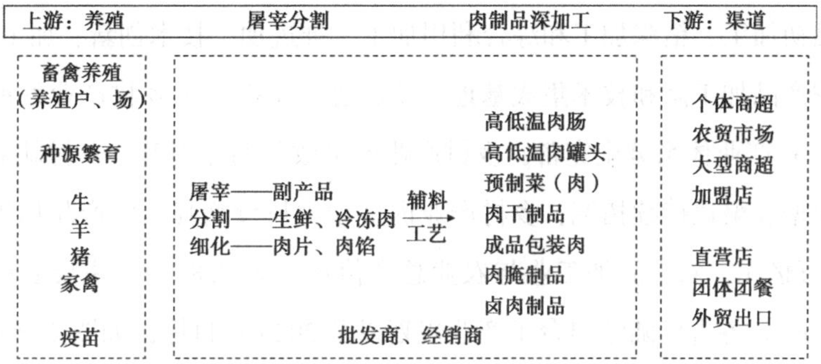

图 2-28 肉制品加工展示图

资料来源：中物联食材供应链分会。

三、食材加工市场规模

2022 年，食材加工市场规模达到 11.03 万亿元，主要类别有：肉类、蛋类、奶及奶制品、蔬菜类、水果、水产品、谷物等，综合加工增值比为 2.47∶1，如图 2-29 所示。其中，肉制加工产品占 20%，乳制品占 13%，蔬菜加工产品占 3%，水果加工（果汁、罐头）等占 14%，粮食及粗粮等加工占 50%。

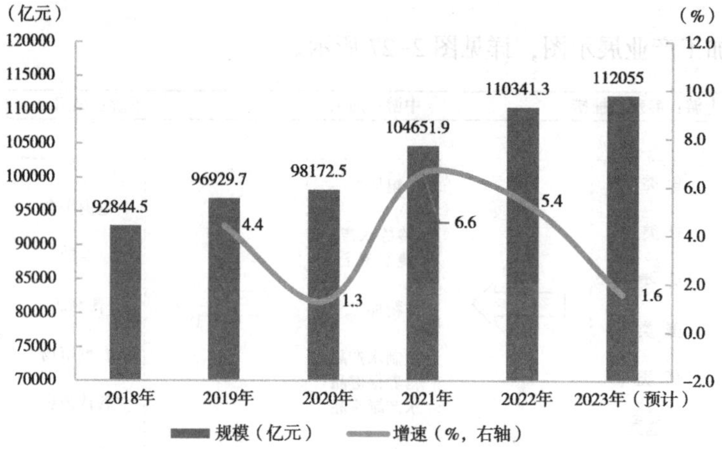

图 2-29　2018—2022 年中国食材加工市场规模

数据：中物联食材供应链分会不完全统计。

2022 年 7 月，农业农村部印发《全国乡村产业发展规划（2020—2025 年）》（简称《规划》），明确了乡村产业发展的重点任务，提升农产品加工业。如：统筹发展农产品初加工、精深加工和综合利用加工，推进加工技术创新、加工装备创制，建设一批农产品加工园和技术集成基地。《规划》还提出了乡村产业发展目标：到 2025 年，乡村产业体系健全完备，乡村产业质量效益明显提升，乡村就业结构更加优化，农民增收渠道持续拓宽，乡村产业内生动力持续增强。农产品加工业营业收入达到 32 万亿元，农产品加工业与农业总产值比达到 2. 8 : 1，主要农产品加工转化率达到 80%。各省份陆续出台了产业规划以及 2025 年目标，如图 2-30 所示。

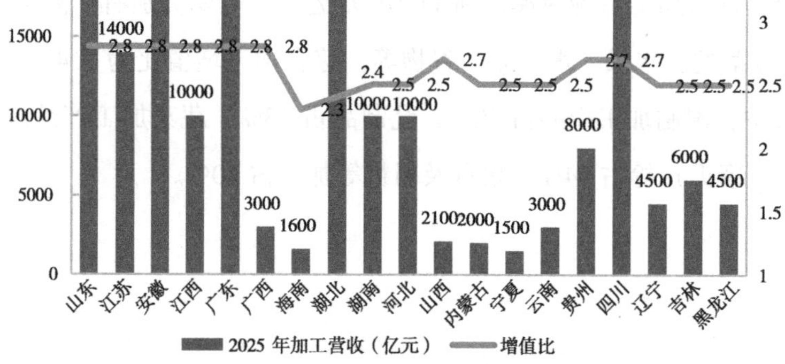

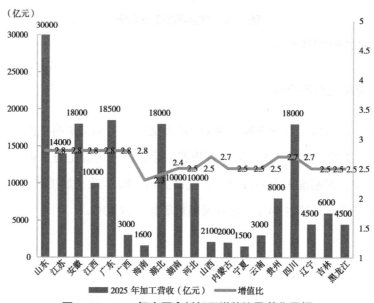

图 2-30　2025 年中国食材加工增值比及营收目标

四、食材加工行业发展现状

（一）食材加工行业基础设施不断完善

总体来看，我国食材各环节基础设施的不断完善为我国食材加工行业更加高效奠定了坚实的物质基础。

机械化作业设施是食材加工行业发展的基石，没有完善的自动化基础设施，就不会有加工食材的大量流通，如图 2-31 所示。近年来，我国食材产业园基础设施发展迅速，国家对于食材产业园基础设施的投入也逐年加大，部分农业大省已经形成了运输、加工、仓储、研发、质检、销售等多位一体的综合布局，比如黑龙江种植洋葱已经实现 80%的机械化覆盖率。

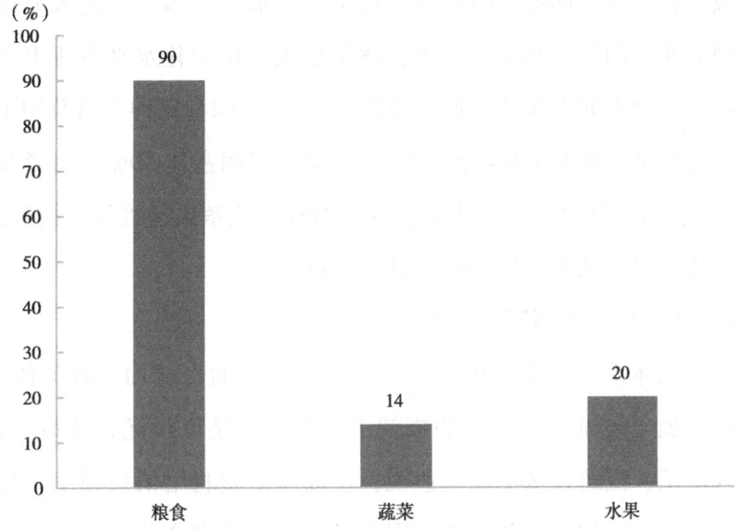

图 2-31　食材加工机械化流水线覆盖率

仓储基础设施是食材加工行业发展的关键基础设施。经中物联食材供应链分会不完全统计，2022 年，国家级加工体系的加工园区共有 300 余个，从食材加工设施上看，目前我国已初步建立起食材加工产业链，但缺口依然巨大，近年来食材加工产业园建设数量增速保持在百家以上。

（二）食材加工相关技术条件日趋先进

疫情期间加工食材需求火爆，伴随着经济水平的不断提升，我国食材加工过程中的各项技术水平也在逐渐提升。具体而言，相关的技术有：第一，互联网的普及。食材采购价格信息更加透明。第二，食材的研发技术。更多的初级食材成为加工食材，让加工行业正从简单的食材采购、销售、营销生产流程，转型为研发成为产业链的前端，食材口味改变、存储方式改变、工艺改变，更加多样化。第三，先进加工技术的应用。HACCP（hazard analysis and critical control point，危害分析与关键控制点）认证、GMP（good manufacturing practice，良好生产规范）认证等相关先进技术与管理手段被研发并应用到了食材加工、包装、储存、运输、保鲜、配送等环节中。第四，信息化建设逐渐普及。当前我国食材加工体系在信息服务及信息化建设方面取得了显著进步，突出表现在：硬件设施上，利用计算机及现代通信技术大大提高了食材原料配比精准程度，电子化、微机化、网络化趋势明显。相关技术水平的不断提升，为我国食材加工增值，为更好地满足人民群众对美好生活的向往提供了坚实的技术基础。

（三）食材加工主体组织化水平不断上升

伴随着我国食材加工体系不断完善，我国食材加工主体组织化水平也在不断上升，集团化趋势非常明显，其余主体也在逐渐壮大，组织化水平有所上升。根据中物联食材供应链分会不完全统计，截至 2021 年底，全国食材种养殖及加工企业占比 21%，供应链包含加工服务企业占比 16%，产业化集团占比 19%，团餐及食材预制企业占比 7%，餐饮涉及食材供应链企业占比 16%。购销渠道稳定、抗风险能力强、公司化经营已成为食材加工主体的核心骨干力量。

（四）食材加工政策体系不断完善

我国食材加工体系不断完善离不开一个日趋完善的食材加工政策体系的支持。我国政府在食材加工政策体系方面的成就主要有：一是税收优惠政策。具体包括，自产食材进入加工、流通领域免征营业税；不断降低食材增值税税率，允许收购食材扣抵进项税额；食材加工环节减税范围不断扩大；涉农企业所得税优惠惠及产供销各个环节；食材交易市场在房产税和城镇土地使用税方面给予优惠。二是财政资金投入。近年来，国家将中央和地方财政支农资金的一定比例，投入到食材加工基础设施建设上，并呈逐年上升趋势；同时还投入大量的人力和物力，给予建设及科研支持。三是保有强大的食材价格宏观调控能力，通过临时收储、市场化收购加补贴、最低收购价等政策工具保持对食材价格的强大调控能力。四是初步建成了食材质量标准制定、分级、认证、追溯体系。我国政府对食材加工的政策支持、管理体系不断完善，对营造更加完善的食材加工环境起到了重要作用。

（五）大力发展“无添加”食材产品

近年来，随着人民环保意识的增加，对高品质、绿色食材的需求要素也在提升，食材加工企业正在紧锣密鼓地结合当下实际需求和市场导向，调整产品结构，推出更为营养、健康、安全的食材产品，联动互联网营销，打造绿色食材品牌 IP 形象，进一步贴近和关注消费者动态，提高加工食材的质量和安全性，构建创新和绿色发展的新愿景，顺应时代潮流，赢得更大的市场份额。随着科技的不断进步和消费需求的不断变化，食品加工行业的未来发展呈现出多个趋势：高端化、精细化、智能化和创新化。

五、中国食材加工行业现存问题分析

（一）标准化程度低、产品质量参差不齐，标准和质量体系不健全，缺乏竞争力品牌

国家有出台食材质量分级导则的标准，不同的食材有各自品类分级的行业标准、团体标准等。当前生产者产后分级时在参照国家标准的基础上，更多会依据客户的标准要求进行分选。我国食材供应链的全程标准体系还未能全面覆盖，全程各类标准化体系的搭建还需进一步完善。

虽然全国各地对加工食材需求增长明显，但却没有引领性的国家标准和行业标准，各地方按当地食品加工的标准来衡量，导致规范标准不统一，或带来食品安全风险等问题。标准化成为食材加工企业在细分领域的管理短板。制定对预制食材、加工工艺、包装标识、储存运输以及微生物、添加剂、农药残留指标等标准统一的工作，更好地与企业实际操作相结合，帮助企业提质增效。

（二）食品安全问题较多

数据显示，2022 年，监督抽检不合格率为 2.86%，较 2021 年上升 0.17 个百分点。其中，第四季度监督抽检不合格率为 3.23%。从抽样食材品种来看，消费量大的粮食加工品，食用油、油脂及其制品，肉制品，蛋制品，乳制品等 5 大类食品，监督抽检不合格率分别为 0.68%、1.13%、1.06%、0.27%、0.12%，均低于总体抽检不合格率。与上年比，酒类、蔬菜制品等 28 大类食品抽检不合格率有所降低，但餐饮食材、即食品等 5 大类食品抽检不合格率有所上升。食材加工行业准入不严格，监管手段不充分，法律法规不完善，企业经营不道德等，都成了食材安全问题出现的导火索。食材质量安全监管不到位、加工和流通环节企业自律程度低、新技术在食材安全监管方面应用不足、食材安全标准不健全等问题成为行业发展的主要困难点。

（三）食材加工损耗情况仍较为严重

当前食材供应链体系下，中国食材加工的损耗率仍显著高于发达国家。据了解，发达国家初级食材综合利用率高达 90%，我国初级食材利用率仅为 55%左右，存在

着很大差距。2021 年，农业农村部印发《关于促进农产品加工环节减损增效的指导意见》（简称《意见》），旨在指导初级食材加工企业合理加工、深度加工、综合利用加工，推进初级食材多元化开发、多层次利用、多环节增值，实现减损增供、减损增收、减损增效，保障粮食安全和主要农产品有效供给。《意见》提出，到 2025 年，农产品加工环节损失率降到 5%以下；到 2035 年，农产品加工环节损失率降到 3%以下。而目前我国食材加工环节年损耗率在 12%左右，分品类来看，果蔬类加工损耗率在 15%左右、肉类加工损耗率为 7%左右、水产品加工损耗率为 9%，所有损耗成本会通过加价的形式转移给消费者。

（四）配套设施建设存在缺口

食材加工基础设施落后，食材可应用的加工场地及库容量占比不足 20%，肉类、蔬菜、水果等优势食材不能满足食材加工转化增值的需求。我国食材加工企业尽管引进了先进的加工设备，但整体运营及配套管理水平与国外相比仍存在较大差距，原因在于对产前配套设施及加工工艺管理组合的忽视，即“人、货、场”的协同，造成了食材加工领域技术创新能力较低，使得我国食材加工业的发展靠技术创新上水平的动力不足，技术水平落后，发展只能依赖硬件进口、拼设备。技术创新能力低下，是我国食材加工业落后于发达国家的根本原因。

六、中国食材加工行业发展趋势分析

2022 年是实施“十四五”规划的关键之年，在充分考虑我国消费变革、科技变革、组织变革、政策变革及国际形势等因素的影响和要求之后，我国食材加工将进入一个新的高质量发展阶段，主要呈现以下特点和趋势，如表 2-14 所示。

表 2-14　2022 年中国食材加工行业发展特点

特点	主要表现
高端化	未来食材加工行业更多的舞台会在产品质量以及安全，遵循绿色、健康、高品质的原则，推出高端、优质、符合当下消费者需求的加工食材，不断提高加工食材的附加值和品牌溢价，满足消费升级以及消费者寻求创新感的需求。
精细化	未来食材加工企业将会进一步拥抱数字化的趋势，并且将自身生产环节实行对应的自动化和智能化，正如零食产品一样，实现生产效率提高。除此之外，针对消费者不断变化的需求，企业将会加强市场化，推出更加定制化、个性化的产品，促进公司的商业发展升级。

续 表

特点	主要表现
智能化	未来食材加工企业将更加注重工厂内部的智能化以及自动化，依托人工智能、大数据等技术平台，运用理化检测等技术，调整口味配比，在产品设计上精进。衔接仓库数字化管理系统，拔高生产、物流、销路三通效率。
创新化	未来加工食材将在不断推出爆品的同时更加注重科学营养，在品牌溢价的推动下，兼并老品牌，提高产品附加值，降低运营成本，促进品牌发展。

（一）预制模式或将成为乡村振兴新产业

如何在变局中打开新局，如何稳住基本盘寻找新增量，预制菜成为食材领域增量的“答案”。近两年，预制菜订单呈井喷式增长，全国各地预制菜需求也增长明显，资本对预制菜青睐有加，食材相关企业纷纷入局预制菜行业，目前国内共有 6.81 万家预制菜企业。2021 年中国预制菜市场规模大约是 4070.8 亿元，较 2018 年增长近 4 倍，年综合增长率高达 50%，并且未来将以 30%以上的增长率逐年上升。

（二）需求刚性促进食材加工行业向规模化、集约化发展

由于国家扩大内需政策的推进、食材需求刚性以及供给侧结构性改革红利的逐步释放，未来食材工业仍将保持平稳增长，产业规模稳步扩大，继续在全国工业体系中保持“底盘最大，发展最稳”的基本态势。

（三）研发体系或将成为食品安全升维的重要手段

国家大力度推进食材安全战略，以“严密监管+社会共治”确保“四个最严”落到实处，食材工业将呈现“大安全”发展趋势，食材安全标准将全面与国际接轨。在激烈的市场竞争当中，以技术和创新占据优势是食材加工业发展的必然趋势。首先是加工原料和机械创新，其次是食材加工技术的创新。

（四）食材产业园或将成为一二三产融合高质量成果

第一、第二、第三产业融合发展是食材工业特有的优势，产业链纵向延伸和横向拓展的速度加快，大业态发展趋势日益明显。纵向延伸方面，完整食材产业链加快形成，“产、购、储、加、销”一体化全产业链经营成为更加普及的业态模式。

（五）食材“无边界”扩大加工食材消费广度

未来中国食材加工行业的产能、技术、资金等合作日趋增多，越来越多的食材企业将“走出去”参与国际竞争，布局全球化产业链。加工食材“无边界”，将加

大融入全球市场的深度和广度，实现贸易空间的“无边界化”。需要前期积极引进、消化先进加工工艺，增强自主能力，不要盲目复制。此外，要借鉴发达国家的经验，贴合国际标准和要求，通过技术要领，并逐步加强自主开发能力和改进创新能力，提升我国加工食材产品质量，扩大消费广度。

第三节　中国食材供应链流通体系分析

一、中国食材流通发展情况

我国经济正在进入高质量发展阶段，食材产业链优化助力经济发展。我国的国情、农情处于“大国小农”阶段。虽然涉及的食材产量丰富、品类繁多，但供需相对分散，导致规模化经济形成较少，物流成本相对较高。受历史及地理因素影响，农业经济是我国经济的重要支柱，贴合我国实际，但小农经济的形式难以迅速做出变革。因此，食材供应链的发展能够有效促进我国经济的发展。食材供应链的发展中重要的一个维度就是食材流通的发展，2022 年食材流通市场规模达到了 8.37 万亿元人民币，同比持平。食材流通的发展不仅能降低农业生产和食材流通过程中的物流成本，提高食材流通速度，还能为经营主体提供真实、准确的有效信息，减少市场运营过程中的不确定性和盲目性，提高农民的组织化程度和食材的市场竞争力，使食材在流通过程中实现增值。此外，能提高食材的标准化和质量安全，减少食材在运输过程中的损耗，降低和杜绝食材公共安全事件的发生，有利于保障城乡居民的根本利益，稳定增加种养殖端的收入，推动农业的产业化、现代化进程，提高农业的整体效益。

（一）食材流通重点环节概念定义

食材供应链按环节可分为生产加工环节、流通环节以及消费环节。

食材流通环节主要包含产地预冷保鲜、短驳运输、存储、长途运输、中转及末端配送等，如图 2-32 所示。（以上物流环节不含产地端生产/采摘。）

预冷：该过程需要考虑不同食材的特有属性，这关系到预冷方法的选择、预冷的完成时间、预冷的能耗等。预冷能够有效提升初级食材的状态，产地预冷能够降低 18%的流通腐损量。但冷链具有不可逆性，如果预冷环节出现问题，那么之后的储藏、运输、配送环节即使做得再好，也无法弥补对产品品质的损害。

运输：此环节为产地城市到目的城市间的长途运输过程，一般包括空运、海运、铁路运输及公路长途干线运输，运输更关注的是时效性。

存储：食材存储环节包含常温存储及冷库存储，存储环节主要包括收、发、存、温度监控、装卸搬运、包装、分拣、流通加工等操作环节，综合型强的园区及集散中心都具备此功能。

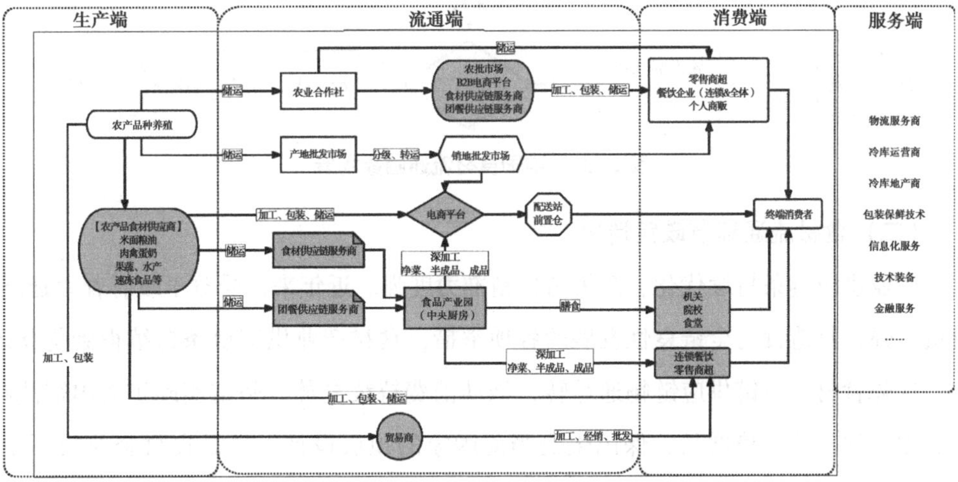

图 2-32　中国食材流通环节业务图谱

资料来源：中物联食材供应链分会。

中转：从目的城市到终端客户配送过程中往往因货量无法实现整车直运而存在中转环节，如顺丰、京东的一级/二级转运中心，专线运输的始发/目的中转中心，一二级农批市场等，此环节需要根据食材的属性，采用不同类型的中转冷库保存，以避免因中转导致的货损。

配送：此环节主要包含末端城市配送、快递配送、终端宅配、及时配送等不同配送环节，根据 B 端、C 端等不同的客户及不同的购买方式，根据货量及客户订单需求，选用不同的配送方式完成末端配送环节。

将各环节与实际相结合，中国物流与采购联合会食材供应链分会对食材从产地农户开始流通，最终抵达消费者手中的场景做出画像，如图 2-33 所示。

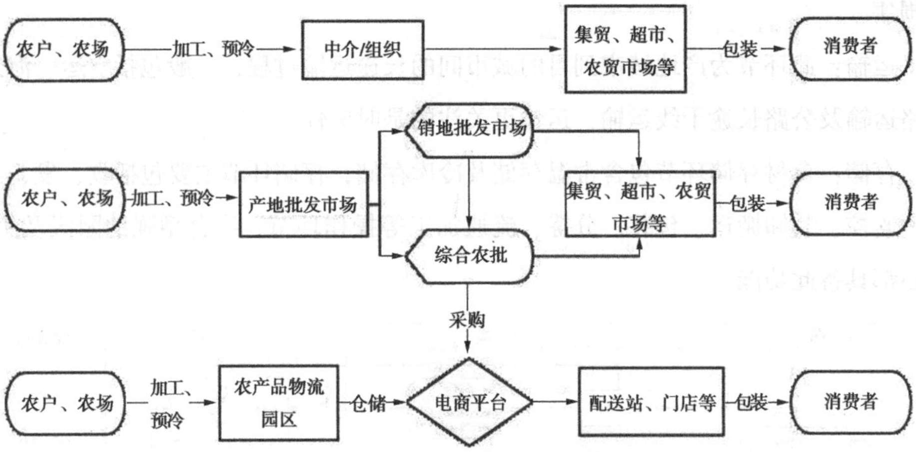

图 2-33　中国食材流通画像场景

（二）食材流通环节政策情况

产业供应链条持续优化，政策帮扶精准力度强。近年来，受益于政府着力延链、补链、强链打造食材全链良性发展的各项举措，食材产业供应链条持续得到优化改善。保障食材产业链供应链畅通运转，推动消费持续复苏，坚定实施扩大内需战略是关键。促消费、稳增长、保民生是当前国家的顶层设计，也是食材企业找不足、促转型、提效能、寻创新的关键节点。

2022 年中央一号文件《中共中央 国务院关于做好 2022 年全面推进乡村振兴重点工作的意见》继续着眼国家重大战略需要，强调要稳住农业基本盘，做好“三农”工作，持续全面推进乡村振兴，确保农业稳产增产、农民稳步增收、农村稳定安宁。

该文件中与我国食材流通环节强相关的指导意见如下：

第一，全力抓好粮食生产和重要农产品供给。稳定大中城市常年菜地保有量，大力推进北方设施蔬菜、南菜北运基地建设，提高蔬菜应急保供能力。

我国作为人口大国与农业大国，保持粮食生产以及供应稳定是重中之重。据中国物流与采购联合会食材供应链分会统计，截至 2022 年，我国生鲜的流通损耗率为 10%~15%，为美国的 2~3 倍。除研发培育新种提升产量外，完善基础设施建设，提高温控物流服务能力，减少流通损耗同样是完成目标的又一关键路径。

第二，我国要聚焦产业促进乡村发展。要加快实施“互联网+”农产品出村进城工程，推动建立长期稳定的产销对接关系。推动冷链物流服务网络向农村延伸，整县推进农产品产地仓储保鲜冷链物流设施建设，促进合作联营、成网配套。支持供销合作社开展县域流通服务网络建设提升行动，建设县域集采集配中心。

国家统计局数据显示，2022 年我国的城镇化率为 65.22%，比 2021 年年末提升 0.5%，同样是粮食超级大国的美国城镇化率在 2022 年达到 85%，比中国高出约 20%。中国的农乡比例较高但发展较为落后。农产品食材要进入市场流通，最终触及消费者，首先要保障其能从农乡“走出去”。推动温控物流向农村延伸，加强配套设施建设是保证食材流通的重要抓手。

2022 年，为更好地实现食材流通高效、食材产供销一体化建设，将供销社体系复归纳入国家顶层设计，其功能定位更加明确，以建立食材集配中心的模式来改善食材产地滞销难题。联通食材上下游，建设中央厨房、餐配中心，推进产业智慧化转型。集聚产业资源，打造食材强国之路。响应中央政策号召，各地方政府也相继出台相关政策扶持企业进行园区建设，如广东省 2022 年 2 月出台的《广东省自然资源厅 广东省发展和改革委员会 广东省农业农村厅 广东省林业局关于保障农村一二三产业融合发展用地促进乡村振兴的指导意见》中明确指出要明确农村一二三产业融合项目的范围，加强用地监管。

2023 年 2 月，《中共中央 国务院关于做好 2023 年全面推进乡村振兴重点工作的意见》发布。文件持续聚焦乡村振兴工作，推动中国农业强国建设。对比 2022 年中央一号文件，其中物流基础设施的建设重心向产业链条前端偏移。

文件中指出要发展现代设施农业。加快粮食烘干、农产品产地冷藏、冷链物流设施建设。2021 年农产品供应链产地基础设施建设纳入政府规划工程，但农业前端仍是产业链较为薄弱部分，也是阻碍食材流通的重要节点。

在各地方贯彻落实中央指导意见的过程中，产销地物流设施建设取得初步成果。2022 年 6 月，云南省提出《“十四五”冷链物流发展实施方案》，内容包含要建 40 个产地骨干冷链集配中心；2022 年 7 月，辽宁省提出争创 2~3 个国家骨干冷链物流基地，布局建设 100 个左右产销冷链集配中心，建设 2000 个左右产地冷藏保鲜设施。2022 年 10 月，安徽省认定首批 4 家省级冷链物流基地和 15 家省级冷链集配中心。

2023 年继续深化产销地物流基础建设的落实。中央一号文件重点提及农产品产地基础设施建设及改造、补齐产地加工处理能力等要求，各地方政府将会加大资金投入，建设资金将会由国家和地方政府给予补贴，其余部分由政府提供低息贷款，试点交由市场主体营运等。

二、食材流通环节市场情况

2022年是中国进入“十四五”时期后的第二年，是中国全面迈入食材高质量发展新阶段的关键之年，中国食材市场规模约为15.5万亿元，进入流通的食材规模约为8.35万亿元，如图2-34所示。消费者对农产品初级食材的需求由“量”转“质”，对流通端的技术水平提出更高要求。

据中物联食材供应链分会统计，2022年中国食材的流通渠道占比为：农批市场约占52%，电商占比为8.5%，个体商贩占比为2.5%，超市占比为37%。2022年，中国农产品初级食材的流通方式仍以农批市场为主，因涉及环节众多，流通时间长，对于配套的温控物流设施要求高，集团化趋势非常明显。全国百强亿元食材批发市场中，年交易额300万元以上的大户有58610个，平均每个市场有586个，其中910个大户年交易额超过1亿元，经销大户实力强、购销渠道稳定、抗风险能力强，并越来越走向公司化经营。除食材批发市场外，食材流通体制中其余主体也在逐渐壮大，组织化水平有所上升。

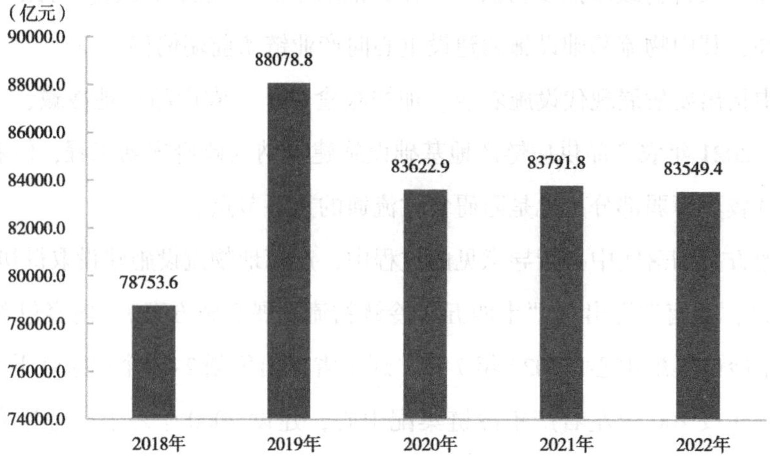

图2-34 2018—2022年食材流通市场规模

2022年，食材流通发展“慢下来”，落脚创新力争渠道突围。供应链的一大优点就是其稳定性，但食材作为与消费者联系最为紧密的高敏感度领域，易于受到外部环境的影响。2022年因疫情等诸多因素限制，食材流通规模增速从2.12%降至-0.04%，明显放缓，流通联动性略呈疲软态势。食材流通为摆脱困局，尝试拓宽产业供应链的流通对接服务，联动新型营销模式，更好将产品或服务价值直观地展现给更广的消费者，与消费者建立直接联系。如开启线上线下一体化全渠道营销模式、利用直播平台引流带货实现供需对接、拓宽流通路径等。

三、食材流通环节基础设施情况

基础设施建设是食材流通发展的基石，基础设施的不完善会对食材的大量流通造成巨大打击。因此，国家对于基础设施的投入逐年加大，2022 年对于我国物流业固定资产的投资已完成 4 万亿元，同比增长 23.9%。基础设施的日趋完善大幅提升了我国的运输效率。

2022 年，我国已有或拟定建设的园区为 200~240 家，园区的建设更加贴合生产端，在地域分布情况上呈现出东西聚集的特点。产业园占地面积为 300~1500 亩，投资额根据园区建设规模情况的不同，在 10 亿~52 亿元波动，总投资金额高达 5000 亿元，如图 2-35 所示。园区的建设能够加强食材流通节点的韧性，助力供应链的标准化及监管体系更加完善，促使中国食材流通成为经济发展迈向高质量新格局新台阶的重要手段。

园区建设规模	投资规模	功能情况	承载需求	主要特色	规模利润
300亩（中、小型）	10亿	A B C D	产地端 中间商 零售端	生产 贴牌	5%~7%
500亩（中、小型）	15亿	A-D E F	+B端	+供应链 +配送	-6%~10%
800亩（大型）	28亿	A-F G H	+物流服务平台	+中央厨房 +标准	+4%~11%
1000亩（龙头、大型）	40亿	A-H I J	+电商平台	+研发 +运营	+3%~4%
1500亩（综合）	52亿	A-J K M	+国际	+品牌 +数字化	+5%~15%

功能：A加工功能、B园内物流、C环境处理、D检测功能、E展示交易功能、F产地合作、G研发功能、H数字化平台、I生活服务、J商业配套、K海关功能、M其他

图 2-35　食材产业园区建设资金及功能情况

图片来源：中物联食材供应链分会《2022 年食材产业园分析报告》。

四、食材流通环节技术条件情况

食材流通环节的技术条件逐步提升，是建设农业强国的扎实基础。截至 2023 年 2 月，农业数字化已经成为中央一号文件的重要发展指标。《加快农业数字化探索：十九年一号文件数字化解读》一文总结 2022 年中央文件关键词出现频率，信息技术

装备与农村基础设施是提及次数最多的。梳理历年中央一号文件的关键词，频率由高到低排列分别为信息技术装备与农村基础设施（14 次）、农业信息/数据服务（13 次）、农村信息化示范（7 次）、农业气象（7 次）。随着数字化技术的不断发展和相关政策的演变，各类关键词的表述也在发生变化。如信息技术装备的内涵不断丰富，2016 年中央一号文件首次提及了物联网、云计算、大数据，2017 年首次提出农业装备智能化，2020 年首次提及第五代移动通信网络（5G）。2016 年农业信息服务体系变成全产业链大数据建设，2020 年再升级为农业农村大数据体系。此外还将农村信息化示范升级、农业气象升级为数字乡村试点、智慧气象等等。从农业数字化的内容来看，中央一号文件中农业数字化的内涵越来越丰富。2004—2008 年，中央一号文件侧重于农业信息服务体系，共提及 4 次。2009—2018 年，中央一号文件关注的重点在于信息技术装备与农村基础设施（8 次）、农业信息服务体系（5 次）。2019—2022 年，信息技术装备与农村基础设施（4 次）、农业信息/数据服务（4 次）、农村信息化示范（3 次）、农业气象（2 次）这 4 类关键词都是中央一号文件关注的重点内容，2022 年还增加了数字化培训这一内容。由此可见，中央一号文件对农业数字化的关注度越来越高，中央一号文件中农业数字化的内涵也越来越丰富。

我国食材流通环节仍处于发展中阶段，根据党的领导及时代发展的必然结果，食材流通的高质量发展需要依托于物联网与区块链的技术。此项技术会对仓储和运输两种场景下的环境信息、产品信息进行实时精准检测与管控，以便减少断链现象的发生，从而达到保证品质、减少损耗等目标。此外，通过与生产环节的有效对接，能够实现农产品溯源功能和农产品消费精准追踪与召回功能等。在物流数字化的基础上，进一步改善供应链主体的业务流程、交互模式、决策体制，使得信息透明化和交易机会成本消失，在农业产业链条之间形成开放式、分布式、协同式的横向规模经济体系，进一步降低农产品流通成本。相较于传统供应链资金流，数字化转型整合了线上线下大量通过物联网设备、信息平台等采集的生产数据和交易数据，建立数字化的信用评估模型，有助于降低信贷交易成本，优化风险控制策略，提高资金流运行效率。

五、食材流通环节痛点问题

我国农业处于高速发展的阶段，但食材流通环节仍存在很多痛点问题亟须解决：第一，各地方标准、团体标准难以统一，无法实现流通环节高标准化。截至

2022 年，我国出台食材质量分级导则的标准按照不同食材进行划分，各自品类也有分级的行业标准、团体标准等多达 100 多个，但不互通。导致当前生产者在产后分级时在参照国家标准的基础上，更多会依据客户的标准要求进行分选。同时食材供应链的全程标准体系还未能全面覆盖，全程各类标准化体系的搭建还需进一步完善。目前食材供应链流通渠道仍以农批为主，经过多年的转型发展，仍未能形成优先的检查、管控、可追溯的运作模式。虽然全过程涉及诸多监管和主管部门，但是未能形成合力，无法实现及时、准确的问题定位。

目前国内缺乏整体性的规划，国内食材供应链逐步呈现出流通主体规模偏小、产业化和组织化水平还有待提高的特性。我国产地端已初步形成食材流通主体多元化的局面，家庭农场、农民经纪人、农民合作社、多级批发商、商贸企业、产销一体化企业、第三方物流公司等不同流通主体丰富了食材市场业务场景，但由于其规模小，大多处于松散状态，导致整个流通环节链条更为冗长，标准化难度大幅提升。此外，中国的食材在产地几乎不做包装，简易流通运到消费地的批发市场，食材的挑选、分级及包装没有严格统一的标准，对于流通过程中所需的标准化建设亟待加快。

第二，农批市场作为流通环节主体设备完成程度不高，标准化管理手段落实不到位导致监管力度不足。我国食材的追溯问题一直存在，尤其是在农批市场的节点，断链的信息流难以保障市场中的食材质量。很多大型的食材批发市场附属信息设施不完善，相关流通行业的标准管理仍需加强。如何提升农批市场的转型升级，我国初步建成了食材质量标准制定、分级、认证、追溯体系，但现阶段系统性不足，效果不明显，仍须进一步完善。农超对接与集采供配不均衡，规模化、标准化、信息化等功能仍在摸索当中，此外，相关强制性法律法规制度体系也有待加强。

食材流通过程涉及多方主体，尤其是跨境食材流通环节。而在这众多环节当中，监管措施不完善，上下游相互监管力度不足，流通全过程存在监管主体不明。目前食材流通环节中，虽然涉及主体众多，但是上下游衔接环节相互监控及交接标准缺失，造成无法形成有效的上下游相互监控。同时全流通环节中，存在多方主体，但是边界划分存在模糊点，造成监管空白。我国食材供应链仍存在保鲜保供的服务能力、应急管理协同机制和风险治理水平等方面的短板，传统食材流通存在流通环节烦琐、流通效率低下、流通服务设施与体系落后或缺乏等问题。同时，拥有专业化的人才是提升标准化管理水平的大前提。但我国农民对生鲜保鲜知识匮乏，对采摘预冷、分级、加工、包装及仓储等冷链意识薄弱，又缺少专业的冷链团队指导，致使生鲜产品在“最先一公里”就已经断链。基层冷链人才短缺，包括制冷设备维护、冷链运营管理等，缺乏相关专业培训。

第三，产地物流设施建设不完善导致服务网络触及程度浅，食材“出山”难点仍是大问题。当前食材产地温控物流网络不完善，产地规模化、专业化的第三方温控物流企业数量少，在县、镇、村缺乏不同层级的温控集散中心、分拨中心和温控运力，造成食材损耗大且走出去困难重重。食材走出去与温控物流运输相辅相成，随着温控物流技术的不断发展，具有较高价值的反季节产品和具有地域特色的优质食材才能不断走出产区在全国范围内流通。距离越远，食材价值越高，温控物流运输又促进了销路拓展的实现、缓解滞销难题，同时全程冷链能够使食材在运输过程中始终处在低温环境，保证安全和质量，减少损耗。据统计，当前使用冷链运输损耗率在5%左右。还有新餐饮、社区零售、跨境冻品温控等领域，同样存在着巨大的市场空间。如今餐饮行业向着互联网化、智能化、智慧化、娱乐化的方向发展，新餐饮的竞争已从线上转到线下，在餐饮行业，供应链非常重要，餐饮供应链的核心就是温控物流。

全社会物流系统建设依然存在结构性失衡的问题。首先，表现为通道建设强、节点建设弱；其次，在节点建设中，通用库过剩、专业库不足。从技术应用方面看，无人仓过热、机械化及半机械化被轻视。从供应链全流程看，农村产地源头的基础设施投资与技术研发远远落后于流通领域，特别是一些贫困山区，差距更大。仓储最基本的作用是“蓄水池”，调丰补欠。但在我国广大乡村，种植户多且分散，大多数种植户的种植面积较少、产量低，而果蔬食材对物流设施温湿度条件的要求远高于其他产品，设施投资成本太高，种植户个体无法承受。源头仓储设施的不足，使得那些最缺乏成本分担能力的农民兄弟承担着最大的风险，每年都会出现“果（菜）贱伤农”的事件。从产地端看，中西部地区食材采收入库“最先一公里”上，仍存在基础设施薄弱、数量不足、果蔬产品损耗大、基层冷链物流人才缺乏等问题。面对巨大的市场需求，农村冷链物流建设还需从发挥政策引导作用、完善标准、精准“补短板”等方面发力。目前针对产地端具体问题可总结为以下几点：基础设施建设不足，预冷设施缺乏，专业的预冷设备使用较少，仅有极少数农业龙头企业购置真空或风冷预冷设施，大部分生产者采用土建冷库配套多个冷风机快速打冷的方式代替实现预冷功能，效果与专业预冷设施差距明显；产地冷链设施设备存在季节性闲置，食材具有固定的生长周期，受季节性的影响，冷库、分级、包装等设施设备会随食材成熟上市高频使用，在食材未采摘时出现闲置的情况。

六、中国食材供应链流通趋势展望

（一）政策发展展望

2023年全年，对于食材流通层面的政策展望主要分为以下两方面。

第一，各政府政策继续深化推进物流基础设施的建设。重心向“产前一公里”偏移，重点解决农产品初级食材“走出去”的问题，大力倡导企业进行产地端基础设施的建设；对于产地端基础设施建设的扶持力度增大，设置相应优惠税收政策及相应补贴，对符合要求的企业进行评估后，提供信贷绿色通道服务等。

截至2023年2月28日，各地方政府出台的中央一号文件配套落实政策及具体实施方案相对较少，但依据2022年产业园区建设相关层面的落实情况，中物联食材供应链分会判断2023年全年，各主要食材流通重要枢纽地区会率先建立起符合政策标准的产销地冷链集配中心，如山东、河南、广东等地。预计到2035年，总投资额可达到万亿元级别，政府或地方规划用地具体标准与项目承办标准也会相应出台。

第二，从源产地解决标准化程度不足问题，持续推进标准化农田的建设。建设高标准农田是提高农业综合生产能力、保障重要农产品的现实需求。高标准农田转化是食材供应链发展提质增效的突破路径。而对于流通环节，标准化农田的建设能够解决流通中食材标准不一、难以落实监管等问题。

截至2022年年底，我国已累计建成10亿亩高标准农田，高标准农田建设规模持续扩大、布局不断优化。2019年、2020年每年建成面积超过8000万亩，2021年建成面积超过1亿亩，2022年建成1亿亩高标准农田。目前高标准农田的建设率已经超过50%，随着2023年中央一号文件对于高标准农田建设的愈加重视，预计2023年将建成1.5亿亩高标准农田，预计到2035年，高标准农田的建设率达到75%以上。高标准农田的建设是产地冷链集配中心建设的大前提，因此中物联食材供应链分会认为，高标准农田建设的各地方政策将与产地冷链集配中心建设政策联动，或提前出台高标准农田建设的具体落实方案，以便做好稳产保供工作的大力支持，坚守住18亿亩耕地红线。

(二) 食材流通发展主要趋势判断

2023 年，我国食材流通发展已进入了一个新的时期和新的阶段，被赋予了新的要求和新的使命。

第一，为了解决流通环节冗长，导致农产品初级食材在流通过程中所耗时间过长，增加成本、提升损耗率的问题，我国食材流通模式不断创新，实现流通环节精益化。流通环节的精益化更顺应时代选择。伴随着经济的进一步发展，消费者对食材的风味、营养的要求会进一步提升，这也就意味着消费者更加倾向于在原产地购买新鲜的食材，这为食材的产地直销模式、供应链模式及电商模式的推广与发展提出了更多需求。消费者将更加倾向于通过直销方式购买食材。食材流通，特别是在直接接触消费者的终端零售环节，是目前各大互联网企业重点争夺的新兴领域。在这一领域，配合前置仓、仓店一体等新的零售流通模式，预计流通环节越短的食材，其新流通模式在信息技术赋能下将能够得到进一步普及。

第二，国内食材供应链流通主体规模将进一步扩大，产业化和组织化水平会进一步提升。不仅因为发展农业社会化服务、推动土地流转、促进农业集体经济发展，会使农业经营规模化上升，且必然带来的是食材流通主体规模的上升；还因为伴随着当前食材品牌化、专业化发展，现代经营管理理念逐渐深入人心，在品牌化运营驱动下，食材流通主体的组织化、专业化、产业化水平也将进一步提升。此外，在新型零售模式的挤压下，预计小型食材批发市场、食材市场都将面临被大型食材批发市场、食材生鲜电商巨头并购的情况，这种行业内部的商业行为也将进一步推高行业集中度，促进食材流通主体的组织化水平上升。

第三，我国的“最先一公里”问题得到缓和或解决，产地基础设施建设更加完善。2023 年，我国消费者已经从“吃得好”向“吃得营养、健康”方向转变，满足消费者对美好生活的向往也是我国食材流通体系建设的出发点和落脚点。毫无疑问，在我国食材流通体系建设中，田头市场的仓储保鲜和冷链物流设施是最大的短板，鲜活食材出村的“最先一公里”面临着巨大挑战。据估计，每年我国因冷链设施落后造成的食材损失高达数千亿元。预期到“十四五”末，我国食材冷链物流体系将大幅度完善，鲜活食材冷链覆盖率将大幅度提升，产后损失率将大幅度下降，食材流通效率将大幅度提高。

第四，为更好落实实施标准化管理，我国食材流通专业人才队伍将加快壮大，技术将更为先进。标准化管理是食材领域的必然走向，为快速补齐我国食材流通过程中标准化程度不高的问题，专业化人才的培养是必须的，更多专业人员将进入到食材流通环节中，壮大食材流通专业人才队伍，如品牌化、设计及运营方面的专业人才等。此外，伴随着食材流通的进一步发展，预计食材流通技术将更加先进，而专业化人才的涌入也会加速食材流通相关技术的研发，全程温控等未来更加先进的冷链物流技术将会有更加广阔的应用空间。随着市场消费能力的提高，消费者对食材的营养和风味的要求更高，这就对食材流通过程中采用的加工技术、保鲜技术有了更高的要求。在市场需求的带动下，食材流通中将更多应用更加先进的流通加工技术和保鲜技术。

第五，随着国际对于环境保护的愈加重视，食材物流呈现出向绿色环保方向高效发展的趋势。社会和经济的发展带来了越来越严重的生态环境问题，人们逐渐意识到生态保护和可持续发展的重要性，绿色物流理念已经产生并不断发展，将成为食材物流发展的未来趋势。国家制定了可持续发展战略，食材物流发展应顺应时代要求、响应国家号召、树立行业榜样。要利用互联网技术，在追求企业运营效果和利益的同时，降低对环境的污染、减少资源消耗，利用先进物流技术规划和实施运输、储存、包装、装卸、流通加工等物流活动。

第四节 中国食材供应链销地体系分析

一、食材消费总体情况

我国是农业大国，改革开放以来，城市化进程不断加快，农业种植面积不断压缩，高效产出比不断提高，但我国农业仍存在许多问题，小农经济的根深蒂固让我国农产品流通难、产销难，农业仍是我国重点关注的领域。2022 年伴随着新冠疫情控制成果显著，年末逐步开放的态势，我国食材行业生产力、消费力也在逐步恢复。根据不完全统计，2023 年我国食材消费市场规模预计将达到 16 万亿元，同比增长 3.22%，如图 2-36 和图 2-37 所示。

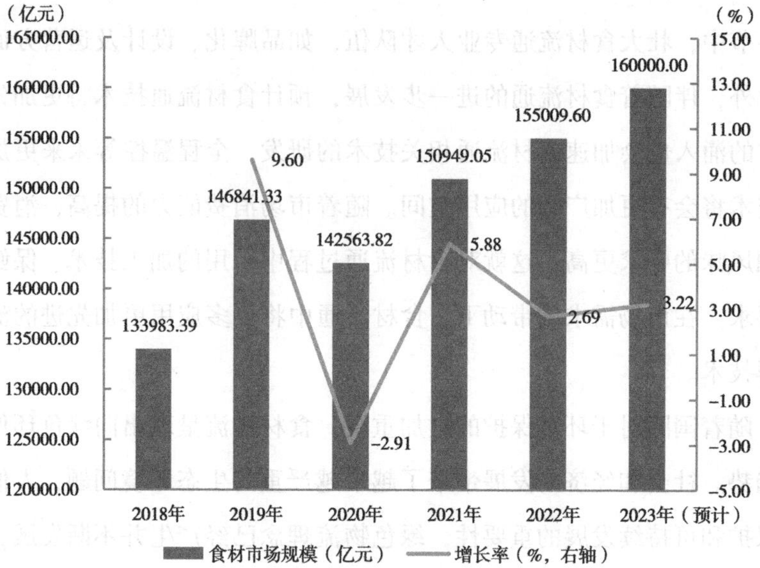

图 2-36　2018—2023 年（预计）中国食材消费市场规模

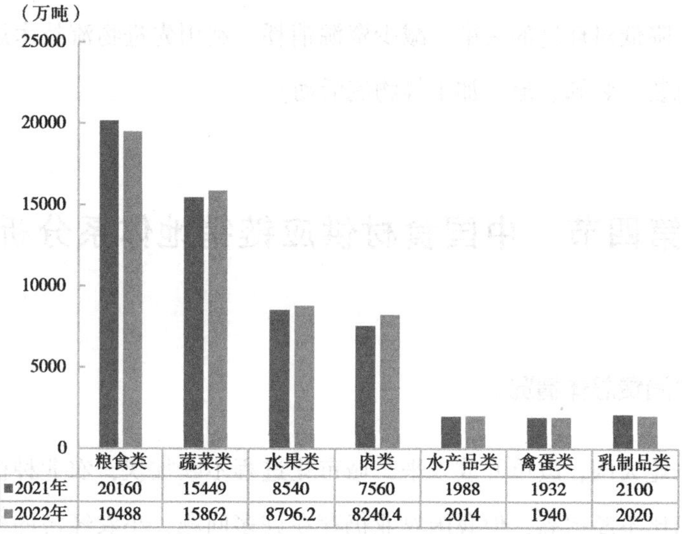

	粮食类	蔬菜类	水果类	肉类	水产品类	禽蛋类	乳制品类
■2021年	20160	15449	8540	7560	1988	1932	2100
■2022年	19488	15862	8796.2	8240.4	2014	1940	2020

图 2-37　2021—2022 年我国各品类食材消费量情况

数据来源：统计年鉴、地方统计数据。

二、餐饮（连锁）发展概况及趋势分析

（一）餐饮业发展阶段

中国自古以来就对吃食非常看重，餐饮行业的发展也早早开始起步。自改革开放以来，中国餐饮行业的发展历程大概可以分为四个阶段：改革开放起步阶段、数

量型扩张阶段、规模连锁发展阶段以及品牌提升战略阶段。

1. 改革开放起步阶段

改革开放初期，中国餐饮行业开始发展，但由于当时的社会环境、经济环境以及技术因素的制约，只能在政策扶持下缓慢发展，初具餐饮企业的雏形。

2. 数量型扩张阶段

基本雏形确立以后的下一步是实现对于数量的追求，扩大餐饮行业规模。

根据国家统计局数据显示，近十年间我国餐饮业快速发展，2013 年，限额以上餐饮业法人企业数量 2. 67 万个，从业人数 246. 77 万人，到 2022 年，限额以上餐饮法人企业数量 3. 29 万个，增加了 29. 5%，从业人数 284. 99 万人，增加了 13. 4%，如图 2-38 所示。

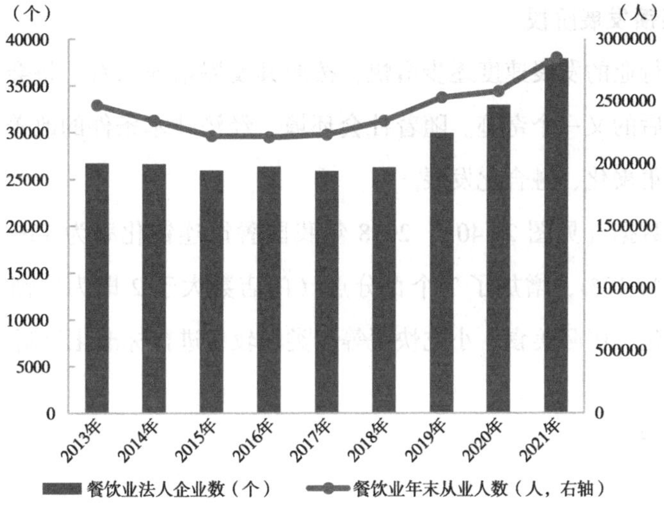

图 2-38　我国限额以上餐饮业企业数量和从业人数

数据来源：国家统计局。

截至 2022 年，国内餐饮行业的企业数量已达 900 万家，这意味着平均每平方千米就有 1 家餐饮企业。每年新注册的企业现已超过了 200 万家，年增长率超过了 25%。餐饮企业数量最多的省份依次是广东约 110 万家，江苏约 66 万家，浙江 63 万家，如图 2-39 所示，以广东省 17. 97 万平方千米的面积计算，广东每平方千米就有 6 家餐饮企业。以上的统计数字只限于在工商注册的餐饮企业，如果算上没有注册的和不规范的小店、夫妻店，实际的数量会更多，应该超过千万。仅从企业数量来说，拥有千万企业的餐饮行业的规模是其他任何行业都无法比拟的。在近十年的时间里，餐饮企业的数量增长一度非常迅猛，2010 年后一直保持 30%的增长速度，在2015年曾达到了88%的增幅，虽然之后逐步回落，但目前也有25%的增幅。

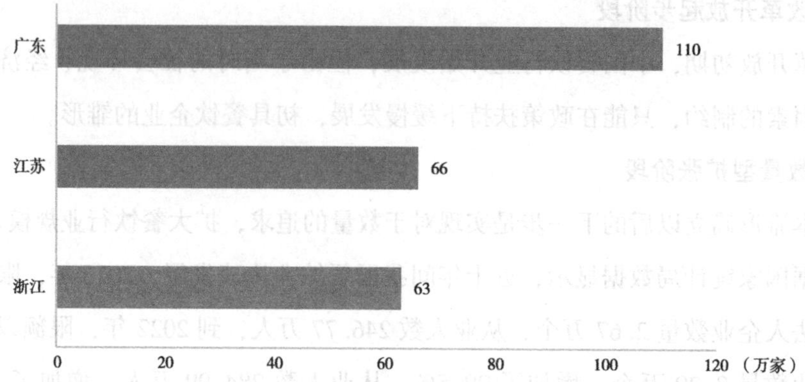

图2-39　2022年前三省份餐饮企业数量

数据来源：《2022年中国餐饮大数据白皮书》。

3. 规模连锁发展阶段

中国餐饮行业的发展速度逐步增快，按照其发展增速来看，将会成为自中国经济发展速度之后的又一个奇迹。随着社会环境、经济技术条件的改善，餐饮企业开始连锁经营，集聚化、融合化发展。

根据美团数据（见图2-40），2018年我国餐饮连锁化率为12%，到2022年，餐饮连锁化率为19%，增加了7个百分点（门店数大于2即为连锁品牌）。其中，茶饮、甜品面包、国际美食、小吃快餐等品类因较易进行标准化复制，连锁率较高。

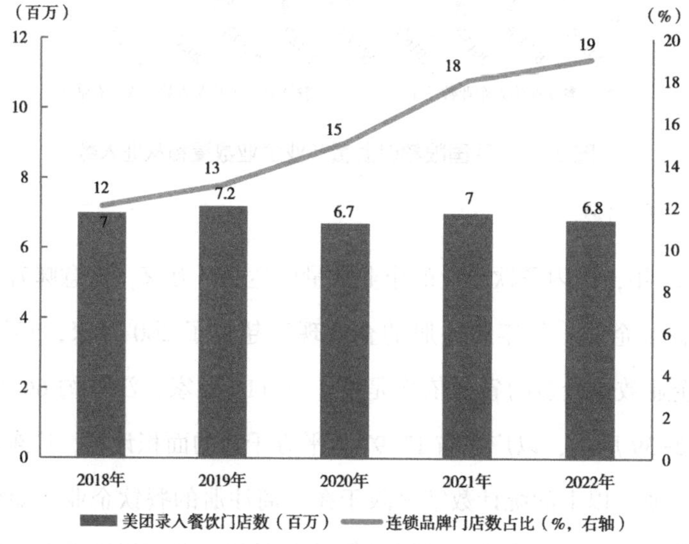

图2-40　2018—2022年我国餐饮连锁化率情况

数据来源：美团新餐饮研究院。

4. **品牌提升战略阶段**

在餐饮连锁化率逐步提高的基础上，品牌建设成为餐饮企业的发展重心。通过品牌建设提高餐饮企业知名度和社会形象、提高消费者的忠诚度，不仅注重外在形象，也更加关注内在的文化修养。我国餐饮业品牌化、现代化、国际化进程加快，发展质量不断提高。

（二）餐饮业市场规模

自改革开放开始，中国用了28年时间，直到2006年才具备1万亿元规模。但是从1万亿元到2万亿元仅仅用了5年时间，从2万亿元到3万亿元用了4年时间，从3万亿元到4万亿元用了3年时间。现如今，餐饮行业已经迫近5万亿元时代。

根据国家统计局数据，2022年我国餐饮收入4.39万亿元，较2019年高峰期4.67万亿元减少约0.28万亿元。虽然2020年到2022年整体经济环境受到疫情影响出现了负增长，但是随着疫情放开，中国餐饮行业经济逐步复苏，2023年上半年餐饮消费2.43万亿元，增长率高达21.4%，如图2-41所示。

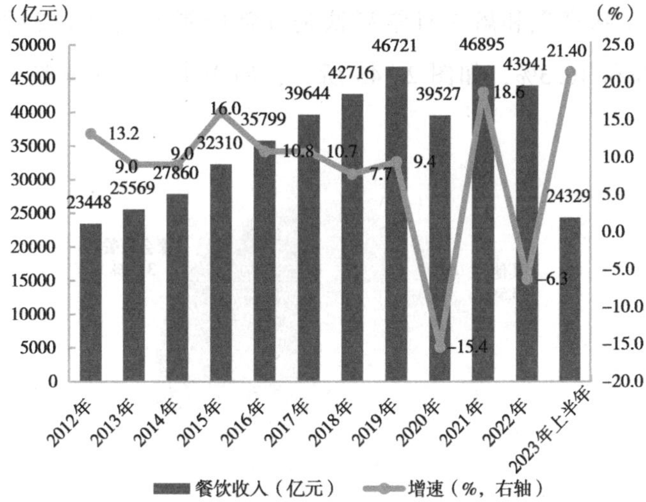

图2-41　我国历年餐饮收入情况

数据来源：国家统计局，由中物联食材供应链分会绘制。

中国餐饮行业按菜式可以分为中餐、西餐及其他菜式3个细分市场，占比分别为79.4%、15.2%和5.4%，如图2-42所示。中餐市场规模由2014年的2.3万亿元增至2019年的3.7万亿元，年复合增长率为9.2%。西餐市场规模由2014年的0.3万亿元增至2019年的0.7万亿元，年复合增长率为12.8%。

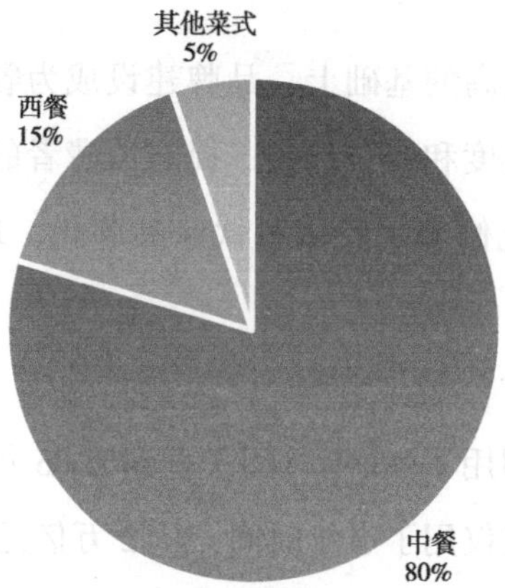

图 2-42　中餐、西餐及其他菜式三个细分市场情况

数据来源：中物联食材供应链分会绘制。

中国餐饮业菜系丰富，消费者可选项极多。在众多菜系中，火锅是所有中式餐厅中市场规模最大的品类，川菜在所有品类中排名第二。从用户的消费场景看，聚餐是最主要的到店就餐场景。根据美团点评统计的用户各场景用餐比例，朋友或同学聚会、追求口味享受和解决日常餐饮是日常用餐最主要的 3 个场景，分别占 31.2%、17.0%和 16.3%，如图 2-43 所示，周中中午、周末晚上在外用餐比例更高。

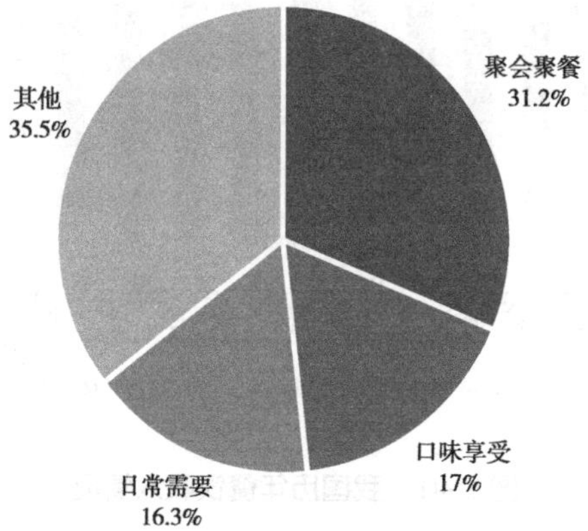

图 2-43　消费场景分类情况

数据来源：中物联食材供应链分会绘制。

（三）餐饮业发展面临的问题

1. 行业专业化培训体系不完善，储备不足

对于餐饮行业来说，标准化、数字化以及连锁化一定是未来主要趋势，会对供应链以及从业人才有较高的要求。从业人才需要对供应链的风险有所掌控，对整个

流程管理有系统的认识。但在中国，供应链体系尚未成熟，处于发展期，对于人才的培训体系也并不完善，所以专业性强的复合型人才不足。

2. 劳动力成本过高，人员短缺，用工难

随着经济的快速发展，人员受教育程度普遍提高，青壮年劳动力对于热门岗位的选择集中，导致选择发展中阶段的行业从业人员少。在此背景下，餐饮行业的劳动力成本增高，人员短缺。2021年中国餐饮市场规模达4.7万亿元，国内餐饮行业的直接从业人员在2000万人左右，预计2024年餐饮市场总体量达6.6万亿元，餐饮从业人员可能需要2800万人，3~4年的时间内行业需要新增800万就业，这个扩张速度很有可能让人才的培养跟不上市场的快速发展。

3. 餐饮行业的入门门槛低，门店平均寿命短

餐饮行业的入门门槛低，导致行业内餐饮企业的数量多但是大多体量不大。餐饮作为人们消费需求的刚需，对于市场和经济波动敏感，容易受到冲击。据统计，国内新开业的餐饮门店的平均寿命只有508天，大量涌入又大量退出是餐饮行业非常鲜明的特点，这也是餐饮企业的增长幅度远高于餐饮营收12%的年增长率的原因，而且由于社会环境和商业环境的变化，新开餐饮企业的平均寿命有更加缩短的趋势。入门门槛低导致从业人员数量多。如果将餐饮行业上下游链条的从业人员都计算在内的话，总从业人数预计会达到6000万人左右，这个规模已达到了总人口数量的5%，可以说行业的活跃度极高。但与此同时，未来业内的竞争会更加激烈，淘汰率会更高。

（四）餐饮业发展趋势

1. 餐饮连锁化率将会进一步提升

对比我国与世界其他国家的餐饮连锁化率，美国、日本连锁化率超50%，英国、法国得到餐饮连锁化率也超过40%，而我国目前只有19%，虽然我国饮食需求多元化、菜系众多、较难实现标准化等因素限制了我国餐饮连锁化率的增长，但随着西餐、中式快餐、烘焙等餐饮品类连锁化率的提升和中餐后厨团队愈加重视对中式餐饮味型的定量化研究，我们相信我国餐饮连锁化率具备上升空间。

在零售服务领域，连锁化是提高品牌价值、实现规模化倍速发展的有效手段，连锁化率是标志一个服务行业成熟度的重要指标之一，这是商业领域的共识，成功的案例也比比皆是，国外的老牌连锁麦当劳、肯德基，国内著名的连锁品牌海底捞、亚朵等等，这些连锁品牌卖的不仅是产品和服务，更是整个组织运营管理的优势。

只有连锁化才能做大企业体量，产生龙头企业，才能使得运营、管理、销售的体系更加成熟，还能促进行业上下游的供应链配套体系更加完整规范。可以说，连锁是解决成本、效率、升级等很多问题的关键。

在这个餐饮连锁发展的新机遇期，中式快餐连锁面临崛起的历史性机会。比如在快餐领域，西式快餐连锁早已占领了绝大部分市场，最具代表性的如肯德基、麦当劳、华莱士这些洋品牌，都有过从几千家到万家门店的成型布局，且已深耕多年，在品牌知名度、企业文化、消费者口碑等方面都有非常强的影响力。

但随着社会经济的快速发展，人们的消费能力在飞速提升的同时，消费观念发生了巨大变化，越来越多的消费者已不再一味追捧洋品牌，大量的中产消费者已经把目光重新投向中式品牌，中式餐饮的话题热度持续升温，消费群体正在不断扩大，已经具备了非常广阔的市场空间，比如曾经轰动一时的雕爷牛腩以及热度不衰的海底捞，这标志着中式餐饮同样大有可为，且越来越显示出崛起的苗头，比如乡村基、老乡鸡都加紧在一线城市扩张，店面规模已突破了千家，后期将向全国城市扩张，行业新秀和府捞面发展势头也极为迅猛，未来千店、万店品牌会越来越多。

2. 餐饮企业发展“加速”，餐饮产业迈入并购新阶段

资本市场对餐饮行业投资热情高涨，2023 年 1—3 月餐饮相关融资约有 13 件，其中轻餐饮融资事件数占比超 60%，可见易标准化、易复制的品类更受资本青睐。

截至 2022 年末，中国餐饮市场有约 827 万家门店，低于前两年同期水平，疫情后出现了大量空置商铺，成为餐饮企业的“必争之地”。与此同时竞争加剧，开店选址要更加精准、高效。

值得注意，餐饮业爆发式增长并不长久。2023 年是餐饮行业一个很好的并购时机。对于整个餐饮产业来说，通过并购打造产业巨头，提高产业集中度，同样是促进产业升级的有效途径。

3. 数智化趋势明显

随着信息技术的快速发展，互联网技术在餐饮行业的应用也日益广泛。餐饮企业纷纷构建起了属于自己的线上平台，开拓会员及外卖业务，人工智能、创新支付、机器人服务也开始应用于餐饮业。对于拥有较大体量的餐饮企业来说，标准化及数字化也是必须要达成的目标，是连锁化、打造自己品牌的基础。

消费者越是“难伺候”“挑剔”，越是刺激所有餐饮人向数字化餐饮变革的源动力。既要满足用户需求，也要引领和超越用户需求，餐饮不仅仅是人们生活中的基本主题，同时也可以成为撬动餐饮消费的杠杆。

预制菜和复合调味料行业新赛道的火爆，代糖、低卡食物等新原材料的运用，氮速冻、会呼吸包装等新技术的创新，共享厨房、中央厨房等新运营模式的涌现都是数智化带来的革新。

目前，56%餐饮企业对数智化的应用只是为了解决外卖、小程序点单。未来，餐饮数智化不但要侧重于前端，更要向纵深发展，要利用数字化系统提高门店综合竞争力以及上下游的协同。

4. “小店”模式将迎来黄金时代

从行业大环境来看，餐饮将迎来复苏已成为行业普遍共识。考虑到疫情这几年经济下行导致大众收入下降，失业率提升，人们的消费观念日趋谨慎，对就餐环境、卫生、营养的需求反而进一步提升。

2023 年，更趋向于“小型化”的商业模型将成为餐饮市场的主要趋势之一，以小吃、小喝、小饮、小酒品类为主的模式会愈演愈烈。

食材供应链优势在于标准程度高、食材安全有保障。而小型化餐饮门店缺乏供应链能力，更要利用好餐饮供应链平台整合能力，赋能中小型餐饮企业，做到更低成本、高效、专业化、信息化、安全实惠的餐饮食材标品配送服务。

三、食材零售发展概况及趋势分析

在疫情期间，零售实体业受阻，食材生产加工企业和餐饮食材供应商纷纷进入食材电商零售领域。如今，众多品牌纷纷涌入“小而美”的市场，布局更多细分赛道，争逐食品蓝海。传统线下零售凭经验供货、备货，分区域、多层级的传统线下经销体制弊端凸显。电商打通消费者反馈链路但体验欠佳，双渠道并行难以为继，急需线上线下融合新模式。线上线下模式可满足消费市场多样化、个性化需求，更符合消费者食材采购方便、快捷的生活方式。新零售刚刚起步，尚处萌芽阶段，但成长潜力大。

（一）2022 年零售食材行业概况

中物联食材供应链分会调研显示（见图 2-44），2022 全年，我国食材零售市场规模为 109461.6 亿元，增长率达 5.2%，因疫情影响，增速波动较大。与此同时，线上平台助力线下服务供给侧规模不断扩大和模式的多样化演变，促进城市及乡镇的居民消费，整体市场规模不断提升。

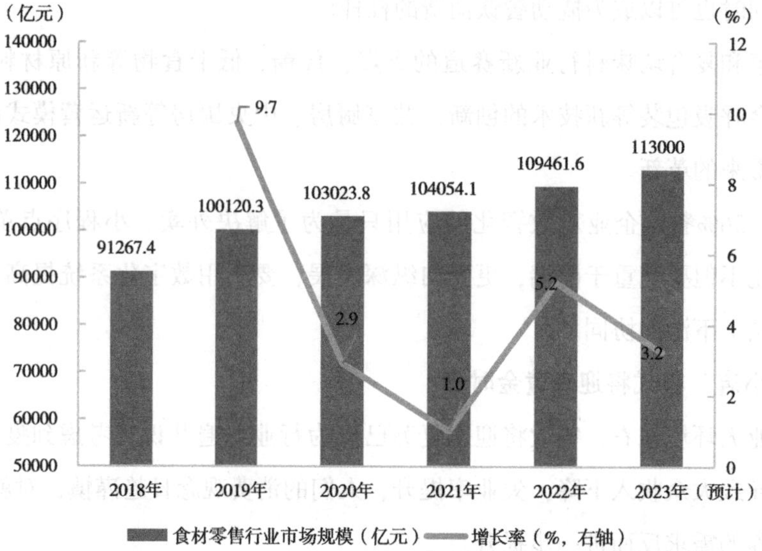

图 2-44　2018—2023 年（预计）我国食材零售市场规模

数据来源：中物联食材供应链分会绘制。

（二）中国食材零售渠道分布

我国零售食材消费上游主要有水产、肉类养殖行业、蔬菜、水果等种植、养殖、捕捞行业以及食材加工行业，下游主要包括果蔬超市、农贸市场、社区超市及大型商超以及电商宅配等。

食材流通渠道是指从生产领域进入流通领域衔接消费的渠道，即食材从生产者手中转移到消费者手中所经过的途径。零售食材流通渠道可划分为：直接、间接流通渠道，专营、兼营商业渠道和产销结合渠道，计划调节性和市场调节性流通渠道。

按照零售消费场景可划分为线上电商零售模式、线下传统零售模式、线上线下一体化模式，其市场占有率分别如图 2-45 所示。

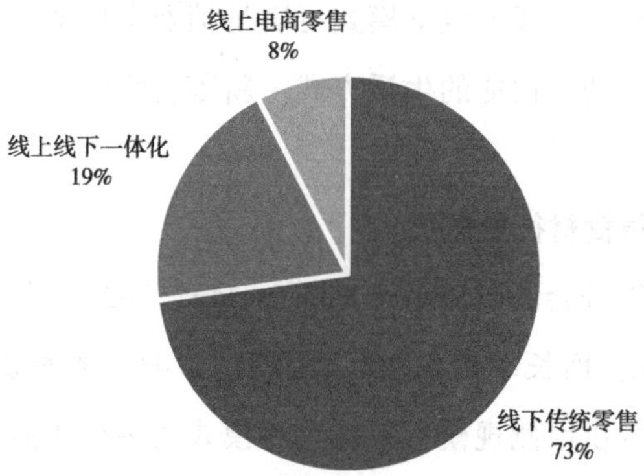

图 2-45　三种模式市场占有率

数据来源：中物联食材供应链分会《食材供应链市场零售分析报告》。

目前，我国食材零售体系主要以线下实体为主，线上线下一体化分别从线下实体和部分电商业务中分割出来，其业态时间不长，但整体占有率明显。消费场景占比如图 2-46 所示。

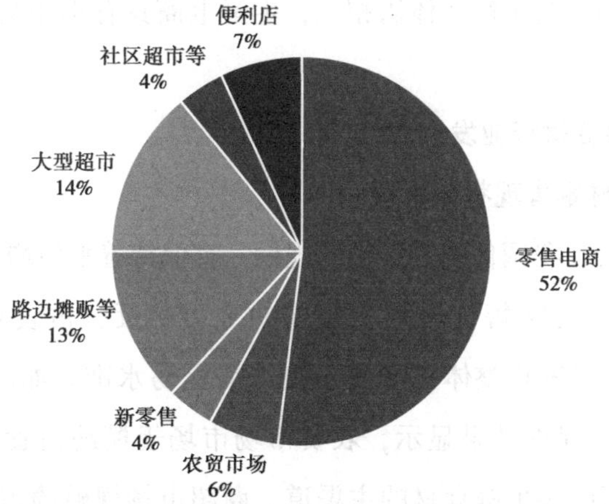

图 2-46 各类食材零售消费场景占比情况

数据来源：中物联食材供应链分会《食材供应链市场零售分析报告》。

1. **农贸市场**

农贸市场的模式主要是从产地流转到集散农批市场再到农贸市场，该渠道以初级食材为主，主要是果蔬、肉、水产、调料等商品，交易具有显著的季节性，所以供应的食材一般以当季为主，目前是零售的主要消费场景。

2. **商超**

超市具有规模化、连锁化、集约化的特征，除了包装之外，超市渠道更注重食材的产地、采购渠道、产品品牌等，比较适合城市需求，但是入门门槛比较高，对运营主体的能力要求较高，是零售食材品牌品类的主要消费场所。

3. **食材专卖店**

例如，果蔬、水产、肉类及半成品等食材专卖店，是一种连锁品牌，兼具零售、品牌展示和群体粉丝等几个功能，食材主要是从产地采购，但过于单一的品类专卖店，在新冠疫情的冲击下，生存能力急剧下滑。

4. **社区超市**

社区超市菜品品类较少、不够齐全，同时由于消费群体的辐射面较小为保证生鲜产品的新鲜度以及低库存，单店产品售卖数量较少。社区超市的优点是接近居民生活区，购买便利，不需要花费额外的时间。在新零售时代下，重视社区老顾客口碑、提供社区团购服务、打造私域社区流量池是社区超市发展的方向。

5. **电商平台**

通过互联网线上销售蔬菜、水果、肉禽、海鲜等的食材消费模式，其特点是对温控技术的要求比较高，食材安全可靠性高、可追溯，但物流人力成本和网络运营成本都相对较高，与传统生鲜实体店相比，生鲜电商具有不用交付昂贵的门店租金的优势。

（三）传统零售食材行业发展现状

1. 传统实体食材零售现状分析

从市场规模来看，我国传统零售市场规模一直保持着平稳增长态势。

2022 年，我国传统零售食材消费规模约 8 万亿元，占食材消费市场规模的 50%。截至目前，食材零售整体已恢复至疫情前交易水准。如图 2-47 所示，2022 年，各流通渠道占比调查结果显示，农贸市场市场规模约占食材零售市场规模的 55%，仍然是消费者购买生鲜食材的主渠道。商超市场规模约占 39%，其中大型超市约占 27%，果蔬连锁占 9%，专品类超市以及便利店等社区类约占 3%，剩余为路边摊、流动售卖、农民自售等销售渠道占 6%。

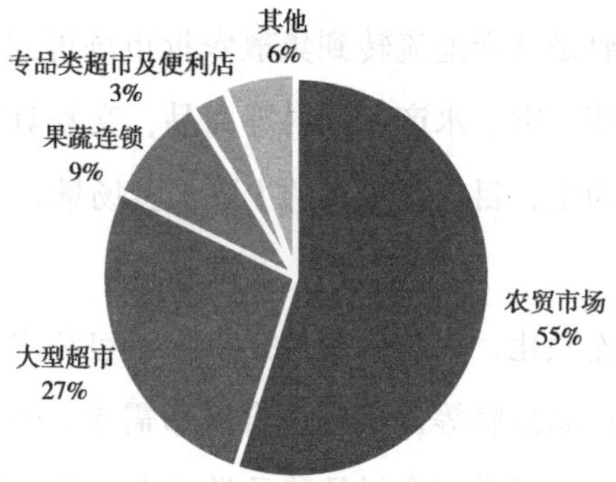

图 2-47　食材各流通渠道占比

数据来源：中物联食材供应链分会《食材供应链市场零售分析报告》。

从倒闭潮到疫情限制再到疫情解封，传统食材零售行业“一夜之间”认识到要转型升级。网络零售改变了人们的生活方式和消费习惯，加之新冠疫情对传统实体零售店的冲击，尤其是食材部分的利润也开始下滑，迫于利润下滑、成本增加等经营压力，不少传统实体店不得不寻求转型。

我国食材现行零售方式主要是通过农贸市场进行的。连锁店和超市的食材销售业务近几年来呈现出较快的发展势头，但目前其销售量仍然非常有限。从食材种类来看，蔬菜、果品、肉类、禽蛋、水产品等食材更多地通过农贸市场销售，而粮油、花卉和其他加工程度较高的食材，通过连锁店、专卖店、超市销售的份额越来越大。

食材商超零售逐步占据一线城市和新一线城市的终端份额。商超模式在“躺平”时代下，改变原有的销售模式，从供应链服务入手，结合团购和线上订单模式吸引了一批年轻消费者，主打产品质量、新鲜、安全、绿色的标签，增强消费者关注的重点，其中包括门店科技化支付、特色化烟火体验、智能化多元展示、娱乐化场景、复合消费功能等十余项创新。

便利店门店较小，选址优越，工作人员结构简单，但食材种类丰富、方便快捷，无论是便当、关东煮等热食，蛋糕、面包、三明治等小食，还是咖啡、奶茶、软饮等应有尽有，吸引了不少人群到便利店消费，部分上班族及学生党还会在便利店里解决早午晚餐。

果蔬及专卖超市积极培育会员制模式。在选址、销售方式、店面装修、服务等方面相似程度很大，都希望通过发展会员、鼓励会员充值、使用消费积分、会员价等方式吸引客源、稳定客源，培养自己的忠诚顾客。这类超市食材种类较多，通过品类单元化为客户提供品种多元化的丰富的购物体验。

传统食材零售自我变革的时代已经来临，绝大多数企业的转型是比较成功的。

2. 促进传统零售渠道转型的因素

各类渠道没有优劣之分，消费者行为不同而衍生出不同的消费模式。

（1）政策因素。促进居民消费升级、培育新消费成为“十四五”时期政策的主题，该政策旨在引导未来国内消费健康、高质量发展；针对内需市场，深化供给侧改革以满足当下的消费需求，持续扩大优质食材、中高端产品供给，提升自主品牌影响力和竞争力。通过平台型企业带动作用，让大数据和互联网技术应用于商业，优化生产制造，降低交易成本，提升消费潜力，我国大力推动商超新零售转型。

商务部最新政策主要支持实体零售企业构建与供应商信息共享、利益均摊、风险共担的新型零供关系，提高供应链管控能力和资源整合、运营协同能力。商务部提出要实现专业市场、实体零售与电子商务融合发展，加快推进 B2B、B2C、O2O 等电子商务模式创新与应用，不断优化商业新模式和新业态。要突出“互联、互动、互+”等新特点，鼓励各类消费品电商平台与实体零售、服务企业结合，推出线上线下一体的消费服务模式，提升年货、食品、餐饮、服装等消费热点的品质需求。

（2）环境因素。从整体来说，影响传统零售食材消费的社会核心因素是居民的生活方式、购置习惯以及人口变化。伴随着我国居民人均可支配收入连续增添，其中城镇居民可支配收入及食品支出不断增加，恩格尔系数不断下降，消费构造复杂化，家庭消费由生计消费转向享受消费，对整体消费水平拉动力更为显著。传统食材零售行业也注重打造食材品类个性化、品牌化模式，不同的社会文化致消费行为不同。

从人口结构角度来看，伴随城镇化步伐逐步加快，2021 年我国城镇人口数量就已经超出乡村人口数，目前以大型连锁超市、便利店为代表的传统零售渠道为食材消费提供了更广阔的市场空间。在消费持续升级和新兴技术不断赋能的大背景下，零售业态的各类创新也开始呈现加速态势。

从行业创新角度看，以“新零售”所代表的我国零售业变革和升级，正在助力行业突破现有发展瓶颈，重塑着供求两端的新一轮平衡，“人、货、场”的重构也在不断探寻新方向。但是，无论“新零售”未来将进行怎样的演化、进阶和迭代，都不外乎更全面地更好地去服务消费，进而帮助消费者更为舒适、便利、愉悦地去完成整个购物过程。

从技术赋能角度看，传统食材零售业的进化主要以“数智化”技术作为关键支撑，联通零售与物流端，而且在不断向供应链整体环节赋能，线上融合、大数据推算等将成为实体商超突破转型升级的重要手段。

从企业发展角度看，传统食材零售企业也在不断升级，如经营模式的改变、服务技术的提升、管理水平信息化、营销渠道多元化等，使得实体商超在线上线下融合的新零售时代，稳稳地扎住脚跟。

（四）传统零售行业现存问题分析

1. 食材经营环境不符合卫生标准

食材卫生不合格的现象，不仅存在于菜市场、小超市，国内大型商超如家乐福、沃尔玛、华润万家、永辉超市等知名超市、知名连锁便利店也会出现产品不合格的问题。由此可见，食材安全风险较为广泛，威胁到消费群体的健康。针对普遍而屡禁不止的食品安全问题，经过国家权威部门的追踪分析，食材不合格的原因大多来自生产的源头，包装、仓储、运输等环节也会造成食材卫生或者质量不合格。

2. 食材生产环境不符合卫生标准

在生产加工食物的过程中，原料把控不严容易造成微生物、毒素或重金属、化学等污染物超标。在新零售时代，多数商超设立热食档口，有媒体曝光某便利店将关东煮食材放垃圾桶上、热饮超期换标签等后厨乱象，还存在过期包子照样卖、该废弃的关东煮接着煮等食品安全问题。便利店是许多打工人下班之余的栖息场所，食品安全存在问题，或许会击溃消费者心理的最后一道防线，对便利店的营业额将是不小的打击。

3. 食材供应商质量管理体系不完善

食材作为传统零售业最基本的商品，大部分商超企业对供应商的质量管理存在问题，食材采购全权交给采购部门，采购人员对供应商有着决定权，但对食材的关注度较少，很少对供应商进行实地考察。近几年，大型超市的食材质量安全问题比比皆是，甚至有的采购人员为了完成部门考核指标，完全不按照质量管理体系流程去采购。此外，小型商超由于规模小，大部分不采用供应链模式采购，且自身的管理水平有限，食材品质也是极其不稳定的。

4. 食材过度损耗、浪费现象严重

订货损耗、收货损耗、运输损耗、库存损耗都是可以通过合规和恰当的管理手段来降低的，但是还有展示损耗，这是目前最大的困惑。实体零售自拿自取的模式让消费者形成了最大的“误区”，认为货架上食材摆满时才更新鲜，认为自己挑选才是最好的、才会更愿意购买。这种补货方式并不适用于食材领域，会严重增加食材的损耗，导致过度浪费、低价抛售止损等。

5. 渠道经销商占比越来越低

近几年，新业态百花齐放，多数经销商为了适应发展，不断地变更渠道，但是渠道改革战略不清晰。随着渠道制胜、终端为王、深度分销理念的提出，当下大力推进的渠道扁平化反而促使很多经销商在整合的过程中被职能化、边缘化，沦为没有支配权的配送商或单纯的服务商。2022 年，食材供应链上游的生产流通企业反馈，近三分之一以传统商超为主要渠道的经销商，同时拥有团购、餐饮、流通等多种渠道，但服务意识减弱，食材供应链企业正在逐步替代这些渠道经销商。

6. 忽视消费者的声音

传统零售的衰败正是时代前进的缩影，一些传统商超，如家乐福、欧尚等把“低价促销”“品类丰富”作为维持经营的“救命稻草”，低价尽管能够获得短暂的客流高峰，但无法形成持续的经济效益。进入新零售时代，过去不重视成本管理的生鲜业务，现在反而是商超最有竞争力的产品，且由于对冷链运输的要求较高，在短时间内还无法被电商完全取代。但随着盒马鲜生等一批新零售商的持续发展，传统生鲜业务的未来也岌岌可危。消费者对消费质量和体验感的要求也越来越高，更愿意为商品以外的附加服务买单。很多传统商超不主动转变，不听取消费者反馈声音，一味地去保持现状，最终只能被时代淘汰。

（五）传统零售食材现存问题的解决建议

1. 加强政府监督监管手段

2022 年 9 月 26 日，国家市场监督管理总局（以下简称市场监管总局）发布《企业落实食品安全主体责任监督管理规定》（以下简称《规定》），加大食材的监管力度。2022 年 3 月 15 日，市场监管总局发布修订后的《食品生产经营监督检查管理办法》（以下简称《办法》）正式施行。明确细化了各级监管部门的职责分工与协调配合，对生产、销售、餐饮等环节检查内容进行补充、细化，要求更严格，细化监督检查计划按照风险等级制定的要求，将食品生产经营者的风险等级从低到高分为 A、B、C、D 四个等级，并对特殊食品生产者以及中央厨房、集体用餐配送单位等高风险食品生产经营者实施重点监督检查，根据实际情况增加日常监督检查频次。

2. 建立全面的供应商认证体系

供应商认证是制订供应商发展计划的基础。虽然供应商不一定能够满足企业的全部需求，但是企业不仅要考虑所采购的产品与服务，更重要的是要了解供应商在一个什么样的条件下给公司提供产品服务。供应商管理良好的生产经营过程是给企业提供优质服务的保障。供应商认证可以防止交易过程中不道德行为的发生。采购过程中，商业道德是一个敏感的问题，如交易之前进行供应商认证，将会很好地预防这个问题。

3. 加强自身管理水平提升消费者满意度

进入新零售时代，顾客体验是核心竞争力。消费场景带来的消费体验感是传统食材零售企业专注的发展方向，这就需要加强门店的运营能力、品控能力、客服能力这三项能力。企业要建立复核机制，对于采购食材要进行多批次复核，加强对包装食材重量及规格的把控，此外也要加强客服的服务水平，积极为消费者找寻解决问题的方案，提升整体服务水平，提供超出预期的体验感，才能提升消费者满意度。

（六）电商零售食材行业发展现状

消费场景分类，详见表 2-15。

表 2-15　电商零售场景分类

模式	代表企业	场景情况
外卖平台	饿了么 美团	外卖的时间周期更短，对于时效性要求更高，订单时间较为集中。送外卖是强调送的过程，就是将商品餐食以最快速度在约定的时间内送到客户手里，一般距离都比较近，不涉及线下收款，相对简单。
传统电商	淘宝 京东 拼多多	快递面向的服务范围更广：件不固定，大小都有，价值不等，距离长短都有，所以对于配送时效性的要求也不统一。有时还涉及线下收款如货到付款，相对来说不确定性更高。
新型电商平台	抖音 微店 直播间	新型电商平台与传统电商相比更注重与消费者的联系，把商品通过视频讲解的形式展示给消费者，同时可以让消费者之间互相有所感知，促进消费。新型电商平台一般每次都会专注一个主题，更依托于大数据去筛选消费者。
生鲜电商	叮咚买菜 美团买菜	生鲜电商是指用电子商务的手段通过互联网来线上销售蔬菜、水果、肉禽、海鲜等的生鲜品种，特点是覆盖范围广、供应链优化、数据驱动的精细化运营、多元化服务、聚焦消费者体验。

（七）电商零售行业现状分析

从市场规模来看，我国电商零售市场规模一直呈现爆发式增长趋势。2022 年，受疫情影响，多数实体零售企业营收再度下降，电商零售的市场份额增加，全国电商零售交易总额较 2021 年增长 18%。

2022 年，我国电商零售食材消费规模为 9304.3 亿元，占食材消费市场规模的 8.5%，占有率同比扩大了 1.5 个百分点。各流通渠道占比数据如图 2-48 所示。

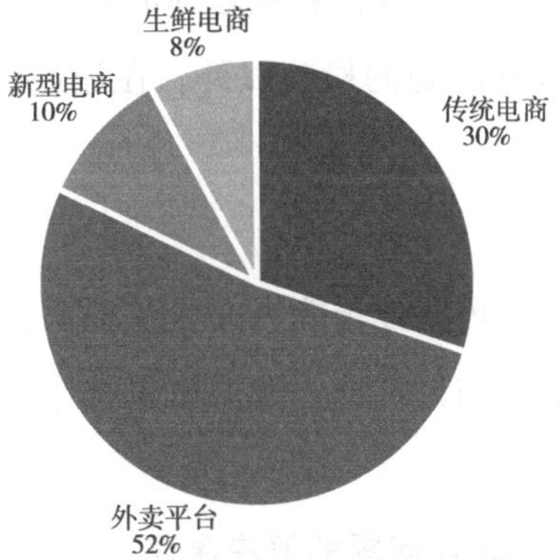

图 2-48　电商食材各流通渠道占比

传统电商约占食材电商零售市场规模的 30%，同比有微弱的下降，但仍然是消费者线上购买生鲜食材的主渠道。外卖平台占食材电商零售市场规模的 52%，规模占比基本稳定，其中大部分以餐饮形式流通。新型电商占食材电商零售市场规模的

10%，伴随着流媒体经济增长而速度较快，但占比不高。生鲜电商占食材电商零售市场规模的8%。

1. 在线餐饮行业上线外卖服务，消除刻板印象实现新增长

通过线上外卖服务，成功改变了年轻消费者心中的刻板印象，开拓了新的增长领域。小份菜策略的推出，刺激了独身小食量人群的外卖消费，同时也符合绿色环保的理念。健康绿色、高品质的商品逐渐成为消费者的新宠，带动了消费的快速增长。

2. 外卖仍占电商零售的主要份额

新型电商份额增长加快，疫情时期，线上线下一体化配送体系成为风口。随着互联网技术的发展，以直播为代表的带货模式给消费者带来更直观、生动的购物体验，转化率高、营销效果好，逐渐成为电商平台、内容平台的新增长动力。随着直播业的崛起与头部主播高盈利的激励，直播业的竞争也会更激烈。内容垂直化将成为直播行业的主要趋势，平台将更多地聚焦某些特定用户群体的需求。

（八）电商零售行业现存问题分析

1. 采购问题

采购过程中最大的难点还是商品标准化。由于电商零售食材行业销售出去的食材主要以份为单位，所以满足商品标准化的需求较为困难，在采购过程中不易选品，也很难建立一个能够满足需求的统一标准。

2. 食材问题

在接收商品时，会进行农残检验，农残超标的概率极小，很少会有商品因为农残超标被拒收。但是除了农残问题的检验以外，在流通过程中没有其他监管措施，体系不完善。

3. 渠道问题

全都倾向优先跟有产后处理和分选能力的大基地大公司来合作，需求饱和，但不是所有电商都有能力和资格与大基地、大公司来合作，那么就会引出食材安全以及溯源问题。

（九）食材电商零售行业现存问题的解决建议

第一，从根本上解决标准化问题，建立行业认证的统一标准。各食材需要达到何种标准才能流通上市，需要与政府、企业进行沟通，由具有权威性的组织机构建立统一的标准。

第二，落实产业链条各供应链部分的监管措施，不把检测局限在最后一步。能够对供应链进行溯源，从源头到末端的每一步骤都设立相应的监管措施。

第三，对每个食材基地同样有统一的要求与标准，向上反馈获得相应政策扶持。

（十）中国零售食材行业共性问题

1. 食材安全性问题

《食品安全法》颁布实施后，各类实体商超都加强了食材安全工作，但是对于食材流通的采购、销售、售后等环节中的卫生要求，制定得不健全。与此同时，实体商超对于食材要有九项安全管理制度，多数小规模超市至今还没有制定相应管理办法。其中，便利店的食材卫生管理规范，完全依靠店长的管理水平，管理者的素质参差不齐，直接影响食材安全。

2. 物流设施专业化程度低，信息技术应用不足。

大部分餐饮食材都属于生鲜产品，具有不易储藏、保鲜期较短的特点，为了保证食品安全，需要在流通过程中保持全程冷链运输。但是我国餐饮食材流通保鲜技术发展较为落后，相关物流设施设备配置不足，不能实现全程冷链运输。

在运输过程中，餐饮食材还会在不同的运输车辆、仓库中多次装卸搬运，存储环境的频繁变化会使食材容易出现腐烂变质等问题，不仅提高了商品的损耗率，还影响了供应链的稳定性。

3. 食材流通过程监管问题

食材流通过程中的监管力度不足，大多数企业只在末端对食材商品进行农残检验，缺少对于中间阶段的监管以及检验标准。

4. 配送模式问题

城市配送是餐饮食材供应行业中和餐饮企业、消费者衔接最紧密的环节，城市配送服务质量直接影响着电商平台的口碑和信誉。餐饮食材城市配送与一般货物城市配送存在诸多不同，餐饮食材城市配送的主要特点如下：小批量多批次、配送时段要求集中、配送作业时间长、设施设备专业性强。

5. 技术问题

数字化程度不足以支持对于所有企业的食材产品的整个链条溯源，运送过程以及食材源头不透明，运送过程中设备的专业化成本极大，很少有企业能够支撑如此庞大的设备成本，导致部分企业的食材产品损耗率高，容易出现食品安全问题。

（十一）中国零售食材行业发展趋势分析

1. 数智化采购

在传统零售食材供应模式上，因为食材品类众多，通过采购人员地勤和履约模式很难避免在食材供应过程中出现品质上的不足，这也是传统销售模式与用户需求之间的必然矛盾。新冠疫情下，消费者更加关注食材溯源和品质安全，从食材采购角度就要配备数字化系统来跟踪审核食材质检，既要从源头保证食材品质，还要保证在运输过程中食材的品质不受破坏。采购实现数字化，不仅能够完善供应商认证、商户备案还能及时调整供货需求、评价、升降级，以及信息公开等。采购的线上化、电子化管理可以实时查询供应商信息，打通了内外链接，也可以线上跟踪处理采购流程，实现过程合规化、可追溯化，供应商准入实现透明化、标准化。

2. 融合型消费场景

智能结算、自助售卖、即时配送等是不同的新消费场景。

便利店是最靠近消费者的食材零售业态之一，数字科技加速赋能便利店体验能力，从“自助点餐”“自助收银”，到“无接触服务”，让人们消费更智能。

新零售实体店开创“一店多能”的一站式购物模式，跨界的食材产品、个性化需求的满足、“线上预约+线下履约”的便民新方式，都在不断拓展便民消费新场景，实现商业与物业、消费与生活、居家与社区等场景融合。

传统消费与新型消费的融合更加充分，消费场景也越来越多样化。随着文艺演出形式冷淡且难以引起用户关注的情况越来越多，直播作为商业和促销信息传递工具正在成为电子商务行业越来越重要的载体。

与其他电子商务直播平台的主播相比，淘宝头部主播的孵化非常成功，不仅建立了自己的优质私有流量池，而且现场直播数据比较稳定，在推动平台交易量的基础上进一步促进了淘宝网直播电子商务的发展。

3. 营造满意的消费体验感

仓储式、会员制等新型商超异军突起，成为消费者的“新宠”。在消费升级趋势下，注重消费体验，以高品质的鲜活食材产品为核心卖点，不断满足消费者的新需求。另外，新零售优势在于不断创新，如结合餐饮体验，让消费者即买即做，即做即吃、即评价，及时获得消费者的反馈，为后续服务品质的不断改善提供了重要指引。作为传统商超，无疑应当学习效仿新零售实体店的模式，着力提高产品质量，提升服务水平，更新消费者购物需求，满足顾客期待，从而为获得长期的消费黏性奠定基础。

电商平台和传统商超的融合更加方便了消费者的购物，随着经济的发展、生活水平的提高，顾客的消费更加要求效率和个性化。电商时代到来以前，人们只能到实体店购买所需商品，还会面临路途劳累、人员拥挤的麻烦，电商时代的到来恰恰解决了传统商务时代的这些缺陷。它改变了商品间接流转机制，以一种方便浏览的方式，让消费者通过网络对商品一目了然，电商市场中的互动式交易场景及其便利度为消费者提供个性满足机会。线上线下结合的方式给消费者提供了极大的便捷。

4. 自营食材产品及 IP

自营是一种品牌形象，同时也是对食材产品品质的自信。欧美发达国家自有品牌发展较为成熟，北美自有品牌市占率是 18%，欧洲为 30%~40%，日本自有品牌市占率更是高达 50%，且聚焦食材行业，并逐步扩大到日用品甚至保健品。中国自有品牌相对落后，2021 年，我国自有品牌商品市占率仅为 2%，通过自有供应链研发或者与稳定的食材供应链企业合作的自有商品的毛利比常规食材零售毛利率高出近 40%。

第五节　中国食材供应链品牌建设发展分析

一、食材供应链建设与企业发展现状

（一）食材供应链品牌建设的意义

《中共中央 国务院关于做好 2022 年全面推进乡村振兴重点工作的意见》是 21 世纪以来第 19 个指导“三农”工作的中央一号文件，也是我国脱贫攻坚取得全面胜利后的第一份中央一号文件。每年两会，“三农”都是重要议题。

党的二十大报告提出，未来 5 年“三农”工作要全面推进乡村振兴，到 2035 年基本实现农业现代化，到本世纪中叶建成农业强国。没有农业强国就没有整个现代化强国；没有农业农村现代化，社会主义现代化就是不全面的，关于“三农”背景下我国农业首要发展要求，如表 2-16 所示。

表 2-16　关于“三农”背景下我国农业首要发展要求

要求	详细内容
一、锚定建设农业强国目标，切实抓好农业农村工作	依托双层经营体制发展农业，发展生态低碳农业，赓续农耕文明，扎实推进共同富裕。
二、保障粮食和重要农产品稳定安全供给始终是建设农业强国的头等大事	健全种粮农民收益保障机制，健全主产区利益补偿机制。在增产和减损两端同时发力，持续深化食物节约各项行动。要树立大食物观，构建多元化食物供给体系。

续 表

要求	详细内容
三、全面推进乡村振兴是新时代建设农业强国的重要任务	推动乡村产业全链条升级，增强市场竞争力和可持续发展能力。促进产业振兴，必须落实产业帮扶政策。
四、依靠科技和改革双轮驱动加快建设农业强国	建设农业强国，利器在科技，关键靠改革。必须协同推进科技创新和制度创新，开辟新领域新赛道，塑造新动能新优势，加快实现量的突破和质的跃升。要紧盯世界农业科技前沿，加快实现高水平农业科技自立自强。
五、大力推进农村现代化建设	推进农村现代化，不仅物质生活要富裕，精神生活也要富足，要加强农村精神文明建设。
六、加强党对加快建设农业强国的全面领导	健全领导体制和工作机制，为加快建设农业强国提供坚强保证。

（二）品牌就是竞争力，是企业发挥内在的动力。

没有品牌，企业无法走得更长远。自乡村振兴战略提出以来，中国特色社会主义建设步入了全新阶段，“三农”问题越来越受到社会各界的关注，通过提高农产品质量，培育农产品品牌，加速农村产业的转型升级，给农村经济带来更大的上升空间。

食材供应链建设是推进农业供给侧结构性改革和加快农业发展新旧动能转换的重要举措。食材供应链体现出需求旺、潜力大，链条长、主体多，地域性、季节性、品类多、要求高等特征。

（三）法律法规和政策体系持续完善

一是国家发展改革委等部门印发《关于新时代推进品牌建设的指期我国推进品牌建设的总体思路、发展目标、重点任务和保障措施，印发《关于推动生活性服务业补短板上水平提高人民生活品质的若干意见》，提出加强服务标准品牌质量建设。

二是农业农村部印发实施《关于加快推进品牌强农的意见》（市发〔2018〕3号）等政策文件。

三是工业和信息化部联合相关部门出台《促进装备制造业质量品牌提升专项行动指南》（工信部联科〔2016〕268号）等政策文件。

四是关于《进一步加强农产品供应链体系建设》的通知（财办建〔2021〕37号）。

五是市场监管总局等八部门印发《关于实施企业标准“领跑者”制度的意见》（国市监标准〔2018〕84号）。

六是国家知识产权局印发《关于进一步加强商标品牌指导建设的通知》（国知发运字〔2021〕24 号）。

（四）质量支撑基础更加坚实

第一，推动品牌标准化建设。截至 2022 年底，我国品牌领域国家标准达到 49 项。

第二，打造品牌质量竞争优势。聚焦消费品、原材料等 9 大领域开展质量提升专项行动。

第三，利用认证手段培育品牌。推进内外贸产品“同线同标同质”（“三同”）工作，已有“三同”产品 1 万余种、企业约 3200 家。

二、食材供应链发展现状

食材供应链环节展示图，如图 2-49 所示。

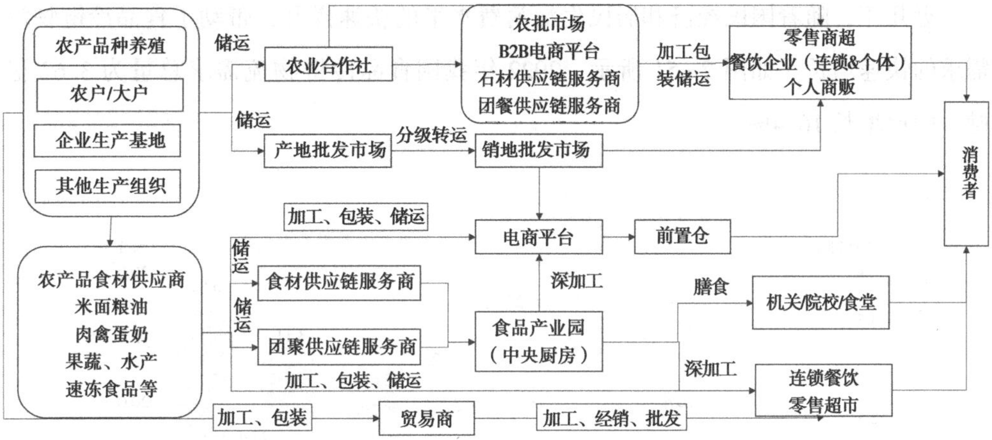

图 2-49　食材供应链环节展示图

数据来源：中物联食材供应链分会绘制。

（一）农批市场占据主要流通渠道

分散的种植区域和细分的城市消费结构，决定了农批市场仍然是我国农产品流通主渠道。尤其是疫情期间，农批市场间的连线结网确保供应链上下游有效衔接，2022 年农批市场交易量如图 2-50 所示。

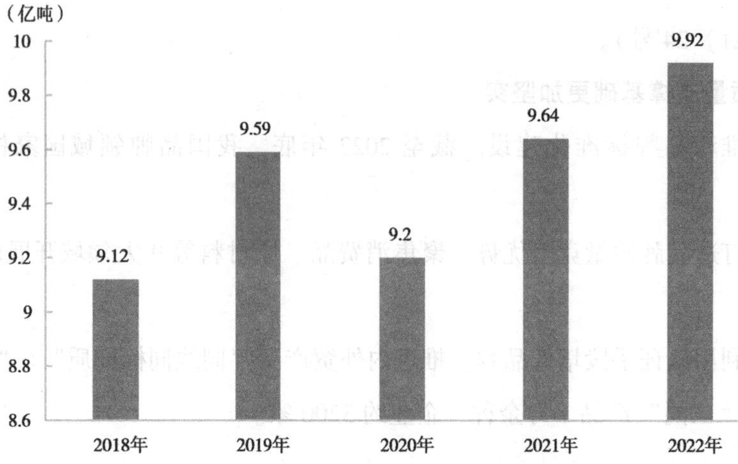

图 2-50　2022 年农批市场交易量情况

(二) 冷链物流发展迅猛

近几年，随着国民经济和居民生活消费水平的快速提升，带动了食品冷链物流需求的快速增长。如图 2-51 所示，2022 年我国食品冷链物流需求总量为 3.62 亿吨，同比增长 16.4%。

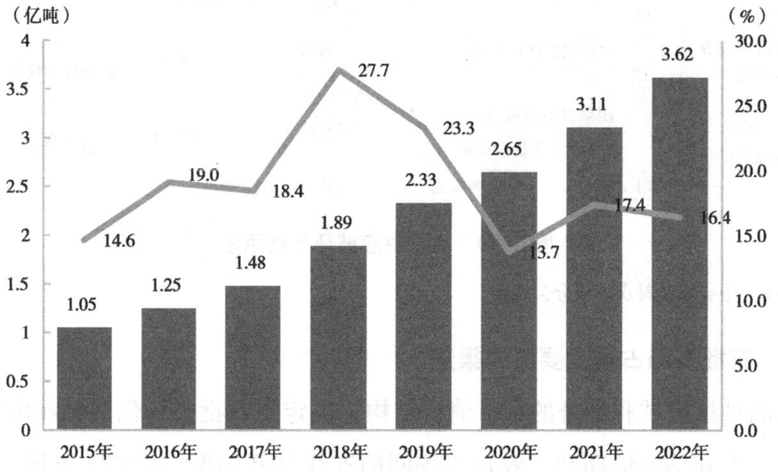

图 2-51　2015—2022 年食品冷链物流需求总量

数据来源：中物联食材供应链分会绘制。

(三) 农产品供应链金融信用体系薄弱

如图 2-52 所示，目前供应链金融信用体系还不能达到诸如工业供应链的成熟程度，与国外成熟市场相比更是有较大差距。农业供应链金融的基础是农业供应链的金融服务，也是整体绑定在金融机构上的产业链主体。依据农业产业链具体的结构特征，提升偏弱的主体信用水平，主要是借助偏优经济主体信用来担保。

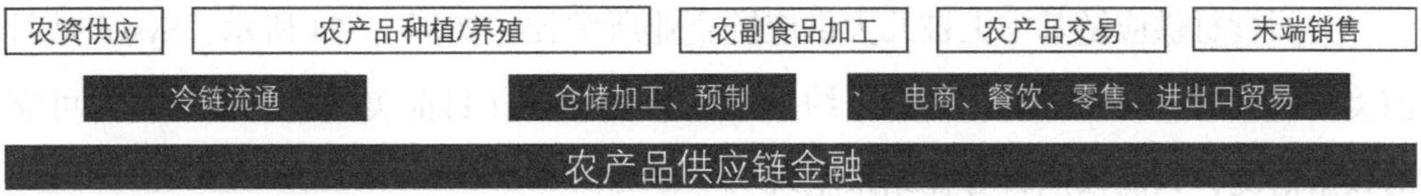

图 2-52　供应链金融信用体系贯穿图

数据来源：中物联食材供应链分会绘制。

(四) 食材供应链数字化渗透率较低

如图 2-53 所示，从三产数字化渗透率来看，创新的数字化技术与应用正在不断深度融合，但各省份农业供应链数字化渗透率暂时较低，我国与德国、英国等发达国家还存在较大差距。

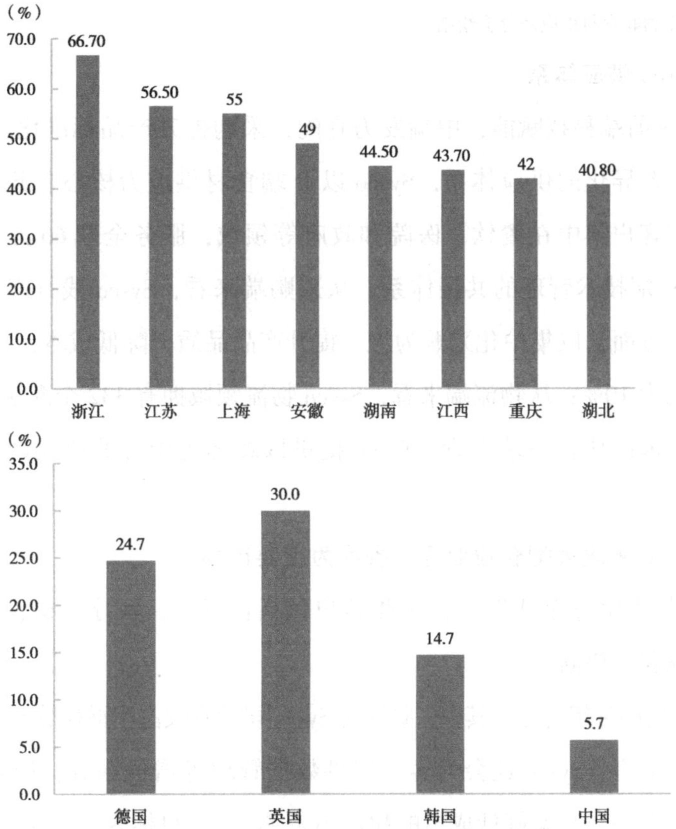

图 2-53　农业供应链数字化及信息化情况

数据来源：中物联食材供应链分会绘制。

三、国际食材供应链企业现状

（一）美国食品供应市场份额情况

美国食材供应链基本上被几大供应链企业所掌控，如图 2-54 所示，Sysco 是目前美国最大的食材供应商，占据了约 16%的市场份额（目前美国食材市场暂无可靠的数据情况，只能按照百分比结果呈现）。

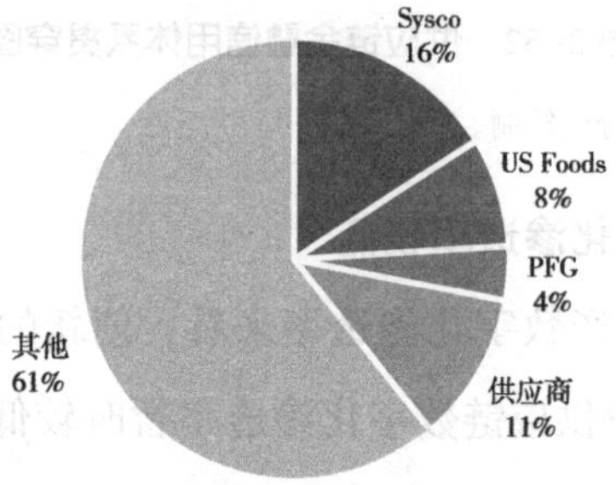

图 2-54　美国食品供应市场份额分配

数据来源：中物联食材供应链分会绘制。

（二）Sysco 供应体系

Sysco 通过前端科技赋能，中端发力仓配，采购提升产品标准化。Sysco 与超市自采模式形成差异化的供应体系，Sysco 以 B 端食材供应为核心业务，食材约 60%是生鲜，供应客户集中在餐饮、医院和政府等领域，服务全球 60 万客户，形成采购、物流 及前端技术管理的共振体系。从采购端来看，Sysco 践行产地标准化和产品标准化两个方面，以集中化采购为主，提升产品品质，降低成本，发展自有品牌，自有品牌占比为 10%；从物流端来看，Sysco 物流领域拥有 332 个配送中心，面积达到 455 万平方米；从客户端来看，Sysco 提供以顾客为中心的研发设计，服务时间延长。

（三）Sysco 主攻大型企业业务，餐厅为主要市场

Sysco 定位于服务企业客户，主要客户包括：餐厅、医疗机构、教育机构、政府、旅游设施和零售商。

客户类型比例常年稳定。其中，餐厅对 Sysco 司的营收占比贡献最大，均超过 60%。

除了商品销售，Sysco 还会为客户提供数据管理等增值服务，如表 2-17 所示。因此商品售价会偏高。偏好低成本的超市不是 Sysco 的目标客户群体。

表 2-17　Sysco 的目标客户群体占比

单位:%

客户类型	2016 年	2017 年	2018 年
餐厅	62	61	63
医疗机构	9	9	9
教育机构和政府	8	9	8
旅游和零售商	8	9	8
其他	13	12	8

四、阻碍食材供应链品牌发展的问题

如今，农产品的市场竞争已经从企业之间的竞争转为供应链之间的竞争。食材供应链建设是关系到农产品“三次溢价”重要环节，直接关系到了整个产业链的市场竞争力，影响巨大。从“十三五”到“十四五”中期，我国取得了一些成绩，但也存在不少问题。

（一）食材供应链企业“小散乱”，品牌企业少

品牌农业的产业链延伸较短。“小散乱”的现象导致我国农产品产业化、规模化和市场化发展程度不高，品牌占比较低，如图 2-55 所示。品牌农产品多集中在种植行业和初加工业，技术含量偏低，深加工品牌很少，产业延伸不足，转化增值能力弱。

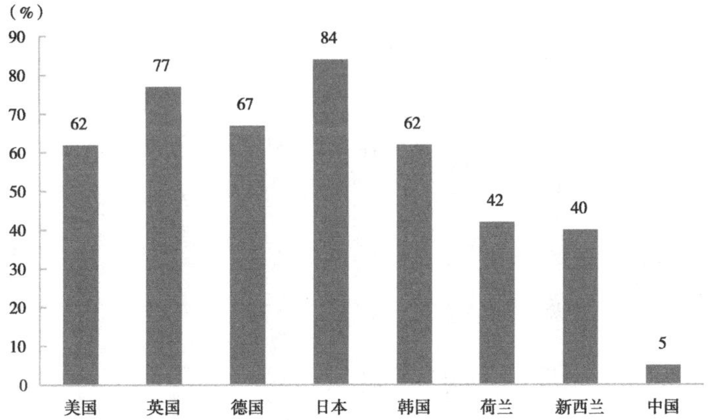

图 2-55　各国食材供应品品牌占比情况

数据来源：中物联食材供应链分会绘制。

我国农业生产还处于产品多、品牌少，普通品牌多、知名品牌少的状态。除了

极少数知名品牌外，多数农业品牌的影响力有限，跨省跨区域的品牌不多，国际知名品牌更少，一些名优特产还处于“有名无牌”的阶段。这导致我国许多优势产品的竞争力不足。

（二）深加工率低，转化增值能力弱，难以形成规模

目前中国的农产品精加工少，初级产品多，深加工产品少，中低档产品多，高档产品少。

如图 2-56、图 2-57 显示，中国当前食材加工率约为 48%，二次以上深加工率约为 24%，而西方发达国家农食材加工率达到 80%以上，存在较大差距，主要在我国产品加工深度不够，加工转化和增值率低，2022 年，农产品转化食材产品增值率比为 2. 35 ：1。

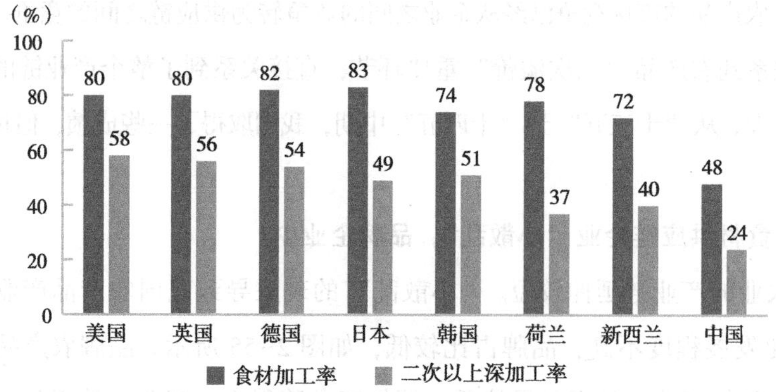

图 2-56 各国农食深加工基本情况

数据来源：中物联食材供应链分会绘制。

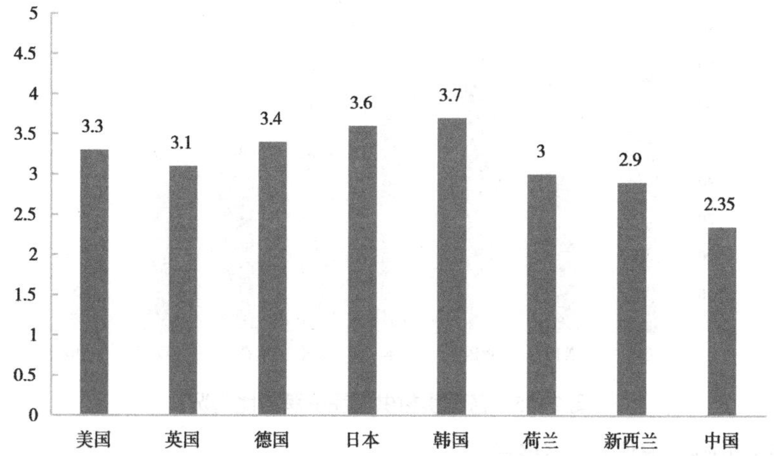

图 2-57 各国食材转化增值比值

数据来源：中物联食材供应链分会绘制。

（三）供应链建设成本过高，回报慢，导致农产品产业化整合进程慢

前期投资巨大，在设备及人力上投入过多，如果出现资金短期难以回笼，运输成本不降反增等问题，整合成本控制系统能力显然不足。

（四）上下游企业及伙伴数字化水平低，沟通协作效率低

供应链形成链状结构，简单地将产品生产到销售进行串联，但细化内部结构可知，与上游生产商、供货商间信息单向传达，一手信息资讯时效性差，传递到生产商供货商处出现延时带来产品供货存储方面的困难；而与下游销售商、顾客间交流不足，过度依赖销售环节，未将销售与供货紧密连接。整条供应链线路各环节均存在协同效率低，信息不通畅等问题。

（五）食材供应链人才少，创新能力不足

2020—2023 年本科学生从事供应链领域的人才占比为 35%，食材农产品仅次于快消和医药领域，是供应链人才三大支柱之一。随着供应链行业逐步发展，不再是单纯劳动力行业，工作更加多样，职位属性丰富，从业人员学历水平不断提升，行业包容度和服务水平同步提升。

随着市场对供应链人才的需求日益增长，供应链服务观念的更新、技术的进步和设备的完善已成为必然要求。从需求角度来看，市场对供应链人才的需求大幅增加，包括战略型、管理型和技术技能人才。然而，如图 2-58 所示，本科生从事对口领域的比例较低，仅占 35%，其中食材供应链对口人才更是仅占 11%。因此，我们需要加强供应链人才的培养和引进，以满足市场的需求。

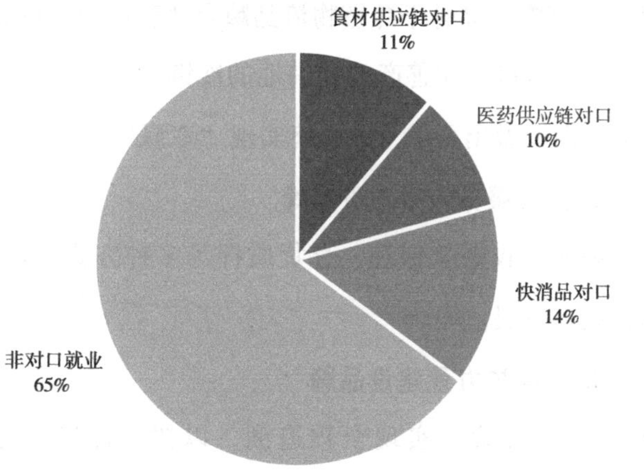

图 2-58　2022—2023 年本科生从事对口领域情况

数据来源：中物联食材供应链分会《食材行业人才分析报告 2022》。

供应链的技术、管理、战略人才少，总和为50%，如图2-59所示。

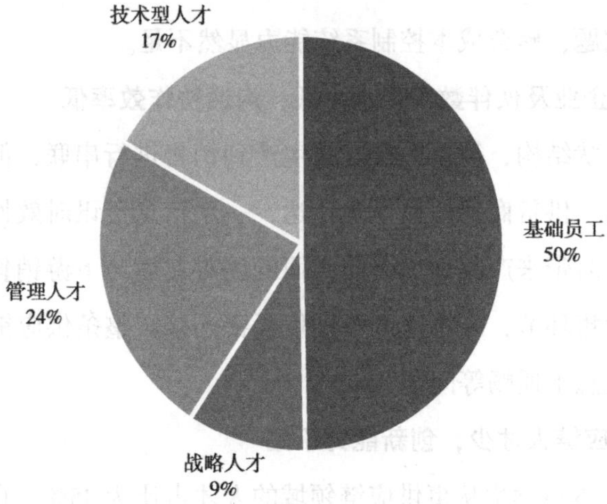

图2-59 2020—2023年供应链人才类型比例

数据来源：中物联食材供应链分会绘制。

五、食材供应链品牌建设发展建议

1. 商流推动，打造供应链创新或示范品牌企业

通过培育一批农批市场企业品牌，发挥其资源优势；支持B2B的产业互联网生态平台，如京东、阿里、拼多多、抖音等；以及培育预制菜、团餐等行业的龙头企业，推动供应链的创新和优化。

2. 物流推动，培育农产品骨干冷链物流品牌企业和产地冷链设施建设

提高食材运输服务质量，完善产地和销地的冷链物流网络，以促进行业的持续进步，为农业的繁荣发展做出贡献，并最终实现“双赢”。

3. 金融推动，从金融服务入手建设品牌

通过供应链金融的应收账款保理、存货质押等多种方式，提高资金使用效率，推动食材产业的建设与发展。

4. 科技推动，借助科技力量建设品牌

利用数据辅助生产决策，实现全程追溯，以树立品牌形象。随着“三农”战略的重心转向乡村振兴，“百亿研发，百万技术，百家争先”的策略将推动农业进入一个新的时代，技术将助力供应链提效和消费体验升级，并与国际进一步接轨。

5. 人才推动，从院校开始提供供应链人才支持

目前供应链领域对人才的需求与日俱增。为了满足这一需求，必须从院校开始培养和提供供应链人才。通过加强与高校的合作，制定针对性的人才培养计划和提供实践机会，为供应链领域输送具备专业技能和实践经验的人才。这样不仅可以提高供应链管理的专业水平，还有助于推动整个供应链行业的持续发展。

第三章
全球食材供应链发展现状及趋势

本章围绕全球食材贸易格局、全球食材消费情况和部分国家食材供应链现状等三个方面对全球食材供应链现状进行剖析。主要是针对2022—2023年全球食材产业链和供应链面临的巨大压力和挑战，分析如何抓住机遇重构、稳定食材供应链发展局面。一方面，国际经贸形势依然复杂严峻，全球经济体间的博弈依旧存在，食材贸易作为全球贸易的重要组成部分，面临着多重不确定、不稳定性因素。另一方面，国际区域间的合作日益凸显、多边贸易体系愈加开放，由此释放出的巨大发展潜力备受期待。积极推进全球食材供应链的协同高效建设，促进全球食材贸易的畅通有序发展，成为各国各企业共同关注的焦点话题。

第一节　全球食材供应链现状

首先，需要理清全球食材贸易格局基本概念。通常来说，全球食材贸易格局是指在食材贸易领域中，充当主角的国家和地区间相互依赖、竞争和合作，在一定时间内形成的一种结构或者态势。

由于国际经济环境的变化、各国政策不同以及国际分工的差异，全球食材贸易格局一直处于动态变化之中。此外，供需结构的变化也会使整个贸易格局发生变化，例如，中国中产阶级人群增多、消费不断升级，对高蛋白产品的需求量不断增加。消费的发展方向是以多样化为主，肉类消费变化反映的是结构性变化，如禽肉、牛肉消费的提升，猪肉消费则基本达峰。水产消费的迅猛增长，反映的是对优质蛋白质需求的增长。

一、全球食材贸易格局呈现出三个主要特点

全球食材贸易格局呈现出三个主要特点，其一，发达国家人口较少，但是土地资源丰富且拥有先进的科学技术，因此食材产量大；其二，不发达国家人口增长快，但资源紧张，同时受制于科技和技术，食材产量少；其三，贸易政策和保护政策交织，食材贸易成为国际贸易争端的多发地。

从全球角度而言，世界处于完全统一的贸易大市场，随着更多的双边贸易协定出现，各国都在不断地补充全球贸易版图。多元化、多样化、区域一体化格局凸显，对于食材供应链来说，出现一些区域化的供应链会更加高效，但只有贸易全球化才能确保食材供应链稳定。

目前全球主流双边（多边）贸易协定或自贸区有：服务贸易国内规制联合声明倡议、跨大西洋贸易与投资伙伴协议、非洲大陆自由贸易区、跨太平洋战略经济伙伴协定、欧洲经济共同体条约美国墨西哥加拿大协定、区域全面经济伙伴关系、中国-东盟自由贸易区、亚太自由贸易区、“一带一路”倡议、金砖国家加强供应链合作倡议等。

目前以中国为核心的双边（多边）贸易协定或自贸区主要有：

一是跨太平洋战略经济伙伴协定。美国退出，包含中、日、澳等 12 个国家，拥有高标准贸易规则，是现阶段世界范围内高水平的自贸协定，被视为未来国际食材

经贸规则、标准改革与发展的风向标。

二是亚太自由贸易区。全球经济规模最大、最具活力的地区，推动区域经济一体化，支持经济全球化，担负着“引领、协调”的重要使命。

三是区域全面经济伙伴关系。由东盟发起和主导的区域经济一体化合作机制，RCEP 生效后各个分散的“10+1”自贸协定将被整合。对完全获得货物范围做出限制，对直接运输做出限制，进口国（地区）原产地核查可能增多等。

四是中国-东盟自由贸易区。减少贸易壁垒和成本，中国-东盟自由贸易区采用间接/扣减法来计算区域价值成分。中国-东盟自由贸易区对双边农产品贸易的推动作用明显，增长主要来自贸易创造。中国从东盟进口 70%的重点产品，表现出明显的贸易创造效果。

反观近五年全球各国食材贸易及供应链政策，补贴性政策、食材法治体系、食材保险及农业信贷是趋势，如表 3-1 所示。

表 3-1　全球食材法规和标准要求

区域	详细内容
欧盟成员国	食材供应链法规：定期审查有关风险和不合规信息，更新食品安全条例，关注食材全流通碳足迹。 欧洲供应链法：欧盟企业应谨慎管理 ESG（环境保护、社会责任与公司治理），参与欧盟市场的供应商也将间接受到影响。 法国：建立国家农业信贷金库，发放农业贷款。
东盟成员国	泰国：减轻农业合作社债务负担；降低化肥价格，保证市场供应、食材供应链稳定；控制棕榈油产地对于环境破坏的影响。 马来西亚：农产品区块链解决方案，减少食源风险，提高供应链效益水平。 菲律宾：降低关税，减少供应链压力。 越南：积极的政策调整，修改《投资法》，引流入越，签订多边贸易机制。 缅甸：发放农资贷款，减少小农经济压力；取消禁令，可自由出口肉类食材；调增土地使用政策，吸入外资供应链资源，确保果业出口质量与产量的稳定。
美国	加强对非美国公司收购美国农田的审查，将农业供应链纳入国家安全相关的投资管辖范围。 农业供应链认定为关键基础设施和关键技术，确保 CFIUS（美国外国投资委员会）能对农田和相关设施拥有明确的管辖权。 直接发放 47 亿美元补贴，帮助抵消作物季期间外国的报复性关税措施对美国农业出口造成的损失。 由政府成立规模庞大的农业信贷体系，农业资本投入中约有 40%依靠信贷来解决。

续　表

区域	详细内容
日本	“农协”推动，鼓励食材宅配销售。 “地产地消”政策体系。 建立完善的鲜活食材供应链系统，冷链加工比例超过60%。 农产品品牌和信誉机制。 推动“食物银行”，减少食材各环节的损耗。
巴西	农业政策构成：由结构政策、国内支持政策和贸易政策等三方面构成。 家庭农业国家计划：减缓农村人口迁移进城的趋势。 促进农业合作计划，鼓励加工业发展。 拟定反食物浪费法。
中国	高质量发展食材供应链。 完善食材流通骨干网络。 加大设施农业，着力抓生产；种业振兴，保障粮食安全及稳定。 构建多元化食物供给体系，树立大食物观，推进农业绿色发展。 加大食品安全，统筹做好粮食和重要农产品调控。 提高食材产业在国际的竞争力。

从全球农产品进出口贸易及消费情况来看，前五大农产品出口国同时也是进口国。世界不同地区不同食材品类的人均消耗量存在差异，如表3-2所示。

表3-2　不同国家食材人均消耗量

单位：千克

国家/联盟	食材人均消耗量				
	谷物	肉类	蔬菜	水果	水产
欧盟	179	65	127	104	22
俄罗斯	153	75	114	71	22
美国	111	101	127	110	18.8
日本	115	50	104	54	23.4
印度	158	5	68	37	4.2
中国	152	60	270	64	16.8

数据来源：国家统计局。

根据数据对比情况，在动物蛋白消费方面，中国仍有一定的成长空间。

中物联食材供应链分会选取了几个主要发达国家的食材产业链或者供应链、对其链条特点进行分析。

其一是美国，其食材产业链条如图3-1所示，特点在于食材资源丰富，包括土地资源，科学技术非常发达，生产效率高，产能巨大，是世界最大的农产品出口国，此外，美国食材供应链的一体化程度较高，诞生了很多跨国企业，这些企业已经进入中国市场，具有非常大的优势。

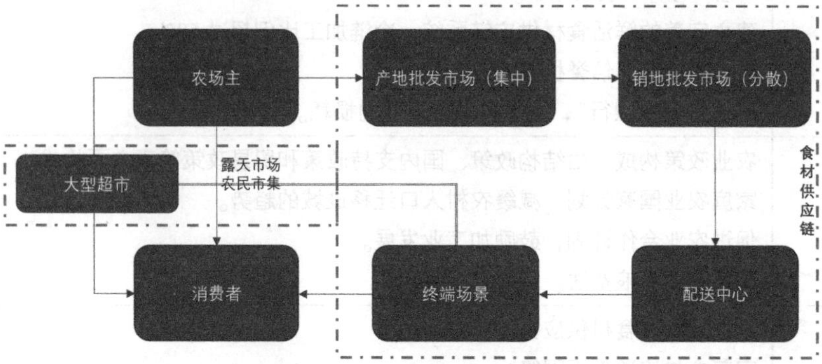

图 3-1 美国食材产业链条

数据来源：中物联食材供应链分会整理。

其二是欧盟，其食材产业链条如图 3-2 所示，最大特点是拍卖交易，对比农贸市场的原始对手交易方式，优点主要体现在以下几个方面：一是交易半径较大、辐射面宽；二是交易量大、有规模，交易比较公开、公正，秩序比较规范；三是交货实现标准化、等级化、规格化，降低了交易成本，是一种先进交易方式（中国叫买

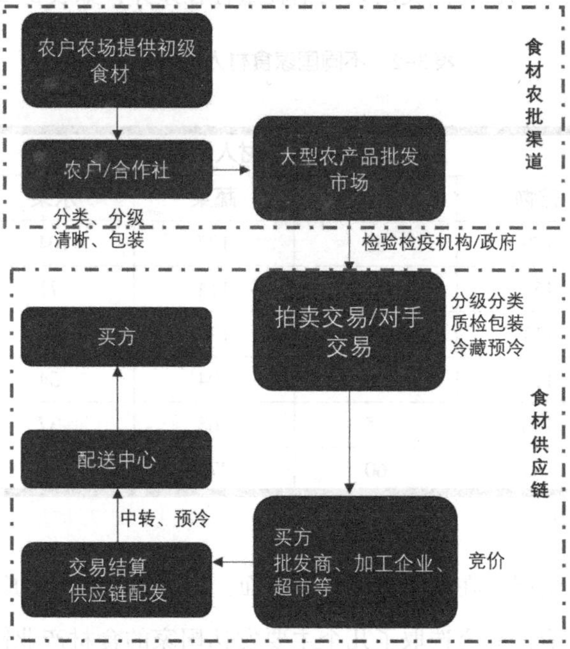

图 3-2 欧盟食材供应链产业链条（以荷兰、德国为例）

数据来源：中物联食材供应链分会整理。

手制）。因部分食材易腐、易耗和不易久存，拍卖可以减少产销分离造成的信息不对称和不完备性，提高交易效率。以荷兰鲜花为例，即采用拍卖的方式，再如德国，其食材产业链上、中、下游规模依次扩大，集中度相对较高。

其三是日本，其食材产业链条如图 3-3 所示，首先日本人口多、土地面积少，食材进口依赖度比较高，也使得日本政府对于农产品和食材尤为重视，日本农产品相关组织非常强大，很多批发市场都是由政府参与投入的，日本政府对整个农产品的产业链供应链管控力度非常大，其产业链供应链不是完全市场化的，日本食材供应链管控精细，组织化程度高、效率高。此外，农协起到非常重要的控制物价的作用，以尽量确保不会让农民受到损失。

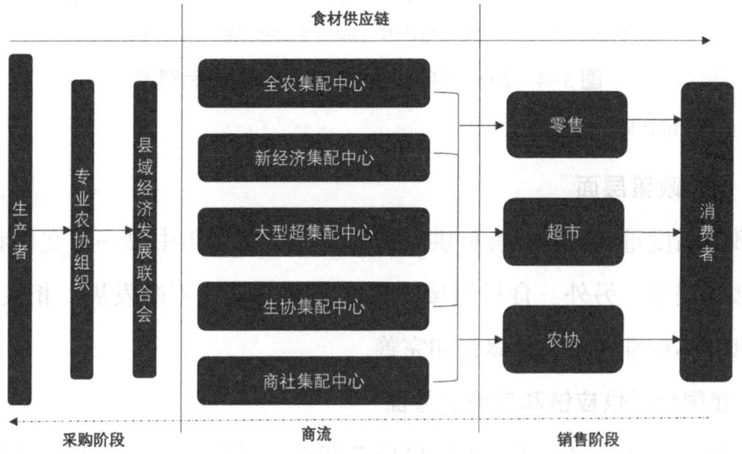

图 3-3　日本食材供应链产业链条

数据来源：中物联食材供应链分会

基于以上分析，总结全球食材供应链现状可归纳为全球食材贸易活动频繁，食材消费需求多，主要发达国家食材供应链规模较大、集中度相对较高、标准化程度也较高，同时有较为完善的法律法规体系、监管力度较高。

二、中国食材供应链现状对比

数据显示，2022 年中国食材总产量位居全球第一，占全球总量的 1/4，消费体量也是全球第一，占全球消费总体量的 1/4 左右，如图 3-4 所示。中国食材供应链的现状十分值得关注。

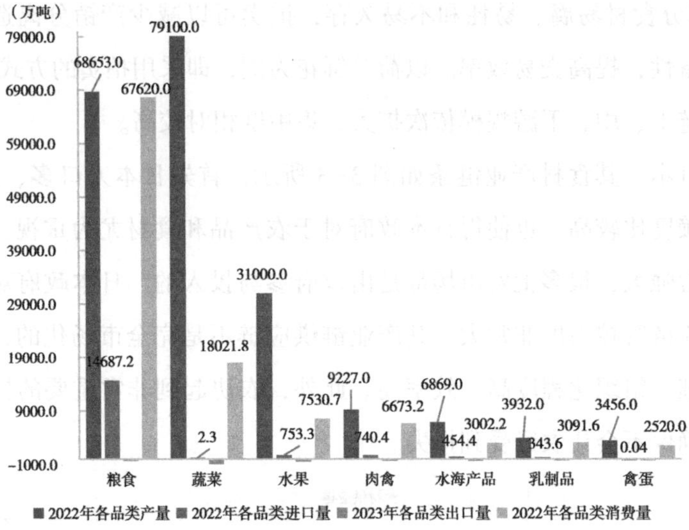

图 3-4　2022 年中国食材各品类体量及消费量

数据来源：国家统计局、海关总署。

（一）国家政策层面

我国政府高度重视农业及食材供应链的发展，在历年中央一号文件和政府工作报告中被屡次提及。另外，食材领域的标准化建设也在不断发展，相关国家标准、行业标准和团体标准在不断制修订和完善。

（二）我国食材供应链和产业链层面

对比美国、欧盟和日本等国家的供应链和产业链可以发现，我国食材供应链链条长，参与主体多，上游的产地规模较小、标准化程度较低，下游中小客户占比较高，不管是零售、餐饮店或是便利店，连锁化率也比较低，食材产业链呈现出两头散、中间乱的局面，食材供应链头部规模不明显、集中度不高，如图 3-5。

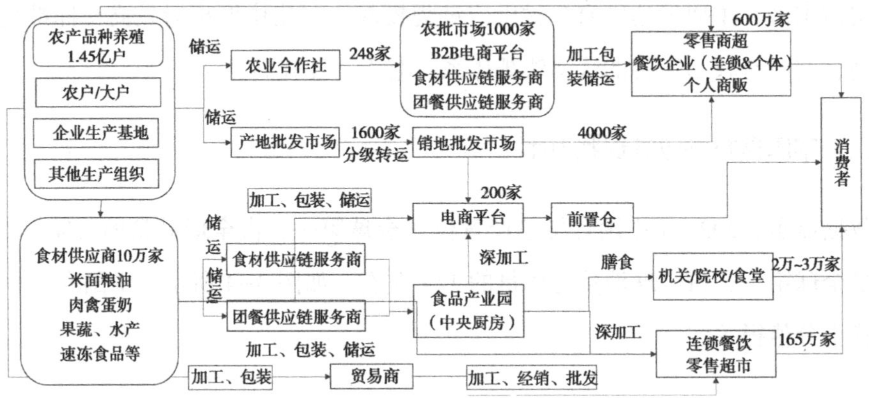

图 3-5　中国食材产业链链条

数据来源：中物联食材供应链分会整理。

（三）中国食材供应链头部企业层面

虽然我国食材供应链总体规模在不断增加，但头部企业占比不高。根据《2022年我国食材供应链 TOP100 企业分析报告》的相关数据，排名前 100 家企业的市场份额不足 10%，规模占比小，其中 74 家是民营企业，市场集中度低，营收体系有限，“小散”现状未改变。食材供应链市场集中度低，这也从侧面反映出我国食材供应链行业发展仍具有广阔空间。

2022 年排名前 100 的食材供应链企业总营收 1265.41 亿元，同比下降 15.62%。受疫情影响，业务影响程度是全国性小于区域性。排名前 10 的企业业务范围均是全国性的，规模化优势显现，占整体营收的 65.41%，同比去年提升了 5 个百分点；排名第 11 到第 30 的企业营收为 286.98 亿元，主要在华东、东北、华中、西南等区域性业务能力较强，同比去年提升 2 个百分点；排名第 31 到第 100 的企业，发展侧重点不同，优势不在于规模，体现在服务客户的专一性、独一性，但抗风险能力弱，同比上年下降了 17 个百分点。

（四）专业性人才层面

行业从“向社会输送人才”转为“吸纳社会性人才”，彰显企业社会担当，保供、保障助力“保就业”。2022 年食材供应链排名前 100 的企业员工总数约 81.25 万人，同比去年新增了 2.6 万人。企业人才规模 12.66 万人，同比增加了 1.44%。核心管理层人才达到了 1.18 万人。发生变化主要有三个原因：

1. 食材加工领域逆势上扬，促就业

2022 上半年，全国规模以上食材加工业实现营业收入同比下降 2.6%，下半年“逆势上扬”，同比增长 7%，就业需求增加 20%。疫情期间，新建 172 个集约化处理中心，吸纳人才万余人。

2. 食材流通领域保供人员需求猛增

食材供应链企业积极驰援疫区，保障民生物资供应，通过调集增援力量，共计新增、调动抗疫保供人员 3 万余人，司机千余人，吸纳更多就业人员 。疫情后借助人员优势，热度不减，业务稳增，恢复很快。

3. 企业创新发展转型升级吸纳社会人才

2022 年劳动力性质也在国家推进专业性人员发展的政策。在《“十四五”职业技能培训规划》《技工教育“十四五”规划》等规划下发生改变。注重专业素养，解放纯体力劳动岗位。此背景下食材供应链行业企业人员架构转型，减少纯体力型人员招募。

三、国内外食材供应链龙头企业分析

中国食材供应链行业的发展起步略晚于国外食材供应链行业，结合国情，对国内外食材供应链行业的头部企业进行对比分析，有利于中国食材供应链行业企业汲取先进经验，更好地完善自身。

（一）供应链企业对比

以美国企业 Sysco 与中国企业蜀海为例，对国内外综合型食材供应链头部企业进行对比分析。Sysco 是目前全世界最大的食材供应链企业，拥有 14000 辆货车，86%自有占比，多为冷链车辆，483 万平方米的物流中心 ，自有占比 78.1%，业务覆盖北美和欧洲 90 个国家，65 万个客户，提供其所需的所有食材、餐具、餐厅厨房设施、清洁用品等 40 万种商品，为 356000 家餐厅、饭店、医院和学校提供餐食。Sysco 的主要业务包括供应链服务、餐饮解决方案服务以及产品研发。其中，Sysco 的供应链囊括了一二三产各环节，是从田间到餐桌的完整的供应链服务链条。

蜀海供应链成立于 2014 年 6 月，是集销售、研发、采购、生产、品保、仓储、运输、信息、金融为一体的餐饮供应链服务企业，为广大餐饮连锁企业及零售客户提供整体食材供应链解决方案。蜀海拥有遍布全国的现代化冷链物流中心、食品工厂、蔬果加工中心、底料加工等基地。以安全透明的供应链体系为餐饮客户提供品质服务，解决餐饮行业难标准化的痛点。在净菜生产、菜品研发、餐饮标准工业化等项目领域持续不断的研究升级下，蜀海获得了业内权威机构和广大客户的认可，已成为供应链领域的标杆企业。

从相同点入手，Sysco 与蜀海的运营模式基本相同，都以餐厅为核心主战场，以餐饮消费终端为主战场，这决定了供应链企业需更注重产品。此外，Sysco 与蜀海围绕产品做的实质性战略规划可以体现在以下几方面：第一，加大对产品研发的投入，以保障产品的质量；第二，加大对基础设施建设的投入，如中央厨房和加工厂的建设，以保障产品的标准化；第三，加大数字化方面的建设与投入，以提升管理化水平；第四，打造自身产品品牌。对相同点进行总结，Sysco 与蜀海的供应链体系均较为完善，得益于较为优秀的标准化建设与数字化赋能，食品安全和品质能够得到保障，从而为目标客户提供一体化的供应链服务。

从不同点入手，Sysco 与蜀海面临的市场环境不同，Sysco 所处市场环境为美国及周边国家（主要是国外），其食品标准化程度比较高；而蜀海所处的市场环境为国内，复杂程度高、最小存货单位数量多，供应链的难度大。因此，综上对不同点进行分析，以蜀海为代表的中国综合型食材供应链企业需要在注重产品研发、高行业要求标准的同时，还应该考虑到不同国家、地域居民口味的差异性，寻找到最符合中国国情的标准化程度。

（二）预制菜企业对比

以中国企业千味央厨与日本企业伊藤忠商事株式会社为例，对国内外预制菜头部企业进行分析。

千味央厨是郑州思念食品孵化的企业，主营业务为定制化服务，主要目标客户定位为B端，2021年收入6.6亿元，收入占比52%，烘焙类、蒸煮类产品各占20%左右。千味央厨2022年营收14.89亿元，预制菜销售额同比增长101.23%。千味央厨的业务范围广泛，涉及产品联合研发，客户群体也逐渐向农批市场等零散型客户触及。

伊藤忠商事株式会社是日本最大的供应链企业，主要以商流为主，主要项目出资于顶新集团控股公司——顶新（开曼岛）控股有限公司，该公司是中国大陆及台湾地区食品与流通业最大的企业，向拥有康师傅、全味、德克士的中国最大食品集团顶新集团出资，展开各领域的合作。出资山东龙大食品旗下的龙大肉食品有限公司，强化产品生产，构建安全放心的食品流通体制。伊藤忠商事株式会社于1950年上市，发展较早。同样，日本的预制菜行业发展也起步较早，截至2023年，日本预制菜市场企业端和消费端的占比已经达到1∶1，较为均衡，而中国预制菜市场企业端和消费端的占比为8∶2，消费端占比较低。

从相同点入手，千味央厨和伊藤忠商事株式会社都以产品为先，注重产品品质和研发；对品牌建设的投入较大，打造自身差异化竞争的核心竞争力。

从不同点入手，千味央厨与伊藤忠商事株式会社的核心竞争力不同。千味央厨以单品为主打造自己的核心产品，以面制品为主进行延伸，和中国市场其他品类相比，具备自身的差异化，这也使得千味央厨在2023年一季度保持了30%以上的利润增长。反观伊藤忠商事株式会社，其核心竞争力在于因日本极度依赖进出口贸易所导致的“产商融”相结合体制。伊藤忠商事株式会社的最大股东为日本主信托银行的信托账户，持股比例为15.41%，虽然伊藤忠商事株式会社“产商融”相结合的体制中国预制菜企业无法复刻，但深究其根本原因，在于企业核心竞争力的打造，而这是中国预制菜企业可以借鉴之处。

对上述国内外食材供应链头部企业对比分析进行总结，中国食材供应链企业的发展主要受到中国食材供应链体系庞大的影响。中国食材供应链仍存在以下问题亟须解决。

从上游进行分析，中国以小农经营为主导致产地生产分散，企业难以实现集采或产地直采。实现集采或产地直采需要依靠庞大的供应链公司做支撑，供应链公司应具备优秀的整合能力。

从中游进行分析，中国食材供应链的流通环节多、链条长、有多级批发商，过长的供应链条造成资源浪费，其原因在于供应链上每增加一个环节，就会增加流通的时间和成本。而食材具有一定的时效性，超过一定时间，会造成农产品食材的损耗增多，特别是生鲜农产品等，更为明显。此外，链条越长带来的监管难度也就越大，容易留下安全隐患。截至 2023 年，我国农产品食材流通渠道以农批市场为主，这就出现了多级批发商的现象，在增加了链条长度的同时，使得下游与中游对接混乱，难以监管。

从下游进行分析，由于中间流通环节以农贸市场为主，70%的农产品食材从农批市场流入销地，销地分散，整合难度高。

上述问题也是中国食材供应链下一步发展的机会所在。

第二节　全球食材供应链发展趋势

（一）食材进出口贸易需求旺盛，发展潜力巨大

因为中国人口众多，地大物博，食材进出口总量基数较大。随着我国经济的不断发展，经济水平的不断提高，人们越来越重视生活的品质，在饮食结构上也在逐步变化，对农产品食材的需求也在不断变化。根据 2022 年的饮食结构现状来看，中国消费者正逐步减少对于粮食的依赖，增加了对多品类食材的需求。每年一度的上海进博会涵盖了全球的食材展览与销售，几乎每年爆满，一些南美国家的食材在展会上颇受欢迎。此外随着“一带一路”倡议的不断深入，一些绿色、有机等高质量的食材也颇受我国消费者的青睐，也在持续进入到家庭餐桌上，我国对于高质量食材的需求量将日益增大。

（二）未来食材供应链的国际竞争将会加大

随着消费者对食材品质要求的提高，食材供应链企业需要有思想上的转变，例如从农产品食材的产量是否能够满足消费者需求转化为质量能否满足消费者需求，

正逐步实现从数量到质量的转变。

（三）食材供应链的产品结构将持续调整

中物联食材供应链分会发布的《2022年跨境食材贸易分析报告》预测，未来全球食材需求增长较快的是畜产品、海产品、水果等品类，因为消费者饮食结构正在发展改变，尽管全球产业链供应链面临冲击，国际经济政治格局发生深刻调整，但各国利益高度融合、彼此相互依存的客观态势没有改变。从长远看，经济全球化仍是历史潮流，各国分工合作、互利共赢仍是长期趋势。

（四）食材供应链将顺应区域经济一体化的发展趋势

未来区域经济一体化在食材贸易中将占重要的地位。例如在2023年一季度，东南亚的食材产品发展迅速，在这个背景下，预测会诞生出一批具有超强国际供应能力的食材企业。

（五）食材供应链行业的标准化程度将持续提高

全球食材贸易一定会围绕标准化来进行调整，标准化程度的提高意味着食材供应链成本的降低。食材供应链行业规模巨大，如何降本增效将是全球食材供应链发展需要长远考虑的问题。

（六）食材供应链的渠道将扁平化发展

食材供应链的链条越长，成本越高，效率越低。渠道的扁平化发展将对供应链能力提出更高的要求，其对企业的经济能力、数字化能力、基础设施建设水平、技术水平、人才水平等均有较高要求。以香港玉湖集团为例，其在冷链布局上投入资金高达150亿元，很多海外进口贸易商同样兼顾海外仓和国内基础设施的建设。

（七）食材供应链行业将加大对于供应链相关技术的研发投入，用技术驱动智能化

食材安全是食材行业需要保证的底线，把现代的信息技术、物联网技术等应用到食材供应链中，实现食材供应链的全链条可追溯，保证食材的安全。

（八）食材供应链未来将实行绿色低碳可持续发展策略

绿色经济、可持续发展是全球发展的大方向，例如我国在2020年提出要在2030年达成碳达峰，2060年达成碳中和，因此，食材供应链行业企业需要将绿色低碳可持续发展纳入企业战略中。

第三节 中国食材供应链发展趋势与机会洞察

（一）中国食材供应链行业的政策标准将持续完善

随着消费者食品安全意识的提高、行业监管力度的加大，食材供应链行业的相关政策标准及法律法规将会陆续颁布，用来保障食材供应链全链条的品质安全。

（二）中国食材供应链将优化升级，追求更高品质

根据行业数据来看，在2023年第一季度，中国食材的消费规模达到了3.13万亿元，引起了全世界众多食材供应链头部企业的关注。因此，未来中国食材供应链需要面对来自世界各个国家的竞争，必须优化提升自身，也必然要关注食材供应链的升维，追求提质增效，这样才能在竞争激烈的全球市场中占有一席之地。

（三）中国食材供应链的标准化程度将继续提升

中国食材供应链标准化水平将会逐渐与国际接轨，实现全球食材标准化水平的统一。对于食材行业必须坚持守底线、查隐患、保安全。此外，也要持续为能够做好食材的溯源工作而努力，攻克追溯难关，让行业真正做到知其来源、保其品质，保障消费者的合法权益。

（四）中国食材供应链将着力建设食材供应链品牌

中国的食材品牌建设仍存在不足，品牌建设存在诸多压力，需要金融、科技、人才等的支持，是一项长期的工作。商流助力，大力培育、支持、打造供应链创新或示范品牌企业。物流助力，大力培育骨干食材供应链品牌企业，促进食材产业园区建设，提高食材供应链服务质量，完善产地、销地食材流通网络。金融助力，从金融服务抓品牌建设，提高资金使用效率，推动食材产业的建设与发展。科技助力，“百亿研发，百万技术，百家争先”让技术助力农业从增量转向存量的新时代，通过数据助力产销决策，全程追溯，打造品牌，与国际进一步接轨。人才助力，从院校开始提供供应链人才支撑，培养专业化人才，提升人才资源储备，提高专业素养与管理化水平。

（五）中国食材供应链将提升数字化水平

数字化有连接、度量、智能三个特征。在食材领域，连接是高效厘清食材供应链上下游企业动向，深入分析食材产业状况，进行食材产品溯源，掌握食材产业发展态势。度量是精准定位食材产业链各环节，优化、改善识别“卡脖子”问题。智

能是结合行业大数据、企业自身数据、经营模型进行自动分析、自动决策，可以将决策的失误风险降到最低。食材供应链已经实现了1.0、2.0的过渡，未来也将完成3.0甚至4.0的过渡，未来食材供应链将实现全线路可追溯，实现订单农业，这就需要有更强大的数字化水平来支持。

（六）中国食材供应链将采用绿色可持续发展战略

绿色可持续发展是长远发展，也是全球发展的主方向，在食材供应链行业中更是要如此，企业不能因为短期利益忽视绿色可持续发展的重要性。绿色可持续发展战略正在一步步实施，例如中物联食材供应链分会联合世界自然基金会呼吁，发展清洁低碳高效食材供应链的同时，关注食材本身是否森林友好、绿色可持续，要做到双管齐下。

第四章
预制食材行业专题报告

根据中物联食材供应链分会的观察，随着行业的发展，预制食材的内涵已经不仅仅局限在菜肴这个范畴，预制的炒饭、面食等主食类产品也层出不穷。不同于行业内对预制食材的定义和分类：即食食品、即热食品、即烹食品、即配食品四大类。本章共分为四节，主要从术语定义、预制食材产业链现状、行业发展环境情况、现存问题及发展趋势多角度进行分析。

第一节　预制食材行业发展历程及现状

一、行业术语及定义情况

截至目前整个食材行业内关于预制食材没有统一的标准。

1. 概念说明

中物联食材供应链分会对调研样本进行分析，43.9%的消费者认为预制食材应该是速冻后解冻即可食用的产品，17.1%的消费者认为预制食材是半成品，还需加工，23.6%的消费者认为预制食材是净菜，还有15.4%的消费者认为预制食材是开袋即食的产品。根据调研发现，虽然消费者对于预制食材的认知不一，但是也能反映出预制食材的一些基本属性、如：方便快捷的属性、可减少厨余垃圾的属性、工业化的属性、能够取代正餐的属性、可替代餐厨加工的属性。具备一定的服务属性，可商业化规模化运营，营养搭配合理，食材安全可靠。

中物联食材供应链分会结合行业发展实际和对行业的认知，将预制食材定义为：以各类农、畜、禽、水产品等食材为原/辅料，运用标准化、工业化作业流程，经预加工（如分切、搅拌、腌制、滚揉、成型、调味等）和/或预烹调（如炒、炸、烤、煮、蒸等）制成，并进行预包装的成品或半成品食材，需要在冷藏或冷冻条件下进行储运，经烹饪或加热后即可食用的产品。

根据以上定义，中物联食材供应链分会（以下简称分会）更愿意将预制菜称之为预制食材，在本章的表述中也始终贯彻这一概念。

2. 重新划分概念

分会将预制食材分为两个阶段：

预制食材1.0（即热预制食材）指运用标准化流水作业，已完成杀菌或经熟制加工制成，并进行包装，开封后可直接食用或经过复热即可食用的产品。

预制食材2.0（即烹、即配预制食材）是指经过洗、切、搭配、加工完成的菜品，采取冷冻或真空等一系列方式进行包装保存，只需通过简单烹调即可食用，目的是省去食材采购、制作、卫生处理等步骤，通过加热或蒸炒等烹饪方式，就能直接作为餐桌上便捷的产品。

不同类型的预制食材主要的应用场景也不同。对于B端的餐饮，主要提供即配类的半成品或简单基础调味的产品，省去食材预处理的过程，保留厨师的发挥余地。对于 C 端本身不会做菜、但讲究烟火气的消费者，可以提供即烹类的产品，增加其对做菜的兴趣。而对于完全的小白、懒人，提供即热产品，讲究的是方便快捷。

二、行业发展历程

预制食材萌芽于 20 世纪 40 年代的美国，在六七十年代实现商品化经营和管理，1979 年美国第一个预制食材加工厂建立。1984 年，Sysco 发力预制食材市场，如今占据巨头地位，如图 4-1 所示。

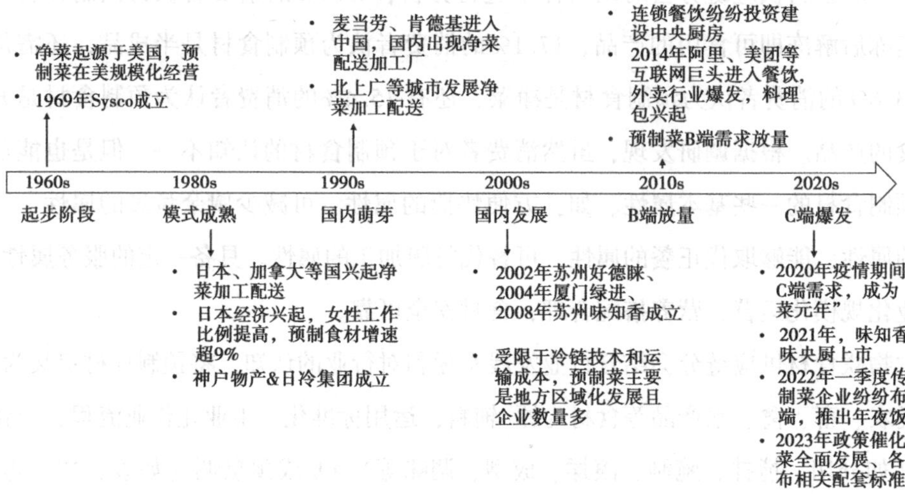

图 4-1 预制食材历程

预制食材成熟于 20 世纪 80 年代的日本，经济的发展和女性工作比例的提高带动了日本预制食材的高速发展。区别于美国，日本餐饮推动预制食材产品转向预调味，在此期间日本预制食材龙头企业日冷和神户物产诞生，期初主要是生产便利店食材，后转为餐饮部分食材。

预制食材在 20 世纪 80 年代敲开中国国门，麦当劳、肯德基等快餐进入中国后，快餐行业带动了半成品产品发展，麦当劳、肯德基等国内供应商开始生产加工原料。

1990—2010 年是我国预制食材行业的发展期。随着中国加入世贸组织，预制食材出口开启新时代。国内大部分原料食材企业（禽肉、水产、蔬菜等食材）入局半成品和预制食材加工，出口到日本、韩国及美国等发达地区。2000 年后速冻水饺热浪来袭，掀起了中国预制低温食品行业浪潮，味知香、好得睐、三全、思念、安井等公司相继成立。2014 年餐饮料理包开展降维打击，外卖平台业态火热带动了料理包市场，2011年蜀海成立、2012年千味央厨成立、2013年大溪地成立、2015年找食材成立。此阶段主要还是B端的爆发式增长。

2020年疫情催化加速预制食材的发展，C端预制食材需求激增，餐饮商家、外卖平台、超市零售等终端陆续售卖预制食材产品。2021年预制食材第一股味知香上市，随后千味央厨也在A股上市。至此，我国预制食材行业正式形成了多种预制食材组合。

第二节　预制食材产业链现状

预制食材产业上游连着田间地头，下游连着百姓的餐桌，贯穿一二三产，是一二三产的有机融合。上游是原材料供应企业或组织，提供包括各种食材、调味料、包装等；中游是生产加工，包括预制食材生产加工企业及为其提供加工技术支持的科研院所、专业的研发企业等，当然部分生产加工企业也会有自己的专业技术研发团队，图4-2没有单独表述；下游是预制食材消费，分为企业渠道和消费者渠道，企业渠道目前发展较为成熟，占比要远高于消费者渠道。

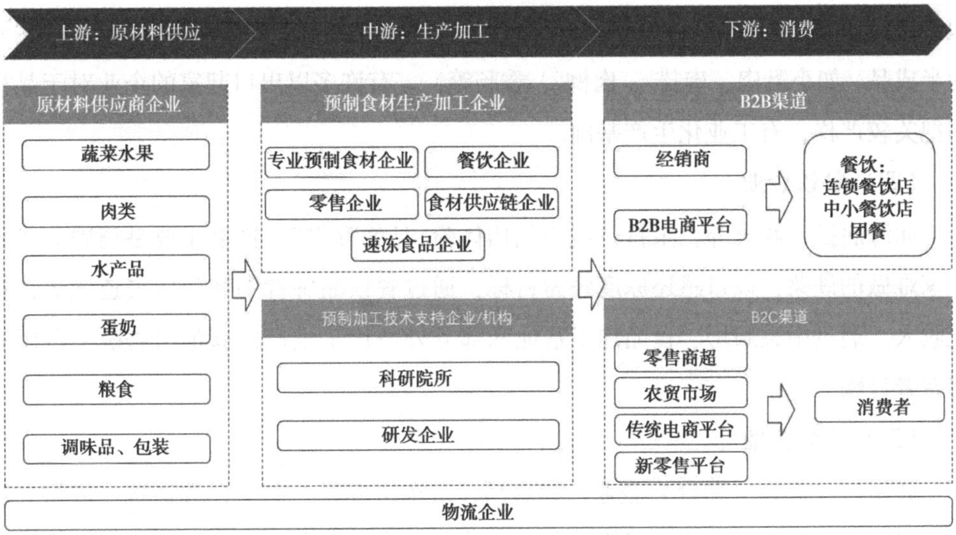

图4-2　预制食材产业链图示

一、产业链中游情况

截至2022年，我国预制食材企业约为6.4万家，其中，山东、河南、江苏分别现存 0.77 万家、0.59 万家、0.55 万家相关企业。从企业属性上看，可分为专业预制食材企业、速冻食品企业、食材供应链企业、餐饮企业和零售企业等。

（一）专业预制食材企业

预制食材加工企业渠道多元并且起步较早，聚焦 1~2 个菜系，推出特色菜品、主打爆款，比如味知香的牛仔骨、信良记的小龙虾 、聪厨的梅菜扣肉。可满足客户的定制化需求，比如绿进精耕酒店菜、蒸烩煮主攻料理包，主要以满足中小企业客户为主，但部分企业已经开始布局 C 端渠道。这类企业在区域的知名度高，积累了一定的渠道优势。

（二）传统速冻食品企业

如安井、思念、三全等，这类企业已在行业内拥有了一定品牌知名度。从广义概念来讲，它们是最早的一批预制食材企业。规模化采购能更好节约原料成本。这类企业以标准化产品为主，产品延伸首选速冻菜肴，拥有多家生产基地，具备规模化优势，渠道分销能力强。主营产品速冻食品对温控物流要求也很高，温控物流能力也强于其他类型企业。

（三）食材供应链企业

具有上游原材料优势以及成本优势，深加工产品盈利水平高于原粗加工产品，产品及业务纵向延伸，向下游延伸。对于原材料的特性更了解，调理制品以及料理包类产品研发能力较强。以自有农产品加工为主，目前布局多为调理肉制品（ 主要为半成品，如小酥肉、肉排 、肉柳 、香肠等）。有许多以出口起家的企业对于品控的把关较严格，有工业化生产基础。

（四）餐饮企业

如海底捞、西贝等，主打“线下门店体验+品牌宣贯”，产品主要是招牌菜或者在家难做的硬菜，以口感还原度好为目标，通过餐饮品牌背书和门店渠道优势，补充收入。通过中央厨房、食品加工基地和部分外协代工生产，满足门店统一自用和消费者订购。

（五）零售企业

新零售（商超、平台）企业，如盒马、京东超市等，主攻 C 端消费，依靠大数据洞察喜好，聚焦家庭便捷美味需求，产品主要依靠整合供应商资源，少部分自建产能，主要优势为门店/平台渠道，有较好的物流基础，产品丰富度高。

二、产业链下游情况

对于产业链下游消费情况，可分为 B 端和 C 端，B 端的主要服务对象是餐饮企业、有社会餐饮企业和团餐企业，C端主要服务于个人和家庭。B端是预制食材销售渠道，占比85%左右，C端消费虽然占比低，但发展较为迅速，越来越多企业也开始布局C端渠道。

中物联食材供应链分会通过对会员企业的调研及市场观察分析，总结出预制食材渠道发展的几个主要特点：

1. 餐饮行业较“散”，预制食材渗透率难以提升

餐饮行业整体还处于“散”的产业发展初级阶段，行业集中度低，预制食材的餐饮渗透率也偏低。万亿的餐饮市场，预制食材渗透率仅仅在9%左右，主要以大单品为主。

2. B端渠道开始注重品牌建设

B端预制食材已经从重视渠道建设逐渐向注重品牌建设转变。质量为先，严控生产标准、原料供应、技术研发、冷链配套等与质量相关的内容，并针对餐饮端的需求、结合自身产品特点，明确产品理念和类型，制定出合理的品牌战略。

3. 一二线城市的居民对于预制食材需求较高

我国预制食材行业C端用户主要以在一二线城市为主，其中接近一半的用户分布于一线城市，二成的用户分布于二线城市，其余的分布在三线城市。通过调研得知，超过三成的用户处于华东地区，其次是华南、华北、西南、华中区域，与预制食材企业落座省份形成强关联。

4. C端消费以中青年为主，其中女性居多

中青年预制食材消费主要以家庭为中心，以新时代女性作为消费主力军，占比高达六成。根据消费意向，其中三成的男性调研对象、九成的女性调研对象对预制食材提出了需要改进的问题点。

5. 口味和食品安全是消费的主要顾虑

大部分预制食材消费者认为口味还原度还需提升。此外食品安全也是消费者的顾虑之一，虽然预制食材的添加剂是符合国家要求和标准的，但是相较于现场烹制的食物和菜肴，较多的添加剂仍然是阻碍消费者选择预制食材的主要因素。

第三节　预制食材行业发展环境分析

一、政策环境

2023 年是预制食材发展的黄金之年，预制食材首次被写入中央一号文件，各省市区也纷纷出台各项政策支持预制食材产业的发展。

（一）国家级政策

如表 4-1 所示。

表 4-1　预制相关国家级政策情况

发布时间	政策名称	主要内容
2023 年 2 月	中共中央 国务院关于做好 2023 年全面推进乡村振兴重点工作的意见	提升净菜、中央厨房等产业标准化和规范化水平，培育发展预制食材产业。
2023 年 3 月	关于培育传统优势食品产区和地方特色食品产业的指导意见	增强优质原料保障能力，推动特色产业集群建设，提升技术、装备和设计水平，强化质量安全保障，培育特色品牌文化，加快转变发展方式，推广新业态新模式。
2022 年 12 月	关于开展国家文化产业和旅游产业融合发展示范区建设工作的通知	下一步促进融合业态创新发展的考虑包括发展特色餐饮、文化主题餐饮和有地方辨识度的预制食材，丰富文化和旅游消费场景的产品供给，打造美食之旅，让游客把美食带回家。

（二）地方政策

为加快推动预制食材产业的发展，各地方政府积极出台各项政策，截至目前已有 25 个省份出台了相关措施，如财政扶持、税收优惠、优化营商环境等举措。

2022 年 3 月，广东省印发《加快推进广东预制食材产业高质量发展十条措施》，这是国内首个省级预制食材产业政策。随后广东省内各地市相继行动，支持预制食材产业发展。

福州市出台《福州市推进预制食材产业高质量发展三年（2023—2025 年）行动方案（送审稿）》，鼓励预制食材产业投资、推动预制食材产业升级、扩大预制食材产业份额、打造预制食材产业品牌。

山东省出台《关于推进全省预制食材产业高质量发展的意见》，培育壮大预制食材加工企业，支持符合条件的预制食材企业上市挂牌融资、发行债券，对在境内外资本市场上市挂牌的企业，给予最高200万元的一次性奖补。

四川省出台《支持预制食材产业高质量发展的若干措施》支持产品创新开发、培育企业主体。

二、经济环境

经济环境包括消费者经济情况、企业经济情况、金融投资情况等。

（一）居民可支配收入提高

随着我国经济的发展，居民人均可支配收入逐年上涨，2022年我国居民人均可支配收入为36883元，较2021年上涨2.9%，居民消费水平的提升促进了预制食材商品化发展，如图4-3所示。

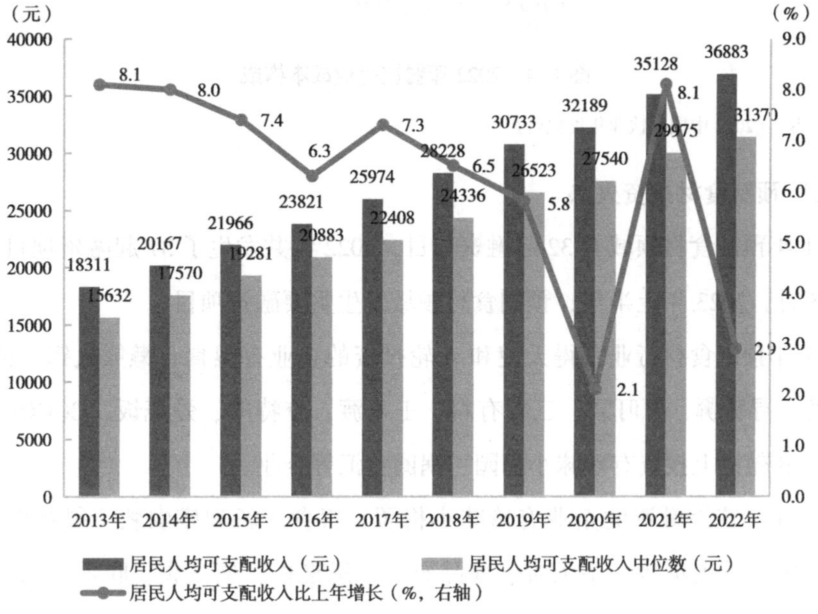

图4-3 我国居民人均可支配收入

数据来源：国家统计局，由中物联食材供应链分会整理绘制。

（二）餐饮企业成本压力增大

2022年，餐饮行业收入4.39万亿元，相较2021年的4.7万亿元下降0.31万亿元。2023年上半年，餐饮行业收入2.43万亿元，收入增长较快。但餐饮行业成本压力巨大，2022年，在餐饮行业成本中，原料成本占比最大，为42%，人力成本是第二大成本来源，占比超过 20%，如图 4-4 所示，高昂的成本促使餐饮企业尤其是连锁餐饮企业选择预制食材，预制食材可以优化食材配置、减少原材料损耗、降低人工成本。据行业公开资料，使用半成品代工后餐饮租金和人力成本占比分别下降 2%、6%，合计释放 8%的利润空间，预制食材成为餐饮企业降本增效的重要方式。

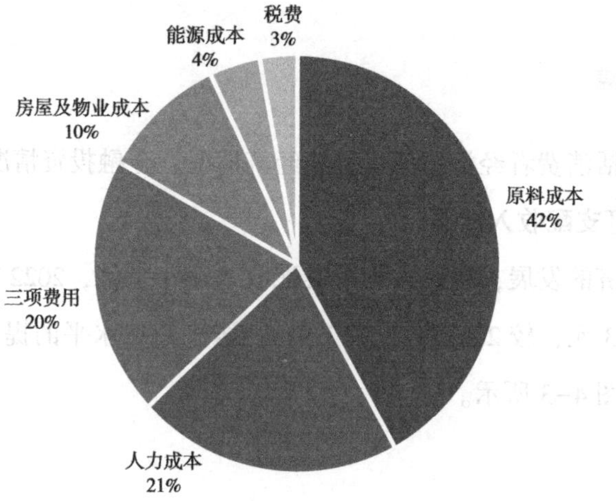

图 4-4　2022 年餐饮行业成本构成

数据来源：《2022 中国餐饮业年度报告》。

（三）预制食材投资火热

2021 年预制食材领域有 32 起融资项目，2022 年共发生了 31 起融资项目。另据不完全统计，2023 年上半年，预制食材领域发生重要融资项目。

2021 年预制食材行业获得天使和 A 轮投资的企业有银食、懒熊火锅、鲜物志、舌尖工坊、寻味狮、叮叮袋、三餐有料、王家渡、查特熊、爱烧饭、COOOOK 轻烹烹，获得 B 轮以上投资有珍味小梅园、锅圈食汇等企业。

2022 年，获得融资的企业有珍味小梅园、银食、新和盛农牧、得利斯、信良记、物满鲜、舌尖英雄、牛大吉、冻品码头、恩喜村、烹烹袋、联舌工坊、喜丸、乐肴居、鼎味泰、九橙餐饮、花花食界等。

另据不完全统计，2023 年上半年，预制食材领域发生的重要融资项目有海欣食品、国联水产、小胖黎、新中式预制食材品牌“面朝大海”、优予预制食材等。因政策加持，投资市场依然火热。

三、社会环境

消费者消费行为的变化、居民生活方式的改变和餐饮店经营环境的变化均会影响预制食材的发展。

首先，宅经济和懒人经济持续火爆，三年疫情又进一步助推了消费者宅家的消费习惯的培养和深化。宅经济是指因宅在家而产生的一系列经济活动，如网络购物、餐饮外卖、生鲜配送、远程办公等。网络公开数据显示，2019—2024 年，宅经济所涉及的市场年复合增长率达 17.7%，预计到 2024 年，宅经济市场总规模超过 3 万亿元。伴随“懒宅经济”的发展，预制食材开始从大型连锁餐饮企业渗透到外卖餐饮平台，并逐渐从 B 端走向 C 端，成为推动预制食材产业发展的一个有力助推器。

其次，随着城镇化和未来社会家庭小型化趋势明显，一人食、二人食逐渐成为消费的主流，加之伴随工作压力的增加、城市女性职场工作时间越来越长，没时间做饭成为常态，在家吃饭时选择方便、快捷的预制食材是一个不错的选择。

最后，随着外卖渗透率不断增大，外卖餐饮对产品的品控、出餐速度、口味等需求亦随之增大，外卖餐饮对预制食材的需求扩大。

但同时也要看到，大部分消费者对预制食材仍持谨慎的态度，口味还原度不高、配料表有大量添加剂都是影响预制食材发展的不利因素，无论是餐饮端还是消费端，缺乏传统美食制作讲究的技法、锅气。自然健康的食材是预制食材无法忽略的一个障碍。尤其对于预制食材进校园，受到家长的强烈抵制，当预制食材不再与“科技与狠活”挂钩的时候，消费者的态度才会改变，迎来消费端的良好发展。

四、技术环境

预制食材的高速发展得益于生产加工技术和冷藏保鲜技术的日益精进，技术的迭代更新为预制食材的发展奠定了技术基础。

（一）预制食材相关技术

1. 预调理技术

预制食材的原料在熟化前需要经过大量的预处理步骤，包括果蔬的清洗切分、鱼肉的嫩化腌制、调味料酱汁的复配等。

2. 烹调与熟化技术

中式菜肴注重蒸、烧、炒、炖等较复杂的烹饪手法，工业化加工工艺如何复刻传统方法的“锅气”，做到味、形的高度还原，达到餐厅级别的菜肴品质，是研究的关键。

3. 杀菌技术

微生物残留会引发预制食材的安全问题，尤其是其中致病菌芽孢的杀灭是相关研究的重点。尽管高温能有效杀菌，但也会严重破坏食品品质，因此预制食材的杀菌需要达到杀菌效率与品质保持的平衡。

4. 快速冷却与冷冻技术

在尽可能短的时间内将预制食品温度降低，以减少预制食材中微生物的活动、减缓生化反应，对于预制食材的品质和安全性都十分重要。

5. 活性与智能包装技术

预制食材的包装需要适应产品本身，根据不同的原料、加工程度（烹饪、杀菌等条件）、储运条件选择不同类型的包装，从而维持产品品质。

6. 流通环节的新技术

预制食材在冷链运输和储存过程中容易发生品质劣变，温度的剧烈变化还会导致严重的安全问题，保证冷链的有效覆盖率和全程稳定性是对冷链流通和冷冻流通预制食材品质的强力保障。

（二）企业研发投入情况

公开数据显示，目前A股预制食材概念上市企业共96家，其中，广东15家，山东13家，上海、江苏、湖南各8家，浙江、河南、福建、北京各5家或以上。

相对于预制食材行业蓬勃发展的态势，上市企业的研发能力明显不足。以山东省为例，从研发投入金额占营业收入比重来看，13家预制食材概念上市企业中，8家研发强度低于A股企业2022年的平均值2.3%。同时，13家企业中，“专精特新”企业仅有两家。

上市企业研发投入有限，预制食材“技术续航力”有待观察，而众多中小企业更是难以承受新品开发的“沉没成本”，新品研发后的消费者教育需要较长的时间，较高的研发成本和市场教育成本也导致很多新品还未上市经历市场的斯杀便铩羽而归。

第四节 日本预制食材行业发展情况及经验启示

一、日本预制食材行业发展情况

我国预制食材行业正经历与日本20世纪80年代的宏观经济背景和产业背景相类似的发展阶段，通过复盘总结日本预制食材发展的历程对我国预制食材的发展有着重要的借鉴意义，如表4-2所示。

表4-2 日本预制食材经济用工情况对比

国别	宏观经济情况	餐饮端成本压力	女性就业情况	单人户情况
日本	1985年人均GDP1.16万美元	用工成本：1980—1990年员工月薪增长40%； 房租成本：1976—1985年城市商业土地价格指数年均复合增长率3.7%。	1975年女性就业率49%，1976—1985年，女性就业率增加2.4个百分点。	单人户情况：1985年单人户数量789.6万户； 家庭平均人口数量：1980年家庭平均人口数量3.22人。
中国	2022年人均GDP1.27万美元	用工成本：2013年住宿和餐饮业平均工资3.4万元，2021年平均工资5.4万元，增长率36.5%，年均复合增长率5.2%； 房租成本：2011—2020年一线城市租金年均复合增长率9.3%~12.4%。	2020年城市女性就业率61.4%。	单人户情况：从2010年的14.5%上升至2020年的25%。 家庭平均人口数量：根据第七次全国人口普查数据，我国家庭平均人口数量2.62人。

日本预制食材萌芽于20世纪50年代，80年代是高速发展期，最初以B端市场为主，随着经济发展的停滞及社会老龄化、家庭小型化发展，C端的需求逐渐增长，并超过B端。中物联食材供应链分会经过梳理，认为日本预制食材发展的阶段如下：

1. 萌芽期

20世纪50年代至20世纪60年代：到20世纪60年代中期，日本经济高速增长，人们开始逐渐外出就餐，而东京奥运会使用速食食品所体现出的便捷性也加速了预制食材在B端市场的推广。

在此期间，日本政府大力发展并支持制冷技术、冷藏设备的研发制造及冷链建设，也为预制食材的发展奠定了基础。

1965 年，日本电冰箱普及率超过 50%，也为家庭保存速冻食品提供了便利性。

2. 成长期

20 世纪 60 年代至 90 年代：城镇化率提高、餐饮连锁化率提升、女性开始外出就业，进一步推动外出就餐比例的提高，推动行业持续增长。

20 世纪 70 年代，伴随着肯德基、麦当劳等国际化连锁餐饮品牌进入日本市场并不断扩张，带动了标准化预制食材的需求持续增加。

20 世纪 80 年代至 90 年代初，日本餐饮连锁化率持续升高，但房租、人工成本也明显提升，为降本增效，B 端使用预制食材的需求持续增长。

在 C 端，电冰箱和微波炉的高普及率也为预制食材在 C 端市场的发展奠定了基础，公开数据显示，1975 年日本电冰箱普及率达 96%，1990 年日本微波炉普及率达 70%。

3. 成熟期

20 世纪 90 年代到 21 世纪前 10 年：在此期间日本经济增长停滞，居民消费追求极致性价比，外出就餐需求减少，餐饮行业增长停滞，导致预制食材的 B 端需求增长停滞。

4. 恢复期

2010 年至今，日本进入老龄化社会，平均家庭成员人数减少，单身人士在家庭烹饪时更加追求快捷和便利性，使得预制食材在 C 端的需求开始增长，并逐渐超越 B 端成为日本预制食材消费的主要渠道。

二、日本预制食材行业龙头企业

1. 日冷集团

日冷集团成立于 1942 年，从 20 世纪 50 年代就开始布局预制食材产业，历经 70 多年的发展，日冷形成了以炒饭、肉饼等深加工产品为主的产品线，推出了米饭类、中餐类、鸡肉类等多款预制食品。目前，日冷的爆款单品为 2001 年推出的“本格炒饭”，该单品连续 20 年蝉联日本速冻食品市场单品销售额的第一名。

起初，日冷主要面向 B 端餐饮提供速冻食品，且不同渠道产品线也不尽相同，如，针对便利店主推性价比较高的鸡肉制品、水产品，对于餐饮渠道提供调理包产品和菜肴类产品，如汉堡、意面等，对于酒店客户提供定制化服务、开发中高端产品。随着日本预制食材 C 端需求的不断增加和产业的日趋成熟，日冷集团布局 C 端赛道，开发了一系列 C 端产品，如 1992 年推出的微波炉烹饪产品。

日冷非常注重产品的研发和品质改良，2016—2021 年其研发费用复合增速为 8.5%，2021 年研发费用占比为 7.3%，两项指标均位于同行前列。以"本格炒饭"为例，自 2001 年推出后，日冷通过增加蛋液含量和烤猪肉分量、升级炒制方法等手段不断进行改良，使得其产品的味型还原度极高，颇受 B 端、C 端用户追捧，成为明星大单品。

2. 神户物产

神户物产成立于 1985 年，主要出售速冻食品和半成品，其品类数目约 5300 个，德国香肠、水羊羹、冷冻乌冬面等产品是神户物产的拳头产品。

神户物产成立初期主要面向餐饮店、零售商等 B 端客户提供预制食材产品。神户物产通过业务超市出售大规格的预制食材商品。业务超市是日本一种特殊的超市，主要以销售食品为主，起初只面向餐饮或食堂提供大包装规格的产品，后来逐渐向个人开放。神户物产的预制食材产品价格比其他商超便宜 20%左右，高性价比为神户物产在 B 端渠道确立了竞争优势。在 C 端，神户物产打造出一系列"妈妈味道的食品"，主攻家庭主妇这一群体，颇受该群体青睐。

神户物产以业务超市为核心，逐渐向上游延伸，构建了原材料供应、生产加工以及最终销售环节的产供销一体化模式。根据神户物产披露的数据，截至 2022 年第三季度，其拥有门店数量 1007 家、日本境内加工厂 23 家、海外合作工厂 350 多家。同时，神户物产自建冷链物流，保证了产品在运输配送过程中的品控和时效性。

三、日本预制食材发展的启示

通过梳理日本预制食材发展历史，结合对日本预制食材龙头企业的分析，我们希望能够从中挖掘出对中国预制食材发展的有益启示。

1. 冷链技术和设施的完善是基础

预制食材受其产品形态的影响，大多数情况下需要使用冷链仓储和运配，进而对冷链基础设施的完善性要求极高。我们可以看到，日本预制食材行业高速发展在二十世纪七八十年代，冷链技术和基础设施建设完善主要是在二十世纪六十年代，技术和基础设施先行。我国目前商用和家庭用冰箱、冷柜的普及率已经非常高，冷链设施建设逐步完善，但我国冷链基础设施主要集中在东部发达地区和一二线城市，欠发达地区和三四线城市、乡镇冷链设施薄弱，一旦城市需求饱和，预制食材渠道下沉是必然趋势，那么下沉市场设施的薄弱及其带来的高昂成本将会成为预制食材全面发展的一个限制因素。

2. 应加大产品研发的技术创新与投入，打造爆款产品

日本预制食材企业在产品研发和改良上的投入规模较大，通过不断的投入优化产品口感、提升复热后的味道，打造可持续的爆款产品。而我国预制食材企业以中小企业为主，研发实力和资金实力使其无法投入较多的资源进行产品研发和技术创新，只能模仿、跟风市场的已有产品。即使是大型的预制食材企业，如安井、千味央厨、味知香等，其研发投入占比也较低。我国饮食文化源远流长、制作工艺纷繁复杂，相较于日式菜肴，制作出还原度更高的预制食材产品势必要投入更多的时间、精力。

3. 始于 B 端，B、C（端）并进是预制食材渠道发展的大势

我国和日本的预制食材最初都是供应 B 端，为了解决 B 端的成本、效率问题，但从日本预制食材发展的历程来看，随着 B 端需求的饱和，C 端是很好的扩容渠道，也是趋势。但我国发展 C 端预制食材的难度相对要高。首先，我国的 C 端消费者教育还要经历漫长的时期。目前大部分消费者对预制食材的认知还不够全面，容易以偏概全地认为预制食材就是“科技与狠活”、是不安全、不营养的。其次，我国国土面积广阔，下沉市场人口占比较大，从一二线城市向三四线城市扩张的过程也会受到基础设施尚不完善的制约。最后，行业缺乏国家标准、行业标准，鱼龙混杂，部分产品质量无法得到有效保障，极大地削弱了普通消费者的信任，制约了行业在 C 端的发展。

4. 在行业集中度提升的过程中，应注重打造柔性、高效的供应链

从日冷和神户物产发展的轨迹中可以看出，在预制食材领域的两大龙头都极为注重对其供应链能力的打造，都形成了产供销运一体化的供应链体系，柔性、高效的供应链能够让企业在竞争中具备稳定的、有品质保障的产品供应。我国预制食材头部企业已经意识到供应链对企业竞争的助力作用，积极推动种养殖、加工、销售一体化，但对于仓储和运输配送环节自建的比例较低，大多还是选择和社会化物流企业合作。无论是受限于目前发展的限制还是出于企业的发展战略制定，如果企业选择通过整合社会资源来完成供应链的打造和建设，要选择资质齐全、可靠、信誉良好的供应商形成长期稳定的合作，建立主备选供应商机制，避免主选承运商异常供应链使稳定性受到破坏；要建立供应商退出、备选启动机制，加强对于供应商的管理和监督。同时，企业要加强对供应链风险的评估和管理，建立完善的供应链风险管理机制。

第五节　预制食材行业发展的挑战与趋势

一、预制食材发展面临的挑战

（一）普通消费者对预制食材认知不全，影响预制食材在餐饮渠道的渗透及在C端的推广普及

由于预制食材范畴较广、定义不明确，消费者对预制食材存在一些认知上的偏差，认为预制食材就是动辄保质期1年、添加了大量“科技与狠活”的产品，这个认知是片面的，加之部分媒体，尤其是自媒体为了引流经常进行一些以偏概全的信息传播，造成消费者的心理恐慌，这对整个预制食材行业的发展是极为不利的。

在B端适当地应用预制食材对餐饮企业的效率、安全都是有好处的，大部分餐饮企业在食材采购时主要采用地采的方式，对于农残的检测手段缺乏，依靠人工对食材进行预处理，不仅耗时、耗力，卫生和安全也较难得到保证，使用工业化的方式对食材进行预处理反而更加安全、高效。而部分餐饮从业者为了吸引眼球也打出“拒绝预制食材”的口号，又进一步加深了消费者对预制食材的“歧视”。

（二）预制食材工艺技术有待提升

一方面，预制食材的加工技术短时间内难以完全复刻传统的美食口味。中国的传统美食文化博大精深，光烹饪技法就有煎、炸、烹、煮、炒、烧、焖等20多种手法，常用香料20多种，加之火候的影响，目前的技术很难做到100%口味复原。同时，对于即热型预制食材，在加工储藏过程中风味强度会衰减，经过冷藏/冷冻再重新复热后又会产生一种“剩菜味”，鸡肉类产品尤其如此，对于消费者的接受度有较大影响。最大限度地还原菜肴本身的味道，并克服风味的失真、避免酸腐味道是加工技术需要提升的方向。

另一方面，不同于餐饮菜品的“现炒”，预制食材的便捷性归功于生产加工的前置，从运输到简单处理的时间跨度较长，并涉及温控、存储等环节，预制食材的食品安全要求更加严格，食材原料的供应，成熟加工、包装技术的运用，以及对高标准品质工艺的把控等要求更高。此外预制食材市场还处于起步阶段，消费者普遍认为预制食材工业化水平不高，品质质量难以保证。

（三）缺乏规范性引领性的行业标准

作为食材热门领域，预制食材产业却没有引领性的国家标准和行业标准，各地按当地食品加工的标准来衡量，导致规范准入条件不统一，对预制食材原材料、加工工艺、包装标识、储存冷链运输以及微生物、添加剂、农药残留指标等规定边界不清，调研结果也显示消费者对预制食材安全的不放心。缺少标准难以推动预制食材行业健康有序发展。

（四）标准化与差异化的矛盾

众口难调的需求促进相关企业打造产品差异化，同时又在强调的是规模化、标准化。预制食材是标准化、批量化生产的成品或半成品，受原材料、工艺、储运等条件限制，产品细分要求同质化明显。但品种丰富、口味多样是中餐的优势，也是消费者的需求。满足不同消费者的需求与开发产品形成矛盾，不少中小型预制食材加工企业出现了盲目跟风、产品效仿，导致无法突出自身优势和品牌优势。

（五）预制食材从B端供应走向C端消费路径不清晰

预制食材市场规模在B端与C端的比例大概是8：2。虽然B端和C端两大市场都处在高速成长期，但B端的餐饮渠道占大头。疫情期间，餐饮行业受到严重的冲击，消费者在C端消费占比逐步升高。

预制食材产品作为C端零售产品时，更重要的是具备可选择和售后服务的软性竞争力。预制食材产品作为B端餐饮产品时，更注重产品、流量以及前端供应链硬实力。B端和C端的渠道和需求都不同，对于预制食材企业拓展业务有着极大的挑战。

二、预制食材发展的趋势

（一）标签清洁化

这一趋势主要针对的是即热和即烹产品。如同上文中提到的，很多普通消费者将预制食材与“科技与狠活”画上等号，这是限制预制食材在C端发展的主要障碍。加之最近预制食材进校园的争议越来越大，预制食材被推上风口浪尖，遭到许多消费者的抵制。破解这个问题当然有行业标准的制定、监管的加强等多种手段，对于预制食材本身，标签清洁化和减量添加不失为一种手段。其实，为了满足消费者对于健康的需求，已经有企业开始意识到清洁标签的重要性并开始行动起来，更少的添加剂、更短的配料表、自然提取的添加剂等都是清洁标签尝试的方向，伴随着更精准的温度控制、更先进的杀菌工艺，预制食材标签清洁化趋势将越发明显。

（二）行业集中度将逐渐提高，一大批中小企业将被淘汰

我国预制食材行业集中度较低，行业小、散、乱现象依然比较严重，但随着行业发展愈加规范、行业监管愈加严格，小企业难以符合行业发展的要求，行业资源逐渐向头部集中，同时漫长的消费者教育和市场教育周期也会使得一部分中小企业难以长时间地持续参与竞争。而巨大的市场空间需要被满足，那么大企业凭借雄厚的研发实力、资金实力、完善高效的供应链必将愈发壮大。大鱼吃小鱼、企业兼并将是大势所趋，最终在不同的细分赛道必将出现几家龙头性企业，行业集中度将逐渐提升。

（三）消费者教育和市场教育周期将比日本、美国等国家要漫长

目前我国预制食材行业消费者教育尚不成熟。我国餐饮文化源远流长，普通消费者对于厨师技艺的信赖是非常强烈的，认为一个好厨师是一道菜肴的灵魂所在，较难接受工业化的菜肴。同时，预制食材赛道过热、各行各业资本进入、玩家众多，企业攻城略地的步子迈得过大过急，而产品的品质又无法得到保证，使得消费者出现一定的抵触心理。消费者对预制食材的偏见较难在短期内扭转，只有苦下内功，通过扎实的产品和健康安全的品质保障，逐渐扭转消费者认知，徐徐图之才是上策。

（四）企业将更加注重品牌建设

目前预制食材行业是不缺乏叫得响亮的产品的，如小龙虾、酸菜鱼、佛跳墙等等，但是叫得上名字的品牌不多。在产品同质化比较严重的情况下，如何提升自身产品的品质是目前发展的重点，但未来产品竞争势必要向品牌竞争转变。加强品牌建设、提高品牌影响力，解决消费者只认产品不认品牌的问题是企业的发展方向。但是，品牌建设和竞争的基础是扎实的产品，搞品牌建设不能只注重营销，而是要在拥有好产品的基础上讲好品牌故事。

（五）行业将更加标准化、规范化，监管也会日趋严格

任何行业要健康、良性地发展离不开标准体系的建立健全和严格的行业监管，预制食材行业也是如此。目前预制食材行业尚无公认的权威的定义、范围，标准方面也无国家标准和行业标准，只有部分团体标准和地方标准，企业在实际的生产经营过程中也缺乏明确的依据。同时，行业监管力度不足，鱼龙混杂，影响正常发展。“预制食材进校园”事件也是一个很好的契机，触动行业加快标准建设、加强行业监管，规范行业发展。

第五章
食材细分题材及企业展示

本章共分为四节，结合 2022 年食材供应链行业热点抓取了三个方向，分别是清洁低碳题材、牛肉题材、爆品预制菜牛蛙题材。第一节主要内容是分析我国食材供应链清洁低碳发展情况，第二节主要内容是分析我国牛肉供应链发展情况，第三节主要内容是分析我国牛蛙供应链市场情况及打造下一个预制菜爆品因素分析，第四节为食材供应链企业展示，对食材供应链行业的发展现状及未来趋势做出分析判断。

第一节　我国食材供应链清洁低碳发展情况

清洁低碳发展是目前我国社会经济发展的重要议题之一，我国自 1997 年加入《联合国气候变化公约》以来，一直致力于平衡经济发展与环境保护之间的关系。自 2011 年开始探索出一套以政策为引导、市场调节为机制、金融机构为监管的政策体系，于 2020 年 9 月正式提出“3060 双碳目标”，并于 2021 年提出“共同构建地球生命共同体”。中国清洁减碳发展可以总结为四个阶段：

探索期（2007—2009）：中国在加入《联合国气候变化框架公约》后开始以附件二国家参与 CDM（清洁发展机制）交易并尝试节能减排技术点落地。

试点期（2010—2018）：在此期间，我国陆续在 8 个城市开通碳交易试点，通过市场调节手段促进清洁能源技术推广，以及通过控排企业配额管理调整能源结构；

建设期（2019—2021）：中国在宣布 3060 双碳目标后，密集推出相关政策，全国温室气体自愿减排交易中心的启动也开启了双碳目标实质性的进展。

履约期（2022 至今）：我国将陆续纳入高排放行业进行配额管控，同时提出了由能耗双控向碳排放总量和强度“双控”的目标。

在全球气候变化形势异常严峻的大背景下，随着我国政府对碳排放监管力度的加强，低碳转型成为各行各业发展的重要议题，食材供应链行业亦不例外。碳足迹涉及食材生产、加工、流通、消费、物流等各个环节，碳减排责任重大。

一、我国食材供应链清洁低碳发展现状

（一）食材供应链企业清洁低碳意识逐渐觉醒

随着我国政府对低碳转型的大力倡导和相关政策的引导，食材供应链企业的清洁低碳意识逐渐觉醒，相当一部分企业开始或正在进行低碳转型的探索和实践，可再生农业、绿色生产、绿色包装、绿色仓储、绿色运输、零碳园区等概念如雨后春笋般出现。在这中间可以明显发现，各细分行业的头部企业起着引领性的作用。一方面是因为头部企业意识更加超前，大企业的社会责任感和担当更加强烈；另一方面清洁低碳转型目前的投入成本较高，大企业的资金实力更强，更有能力作为探路者的角色带领行业走出适合的低碳发展之路。

（二）冷链物流环节是主要的碳排放源

生鲜食材和冷冻食材的流通离不开冷链物流，冷链物流环节中的冷库、冷藏车是主要的碳排放源。中物联食材供应链分会梳理了目前我国冷库和冷藏车在节能环保方面的现状，发现还有较大的提升空间。

1. 节能冷库发展现状

冷库作为冷链物流的基础设施，对平衡市场波峰波谷、调节食材流通、减少食材损耗，以及推动上下游乃至整个产业链清洁、低碳、高效发展有着举足轻重的作用。冷库中最为特殊和主要的便是制冷设备，其既影响冷库总体成本也影响低碳目标的实现。

我国节能环保型冷库的发展有待提升。2022 年，国外冷库行业发展领先的国家主要有日本、美国、芬兰、加拿大等，这些国家节能环保型冷库占比较高，我国节能环保型冷库占比不高，与国外发达国家有一定差距，如图 5-1 所示。

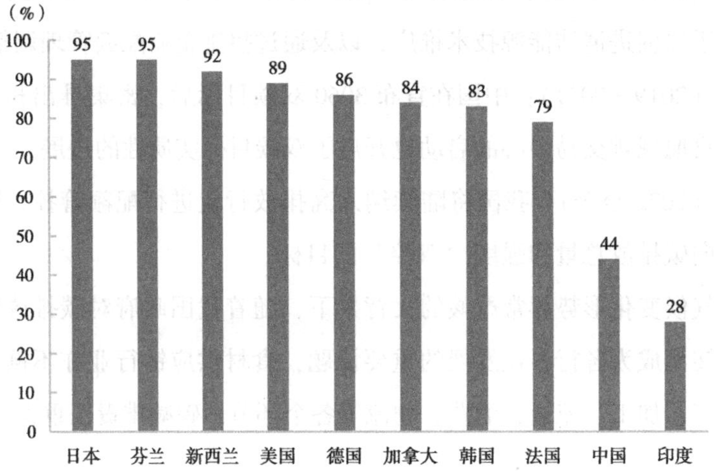

图 5-1　部分国家存储食材的节能环保型冷库占比

数据来源：中物联食材供应链分会绘制。

注：节能环保型冷库一般使用第三代及以上新型制冷剂。

根据实际调研并整理，节能环保型冷库与使用的制冷剂型号、保温材料、能源类型、照明、库体材料、管道布设的安全性和密封性有关。以 R507a 制冷剂为例，经预估，对于使用 R507a 的冷库而言，制冷剂的碳排放量可达冷库整体碳排放量的 50%左右，可见，制冷剂的选择是影响冷库低碳环保的一个重要因素。另外，能源类型也是影响冷库低碳发展的另一个主要因素。我国节能环保型冷库使用的清洁能源主要是太阳能、储能等可再生能源。此外，库内照明也会影响碳排放量。冷库的照明系统能耗远高于常温库，冷库照明系统通过节能改造，以1万~2万平方米的冷库为例，耗电量可节约30%左右，对于节能减排起到非常明显的改善效果。

当前我国节能环保冷库的实践以提升能效、节能省电为主，环保型制冷剂应用比例还有进一步提升的空间。

2. 新能源冷藏车发展现状

生鲜产业持续发展带动冷链物流高速发展，冷藏车随之快速发展。而新能源冷藏车相较传统燃料冷藏车对环境更加友好，我国各级政府也出台各种政策推动新能源货运车辆的发展。例如，国务院办公厅印发的《新能源汽车产业发展规划（2021—2035年）》规定，新增或更新公交、出租、物流配送等车辆中新能源汽车比例不低于80%。深圳、杭州、上海、郑州、北京等地放宽新能源货运车辆的市内通行条件，拥有更高的道路行驶权。在政策的加持下，新能源冷藏车的发展前景将会愈加宽广。

数据显示，2022年我国新能源冷藏车市场需求相比2021年有所上升，随着新能源冷藏车技术的发展和充电桩、换电站、加氢站等基础配套设施的建设，新能源冷藏车将迎来良好的发展机遇。

目前，应用于冷藏车制冷系统的制冷剂主要还是以三代氟利昂为主，新型环保制冷剂，如二氧化碳，使用比例较低，未来有较大的发展空间。

（三）清洁能源的使用是食材供应链低碳转型的有益尝试

中物联食材供应链分会通过梳理目前行业内头部企业在清洁低碳方面的实践案例，并对行业内企业进行调研发现，清洁能源是目前应用较广泛的减排措施之一。

清洁能源是绿色能源，是不排放污染物、对环境友好的能源，主要是指可再生的能源，如风能、太阳能、氢能、地热能、生物能等。目前风能、太阳能、氢能应用较为普遍，其中行业内风能、太阳能发电主要应用于冷库，氢能源主要应用于运输车辆。

政府也在积极推动清洁能源在行业内的应用。2022年12月15日，国务院办公厅印发《“十四五”现代物流发展规划》（以下简称《规划》）。《规划》提出，在运输、仓储、配送等环节积极扩大电力、氢能、天然气、先进生物液体燃料等新能源、清洁能源应用。加快建立天然气、氢能等清洁能源供应和加注体系。

加强货运车辆适用的充电桩、加氢站及内河船舶适用的岸电设施、液化天然气（LNG）加注站等配套布局建设，加快新能源、符合国六排放标准等货运车辆在现代物流特别是城市配送领域应用，促进新能源叉车在仓储领域应用。继续加大柴油货车污染治理力度，持续推进运输结构调整，提高铁路、水路运输比重。

食材供应链相关企业在清洁能源的应用上也做出了积极、有益的探索和尝试。

【案例】

丰树物流屋顶分布式光伏助力碳减排

作为一家致力于可持续发展的全球地产开发、投资、资本和物业管理公司，丰树的ESG（环境、社会、公司治理）目标是“到2050年实现净零排放”，包括实现所有建造资产全生命周期脱碳。

为了实现这一目标，丰树物流园区通过安装更多的屋顶光伏发电设备、使用环保的建筑材料、采用LED灯具、增设雨水回收利用系统、提升园区绿化率和安装绿化微喷灌系统等，促进清洁能源使用、固碳增汇和减少碳排放。

截至2023年3月31日，丰树位于中国8个物流项目的屋顶分布式光伏总装机容量超过20兆峰瓦，实现了并网发电。这8个项目分别位于上海、湖南株洲、宁夏银川、辽宁盘锦、安徽巢湖、福建漳州、浙江余姚和慈溪，屋顶光伏总覆盖面积约15万平方米，预计年发电量将达2000万度，相当于减少碳排放12000吨。

其中，位于福建省漳州市的丰树漳州现代物流园项目于2023年3月同时达成了分布式光伏并网以及获取LEED v4.1 O+M：既有建筑金级认证。

此外，依照丰树的可持续发展战略，包括可持续开发和可持续运营，除分布式光伏外，丰树漳州现代物流园亦实施和落地了一系列可持续举措，以打造现代化的绿色物流园区，如：综合实施应用建筑节能、LED照明、高效通风设备，提升整体节能水平；增设新风系统改善室内空气品质；同时在室内和室外应用高效节水器具和节水措施；制定并实施废弃物回收管理策略；制定并实施绿色采购、绿色清洁和环境控烟等策略。

丰树通过分布式光伏的投入和绿色建筑认证工作的推进积极探索未来的绿色租赁及运营，满足园区内客户不断增长的对绿色电力需求，助力实现可持续目标及碳中和愿景。

二、我国食材供应链清洁低碳发展存在的问题

（一）食材损耗严重，助推食材供应链碳排增加

根据农业农村部食物与营养发展研究所的数据，每年我国蔬菜、水果、水产品、粮食、肉类、奶类、蛋类七大类食材按重量加权，平均损耗和浪费率合计22.7%，约4.6亿吨，其中生产流通环节食物损耗3亿吨。而发达国家生鲜食材总体损耗率不到5%。从各品类食材看，我国奶制品损耗率与发达国家水平相近，相差仅为1%左右；

规模以上企业的蛋类损耗率偏高，主要是因为在实际流通过程中搬运、存储、运输过程中的物理性损耗较大；水产品及肉类流通损耗率分别约为15%和12%，损耗率平均为发达国家的2~3倍；而我国果蔬流通损耗率最高，约为25%，如图5-2所示。

大量的食材损耗会造成间接的碳排放。原因在于各品类食材在生产、加工、流通、仓储、运输、包装等各个环节都会消耗资源、产生碳排放，而一旦食材被损耗掉，这些资源消耗就是无效的，便产生了无谓的碳排放。如果能够降低损耗、减少食材浪费，也是间接地减少了碳排放。

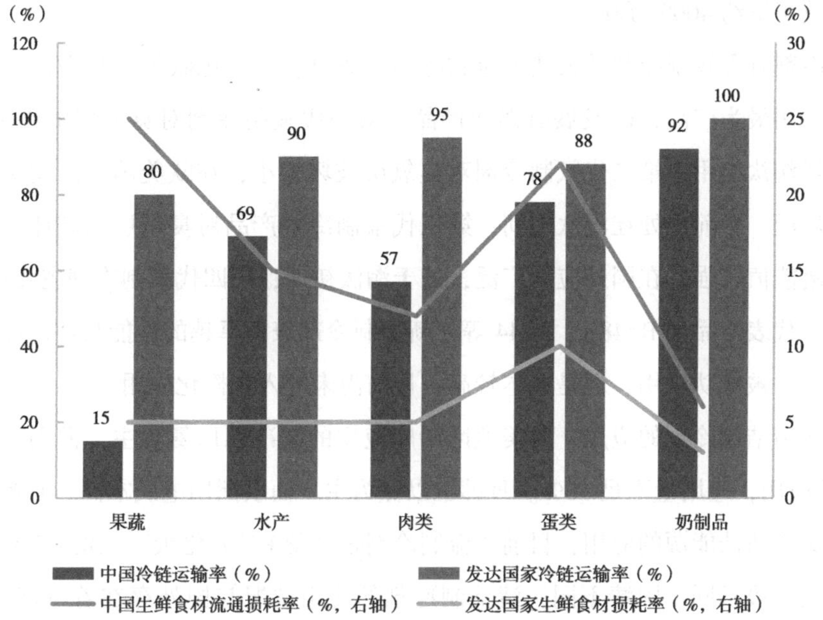

图5-2　2022年各品类食材冷链运输率及冷链运输中的食材损耗率

数据来源：国家统计局、海关总署、中国物流与采购联合会。

（二）冷链环节冷藏车等相关技术有待进一步提升

目前冷藏车生产企业仍普遍采用20世纪90年代引进的德国湿式制法和意大利干式制法，工艺水平改进效果不明显，制冷方式单一，在新结构、新材料、通风、悬挂、物品固定装置、质量水平等方面还存在明显的差距。对材料类型、用量组成、布置方式与制冷系统匹配性不重视，导致无法准确控制厢内温度均匀性。高顶双卧冷藏车安装进口独立冷机需要后移，或者割顶，增加质量问题。冷藏车制造商还需加强设备和技术的自主创新能力，加大对新型制冷技术的开发和应用，并升级设备材料、优化整车结构，提升冷藏车的制冷质量和运输效率，进一步降低生鲜食材损耗率。

（三）冷链环节清洁制冷剂的普及率有待提高

对于冷链环节，无论是仓储中的速冻设备、冷库设备，还是运输过程中的冷藏车、冷藏集装箱，均涉及冷凝器、储冰箱、压缩机、制冷剂等领域，因此推动这些领域设备制造商加大对节能环保制冷设备和新型制冷剂的研发投入和实现量产，有利于降低整个冷链行业的绿色转型成本，这也是目前上游制冷设备生产者的重点发展方向。其中，制冷剂的选择对碳排放有着很大影响，如氟利昂制冷剂不仅消耗臭氧层，同时还具有高全球变暖潜能值（GWP），在制冷系统运行过程中易泄漏。根据权威机构测算数据，以1.5亿吨冷库容量作为测算基础，全部采用第三代氟利昂R507A的制冷系统与全部采用氨/二氧化碳复合的制冷系统相比，每年将增加二氧化碳排放当量约4000万吨。

制冷剂有含氟制冷剂及天然工质制冷剂，如氨、二氧化碳等，其中，含氟制冷剂目前应用最为广泛，已发展有四代产品。第一代氟制冷剂对臭氧层的破坏最大，全球已经淘汰使用；第二代氟制冷剂对臭氧层破坏较小，在欧美国家已淘汰，在我国应用广泛，目前也处在淘汰期间；第三代氟制冷剂产品对臭氧层无破坏，但是全球变暖潜能值较强，在国外应用广泛，处于淘汰初期；第四代氟制冷剂主要指HFOs制冷剂，代表产品如R448A、R744等，新型制冷剂兼备卓越的性能与环保性，受到广泛关注并被成功应用，但是成本较高，目前尚未进入规模化应用。

对于清洁制冷剂的应用，北美地区冷库应用的制冷剂以氨为主，但仍有少部分R507的应用，应用量不足10%。日韩也以氨为主。而欧洲用电成本高、政策管控严格，更关注清洁能源的应用，目前主流制冷剂是“氨+二氧化碳”。我国与欧美国家冷链发展阶段不同、国情不同，清洁制冷剂的使用情况与国外存在着一定的差异，清洁制冷剂的普及率有待提高。

截至2023年，我国应用最为广泛的氟制冷剂品种是第二代氟制冷剂HCFCs类，如R22，但受到供给配额的影响，二代制冷剂将会逐渐退出市场。第三代氢氟烃不会对臭氧层产生影响，已逐步取代了第二代制冷剂成为市场主流产品，产量正在快速增长。第三代产品具有较强的温室效应且产量扩张已进入尾声，未来被第四代产品取代只是时间问题。

在实际应用层面，经中物联食材供应链分会调研整理，目前国内冷库应用的制冷主要有R22、R507a、氨、二氧化碳等，冷藏车常用的制冷剂主要有R404a等，会有少部分二氧化碳。新型氟利昂泄漏风险较大，温室效应GWP较高，能耗相对较高。氨的能效比较高，但由于氨责任事故的发生导致我国氨制冷剂在冷链行业的使用上出现边缘化趋势，目前使用量不足10%。二氧化碳制冷剂环境友好，但成本相对较高，使用新型环保制冷剂的冷库建设周期较长。

如何平衡经济性和环保性是一个需要持续推动解决的问题，但整体趋势仍然是向零臭氧消耗潜势和低全球变暖潜能值发展。

三、我国食材供应链清洁低碳发展趋势

（一）低碳转型将形成头部企业引领、中腰部跟随的趋势

对企业来说，低碳转型的成本相对较高，需要投入大量资金，部分项目投资回收周期长，对于企业来说是不小的经济负担。首先，低碳转型需要进行各种技术的改造、设备设施的改造，改造的成本相对较高，即使是新建的设施，如果是按照绿色的标准建造也会产生大量的资金投入；其次，清洁制冷剂，尤其是四代氟利昂产品价格极高，替换成本高，不适合工业上的大批量投入使用；最后，使用绿电交易的电价也会高于普通电价。

但从长远来看，低碳转型也会倒逼企业提高生产经营效率，提高企业竞争力。另外，当减碳形成规模效应时，还能为企业创造额外的价值，如铺设光伏的企业可以将多余的电力并入国家电网进行售卖，有碳积分的企业还可以在碳交易市场卖碳。

头部企业起到引领作用，头部企业具有较强的社会责任感和环保意识，同时，资金实力较为雄厚，具备率先转型的条件。这一点从目前食材供应链企业的转型实践中也有明显表现，诸如伊利、蒙牛、雪川、麦当劳、麦德龙、顺丰、京东等企业已纷纷加入转型队列，其中部分企业已经制定了企业的双碳目标，未来随着头部企业的示范效应越来越强，将会有越来越多的中腰部企业加入进来。中腰部企业可先尝试从其中的一个切口进入，走以点带面的路子，逐步拓宽企业的低碳转型之路。

（二）冷链环节清洁冷媒的迭代是大势所趋

制冷剂的清洁低碳、安全高效应用对冷链行业的可持续发展起到至关重要的作用，同时能够有效降低冷库能耗，降本增效。随着我国冷链物流行业的高质量发展，低碳环保的新型制冷剂未来将成为市场主流。我国食材冷链环节氟制冷剂使用呈现出二代逐渐淘汰、三代已成主流、四代蓄势待发的局面。

根据国际公约的规定，我国二代制冷剂作为非原料的产量和消费量已于2013年被冻结，从2015年开始配额削减，2020年削减35%，2025年削减67.5%，2030年削减97.5%，至2040年以后将完全淘汰。三代制冷剂将从2024年开始冻结，从2029年开始配额削减，2035年削减35%，2040年削减50%，2040年削减80%。我国目前正处于二代淘汰期、三代替换期、四代发展初期，随着二代和三代含氟制冷剂逐渐退出历史舞台，四代含氟制冷剂和天然工质制冷剂备受推崇，成为主流只是时间问题。

虽然我国制冷剂迭代方向是明确的，但过程中也面临着一些问题。

一是安全问题，天然工质制冷剂具有易燃、有毒或超高制冷循环压力等局限，这些问题制约了其在行业内的应用。以制冷剂氨为例，经中物联食材供应链分会不完全统计，从2009年至今，我国冷库氨泄漏或爆炸等安全事故一百多起，给人民的生命财产安全造成了重大损失。我国部分冷库制冷设备部件老化、质量不符合安全管理要求、人员安全意识薄弱、企业安全管理规范缺失等是造成冷库安全事故的主要因素。安全事故频发也阻碍了氨的广泛应用。

二是成本问题。对于冷库、冷藏车、冷柜等制冷剂应用，四代制冷剂的价格要远远高于二代和三代制冷剂，从经济效益层面，企业替换意愿不强烈。

三是技术问题。技术问题表现在几个方面，一是四代制冷剂的技术专利掌握在国外厂商手中，本土企业仅为代工，在技术上仍需突破；二是不同制冷剂排气压力、排气温度、沸点/临界温度等不同对设备、部件的设计带来挑战，相关技术需要升级。

对于制冷剂的应用企业来说，制冷剂迭代需要头部企业起到引领作用，头部企业具有较强的社会责任感和环保意识，同时，资金实力较为雄厚，具备率先应用转型的条件。根据国家低碳环保、绿色可持续发展的总方针，规模及规模以上企业将率先完成三代制冷剂普及而后带动其他企业。

据中物联食材供应链分会预测，在2025年前，三代及以上制冷剂普及率可达40%~45%，在2025—2030年，剩余的规模以下企业需要完成三代及以上制冷剂的普及，同时有约30%的头部企业制冷剂使用向第四代转型。

同时，对于制冷剂生产企业，尤其是本土企业应当积极推动技术研发、突破国外企业的技术封锁，积极推进四代制冷剂成本的逐步降低，减少企业的替代成本。

（三）ESG人才将是就业热门

随着我国政府双碳目标的制定和提出，各部门相继出台相关政策及文件要求企业践行ESG理念。ESG是指环境、社会和公司治理，与企业的清洁低碳可持续发展密切相关。国家对企业ESG信息的监管和披露要求以及投资者对企业ESG表现的重视，促使企业对ESG治理愈加重视，对ESG相关人才的需求进一步提升。

ESG从业者的核心工作是根据企业在环境、社会、公司治理等领域的发展要求，帮助企业提升品牌形象、提高企业的社会价值和市场价值。一般来说，ESG相关工作内容包括ESG研究，即研究ESG相关政策和趋势；ESG汇报，即编制企业ESG/可持续发展报告；ESG评级，即根据不同标准和方法学对企业进行评级；ESG战略，即帮助企业制定ESG战略和行动规划。

根据猎聘大数据显示，近一年（2022 年 5 月—2023 年 4 月）ESG 新发职位（人才需求）同比上一年（2021 年 5 月—2022 年 4 月）增长了 64.46%。近一年，ESG 招聘平均年薪为 31.49 万元，比上一年的 28.22 万元增长了 11.58%。

在食材供应链体系中已经有相当一部分企业进行了 ESG 报告的披露，如上中游的蒙牛、伊利、益海嘉里等，下游的麦德龙、麦当劳，物流企业顺丰、京东等。虽然目前对于 ESG 报告的披露主要集中在行业头部企业，但随着双碳目标的推进，当行业内越来越多的企业加入低碳转型的队伍中，企业对 ESG 人才的需求将会越来越多，ESG 人才的就业前景也会越加广阔。

第二节　我国牛肉供应链发展情况

一、牛肉供应链概述

（一）牛肉供应链结构

根据中物联食材供应链分会梳理、绘制我国牛肉食材供应链结构图，如图 5-3 所示。

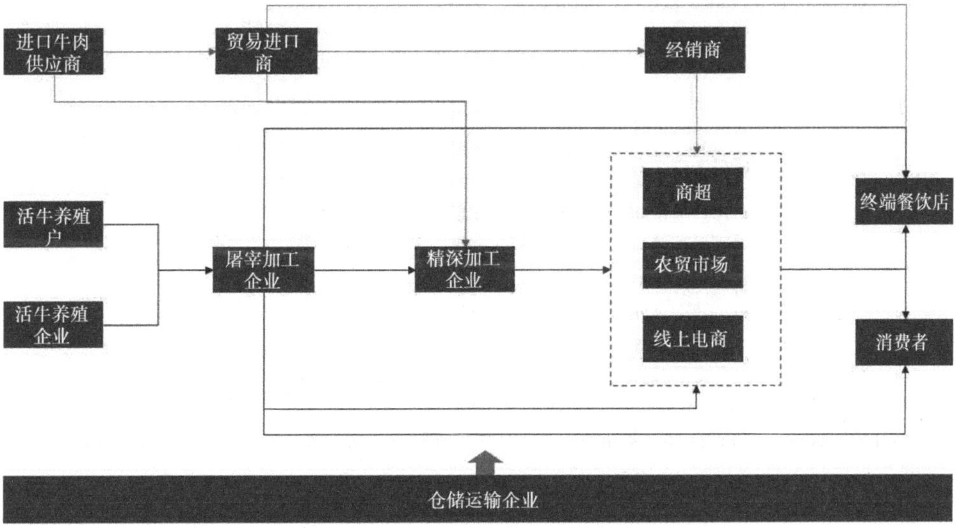

图 5-3　牛肉食材供应链示意图

数据来源：中物联食材供应链分会《牛肉供应链行研分析》。

1. 养殖

我国活牛的养殖以散户为主，养殖企业比例较低，规模化养殖有待提升。我国活牛养殖成本高，以肉牛为例，根据农业农村部的统计数据，2020 年我国每头肉牛的平均养殖成本是 16185 元，如果按出栏活牛平均重量 650 千克测算，肉牛一千克的养殖成本在 24. 9 元，高于国外水平，如巴西。上游的养殖户受牛肉价格变动的影响又是非常大的，当牛肉价格下跌时，受损失最大的是养殖端。

2. 屠宰加工

我国活牛屠宰加工企业主要由中大型企业和小规模屠宰场或屠宰点两部分组成，大型屠宰企业如内蒙古科尔沁肉业、长春皓月、恒都牛肉、伊赛牛肉等。

3. 流通

进口牛肉主要走 B 端渠道，如加工厂、经销商、餐饮渠道等，而我国活牛屠宰后大部分在本地区内流入农批或农贸市场进行销售，部分流入加工工厂，少部分高端部位流入餐饮企业。虽然进口牛肉和国产牛肉主要流通渠道不同，但最终会殊途同归，在消费端汇合，任何一个环节的剧烈变化都会影响上下游的其他环节，最终影响我国整体牛肉食材供应链的发展。

4. 消费

随着我国居民生活水平的提升，对牛肉的消费需求日益增长，我国逐步跃身为世界牛肉消费大国之一，年度消费总量仅次于美国。我国人均牛肉消费量（见图 5-4）的递增也助推了我国牛肉产业的快速发展。

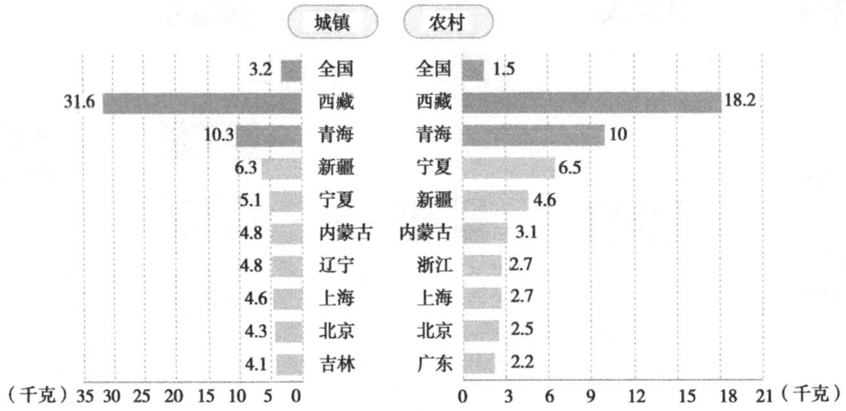

图 5-4 2021 年各省人均牛肉消费量

数据来源：农业农村部全国重点农产品市场信息平台。

（二）活牛分类

按照活牛的用途，我国活牛一般分为役用牛、奶牛、肉牛和兼用型，现在随着机械化技术的提升和应用，役用牛的比例越来越低。而随着牛肉营养价值被消费者肯定，牛肉的价格水涨船高，肉牛的养殖比例越来越高，目前已经占据我国活牛存栏量的绝大部分，如表 5-1 所示。

表 5-1　我国活牛分类表

分类	用途	品种
役用牛	一般指用来犁地、拉载重物的牛	水牛、黄牛
乳用牛	用于产牛乳的牛	荷斯坦牛（荷兰牛与黄牛杂交的品种）、水牛
肉用牛	用于生产牛肉的牛	西门塔尔牛、利木赞牛、夏洛莱牛、云岭牛、夏南牛 我国传统的黄牛品种，如延边牛、秦川牛、晋南牛、南阳牛、鲁西牛等
兼用型牛	一般指兼具乳肉两用、役肉两用牛	西门塔尔牛

数据来源：公开资料，由中物联食材供应链分会整理。

我国肉牛品种极为丰富，其中西门达尔牛、利木赞牛、夏洛莱牛是引入品种，云岭牛和夏南牛是培育品种，而延边牛、秦川牛、晋南牛、南阳牛和鲁西牛是我国传统的黄牛品种，如表 5-2 所示。

表 5-2　我国主要的肉牛品种

品种	特　征	原产地
西门塔尔牛	生长速度较快、胴体肉多，脂肪少而分布均匀，产肉性能高，是杂交利用或改良地方品种时的优秀父本 屠宰率 60%～63%，出肉率 46%～50%	瑞士
利木赞牛	肉质细嫩、口感鲜美，体格大、生长快、肌肉多、脂肪少，产肉性能高，但对饲养技术要求高 屠宰率 62%～65%，净肉率 38%～42%	法国
夏洛莱牛	生长快、肉量多、体型大、耐粗放，但肌肉纤维比较粗糙，肉稚嫩度不够好，是杂交利用或改良地方品种时的优秀父本 屠宰率 60%～70%，净肉率 48%～59%	法国
云岭牛	高温、高湿环境中表现出较好的繁殖能力和生长速度，肉质鲜美、营养丰富，具有生产雪花肉潜力 屠宰率 59%～71%左右，出肉率 41%左右	中国
夏南牛	饲养周期短、生长发育快、易育肥，牛肉质脂肪少、纤维细、肉色纯、口感好，适宜生产优质牛肉和高档牛肉 屠宰率 60%左右，净肉率 48.84%	中国

续 表

品种	特 征	原产地
延边牛	肉役兼用，肉质柔嫩，口感鲜美 屠宰率 57.7%，净肉率 47.23%	吉林省延边朝鲜族自治州
秦川牛	肉役兼用，肉质细嫩，柔软多汁，大理石状纹理 屠宰率为 58.3%，净肉率 50.5%	陕西关中地区
晋南牛	肌肉丰满、肉质细嫩 屠宰率为 52.3%，净肉率 43.4%	陕西省晋南地区
南阳牛	肉质良好 屠宰率为 55.6%，净肉率 46.6%	河南省白河和唐河流域
鲁西牛	肉质细嫩，层次均匀，味道鲜美 屠宰率 54%~58%，净肉率 44%	山东省西部

数据来源：公开资料，由中物联食材供应链分会整理。

（三）品牌建设情况

1. 地理标志农产品

根据农业农村部信息中心数据，截至目前，与肉牛、牛肉相关的区域公用品牌共计 62 个，如表 5-3 所示。

表 5-3 牛肉区域公共品牌

序号	区域公用品牌	所在地域	登记证书编号	证书持有人全称	年份
1	涝河桥牛肉（清真）	宁夏回族自治区吴忠市	AGI00121	吴忠市畜牧草原技术推广服务中心	2008 年
2	香格里拉牦牛肉	云南省迪庆藏族自治州	AGI00371	迪庆香格里拉·藏龙牦牛产业协会	2010 年
3	湘西黄牛	湖南省湘西土家族苗族自治州	AGI00255	湘西土家族自治州畜牧工作站	2010 年
4	早胜牛	甘肃省庆阳市	AGI00306	庆阳市牛产业协会	2010 年
5	金川多肋牦牛	四川省阿坝藏族羌族自治州	AGI00700	金川县畜禽繁育改良站	2011 年
6	三河牛	内蒙古自治区呼伦贝尔市	AGI00651	海拉尔农牧场管理局	2011 年
7	无棣黑牛	山东省滨州市	AGI00557	无棣县渤海黑牛良种繁育协会	2011 年
8	西林水牛	广西壮族自治区百色市	AGI00627	西林县畜牧推广站	2011 年
9	天峻牦牛	青海省海西蒙古族藏族自治州	AGI00643	天峻县畜牧兽医工作站	2011 年

续　表

序号	区域公用品牌	所在地域	登记证书编号	证书持有人全称	年份
10	鲁西黄牛	山东省济宁市	AGI00909	梁山县农村能源管理站	2012 年
11	天祝白牦牛	甘肃省武威市	AGI00990	天祝藏族自治县畜牧技术推广站	2012 年
12	涠洲黄牛	广西壮族自治区北海市	AGI00939	北海市畜牧站	2012 年
13	辽宁辽育白牛	辽宁省抚顺市	AGI01011	辽宁省畜牧业经济管理站	2012 年
14	张家川红花牛	甘肃省天水市	AGI00989	张家川回族自治县畜牧兽医工作站	2012 年
15	甘德牦牛	青海省果洛藏族自治州	AGI01364	甘德县畜牧兽医站	2013 年
16	民和肉牛	青海省海东市	AGI01363	民和回族土族自治县畜牧兽医技术服务中心	2013 年
17	九龙牦牛	四川省甘孜藏族自治州	AGI01566	九龙县畜牧站	2014 年
18	唐古拉牦牛	青海省海西蒙古族藏族自治州	AGI01580	格尔木市畜牧兽医工作站	2014 年
19	刚察牦牛	青海省海北藏族自治州	AGI01450	刚察县特色农畜产品营销会	2014 年
20	互助青海白牦牛	青海省海东市	AGI01361	互助土族自治县畜牧兽医工作站	2014 年
21	泾源黄牛肉	宁夏回族自治区固原市	AGI01452	泾源县畜牧技术推广服务中心	2014 年
22	久治牦牛	青海省果洛藏族自治州	AGI01448	久治县畜牧兽医工作站	2014 年
23	祁连牦牛	青海省海北藏族自治州	AGI01583	祁连县畜牧业协会	2014 年
24	文山牛	云南省文山壮族苗族自治州	AGI01495	文山壮族苗族自治州畜牧技术推广工作站	2014 年
25	海晏牦牛	青海省海北藏族自治州	AGI01788	海晏县畜牧兽医站	2015 年
26	呼图壁奶牛	新疆维吾尔自治区昌吉回族自治州	AGI01660	呼图壁县动物疾病预防控制中心	2015 年
27	泽库牦牛	青海省黄南藏族自治州	AGI01787	泽库县有机畜牧业办公室	2015 年
28	隆林黄牛	广西壮族自治区百色市	AGI01700	隆林各族自治县畜牧品改站	2015 年
29	肃南牦牛	甘肃省张掖市	AGI01655	肃南裕固族自治县牦牛养殖协会	2015 年
30	科尔沁牛	内蒙古自治区通辽市	AGI01946	通辽市农畜产品质量安全中心	2016 年
31	玛曲牦牛	甘肃省甘南藏族自治州	AGI01932	玛曲县阿孜畜牧科技示范园区	2016 年

续 表

序号	区域公用品牌	所在地域	登记证书编号	证书持有人全称	年份
32	南丹黄牛	广西壮族自治区河池市	AGI01857	南丹县畜禽品改站	2016 年
33	兴海牦牛肉	青海省海南藏族自治州	AGI01933	兴海县畜牧兽医工作站	2016 年
34	巴林牛肉	内蒙古自治区赤峰市	AGI01943	巴林右旗家畜改良工作站	2016 年
35	关岭牛	贵州省贵阳市	AGI01987	关岭布依族苗族自治县草地畜牧业发展中心	2016 年
36	玉树牦牛	青海省玉树藏族自治州	AGI01885	青海省玉树藏族自治州畜牧兽医工作站	2016 年
37	帕里牦牛	西藏自治区日喀则市	AGI02152	西藏亚东县农牧综合服务中心	2017 年
38	达因苏牛肉	新疆维吾尔自治区	AGI02378	新疆生产建设兵团第九师一六五团	2018 年
39	乐都牦牛肉	青海省海东市	AGI02450	海东市乐都区绿色农产品开发协会	2018 年
40	斯布牦牛	西藏自治区拉萨市	AGI02509	西藏墨竹工卡县畜牧兽医站	2018 年
41	乌审草原红牛	内蒙古自治区鄂尔多斯市	AGI02262	内蒙古乌审旗农牧业产业化办公室	2018 年
42	黄陂黄牛	湖北省武汉市	AGI02325	武汉市黄陂区农业技术推广服务中心	2018 年
43	广丰铁蹄牛	江西省上饶市	AGI02690	上饶市广丰区广丰铁蹄牛养殖协会	2019 年
44	旌德黄牛	安徽省宣城市	AGI02551	旌德县畜牧兽医局	2019 年
45	思南黄牛	贵州省铜仁市	AGI02584	思南县畜牧技术推广站	2019 年
46	桐梓黄牛	贵州省遵义市	AGI02765	桐梓县畜禽品种改良站	2019 年
47	峡江水牛	江西省吉安市	AGI02556	峡江县畜牧兽医局	2019 年
48	兴安盟牛肉	内蒙古自治区兴安盟	AGI02654	兴安盟产业化龙头企业协会	2019 年
49	安龙黄牛	贵州省黔西南布依族苗族自治州	AGI02763	安龙县草地生态畜牧业发展中心	2019 年
50	阿拉善蒙古牛	内蒙古自治区阿拉善盟	AGI02801	阿拉善白绒山羊协会	2020 年
51	黄平黄牛	贵州省黔东南苗族侗族自治州	AGI03057	黄平县动物卫生监督所	2020 年

续　表

序号	区域公用品牌	所在地域	登记证书编号	证书持有人全称	年份
52	郏县红牛	河南省平顶山市	AGI03197	郏县红牛协会	2020 年
53	类乌齐牦牛	西藏自治区昌都市	AGI03067	西藏昌都市畜牧总站	2020 年
54	泌阳夏南牛	河南省驻马店市	AGI03198	泌阳县夏南牛研究推广中心	2020 年
55	娘亚牦牛	西藏自治区那曲地区	AGI03262	那曲市畜牧兽医技术推广总站	2020 年
56	安达奶牛	黑龙江省绥化市	AGI03292	安达市农业技术推广中心	2021 年
57	达茂草原牛肉	内蒙古自治区包头市	AGI03285	达茂联合旗农畜产品质量安全检验检测管理站	2021 年
58	河南县雪多牦牛	青海省黄南藏族自治州	AGI03444	河南蒙古族自治县生态有机畜牧业技术服务中心	2021 年
59	桦甸黄牛肉	吉林省吉林市	AGI03290	桦甸市肉牛产业协会	2021 年
60	湟源牦牛肉	青海省西宁市	AGI03445	湟源县农产品质量安全检测中心	2021 年
61	若尔盖牦牛	四川省阿坝藏族羌族自治州	AGI03405	若尔盖县畜牧兽医服务中心	2021 年
62	灵山奶水牛	广西壮族自治区钦州市	AGI03495	灵山县畜牧技术服务站	2022 年

数据来源：中物联食材供应链分会《牛肉供应链行研分析》。

从时间维度看，2013 年、2015 年、2018 年通过地理标志认证的农产品数量较多，如图 5-5 所示。

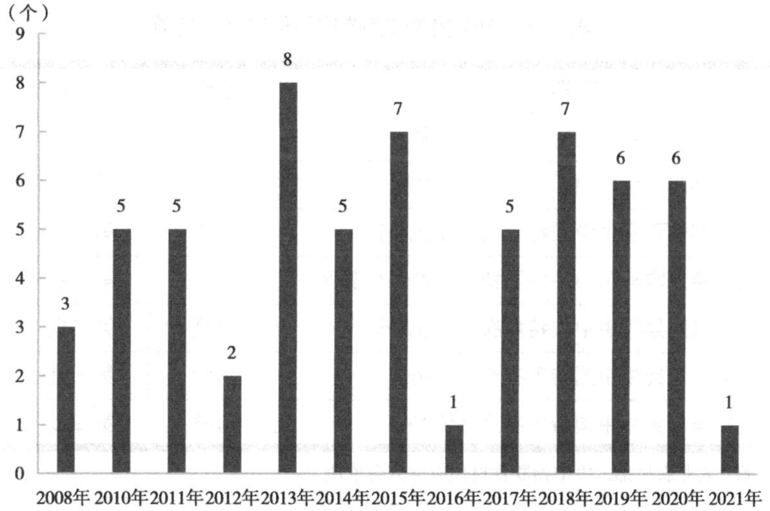

图 5-5　2008—2021 年活牛/牛肉相关地标农产品数量

数据来源：全国地理标志农产品平台，由中物联食材供应链分会整理绘制。

如图 5-6 所示，从地理分布上看，青海省活牛、牛肉相关地标农产品数量最多，占比达 24%，以牦牛或牦牛肉为主。

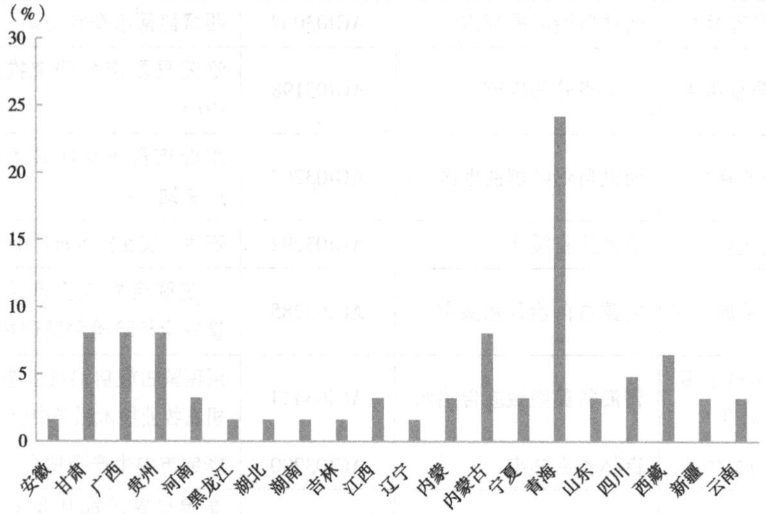

图 5-6　各省份活牛/牛肉相关地标农产品占比

数据来源：全国地理标志农产品平台，由中物联食材供应链分会整理绘制。

2. 特色农产品优势产区

从 2017 年到 2020 年，农业农村部共认定 308 个特色农产品优势产区，其中涉及肉牛相关的共 7 个，分布在青海、河南、云南、内蒙古、西藏、河北和吉林，如表 5-4 所示。

表 5-4　肉牛相关特色农产品优势产区名单

名称	省份	批次	年份
青海省玉树州玉树牦牛中国特色农产品优势区	青海	第一批	2017 年
河南省泌阳县泌阳夏南牛中国特色农产品优势区	河南	第二批	2018 年
云南省腾冲市槟榔江水牛中国特色农产品优势区	云南	第二批	2018 年
内蒙古自治区通辽市科尔沁牛中国特色农产品优势区	内蒙古	第二批	2018 年
西藏自治区类乌齐县牦牛中国特色农产品优势区	西藏	第二批	2018 年
河北省隆化县隆化肉牛中国特色农产品优势区	河北	第三批	2019 年
吉林省桦甸市桦甸黄牛中国特色农产品优势区	吉林	第四批	2020 年

数据来源：农业农村部，由中物联食材供应链分会整理。

二、牛肉数据分析

(一) 牛肉进口数据分析

根据海关总署数据，巴西是我国进口牛肉的最大来源国，2023 年 1—4 月巴西牛肉的进口总金额占比 40. 15%，其次是阿根廷和澳大利亚，占比分别为 15. 64% 和 10. 81%，如图 5-7 所示。

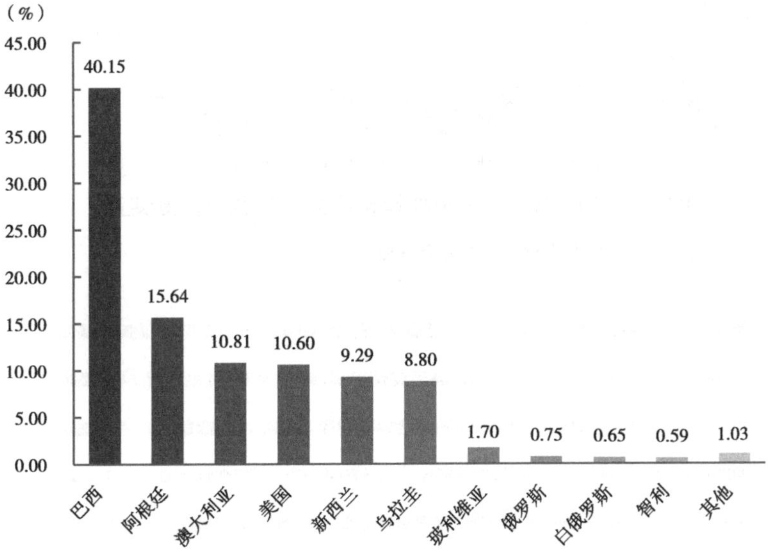

图 5-7　2023 年 1—4 月我国进口牛肉来源国占比

数据来源：海关总署，由中物联食材供应链分会整理。

从 2022 年第三季度开始，我国进口牛肉总吨量和进口均价（根据进口金额和进口量折算）呈现振荡性下跌状态，从 2023 年 4 月起，进口牛肉逐渐量价回升，如图 5-8所示。

2022 年 7 月我国进口牛肉总量 27 万吨，进口均价 47. 91 元/千克，2023 年 4 月我国进口牛肉总量 18 万吨，进口均价 36. 89 元/千克，对比 2022 年 7 月进口总量下降约 33%，均价下降约 23%，降幅明显。其中，巴西的进口量下降幅度最为显著，从 2022 年 10 月到 2023 年 4 月，我国从巴西进口的牛肉量已下降 67%，进口价格下降 22. 6%，2023 年 4 月巴西进口牛肉均价为 34. 2 元/千克，低于我国进口牛肉的均价，巴西对华出口的牛肉吨量和价格的下跌也影响了我国进口牛肉的总量和价格，如图 5-9 所示。

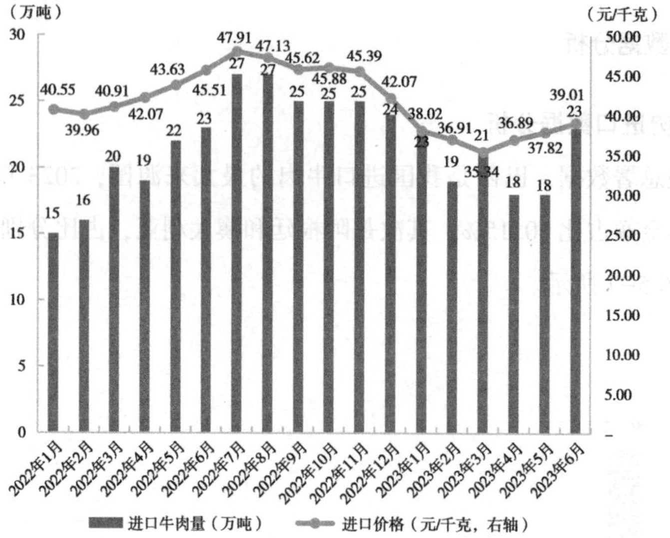

图 5-8　2022 年 1 月—2023 年 6 月我国进口牛肉量价走势

数据来源：海关总署，由中物联食材供应链分会整理。

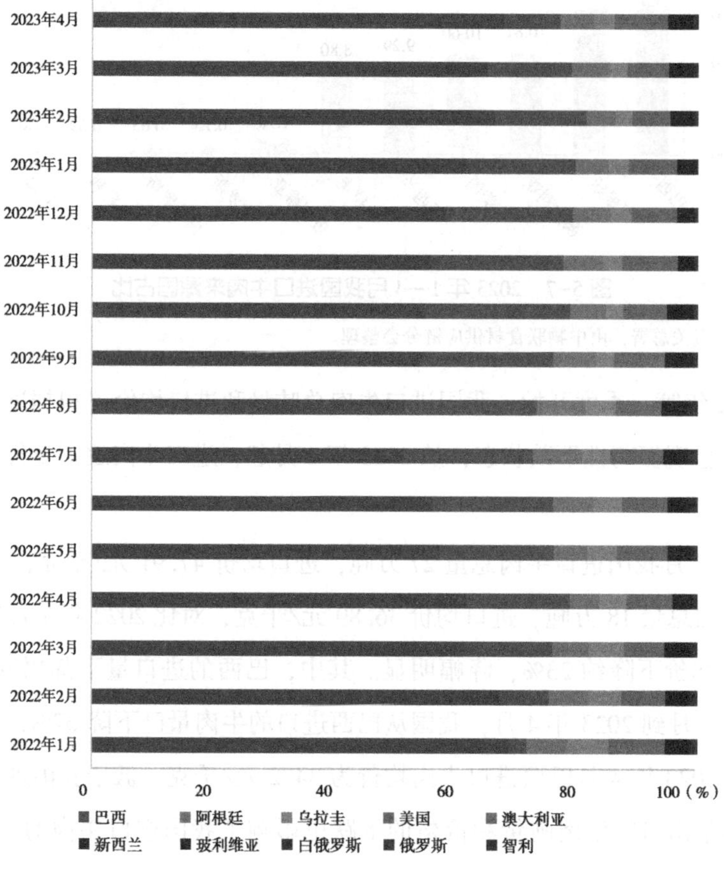

图 5-9　2022 年 1 月—2023 年 4 月进口牛肉主要来源国贸易总金额占比

数据来源：海关总署，由中物联食材供应链分会整理。

（二）牛肉供需结构分析

我国牛肉供需处于紧平衡的状态。2022 年，我国牛肉消费总需求量为 986.93 万吨，相较于 2021 年的 930.76 万吨增加了约 56.17 万吨，同比增长 6.03%。随着活牛存栏量和出栏量的逐年增加，我国牛肉产量也在逐年攀升，如图 5-10 所示。2022 年，我国牛肉总产量 718.26 万吨，相较 2021 年的 697.51 万吨增加了 20.75 万吨。

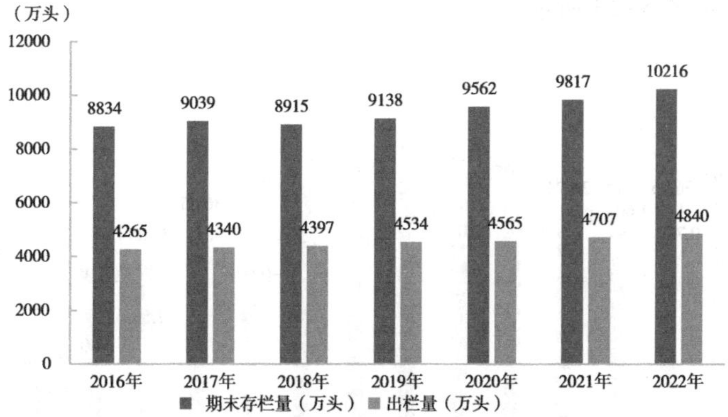

图 5-10　2016—2022 年活牛存栏量和出栏量数据

数据来源：农业农村部，由中物联食材供应链分会整理。

从我国历年牛肉需求量、产量的变化来看，国内的牛肉产量增速低于需求量的增速，国产牛肉无法完全满足居民的消费需求，需要进口牛肉进行补充，我国国产牛肉已经步入供不应求的阶段。从 2013 年开始，我国从牛肉净出口国逐步变为世界上最大的牛肉进口国之一。2022 年，我国进口牛肉 268.94 万吨，相较 2021 年的 233.25 万吨增加了 36.69 万吨，如图 5-11 所示。

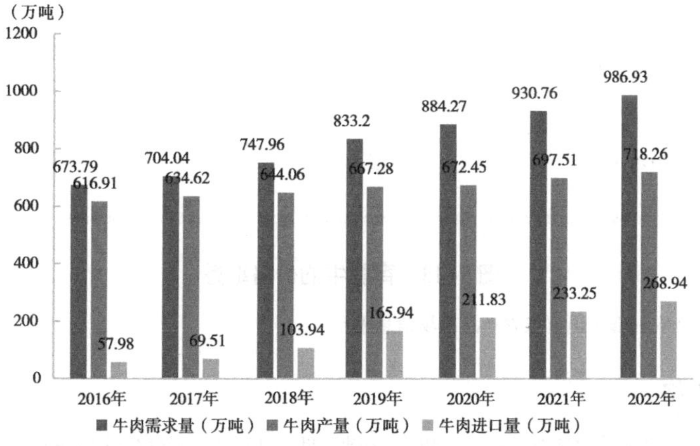

图 5-11　2016—2022 年牛肉需求量、产量、进口量对比图

数据来源：国家统计局、海关总署，由中物联食材供应链分会整理。

（三）牛肉价格数据分析

1. 活牛价格

活牛集贸市场均价自今年年初开始一路走低。根据国家统计局数据，6 月份活牛集贸市场价格已降到 33.46 元/千克，如图 5-12 所示。另据调研数据显示，7 月份全国不同地区育肥牛的价格盘桓在每千克 26~32 元，8 月初有少许回落，在每千克 26~30 元，如图 5-13 所示。

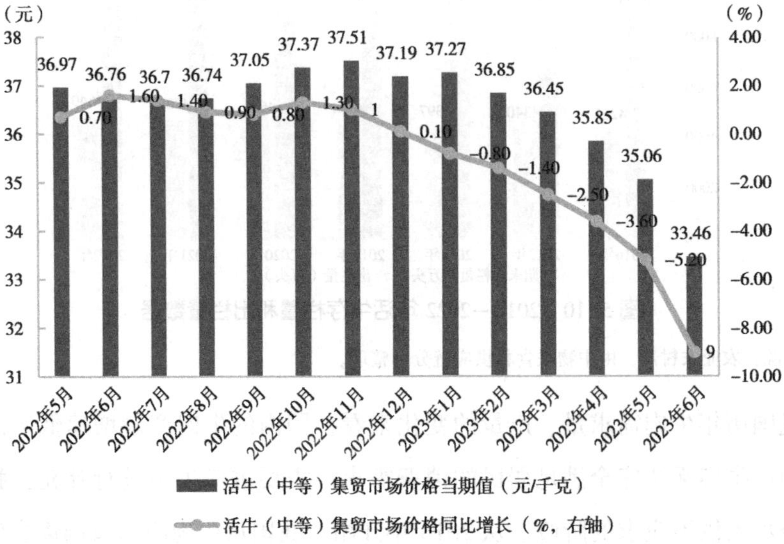

图 5-12　活牛集贸市场价格变化情况

数据来源：国家统计局，由中物联食材供应链分会绘制。

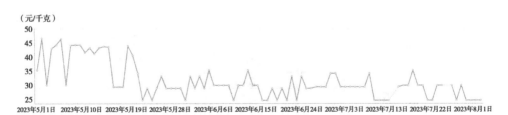

图 5-13　育肥牛的价格走势

数据来源：农业农村部全国重点农产品市场信息平台。

2. 牛肉价格

根据中物联食材供应链分会的收集和整理，我国牛肉的批发价、集贸市场价格自 2023 年 1 月份起也呈逐渐走低的趋势，到 2023 年 7 月份牛肉批发市场均价已经下降到 71.22 元/千克，对比 5 月份下降了 6%，如图 5-14 所示[1]。

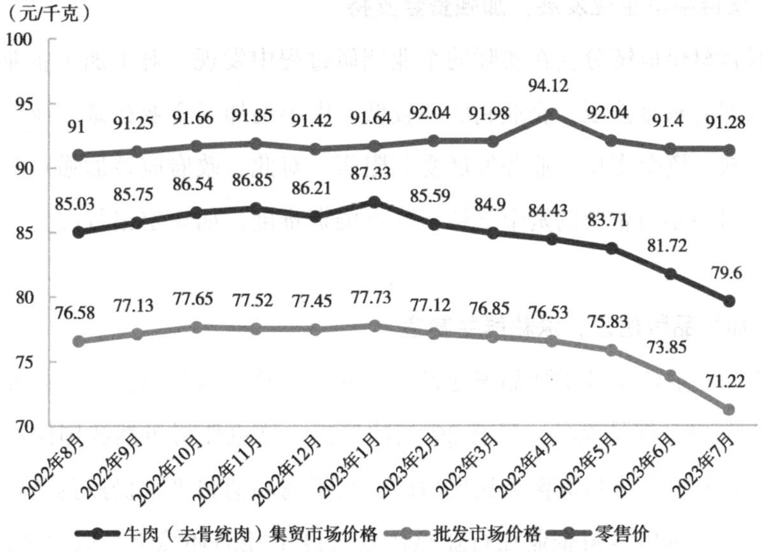

图 5-14　牛肉各渠道市场价格情况

数据来源：国家统计局、农业农村部农产品市场信息平台。

那么，对于终端消费者而言情况又是如何呢？可以看到，市场终端的零售价变化幅度较小，维持在 91~92 元/千克的区间，数据也印证了为什么老百姓对牛肉市场的风起云涌态势几乎没有感知。根据中物联食材供应链分会调研，在同一个批发市场，批发商也会分等级，除了部分连锁化大商超是直接从一级批发商或者屠宰加工厂直接采购外，绝大部分的社区超市、社区市场的肉类零售商都是从二级批发商拿货，环节众多，每一环节都要利润，到达消费者手中自然价格较难降低，这波价格的变化要传导到终端消费者需要的时间更长。

三、我国牛肉供应链发展建议

（一）加强养殖技术培训

我国活牛养殖以散户或养殖大户为主，专业的养殖场、养殖企业占比不高，农村青年劳动力缺乏、以中老年为主、年龄偏大，饲养方式粗放，养殖技术缺乏专业性指导和培训、大多依靠经验，导致活牛生长周期长、育肥效果差、肉质不够鲜美等，进而影响养殖效益。应该加强对养殖户的技术培训和技术指导，提高养殖技术，

[1] 根据农业农村部数据，2023 年 4 月牛肉终端零售价格为 94.12 元/千克。对比国家发展改革委数据，截至 4 月 28 日，全国 36 个城市平均牛肉零售价为 91.72 元/千克，结合前期对市场调研的情况，中物联食材供应链分会认为关于 4 月份牛肉市场终端零售价格、国家发展改革委的数据的可信度更高。

提升品质和效益。

（二）扶持中小企业发展，加强资金支持

中物联食材供应链分会在实际的企业调研过程中发现，对于加工企业，受到供给端和需求端的双重挤压，企业利润率较低。中小型加工企业在做产业链上下游延伸的过程中缺乏资金支持，业务发展受到阻碍。对此，政府应该加强对金融机构的引导，加大对中小型企业的资金支持，降低融资难度，如规定银行设置一定比例的定向贷款等。

（三）加强品牌建设，深耕鲜牛赛道

国内养殖企业应持续加强品牌建设，提升国产鲜牛肉品质，扩大差异化竞争优势。进口牛肉98%都是冻品，只有2%是冰鲜肉，这也使得虽然我国国产鲜牛肉的价格偏高，但鲜度是进口冻肉无法比肩的，对于高端消费来说仍然具备较大的差异化优势。所以，国内养殖企业在行业整体景气度不佳的环境下，应深耕品牌建设，着力提高国产新牛肉的品质，构建产品的护城河。

第三节　中国牛蛙供应链市场情况

一、牛蛙是继小龙虾之后的又一预制爆品

在预制菜赛道火爆的背景之下，无论是地方还是企业都在加码布局预制菜，并致力于打造爆款预制菜产品。如今，市场上已经出现了一批以小龙虾、酸菜鱼、小酥肉为代表的预制菜成为爆款。而近两年来，牛蛙也成为企业布局的重点，那么牛蛙能否成为下一个预制菜爆款呢？答案是肯定的。那么成为爆品应该具备哪些硬性和软性条件呢？接下来将从产业链、消费趋势两个角度分析。

（一）牛蛙产品本身更有优势

牛蛙是一种大型食用蛙，其肉质细嫩，味道鲜美，营养丰富，具有一定的药用价值。牛蛙原产于北美，1959年从古巴引入我国，90年代左右开始在我国大范围推广养殖，现已经成为特种水产养殖的主要品种之一。养殖牛蛙具有生长速度快、高产高效等优点，对比小龙虾，出肉率更高，对比黑鱼，处理工艺复杂程度低，产品同源性低，牛蛙自身具备预制菜爆品的前提条件。

（二）牛蛙产业链基本契合预制食材产业链条

在我国经过近 20 年的快速发展之后，牛蛙养殖产业基本成熟。上游为饲料、苗种、水质检测，中游为加工和渠道，下游则是经销商、餐饮及最终消费者，如图 5-15 所示。

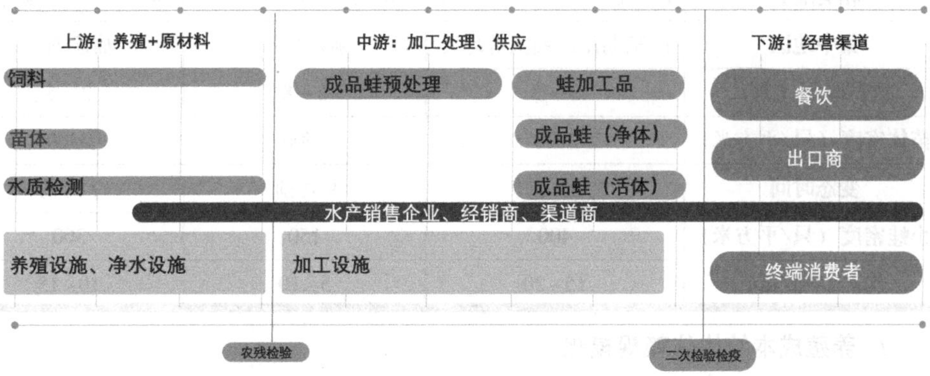

图 5-15　牛蛙产业示意图

数据来源：中物联食材供应链分会整理。

牛蛙产业基本都是水产企业、水产预制企业、餐饮企业在研发、开发，契合预制菜的产业发展流程，其中工艺特殊性较少，环节特殊性较少，更换产品线成本低，牛蛙产品与其他食材的包容性相对较强，配合营销，在预制产业体系上是符合爆品条件的。

1. **从牛蛙产业链来看，上游养殖市场供需趋于稳定，养殖模式逐步科学**

如图 5-16 所示。

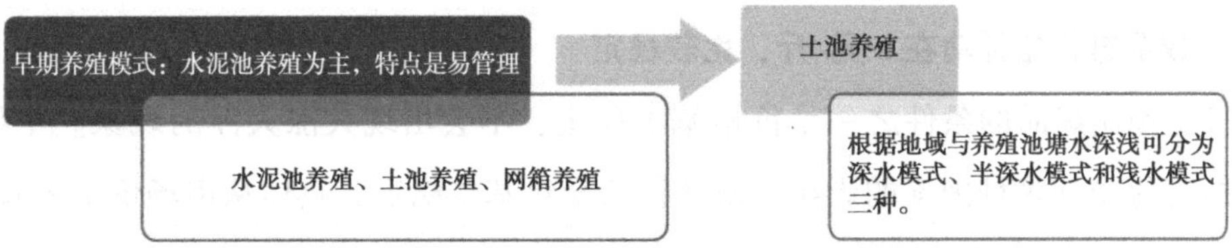

图 5-16　牛蛙养殖模式

数据来源：中物联食材供应链分会整理。

水泥池养殖虽然易管理，但是规模效益不高，更改成本较大。经过规模化改良为土池养殖，现在演化出来三种养殖模式，如表 5-5 所示。

表 5-5　土池的三种牛蛙养殖模式

项目	深水模式	半深水模式	浅水模式
水深（米）	0.5~0.8	0.4~0.5	0.1~0.2
养殖面积（平方米）	50~300	100~400	30~100
相关配套	饵料台+休息区+遮阴棚	饵料台+塑料膜+走廊	24 小时活水+遮阴棚
集中地区	广东潮州、汕头等地区	浙江地区	福建地区
放苗时间（月）	3—5	6—8	2—5
苗体密度（只/平方米）	2000	1500	2500
变态时间	7 月前	9 月前	7 月前
小蛙密度（只/平方米）	400	150	300
均产（吨/亩）	15~20	5~10	10~15

2. 养殖成本结构依赖规模化

规模化是发展预制的前提，牛蛙养殖成本包括饲料、人工、苗种等，其中饲料作为长期养殖的主要成本，占比 75%，如图 5-17 所示。能源成本排名第二位，占比 8.5%，主要包括养殖场的照明以及抽水费用。与半深水相比，牛蛙深水养殖需用电力来抽取河道水作为水源使用，成本相对较高。

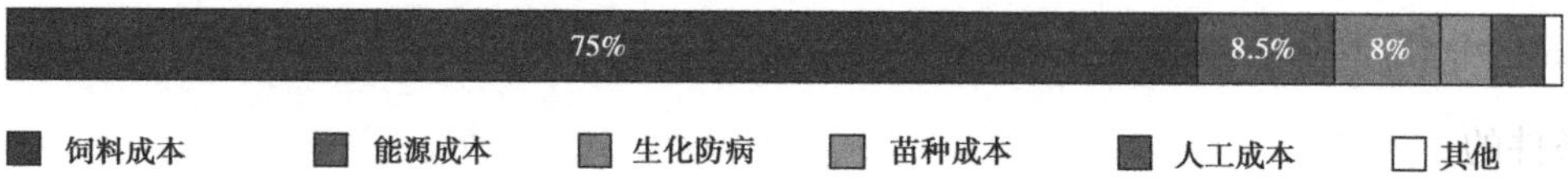

图 5-17　养殖成本占比情况

数据来源：中国牛蛙养殖市场发展现状研究与投资战略分析报告（2023—2030 年）。

3. 成品蛙价格浮动在 8 元/斤，比较稳定

打造预制爆品的条件之一是价格基本稳定，不会出现大涨大浮的现象。牛蛙价格的变化受到多种因素的影响，市场行情全年基本稳定。具体从市场价格来看，2021 年市场价格提升至 16.7 元/千克，2022 年市场价格为 16.3 元/千克。细分市场方面，家庭市场消费均价比餐饮市场及加工市场贵 2 元/千克左右，如图 5-18 所示。

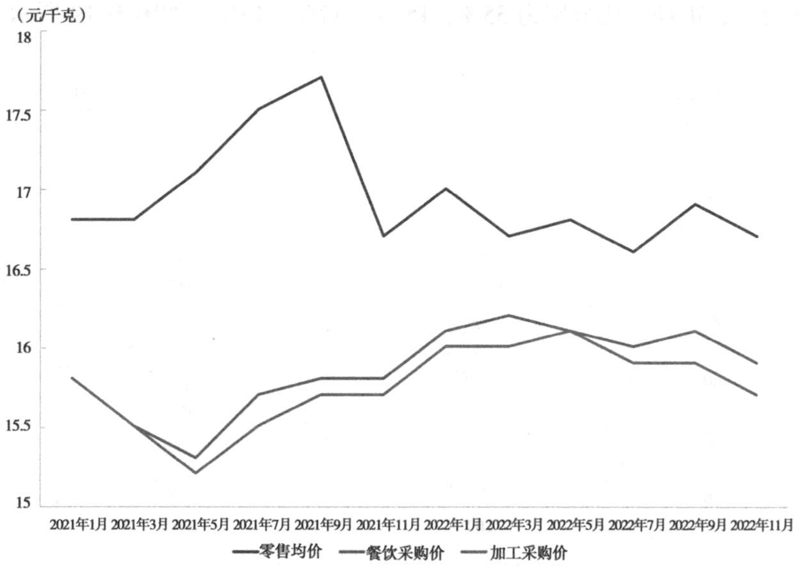

图 5-18　牛蛙市场价格波动情况

数据来源：中物联食材供应链分会整理。

总的来说，国内中小型农户养殖占比较大，受价格波动性影响较大，养殖区域从沿海向内陆转移。就国内牛蛙市场供需现状来看，2021—2022 年市场价格呈现上下波动趋势，供需有所下降，随着餐饮端市场回暖，牛蛙市场供需趋于稳定。

4. 牛蛙产量基本等用于需求量，预制产生需求，拉动产量

有需求缺口是打造爆品的重要诱因。近年随着消费者需求的日益增加，我国牛蛙养殖的规模也不断扩大。而随着养殖的规模不断扩大，我国牛蛙产量呈现持续增长，数据显示，2018—2021 年我国牛蛙产量从 40 万吨增长到了 59.8 万吨。数据显示，2022 年中国牛蛙行业产量约为 56 万吨，需求量约为 53.2 万吨，同比分别下降 6.7%、6.8%，伴随着消费变化，预制牛蛙 C 端产品备受“吃蛙一族”关注，此外牛蛙在国宴上频繁出现，也能感觉出食蛙的趋势正在盛行，2022 年保守估计 C 端预制牛蛙需求量约有 10 万吨，产量存在缺口，牛蛙养殖规模仍需扩大，才能为预制菜企业打造爆品、新品开拓提供了充足把握。

5. 牛蛙供应链市场规模逐步恢复。

市场需求恢复是打造爆品的机遇期，消费疲软后继续开发新产品驱动消费。近年来，受政策影响，牛蛙养殖规模发生巨变，产业链从集中到分散转变、从沿海向内陆转移。从国内养殖牛蛙市场规模来看，数据显示，2022 年中国牛蛙供应链市场规模约为 88 亿元，同比下降 8.8%，目前国内牛蛙市场以集中在华东、华中、华南、西南地区为主，市场占比分别为35%、15 %、17%、13%，如图5-19所示。

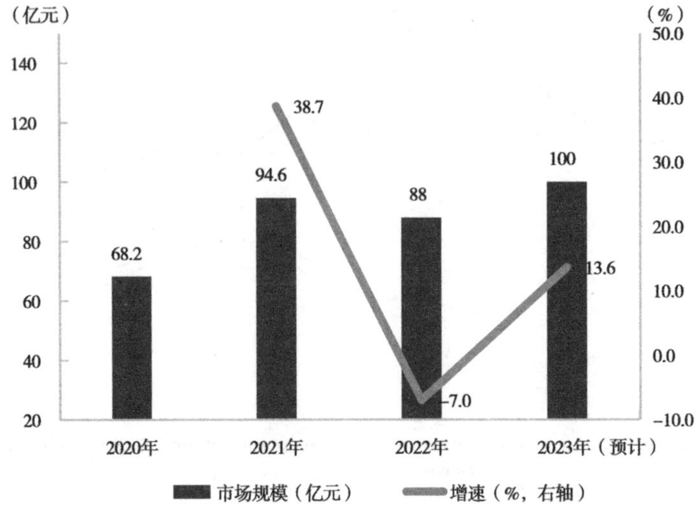

图5-19 牛蛙产量供应市场规模

数据来源：中物联食材供应链分会整理。

总体来说，多数企业从养殖端转向供应链及加工等环节。2018年，牛蛙市场规模及产值增值都有非常不错的表现，随着多数企业进军牛蛙产业，竞争急速加剧，加之三年疫情的影响，产业养殖要求较高且利润持续压缩，近两年企业从养殖端转向供应链加工等环节。从产量地区分布来看，广东是牛蛙养殖大省，已形成完备的牛蛙全产业链发展模式，产值接近800亿元，产量占全国产量的一半。目前国内牛蛙产业未形成较大规模化的养殖，行业市场集中度低，主要以中小养殖场为主，相对具有较大规模的企业有伊犁悦然生态农业有限公司、湖南雪晖生物科技有限公司、广东省星蛙农业科技有限公司、湖州通源农业服务有限公司等。

（三）牛蛙养殖条件逐步规范

从20世纪80年代开始，中国的牛蛙产业大体可以分为三个阶段：台资和大企业主导的起步阶段，中小企业主导的转型阶段，消费带动的火爆阶段。但牛蛙养殖不规范造成牛蛙逃逸危害生态环境，牛蛙养殖尾水污染治理不到位、违禁药物检出率偏高等诸多问题对于牛蛙养殖业的健康发展以及环境都带来了很大的影响，为此，国家也出台了一系列的政策，来促进牛蛙养殖的健康发展和环境保护。

2023年8月18日，农业农村部办公厅印发《关于推进牛蛙养殖产业持续健康发展的通知》（以下简称《通知》），《通知》中强调，各地要着力推进牛蛙绿色健康养殖，做好《牛蛙生产全程质量控制技术规范》等规范、标准的宣传和推广工作，引导牛蛙产业实现苗种、饲料、养殖、流通等各环节规范发展。此外《通知》还提出，各地要因地制宜、积极发展“牛蛙经济”，延伸培育养殖、加工、流通、餐饮等全产业链，提高产品附加值。积极发展牛蛙养殖产品加工流通，建设产地仓储保鲜冷链物流设施。最终的目的是要强化联农带农益农机制建设，鼓励龙头企业带动小企业、农业合作社、养殖户共同发展，带动农民增收致富。

二、牛蛙预制加工发展情况

牛蛙能够受到关注，除了本身的“网红”属性之外，还与产业发展的痛点不可分割。受到技术落后的制约，牛蛙加工后的口感容易变柴，90%以上的牛蛙仍以活蛙形式流通，2022 年，牛蛙加工量约 7 万吨，仅占养殖总量的 10%，产值约 14 亿元。但是，活蛙加工存在损耗大、成本难以控制等风险，在提升农业产业竞争力的背景下，发展牛蛙加工业是大势所趋。

牛蛙主要加工产品：一是免浆调理类产品，降低餐饮后厨的操作难度与成本，提升出餐效率，做好食品安全保障；二是预制菜产品，能让消费者在家也能吃到美味的蛙产品。

牛蛙搭上预制菜发展的快车道，牛蛙主流厂家率先布局预制菜领域，鸿益推出云味福牛蛙预制菜，绿程水产（科绿饲料）打造田源程、百味蛙，冠海水产牛蛙预制菜加工出口等，源信、海之味、恒旺、恒源、莲冠等主流厂家也纷纷大力发展预制菜。此外，国联、恒兴、安井、中洋、新希望等集团企业也涉足了牛蛙预制菜项目。

三、牛蛙消费市场情况

下游市场应用方面，牛蛙在国内市场的消费渠道以普通餐馆，大众消费为主。由于我国人民的消费习惯，90%以上的牛蛙以活蛙的形式在市场内流通。数据显示，2022 年国内家庭领域消费市场占比 60. 13%，餐饮行业消费占比 32. 71%，加工领域占比 7. 17%。

（一）牛蛙餐饮门店数量增多，步入千亿级市场规模

根据互联网公开资料整理，中国牛蛙餐饮行业规模已达 600 亿~800 亿元，如图 5-20 所示。主打牛蛙的餐厅门店数量增速领先主打烤鱼、小龙虾、酸菜鱼的餐厅，成为受消费者欢迎的新晋特色单品。

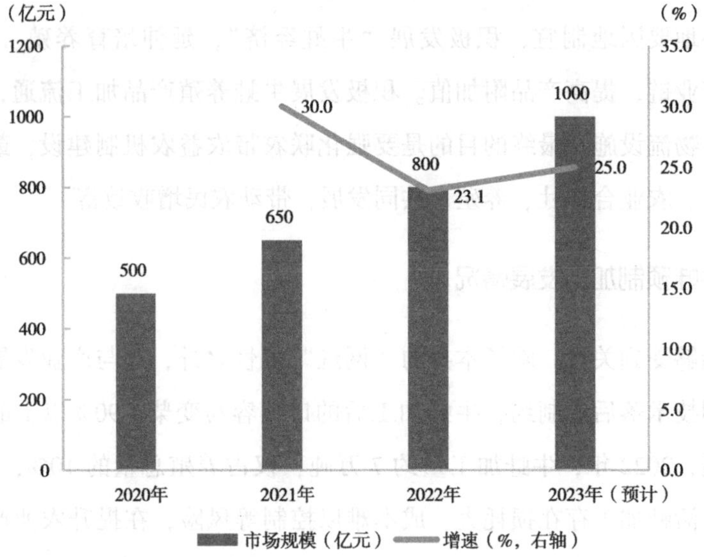

图 5-20 2020—2023 年牛蛙餐饮市场规模及增速

数据来源：中物联食材供应链《牛蛙继小龙虾后又一爆品》。

（二）牛蛙餐饮消费频率变高。

根据蛙小侠《牛蛙餐饮行业发展趋势白皮书》中数据，一年吃过牛蛙的人中，每个月吃两次及以上的“爱蛙一族”占比高达52%。分代际来看，“90后”的吃蛙人群中“爱蛙一族”的占比相对更高，是目前牛蛙消费的主力。

43%的“吃蛙一族”平均每次吃蛙花费50~100元，还有近四成的“吃蛙一族”平均花费100~150元。从细分人群来看，女性、一二线级城市的“吃蛙一族”中平均花费150元以上的人数占比更高，他们更加乐意为吃蛙花钱。

（三）牛蛙餐饮烹饪方式创新性高。

2018年兴起的吃蛙，主要是铁锅牛蛙、炭火牛蛙，如今细分品类不断增加，出现了烤牛蛙、卤牛蛙等多个品类，如图5-21所示。此外，愿意尝试的占比不低，可见消费者对牛蛙的喜爱已不局限于正餐场景，夜宵、零食场景或将成为牛蛙的新舞台。

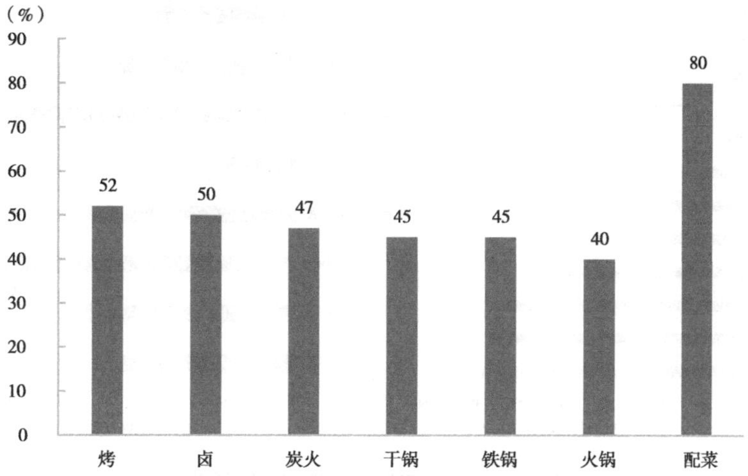

图 5-21　尝试牛蛙的菜品意愿情况

数据来源：中物联食材供应链分会整理。

(四) B 端餐饮预制牛蛙 (免浆) 使用创新高。

免浆牛蛙是采用中央厨房标准化生产方式，将原只牛蛙前置化预处理砍块后，加工至七成熟，解冻后可直接调味使用，免除中间处理环节，从而便于餐饮商家后续加工的预制原料产品。全程采用冷链运输，能够有效保障食品安全，前置化熟制更加有效减免现场人工处理食材损耗，保证餐饮产品出品标准化，目前 B 端免浆牛蛙占餐饮使用率的 40%或更高。

四、消费者对牛蛙预制菜偏好分析

(一) 品牌盛行

截至 2023 年 3 月，全国牛蛙餐饮门店上万家，有蛙来哒、蛙小侠、哥老官、咏蛙等多个全国知名连锁餐饮品牌，齐庆美蛙、味之绝、蛙来哒、蛙小侠等知名餐饮品牌相继突破 300 家门店。这些都大大拉动了产业的发展，将牛蛙推向爆款网红之路，餐饮端的消费需求将带动整个牛蛙市场的发展。从牛蛙餐饮品牌格局来看，铁锅牛蛙赛道当前热度最高且扩张速度最快，新开门店数及增速均领先其他细分赛道；从门店数量来看，蛙小侠、老佛爷、蛙来哒和蛙喔等品牌门店数量领先；从消费者偏好来看，蛙小侠、蛙遇 · 十三香、老佛爷等品牌受到消费者偏好，如图 5-22 所示。

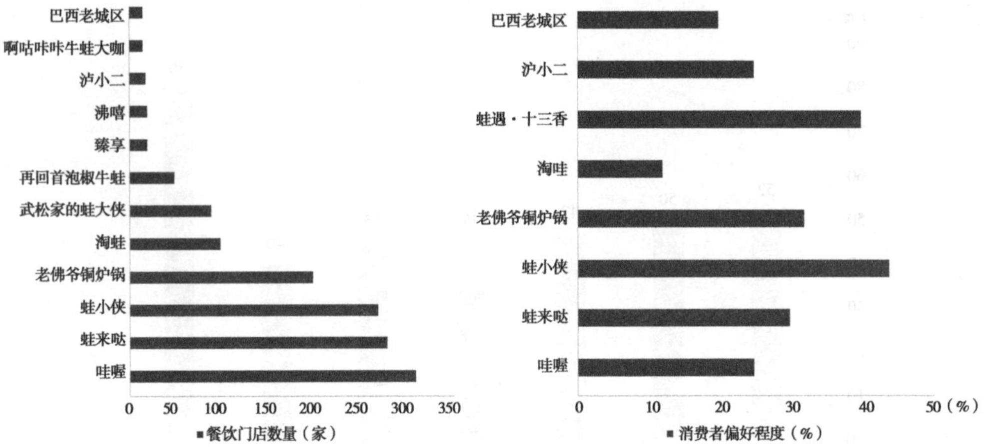

图 5-22　消费者偏好与门店数量关系

数据来源：中物联食材供应链分会整理

（二）食材安全

据中物联食材供应链分会的意愿调研（样本量：N＝800），对口人群在外出就餐时，除了最基本的菜品味道之外，最主要的考量因素就是食材新鲜程度和抗生素使用（食材安全）情况，约九成的消费者关注这两个因素，如图 5-23 所示。

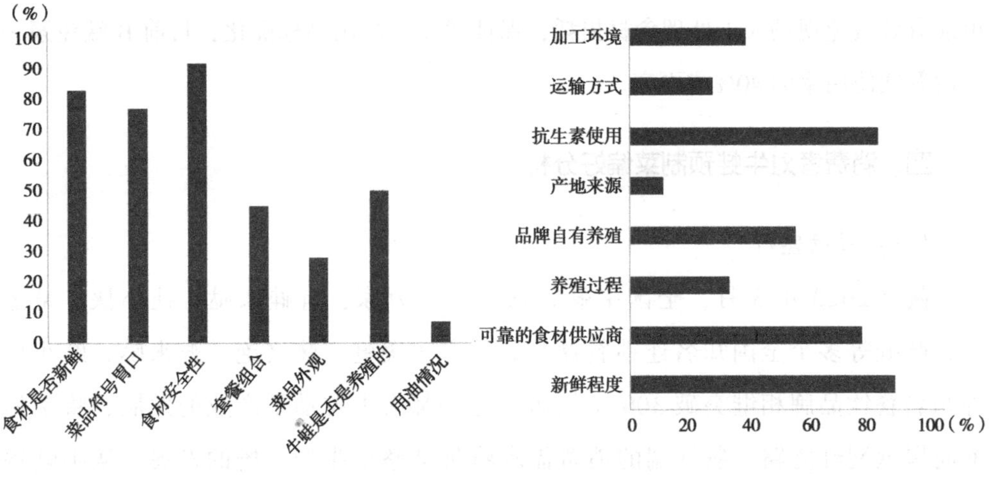

图 5-23　尝试牛蛙的菜品选择情况

数据来源：中物联食材供应链分会整理。

总的来说，无论是 B 端餐饮预制还是 C 端成品预制菜，企业对牛蛙品类的关注度有增无减。主要借助于三点，一是网红预制菜品牌创新牛蛙新势力；二是传统预制菜品牌拓品类、寻新品；三是食材百搭、口味多样。

（三）牛蛙发展的期待和判断

1. 食材安全标准更加严格

牛蛙一直受到诟病的问题不在消费端而在养殖端，牛蛙养殖的过程中存在污染环境的情况，企业要实现经济效益和环境保护双赢，就要去探索更好的养殖模式，并且企业应不断设计优化牛蛙养殖废水的新工艺，提高牛蛙养殖废水的处理技术，同时促进牛蛙养殖企业的健康、可持续发展。

2. 食材溯源更加透明

近年来，凭借口感鲜嫩爽滑、高蛋白、多元菜品，牛蛙迅速占领餐饮市场。粤菜、湘菜、川菜、江浙菜等各大菜系竞相进入牛蛙菜品研发赛道，牛蛙主题餐饮店在全国遍地开花。消费者更希望餐厅告知食材背后的生产环节或故事。餐厅如果展示食材的新鲜度、可靠的食材供应商、牛蛙的养殖过程等信息可以大幅增加“吃蛙一族”对食材品质的信赖。

3. 探寻更多的消费场景

牛蛙有别于其他的水产品种，不属于家庭餐饮常出现的品种，主要还是靠宴席、酒店餐饮、连锁餐饮店的消费带动。由于与其他食材搭配性强，烹饪方式多样，营养丰富，口感优异，牛蛙预制菜产品出现在各大电商平台上，逐渐渗透到家庭消费端。

第四节　高效的供应链保障餐饮企业无边界发展

我国餐饮市场规模从 2014 年的 2.9 万亿元增长至 2019 年的 4.7 万亿元，年复合增长率达 10.1%。2020 年受疫情影响，餐饮市场规模下滑 15.4%至 4.0 万亿元。2021 年短暂回升后又开始下滑，2022 年我国餐饮行业营业收入完成 43941 亿元，同比减少 6.3%。2023 年沉闷三年的热情被点燃，餐饮强势回归，2023 年上半年，全国餐饮收入达到了 24329 亿元，同比增长 21.4%。上半年餐饮业新增注册企业 167.6 万余家，与 2022 年同期相比上涨 23.4%，行业经营仍在持续增多。

中国的餐饮行业经历快速发展的同时，展现出非常独特的时代特点，初步形成了经营业态多样化、经营方式连锁化、供应链管理数字化，从传统产业向现代化转型发展的新格局。

一、行业细分化、消费多元化

因地域、习惯、口味等不同，消费者的需求也呈现多元化和结构化，餐饮企业为满足消费者需求不断寻求创新，餐饮行业业态不断丰富，并向垂直、细分发展。中国餐饮行业形成地方菜系、融合菜系与西餐、日料、东南亚菜等外国料理多元化发展新局面。“懒宅经济”的影响，又出现以中央厨房、预制菜、净菜、团餐为例的新餐饮，推动着行业规模不断壮大，为行业提供了新的盈利模式。而新餐饮的出现对供应链敏捷化、柔性化、协同化和专业化诉求在提升，倒逼企业进行供应链的改革。

在餐饮消费人群中，年轻一代已然成为新的主力消费群体，其中“95 后”尤为突出，相比“80 后”“70 后”的消费者，年轻人的消费多元而立体，用餐场景更加多样化，并且会根据不同的外出就餐场景选择不同类型的餐厅。和过去传统的餐饮消费者在行为特征上有着明显的区别。“95 后”是跟随互联网成长的一代，更容易接受数字化的消费方式。

“新的消费需求正在推动餐饮行业变革，在消费升级的大背景下，新餐饮将朝着审美、品牌、消费体验、产品等全面升级的方向发展，基于人们对健康及品质的追求和企业更加重视抗风险能力，中国餐饮连锁化是未来趋势。”海底捞相关负责人提出。

二、连锁化进程加快、供应链日益凸显

2018—2022 年中国餐饮连锁化率持续走高，从 2018 年的 12%提升至 2022 年的 19%，中国餐饮市场连锁化进程不断加快，中国餐饮连锁化率仍然有较大提升空间。餐饮企业热衷扩张的背后，是连锁化大趋势的到来。与餐饮连锁化率达 54%和 49%的美国和日本相比，中国餐饮市场连锁化率仍有较大的提升空间，而更高的连锁化需要更高质量、更标准化的供应链体系支持。

“21 世纪的竞争不再是企业和企业之间的竞争，而是供应链和供应链之间的竞争”，这句话出自英国著名的供应链管理学家马丁·克里斯托弗。时至今日，餐饮行业在经历长时间的疫情沉淀和时代的变革后，更为重视供应链管理。不管是从保证源头食材质量、降低运营成本，还是提高客户忠诚度等角度，完善供应链都成为餐饮企业的核心关键点。

三、数字化正在成为趋势

近两年，在头部餐企的引领下，餐饮全行业进入了“数字新基建”的加速模式，中国连锁经营协会的数据显示，目前已有超过68%的头部餐饮企业高度认可了数字化转型的必要性。

一方面，数字技术通过创造新消费场景，构建线上业务渠道，减少了服务业的时空制约，餐饮行业形成线上线下良性循环的发展局面。另一方面，以大数据、物联网、云计算等新兴技术为依托，围绕“人、货、场”三大要素进行数据采集和打通，利用数字化优化供应链各个流程环节，降低了成本，提高了餐饮行业供应链管理水平。

瑞幸咖啡公开资料显示，瑞幸建立了一整套完善的智能管理体系，包括了前端交互系统、运营系统、数据分析系统等各类智能管理体系，而借助这一系列智能管理体系，瑞幸不仅实现了门店智能选址，且极大提升了中后台的管理效率，使其在很短时间内就实现了规模化的稳定扩张。

在这样的瞬息万变的行业大变革、快发展的背景下，越来越多的餐饮企业意识到，企业想要持续化发展和连锁化布局，快速、灵活、高效、具有柔性的供应链是关键，在增强企业抗风险能力的同时，甚至可以成为企业强大的竞争壁垒和护城河。然而自建供应链建设周期长、耗资大、技术要求高，对企业来说是个难题，因此将供应链的重任交给成熟的第三方运作，是目前企业的优选。

上海绝配柔性供应链服务有限公司创立于2018年，是一家数字化供应链创新服务平台，专注于构建中国餐饮行业供应链数字化的基础设施。在绝味食品全国13000家门店鲜品配送网络资源以及多年冷链流通场景的实战磨炼基础上，绝配供应链聚合社会化冷链资源，依托“智慧供应链平台”，搭建省、市、乡、镇多层级冷链配送网络，采用“共享”“共配”模式，为餐饮企业提供成本更优、效率更快、服务更稳的流通服务。

截至目前，绝配供应链城际干线网络覆盖全国“四横四纵”冷链主干网，拥有200条跨省跨城往返线路，1000多条冷链线路；区域城配网络通过城市分流点、分拨仓覆盖周围200~300千米的城市配送区域，且具备日配日达能力；在全国范围内拥有3个中央配送中心（CDC）、21个工厂、39个城市仓、72个分流点，遵循“CDC+工厂仓+城市仓+合作云仓”的多层次云仓布局覆盖全国；拥有300多家餐饮零售客户，以及10万家以上的服务门店。

绝配供应链以自身业务体量为基础，使用分布式网络布局集“仓储、运输”于一体的主网络中心，覆盖中国绝大部分食品生产和消费地，可以有效弥补连锁企业布局全国的物流短板，帮助企业实现高弹性、低成本、轻便型增长的新模式。

与此同时，绝配供应链聚合社会化车辆和仓储资源，在主网络的母线路基础上进行几何级裂变，分化出网络更密、半径更小的区域网络覆盖，通过“共享”“共配”的配送模式，重塑门店、车辆和技术之间的交集，全面提升供应链的敏捷性和柔性化，帮助餐饮企业从容应对餐饮变革。

绝配供应链构建了一套能够赋能餐饮产业链参与方互惠共赢的生态体系，飞轮效应显著，正成为行业蓬勃快速发展的重要底层基础设施。

司机是供应链环节中一个不可或缺的角色。传统的供应链环节中，个体司机通常是没有较多技术含量的普通员工，很难在一个城市内做到足够的订单量与订单密度，导致车辆的拼货效率和车辆使用效率都很低，带来的直接结果就是司机个人的收入很低，这已经成为行业的普遍痛点。

如何保障车辆和人员的订单量及订单密度的稳定增长？

将个体司机的作业从“单体覆盖”变成“群体覆盖”和“网络覆盖”，目前绝配供应链已经完成，并持续加强深化网络覆盖的规模性和有效性。本着共享的原则，绝配供应链将依托自身业务体量下的主网络覆盖和共配裂变下的区域半径网络覆盖共享给个体司机，订单触达全国化的大市场。与此同时，零星分散的司机运力资源被激活，可反哺群体覆盖下的所有企业参与方，搭建一张“网络+群体”的生态圈，从而实现行业各方的互惠共赢。

高效流畅的运转体系离不开信息系统的支撑，绝配供应链 IT 研发人员以区域半径化网络配送模式为场景，从全程冷链监控和预警、GPS 轨迹监控、多运力管理、智能调度、成本优化、路径优化、车辆管理等方面给出了一套“组合拳”方案，保证体系的有效运转。目前，绝配供应链的司机与门店配送的固定人员稳定率能够达到 90%，即便是在裂变的过程中也能保证司机的稳定性。

基于餐饮行业现状和物流需求，绝配供应链匹配出六大贴近客户实际需求的服务模型，帮助餐企提高配送时效和降低成本。

1. 专车专配

提供城市物流“专车”“专配”送货服务，适用于客户遇到紧急特殊情况，可快速提供揽货直配服务。

2. 专车共配

提供城市物流中的“专车”“共配”送货服务，适用于对配送时间、配送区域相似商圈的不同客户，同时对配送时效要求比较高，从加大轮载率来最大限度地降低成本。

3. 共车共配

提供城市物流“共车”“共配”送货服务，适用于小批量、多频次、配送区域相邻的客户群体，从增加装载率来有效降低成本。

4. 专线共配

提供城市物流的“专线”“共配”送货服务，适用于同供应商的客户在固定线路进行统一的配送，从派送效率的提升来有效降低成本。

5. 同仓共配

提供城市物流的“同仓”“共配”送货服务，适用于储存于同一仓库客户进行个性化需求场景共配服务，从共享共配来提升来有效降低成本。

6. 零担干线共运

围绕城际干线网络辐射范围提供零担线路运输服务，适合数量小、品种杂、多频次需求的客户。通过合理线路规划，减少线路间的交叉，避免无效运输，有效节约运输成本，提高资源利用率。

在战略布局网络覆盖能力的同时，绝配供应链也将全力以赴助力餐饮企业加快数字化供应链能力作为目标，以数字和智能方式执行，由数据驱动数字化供应链。

为了加快数字化供应链建设，绝配供应链 IT 团队自主研发了“智慧供应链平台”，包含服务平台、运营平台、执行平台和数据平台。将服务、运营和执行平台中获取的全链节点数据实时同步到“数据平台”，经过清洗、重新建模提供对应的分析的模型，反哺其他平台，通过数据驱动业务的可持续发展。

在执行平台中，绝配供应链还为餐饮客户提供定制化的信息系统解决方案，帮助企业建设底层数据，让业务链上所有参与方的信息实时互联，数据实时互通，实现作业协同和实操环节作业优化，其信息化、移动化和可视化的技术与管理为实现数字化供应链管理提供技术支撑。

以 OMS（订单管理系统）和 WMS（仓储管理系统）系统举例，OMS 采用大中台设计思想，具有数据驱动、海量订单支持、实时视频和库存状态监控等特点，在数据互通的基础上实现服务分层及差异化运营；WMS 通过引入自动化设备提升作业精度和作业效率，通过个人数字化看板实现由任务驱动仓配作业环节，根据履约时效及时提醒作业人员，促使业务实现规范标准作业，做到量化作业。

绝配供应链将持深化“共享”“共配”的供应链创新模式，优化冷链物流基础设施和数字流通服务，携手上下游合作伙伴共同推动市场规模化发展和生态协同，赋能每一个餐饮从业者更好地为民众提供营养、健康、美味、方便的美食。

附录1　特色农产品优势产区名录

序号	名称	省份	批次	品类
1	浙江省安吉县安吉白茶中国特色农产品优势区	浙江	第一批	茶叶
2	重庆市涪陵区涪陵青菜头中国特色农产品优势区	重庆	第一批	蔬菜
3	河北省平泉市平泉香菇中国特色农产品优势区	河北	第一批	蔬菜
4	重庆市荣昌区荣昌猪中国特色农产品优势区	重庆	第一批	肉类
5	福建省建瓯市建瓯笋竹中国特色农产品优势区	福建	第一批	蔬菜
6	浙江省三门县三门青蟹中国特色农产品优势区	浙江	第一批	水产品
7	河南省信阳市信阳毛尖中国特色农产品优势区	河南	第一批	茶叶
8	福建省武夷山市武夷岩茶中国特色农产品优势区	福建	第一批	茶叶
9	宁夏回族自治区盐池县盐池滩羊中国特色农产品优势区	宁夏	第一批	肉类
10	安徽省亳州市亳州中药材中国特色农产品优势区	安徽	第一批	药材
11	湖北省恩施州恩施硒茶中国特色农产品优势区	湖北	第一批	茶叶
12	贵州省兴仁县兴仁薏仁米中国特色农产品优势区	贵州	第一批	粮食
13	江西省南丰县南丰蜜桔中国特色农产品优势区	江西	第一批	水果
14	江西省赣州市赣南脐橙中国特色农产品优势区	江西	第一批	水果
15	山东省东阿县东阿黑毛驴中国特色农产品优势区	山东	第一批	肉类
16	湖南省安化县安化黑茶中国特色农产品优势区	湖南	第一批	茶叶
17	河北省鸡泽县鸡泽辣椒中国特色农产品优势区	河北	第一批	蔬菜
18	广西壮族自治区陆川县陆川猪中国特色农产品优势区	广西	第一批	肉类
19	湖南省邵阳县邵阳油茶中国特色农产品优势区	湖南	第一批	油料
20	江苏省盱眙县盱眙小龙虾中国特色农产品优势区	江苏	第一批	水产品
21	湖北省武汉市蔡甸区蔡甸莲藕中国特色农产品优势区	湖北	第一批	蔬菜
22	湖北省潜江市潜江小龙虾中国特色农产品优势区	湖北	第一批	水产品
23	山东省昌邑市昌邑生姜中国特色农产品优势区	山东	第一批	蔬菜
24	江苏省邳州市邳州银杏中国特色农产品优势区	江苏	第一批	水果
25	江苏省昆山市阳澄湖大闸蟹中国特色农产品优势区	江苏	第一批	水产品
26	云南省临沧市临沧普洱茶中国特色农产品优势区	云南	第一批	茶叶
27	浙江省绍兴市柯桥区、诸暨市、嵊州市绍兴会稽山香榧中国特色农产品优势区	浙江	第一批	坚果

续 表

序号	名称	省份	批次	品类
28	广东省珠海市斗门区白蕉海鲈中国特色农产品优势区	广东	第一批	水产品
29	广西壮族自治区田东县百色芒果中国特色农产品优势区	广西	第一批	水果
30	云南省元谋县元谋蔬菜中国特色农产品优势区	云南	第一批	蔬菜
31	贵州省遵义市遵义朝天椒中国特色农产品优势区	贵州	第一批	蔬菜
32	山东省金乡县金乡大蒜中国特色农产品优势区	山东	第一批	蔬菜
33	重庆市奉节县奉节脐橙中国特色农产品优势区	重庆	第一批	水果
34	山东省济南市章丘区章丘大葱中国特色农产品优势区	山东	第一批	蔬菜
35	四川省苍溪县苍溪猕猴桃中国特色农产品优势区	四川	第一批	水果
36	内蒙古自治区杭锦后旗河套向日葵中国特色农产品优势区	内蒙古	第一批	坚果
37	吉林省汪清县汪清黑木耳中国特色农产品优势区	吉林	第一批	菌菇
38	陕西省商洛市商洛核桃中国特色农产品优势区	陕西	第一批	坚果
39	四川省攀枝花市攀枝花芒果中国特色农产品优势区	四川	第一批	水果
40	山西省长治市上党中药材中国特色农产品优势区	山西	第一批	药材
41	吉林省抚松县抚松人参中国特色农产品优势区	吉林	第一批	药材
42	河南省灵宝市灵宝苹果中国特色农产品优势区	河南	第一批	水果
43	广西壮族自治区永福县永福罗汉果中国特色农产品优势区	广西	第一批	药材
44	云南省德宏州德宏小粒咖啡中国特色农产品优势区	云南	第一批	咖啡
45	四川省宜宾县宜宾油樟中国特色农产品优势区	四川	第一批	油料
46	河北省迁西县迁西板栗中国特色农产品优势区	河北	第一批	坚果
47	北京市平谷区平谷大桃中国特色农产品优势区	北京	第一批	水果
48	湖南省华容县华容芥菜中国特色农产品优势区	湖南	第一批	蔬菜
49	宁夏回族自治区中宁县中宁枸杞中国特色农产品优势区	宁夏	第一批	药材
50	黑龙江省海伦市海伦大豆中国特色农产品优势区	黑龙江	第一批	粮食
51	甘肃省定西市安定区定西马铃薯中国特色农产品优势区	甘肃	第一批	粮食
52	内蒙古自治区锡林郭勒盟锡林郭勒草原肉羊中国特色农产品优势区	内蒙古	第一批	肉类
53	辽宁省北镇市北镇葡萄中国特色农产品优势区	辽宁	第一批	水果
54	陕西省洛川县洛川苹果中国特色农产品优势区	陕西	第一批	水果
55	海南省澄迈县桥头地瓜中国特色农产品优势区	海南	第一批	粮食
56	新疆维吾尔自治区巴音郭楞州库尔勒香梨中国特色农产品优势区	新疆	第一批	水果
57	上海市浦东新区南汇水蜜桃中国特色农产品优势区	上海	第一批	水果

续　表

序号	名称	省份	批次	品类
58	新疆维吾尔自治区吐鲁番市高昌区吐鲁番哈密瓜中国特色农产品优势区	新疆	第一批	水果
59	新疆生产建设兵团第一师3团阿拉尔薄皮核桃中国特色农产品优势区	新疆	第一批	坚果
60	西藏自治区日喀则市青稞中国特色农产品优势区	西藏	第一批	粮食
61	青海省玉树州玉树牦牛中国特色农产品优势区	青海	第一批	肉类
62	大兴安岭林业集团加格达奇林业局大兴安岭黑山猪中国特色农产品优势区	黑龙江	第一批	肉类
63	湖北省随州市随州香菇中国特色农产品优势区	湖北	第二批	蔬菜
64	河北省怀来县怀来葡萄中国特色农产品优势区	河北	第二批	水果
65	吉林省洮南市洮南绿豆中国特色农产品优势区	吉林	第二批	粮食
66	河北省内丘县富岗苹果中国特色农产品优势区	河北	第二批	水果
67	四川省资中县资中血橙中国特色农产品优势区	四川	第二批	水果
68	四川省广安市广安区广安龙安柚中国特色农产品优势区	四川	第二批	水果
69	山西省沁县沁州黄小米中国特色农产品优势区	山西	第二批	粮食
70	山东省寿光市寿光蔬菜中国特色农产品优势区	山东	第二批	蔬菜
71	安徽省黄山市黄山区太平猴魁中国特色农产品优势区	安徽	第二批	茶叶
72	广西壮族自治区融安县融安金桔中国特色农产品优势区	广西	第二批	水果
73	山东省沂源县沂源苹果中国特色农产品优势区	山东	第二批	水果
74	湖北省十堰市武当道茶中国特色农产品优势区	湖北	第二批	茶叶
75	重庆市石柱县石柱黄连中国特色农产品优势区	重庆	第二批	药材
76	山西省忻州市忻州杂粮中国特色农产品优势区	山西	第二批	粮食
77	山东省烟台市福山区福山大樱桃中国特色农产品优势区	山东	第二批	水果
78	浙江省杭州市临安区临安山核桃中国特色农产品优势区	浙江	第二批	坚果
79	广西壮族自治区玉林市玉州区玉林三黄鸡中国特色农产品优势区	广西	第二批	肉类
80	宁夏回族自治区中卫市中卫香山硒砂瓜中国特色农产品优势区	宁夏	第二批	水果
81	江苏省东台市东台西瓜中国特色农产品优势区	江苏	第二批	水果
82	四川省眉山市眉山晚橘中国特色农产品优势区	四川	第二批	水果
83	云南省漾濞县漾濞核桃中国特色农产品优势区	云南	第二批	坚果
84	辽宁省鞍山市鞍山南果梨中国特色农产品优势区	辽宁	第二批	水果

续 表

序号	名称	省份	批次	品类
85	广西壮族自治区河池市宜州区宜州桑蚕茧中国特色农产品优势区	广西	第二批	棉麻蚕丝
86	重庆市江津区江津花椒中国特色农产品优势区	重庆	第二批	蔬菜
87	陕西省大荔县大荔冬枣中国特色农产品优势区	陕西	第二批	水果
88	甘肃省榆中县兰州高原夏菜中国特色农产品优势区	甘肃	第二批	蔬菜
89	河北省安国市安国中药材中国特色农产品优势区	河北	第二批	药材
90	湖北省宜昌市宜昌蜜桔中国特色农产品优势区	湖北	第二批	水果
91	福建省福鼎市福鼎白茶中国特色农产品优势区	福建	第二批	茶叶
92	海南省三亚市三亚芒果中国特色农产品优势区	海南	第二批	水果
93	宁夏回族自治区灵武市灵武长枣中国特色农产品优势区	宁夏	第二批	水果
94	河北省涉县涉县核桃中国特色农产品优势区	河北	第二批	坚果
95	广西壮族自治区钦州市钦南区钦州大蚝中国特色农产品优势区	广西	第二批	水产品
96	广东省仁化县仁化贡柑中国特色农产品优势区	广东	第二批	水果
97	四川省合江县合江荔枝中国特色农产品优势区	四川	第二批	水果
98	山东省滨州市沾化区沾化冬枣中国特色农产品优势区	山东	第二批	水果
99	辽宁省盘山县盘山河蟹中国特色农产品优势区	辽宁	第二批	水产品
100	安徽省砀山县砀山酥梨中国特色农产品优势区	安徽	第二批	水果
101	福建省宁德市蕉城区宁德大黄鱼中国特色农产品优势区	福建	第二批	水产品
102	云南省文山州文山三七中国特色农产品优势区	云南	第二批	药材
103	河北省晋州市晋州鸭梨中国特色农产品优势区	河北	第二批	水果
104	宁夏回族自治区西吉县西吉马铃薯中国特色农产品优势区	宁夏	第二批	粮食
105	湖南省湘潭县湘潭湘莲中国特色农产品优势区	湖南	第二批	蔬菜
106	内蒙古自治区乌兰察布市乌兰察布马铃薯中国特色农产品优势区	内蒙古	第二批	粮食
107	山东省汶上县汶上芦花鸡中国特色农产品优势区	山东	第二批	肉类
108	广西壮族自治区平南县平南石硖龙眼中国特色农产品优势区	广西	第二批	水果
109	新疆维吾尔自治区叶城县叶城核桃中国特色农产品优势区	新疆	第二批	坚果
110	安徽省霍山县霍山石斛中国特色农产品优势区	安徽	第二批	药材
111	重庆市潼南区潼南柠檬中国特色农产品优势区	重庆	第二批	水果
112	山西省吉县吉县苹果中国特色农产品优势区	山西	第二批	水果

续　表

序号	名称	省份	批次	品类
113	广东农垦湛江剑麻中国特色农产品优势区	广东	第二批	棉麻蚕丝
114	贵州省织金县织金竹荪中国特色农产品优势区	贵州	第二批	菌菇
115	江苏省苏州市吴中区洞庭山碧螺春中国特色农产品优势区	江苏	第二批	茶叶
116	湖南省汝城县汝城朝天椒中国特色农产品优势区	湖南	第二批	蔬菜
117	甘肃省静宁县静宁苹果中国特色农产品优势区	甘肃	第二批	水果
118	云南省华坪县华坪芒果中国特色农产品优势区	云南	第二批	水果
119	甘肃省岷县岷县当归中国特色农产品优势区	甘肃	第二批	药材
120	浙江省余姚市余姚榨菜中国特色农产品优势区	浙江	第二批	蔬菜
121	四川省安岳县安岳柠檬中国特色农产品优势区	四川	第二批	水果
122	江西省婺源县婺源绿茶中国特色农产品优势区	江西	第二批	茶叶
123	重庆市巫山县巫山脆李中国特色农产品优势区	重庆	第二批	水果
124	河南省杞县杞县大蒜中国特色农产品优势区	河南	第二批	蔬菜
125	江苏省南京市高淳区固城湖螃蟹中国特色农产品优势区	江苏	第二批	水产品
126	河南省泌阳县泌阳夏南牛中国特色农产品优势区	河南	第二批	肉类
127	广东省潮州市潮州单丛茶中国特色农产品优势区	广东	第二批	茶叶
128	云南省腾冲市槟榔江水牛中国特色农产品优势区	云南	第二批	肉类
129	云南省宾川县宾川柑橘中国特色农产品优势区	云南	第二批	水果
130	内蒙古自治区赤峰市赤峰小米中国特色农产品优势区	内蒙古	第二批	粮食
131	江苏省海门市海门山羊中国特色农产品优势区	江苏	第二批	肉类
132	贵州省都匀市都匀毛尖中国特色农产品优势区	贵州	第二批	茶叶
133	青海省海西蒙古族藏族自治州柴达木枸杞中国特色农产品优势区	青海	第二批	药材
134	天津市宝坻区宝坻黄板泥鳅中国特色农产品优势区	天津	第二批	水产品
135	内蒙古自治区通辽市科尔沁牛中国特色农产品优势区	内蒙古	第二批	肉类
136	新疆生产建设兵团第一师阿拉尔市阿拉尔红枣中国特色农产品优势区	新疆	第二批	水果
137	新疆维吾尔自治区若羌县若羌红枣中国特色农产品优势区	新疆	第二批	水果
138	江西省崇仁县崇仁麻鸡中国特色农产品优势区	江西	第二批	肉类
139	内蒙古自治区鄂托克旗阿尔巴斯绒山羊中国特色农产品优势区	内蒙古	第二批	肉类
140	河南省平舆县平舆白芝麻中国特色农产品优势区	河南	第二批	油料
141	上海市崇明区崇明清水蟹中国特色农产品优势区	上海	第二批	水产品

续 表

序号	名称	省份	批次	品类
142	新疆维吾尔自治区鄯善县吐鲁番葡萄中国特色农产品优势区	新疆	第二批	水果
143	陕西省富平县富平奶山羊中国特色农产品优势区	陕西	第二批	肉类
144	西藏自治区工布江达县藏猪中国特色农产品优势区	西藏	第二批	肉类
145	黑龙江省东宁市东宁黑木耳中国特色农产品优势区	黑龙江	第二批	菌菇
146	西藏自治区类乌齐县牦牛中国特色农产品优势区	西藏	第二批	肉类
147	四川省广元市朝天核桃中国特色农产品优势区	四川	第三批	坚果
148	辽宁省大连市大连海参中国特色农产品优势区	辽宁	第三批	水产品
149	山西省临猗县临猗苹果中国特色农产品优势区	山西	第三批	水果
150	黑龙江省齐齐哈尔市梅里斯达斡尔族区梅里斯洋葱中国特色农产品优势区	黑龙江	第三批	蔬菜
151	辽宁省大连市大连大樱桃中国特色农产品优势区	辽宁	第三批	水果
152	四川省通江县通江银耳中国特色农产品优势区	四川	第三批	菌菇
153	四川省凉山州凉山桑蚕茧中国特色农产品优势区	四川	第三批	棉麻蚕丝
154	山西省大同市云州区大同黄花中国特色农产品优势区	山西	第三批	蔬菜
155	山东省肥城市肥城桃中国特色农产品优势区	山东	第三批	水果
156	云南省勐海县勐海普洱茶中国特色农产品优势区	云南	第三批	茶叶
157	安徽省六安市六安瓜片中国特色农产品优势区	安徽	第三批	茶叶
158	贵州省湄潭县湄潭翠芽中国特色农产品优势区	贵州	第三批	茶叶
159	河北省兴隆县兴隆山楂中国特色农产品优势区	河北	第三批	水果
160	安徽省宁国市宁国山核桃中国特色农产品优势区	安徽	第三批	坚果
161	广东省清远市清远鸡中国特色农产品优势区	广东	第三批	肉类
162	广西壮族自治区恭城瑶族自治县恭城月柿中国特色农产品优势区	广西	第三批	水果
163	河北省隆化县隆化肉牛中国特色农产品优势区	河北	第三批	肉类
164	湖南省衡阳市衡阳油茶中国特色农产品优势区	湖南	第三批	油料
165	广西壮族自治区苍梧县六堡茶中国特色农产品优势区	广西	第三批	茶叶
166	山西省隰县隰县玉露香梨中国特色农产品优势区	山西	第三批	水果
167	吉林省通化县通化蓝莓中国特色农产品优势区	吉林	第三批	水果
168	湖北省赤壁市赤壁青砖茶中国特色农产品优势区	湖北	第三批	茶叶
169	吉林省集安市集安人参中国特色农产品优势区	吉林	第三批	药材
170	湖北省通城县黄袍山油茶中国特色农产品优势区	湖北	第三批	茶叶

续 表

序号	名称	省份	批次	品类
171	河南省西峡县西峡猕猴桃中国特色农产品优势区	河南	第三批	水果
172	广西壮族自治区容县容县沙田柚中国特色农产品优势区	广西	第三批	水果
173	山东省胶州市胶州大白菜中国特色农产品优势区	山东	第三批	蔬菜
174	山西省安泽县安泽连翘中国特色农产品优势区	山西	第三批	药材
175	广西壮族自治区田阳县百色番茄中国特色农产品优势区	广西	第三批	水果
176	陕西省眉县眉县猕猴桃中国特色农产品优势区	陕西	第三批	水果
177	浙江省庆元县、龙泉市、景宁畲族自治县庆元香菇中国特色农产品优势区	浙江	第三批	菌菇
178	重庆市永川区永川秀芽中国特色农产品优势区	重庆	第三批	茶叶
179	河北省巨鹿县巨鹿金银花中国特色农产品优势区	河北	第三批	药材
180	江苏省兴化市兴化香葱中国特色农产品优势区	江苏	第三批	蔬菜
181	广西壮族自治区全州县全州禾花鱼中国特色农产品优势区	广西	第三批	水产品
182	四川省宜宾市宜宾早茶中国特色农产品优势区	四川	第三批	茶叶
183	陕西省紫阳县紫阳富硒茶中国特色农产品优势区	陕西	第三批	茶叶
184	湖北省蕲春县蕲艾中国特色农产品优势区	湖北	第三批	药材
185	江西省上饶市广丰区广丰马家柚中国特色农产品优势区	江西	第三批	水果
186	湖北省洪湖市洪湖水生蔬菜中国特色农产品优势区	湖北	第三批	蔬菜
187	江苏省无锡市惠山区阳山水蜜桃中国特色农产品优势区	江苏	第三批	水果
188	浙江省磐安县磐五味中药材中国特色农产品优势区	浙江	第三批	药材
189	重庆市万州区万州玫瑰香橙中国特色农产品优势区	重庆	第三批	水果
190	辽宁省铁岭市铁岭榛子中国特色农产品优势区	辽宁	第三批	坚果
191	广东省德庆县德庆贡柑中国特色农产品优势区	广东	第三批	水果
192	贵州省麻江县麻江蓝莓中国特色农产品优势区	贵州	第三批	水果
193	福建省平和县平和蜜柚中国特色农产品优势区	福建	第三批	水果
194	内蒙古自治区呼伦贝尔市呼伦贝尔草原羊中国特色农产品优势区	内蒙古	第三批	肉类
195	山东省烟台市烟台苹果中国特色农产品优势区	山东	第三批	水果
196	内蒙古自治区乌海市乌海葡萄中国特色农产品优势区	内蒙古	第三批	水果
197	广东省广州市从化区、增城区广州荔枝中国特色农产品优势区	广东	第三批	水果
198	贵州省威宁彝族回族苗族自治县威宁洋芋中国特色农产品优势区	贵州	第三批	蔬菜

续 表

序号	名称	省份	批次	品类
199	江西省广昌县广昌白莲中国特色农产品优势区	江西	第三批	药材
200	内蒙古自治区阿拉善左旗阿拉善白绒山羊中国特色农产品优势区	内蒙古	第三批	肉类
201	浙江省常山县常山油茶中国特色农产品优势区	浙江	第三批	茶叶
202	安徽省滁州市南谯区、琅琊区滁菊中国特色农产品优势区	安徽	第三批	药材
203	广东农垦湛江菠萝中国特色农产品优势区	广东	第三批	水果
204	宁夏回族自治区盐池县盐池黄花菜中国特色农产品优势区	宁夏	第三批	蔬菜
205	青海省共和县龙羊峡三文鱼中国特色农产品优势区	青海	第三批	水产品
206	河北省深州市深州蜜桃中国特色农产品优势区	河北	第三批	水果
207	新疆生产建设兵团第五师双河葡萄中国特色农产品优势区	新疆	第三批	水果
208	江苏省溧阳市溧阳青虾中国特色农产品优势区	江苏	第三批	水产品
209	江苏省宝应县宝应荷藕中国特色农产品优势区	江苏	第三批	蔬菜
210	贵州省盘州市盘州刺梨中国特色农产品优势区	贵州	第三批	水果
211	黑龙江省讷河市讷河马铃薯中国特色农产品优势区	黑龙江	第三批	粮食
212	上海市嘉定区马陆葡萄中国特色农产品优势区	上海	第三批	水果
213	甘肃省陇南市武都区武都花椒中国特色农产品优势区	甘肃	第三批	蔬菜
214	北京市怀柔区怀柔板栗中国特色农产品优势区	北京	第三批	坚果
215	河南省焦作市怀药中国特色农产品优势区	河南	第三批	蔬菜
216	陕西省商洛市商洛香菇中国特色农产品优势区	陕西	第三批	菌菇
217	陕西省韩城市韩城花椒中国特色农产品优势区	陕西	第三批	蔬菜
218	福建省安溪县安溪铁观音中国特色农产品优势区	福建	第三批	茶叶
219	黑龙江省伊春市伊春黑木耳中国特色农产品优势区	黑龙江	第三批	菌菇
220	吉林省前郭县查干湖淡水有机鱼中国特色农产品优势区	吉林	第三批	水产品
221	山东省夏津县夏津椹果中国特色农产品优势区	山东	第三批	水果
222	黑龙江省虎林市虎林椴树蜜中国特色农产品优势区	黑龙江	第三批	蜂蜜
223	天津市西青区沙窝萝卜中国特色农产品优势区	天津	第三批	蔬菜
224	福建省连江县连江鲍鱼中国特色农产品优势区	福建	第三批	水产品
225	长白山森工集团有限公司长白山桑黄中国特色农产品优势区	吉林	第三批	药材
226	青海省祁连县祁连藏羊中国特色农产品优势区	青海	第三批	肉类
227	新疆维吾尔自治区英吉沙县英吉沙杏中国特色农产品优势区	新疆	第三批	水果

续　表

序号	名称	省份	批次	品类
228	西藏自治区亚东县亚东鲑鱼中国特色农产品优势区	西藏	第三批	水产品
229	海南省东方市东方火龙果中国特色农产品优势区	海南	第三批	水果
230	黑龙江省通河县通河大榛子中国特色农产品优势区	黑龙江	第四批	坚果
231	湖南省洪江市黔阳冰糖橙中国特色农产品优势区	湖南	第四批	水果
232	山西省绛县绛县山楂中国特色农产品优势区	山西	第四批	水果
233	江西省遂川县遂川狗牯脑茶中国特色农产品优势区	江西	第四批	茶叶
234	湖南省邵东市邵东玉竹中国特色农产品优势区	湖南	第四批	药材
235	海南省海口市火山荔枝中国特色农产品优势区	海南	第四批	水果
236	湖南省炎陵县炎陵黄桃中国特色农产品优势区	湖南	第四批	水果
237	江西省吉安市井冈蜜柚中国特色农产品优势区	江西	第四批	水果
238	湖南省南县南县小龙虾中国特色农产品优势区	湖南	第四批	水产品
239	江西省进贤县军山湖大闸蟹中国特色农产品优势区	江西	第四批	水产品
240	江西省樟树市樟树中药材中国特色农产品优势区	江西	第四批	药材
241	吉林省桦甸市桦甸黄牛中国特色农产品优势区	吉林	第四批	肉类
242	四川省威远县威远无花果中国特色农产品优势区	四川	第四批	水果
243	河北省宽城县宽城板栗中国特色农产品优势区	河北	第四批	坚果
244	湖南省保靖县保靖黄金茶中国特色农产品优势区	湖南	第四批	茶叶
245	安徽省潜山市天柱山瓜蒌籽中国特色农产品优势区	安徽	第四批	坚果
246	福建省福安市福安葡萄中国特色农产品优势区	福建	第四批	水果
247	河南省汝阳县汝阳香菇中国特色农产品优势区	河南	第四批	菌菇
248	广西壮族自治区荔浦市荔浦砂糖桔中国特色农产品优势区	广西	第四批	水果
249	云南省彝良县昭通天麻中国特色农产品优势区	云南	第四批	棉麻蚕丝
250	广西壮族自治区容县霞烟鸡中国特色农产品优势区	广西	第四批	肉类
251	广西壮族自治区南宁市武鸣区武鸣沃柑中国特色农产品优势区	广西	第四批	水果
252	贵州省水城县水城红心猕猴桃中国特色农产品优势区	贵州	第四批	水果
253	四川省绵阳市三台县涪城麦冬中国特色农产品优势区	四川	第四批	粮食
254	河南省卢氏县卢氏连翘中国特色农产品优势区	河南	第四批	药材
255	吉林省集安市集安山葡萄中国特色农产品优势区	吉林	第四批	水果
256	四川省雅安市名山区蒙顶山茶中国特色农产品优势区	四川	第四批	茶叶
257	河北省辛集市辛集黄冠梨中国特色农产品优势区	河北	第四批	水果
258	湖北省罗田县罗田板栗中国特色农产品优势区	湖北	第四批	坚果

续 表

序号	名称	省份	批次	品类
259	甘肃省渭源县渭源白条党参中国特色农产品优势区	甘肃	第四批	药材
260	河北省遵化市遵化香菇中国特色农产品优势区	河北	第四批	菌菇
261	四川省会理县会理石榴中国特色农产品优势区	四川	第四批	水果
262	贵州省石阡县石阡苔茶中国特色农产品优势区	贵州	第四批	茶叶
263	山西省右玉县右玉羊中国特色农产品优势区	山西	第四批	肉类
264	安徽省青阳县九华黄精中国特色农产品优势区	安徽	第四批	药材
265	河北省昌黎县昌黎葡萄中国特色农产品优势区	河北	第四批	水果
266	陕西省澄城县澄城樱桃中国特色农产品优势区	陕西	第四批	水果
267	湖北省丹江口市武当蜜桔中国特色农产品优势区	湖北	第四批	水果
268	福建省龙岩市福建百香果中国特色农产品优势区	福建	第四批	水果
269	河北省邢台市信都区、内丘县邢台酸枣中国特色农产品优势区	河北	第四批	水果
270	湖北省麻城市麻城福白菊中国特色农产品优势区	湖北	第四批	药材
271	浙江省武义县武义绿茶中国特色农产品优势区	浙江	第四批	茶叶
272	广东省英德市英德红茶中国特色农产品优势区	广东	第四批	茶叶
273	江苏省高邮市高邮鸭中国特色农产品优势区	江苏	第四批	肉类
274	广西壮族自治区灵山县灵山荔枝中国特色农产品优势区	广西	第四批	水果
275	山东省平邑县平邑金银花中国特色农产品优势区	山东	第四批	药材
276	陕西省汉中市汉中仙毫中国特色农产品优势区	陕西	第四批	茶叶
277	四川省渠县渠县黄花中国特色农产品优势区	四川	第四批	蔬菜
278	吉林省蛟河市蛟河黑木耳中国特色农产品优势区	吉林	第四批	菌菇
279	山东省曹县曹县芦笋中国特色农产品优势区	山东	第四批	蔬菜
280	陕西省定边县、靖边县榆林马铃薯中国特色农产品优势区	陕西	第四批	粮食
281	重庆市黔江区黔江桑蚕茧中国特色农产品优势区	重庆	第四批	棉麻蚕丝
282	甘肃省天水市麦积区花牛苹果中国特色农产品优势区	甘肃	第四批	水果
283	山西省岚县岚县马铃薯中国特色农产品优势区	山西	第四批	粮食
284	浙江省安吉县安吉冬笋中国特色农产品优势区	浙江	第四批	蔬菜
285	河南省兰考县兰考红薯中国特色农产品优势区	河南	第四批	粮食
286	重庆市石柱县石柱莼菜中国特色农产品优势区	重庆	第四批	蔬菜
287	福建省古田县古田银耳中国特色农产品优势区	福建	第四批	菌菇
288	山东省乐陵市乐陵金丝小枣中国特色农产品优势区	山东	第四批	水果
289	安徽省天长市天长龙岗芡实中国特色农产品优势区	安徽	第四批	粮食

续　表

序号	名称	省份	批次	品类
290	广西壮族自治区三江县三江高山鲤鱼中国特色农产品优势区	广西	第四批	水产品
291	陕西省佳县佳县油枣中国特色农产品优势区	陕西	第四批	水果
292	福建省福州市福州茉莉花茶中国特色农产品优势区	福建	第四批	茶叶
293	湖北省嘉鱼县嘉鱼甘蓝中国特色农产品优势区	湖北	第四批	蔬菜
294	辽宁省新民市关东小梁山西瓜中国特色农产品优势区	辽宁	第四批	水果
295	河南省宁陵县金顶谢花酥梨中国特色农产品优势区	河南	第四批	水果
296	湖北省宜昌市宜昌红茶中国特色农产品优势区	湖北	第四批	茶叶
297	贵州省锦屏县锦屏茶油中国特色农产品优势区	贵州	第四批	油料
298	山东省昌乐县昌乐西瓜中国特色农产品优势区	山东	第四批	水果
299	云南省临沧市临沧坚果中国特色农产品优势区	云南	第四批	坚果
300	海南省万宁市万宁槟榔中国特色农产品优势区	海南	第四批	水果
301	西藏自治区白朗县白朗蔬菜中国特色农产品优势区	西藏	第四批	蔬菜
302	新疆维吾尔自治区莎车县莎车巴旦姆中国特色农产品优势区	新疆	第四批	坚果
303	青海省乌兰县乌兰茶卡羊中国特色农产品优势区	青海	第四批	肉类
304	内蒙古自治区开鲁县开鲁红干椒中国特色农产品优势区	内蒙古	第四批	蔬菜
305	宁夏回族自治区银川市贺兰山东麓酿酒葡萄中国特色农产品优势区	宁夏	第四批	水果
306	广东省江门市新会区新会陈皮中国特色农产品优势区	广东	第四批	药材
307	广东农垦湛江红江橙中国特色农产品优势区	广东	第四批	水果
308	大兴安岭林业集团公司北极蓝莓中国特色农产品优势区	黑龙江	第四批	水果

附录 2 国家现代农业产业园批准创建名单

名 称	所在省份	批准创建年份	主导产业
北京市顺义区现代农业产业园	北京	2023 年	生猪（种业）、设施蔬菜
河北省辛集市现代农业产业园	河北	2023 年	小麦种业
山西省翼城县现代农业产业园	山西	2023 年	小麦、玉米
内蒙古自治区和林格尔县现代农业产业园	内蒙古	2023 年	奶业
内蒙古自治区莫力达瓦达斡尔族自治旗现代农业产业园	内蒙古	2023 年	大豆
内蒙古自治区杭锦后旗现代农业产业园	内蒙古	2023 年	奶牛、肉牛
辽宁省台安县现代农业产业园	辽宁	2023 年	生猪、肉鸡
辽宁省大石桥市现代农业产业园	辽宁	2023 年	水稻
吉林省榆树市现代农业产业园	吉林	2023 年	玉米
黑龙江省宝清县现代农业产业园	黑龙江	2023 年	杂粮杂豆、白瓜子
黑龙江省讷河市现代农业产业园	黑龙江	2023 年	大豆
江苏省常州市金坛区现代农业产业园	江苏	2023 年	水稻、河蟹（特色产业）
江苏省句容市现代农业产业园	江苏	2023 年	葡萄、草莓
浙江省武义县现代农业产业园	浙江	2023 年	茶叶、食用菌、中药材
安徽省肥西县现代农业产业园	安徽	2023 年	水稻、设施蔬菜
福建省漳浦县现代农业产业园	福建	2023 年	鳗鲡、生猪
福建省福清市现代农业产业园	福建	2023 年	鳗鲡、生猪
江西省永修县现代农业产业园	江西	2023 年	永修香米、稻渔
江西省南丰县现代农业产业园	江西	2023 年	蜜桔、龟鳖养殖
山东省平度市现代农业产业园	山东	2023 年	蓼兰小麦、平度大花生
山东省威海市文登区现代农业产业园	山东	2023 年	花生、西洋参
河南省柘城县现代农业产业园	河南	2023 年	小麦、辣椒
河南省郸城县现代农业产业园	河南	2023 年	玉米小麦

续　表

名　称	所在省份	批准创建年份	主导产业
湖北省襄阳市襄州区现代农业产业园	湖北	2023年	水稻、生猪
湖北省沙洋县现代农业产业园	湖北	2023年	油菜
湖南省衡阳县现代农业产业园	湖南	2023年	油菜
湖南省湘阴县现代农业产业园	湖南	2023年	优质稻、藠头
广东省广州市增城区现代农业产业园	广东	2023年	丝苗米、设施畜牧
广东省肇庆市高要区现代农业产业园	广东	2023年	罗氏沼虾、丝苗米
广西壮族自治区东兴市现代农业产业园	广西	2023年	稻菜
海南省海口市琼山区现代农业产业园	海南	2023年	水稻
重庆市合川区现代农业产业园	重庆	2023年	粮油
重庆市永川区现代农业产业园	重庆	2023年	茶叶、豆豉、特色经果
四川省岳池县现代农业产业园	四川	2023年	粮油
四川省自贡市大安区现代农业产业园	四川	2023年	肉鸡
四川省南充市嘉陵区现代农业产业园	四川	2023年	蚕桑、高粱
贵州省威宁县现代农业产业园	贵州	2023年	马铃薯
贵州省台江县现代农业产业园	贵州	2023年	鲟鳇鱼
云南省鹤庆县现代农业产业园	云南	2023年	乳业
西藏自治区芒康县现代农业产业园	西藏	2023年	西藏牦牛
陕西省富平县现代农业产业园	陕西	2023年	奶山羊
陕西省西安市阎良区现代农业产业园	陕西	2023年	甜瓜
甘肃省榆中县现代农业产业园	甘肃	2023年	高原夏菜
甘肃省张掖市甘州区现代农业产业园	甘肃	2023年	玉米制种、绿色蔬菜、奶牛肉牛、设施农业、特色种养
青海省互助县现代农业产业园	青海	2023年	杂交春油菜
宁夏回族自治区西吉县现代农业产业园	宁夏	2023年	肉牛、马铃薯、清凉蔬菜、杂粮（油料）
新疆维吾尔自治区伽师县现代农业产业园	新疆	2023年	新梅
新疆维吾尔自治区阿瓦提县现代农业产业园	新疆	2023年	棉花
新疆维吾尔自治区伊宁县现代农业产业园	新疆	2023年	大豆红花
广东农垦茂名现代农业产业园	广东	2023年	荔枝
天津市武清区现代农业产业园	天津	2022年	蔬菜、奶牛

续 表

名 称	所在省份	批准创建年份	主导产业
河北雄安新区雄县现代农业产业园	河北	2022 年	设施蔬菜
河北省馆陶县现代农业产业园	河北	2022 年	鸡蛋、黄瓜
山西省晋中市榆次区现代农业产业园	山西	2022 年	蔬菜
山西省临猗县现代农业产业园	山西	2022 年	苹果
内蒙古自治区科尔沁右翼中旗现代农业产业园	内蒙古	2022 年	肉牛
内蒙古自治区扎兰屯市现代农业产业园	内蒙古	2022 年	大豆
辽宁省长海县现代农业产业园	辽宁	2022 年	扇贝、海螺
辽宁省盖州市现代农业产业园	辽宁	2022 年	葡萄、海蜇
吉林省抚松县现代农业产业园	吉林	2022 年	人参
吉林省敦化市现代农业产业园	吉林	2022 年	大豆
黑龙江省桦川县现代农业产业园	黑龙江	2022 年	水稻
江苏省连云港市赣榆区现代农业产业园	江苏	2022 年	水果
江苏省海安市现代农业产业园	江苏	2022 年	稻米、蚕桑
浙江省宁海县现代农业产业园	浙江	2022 年	稻谷、对虾
浙江省天台县现代农业产业园	浙江	2022 年	水稻、蔬菜
安徽省涡阳县现代农业产业园	安徽	2022 年	小麦
安徽省望江县现代农业产业园	安徽	2022 年	油菜、水稻
福建省漳平市现代农业产业园	福建	2022 年	茶叶
福建省永春县现代农业产业园	福建	2022 年	永春芦柑
江西省高安市现代农业产业园	江西	2022 年	蔬菜、中药材
江西省上饶市广信区现代农业产业园	江西	2022 年	油菜
山东省泰安市岱岳区现代农业产业园	山东	2022 年	黄精、樱桃
山东省泗水县现代农业产业园	山东	2022 年	蔬菜
河南省信阳市浉河区现代农业产业园	河南	2022 年	茶叶
河南省临颍县现代农业产业园	河南	2022 年	小麦
湖北省京山市现代农业产业园	湖北	2022 年	油菜
湖北省武穴市现代农业产业园	湖北	2022 年	佛手山药
湖南省湘潭县现代农业产业园	湖南	2022 年	湘莲
广东省陆丰市现代农业产业园	广东	2022 年	甘薯
广东省佛山市南海区现代农业产业园	广东	2022 年	淡水鱼
广西壮族自治区贺州市平桂区现代农业产业园	广西	2022 年	蔬菜
海南省万宁市现代农业产业园	海南	2022 年	咖啡

续　表

名　称	所在省份	批准创建年份	主导产业
重庆市酉阳县现代农业产业园	重庆	2022 年	油茶
重庆市荣昌区现代农业产业园	重庆	2022 年	生猪
四川省开江县现代农业产业园	四川	2022 年	稻渔
四川省遂宁市船山区现代农业产业园	四川	2022 年	蔬菜
贵州省都匀市现代农业产业园	贵州	2022 年	茶叶
云南省元谋县现代农业产业园	云南	2022 年	蔬菜
西藏自治区波密县现代农业产业园	西藏	2022 年	天麻
陕西省平利县现代农业产业园	陕西	2022 年	茶叶
陕西省大荔县现代农业产业园	陕西	2022 年	冬枣
甘肃省东乡县现代农业产业园	甘肃	2022 年	肉羊
甘肃省天水市麦积区现代农业产业园	甘肃	2022 年	花牛苹果
青海省共和县现代农业产业园	青海	2022 年	蔬菜
宁夏回族自治区中宁县现代农业产业园	宁夏	2022 年	枸杞
新疆维吾尔自治区奇台县现代农业产业园	新疆	2022 年	小麦
新疆维吾尔自治区若羌县现代农业产业园	新疆	2022 年	红枣
新疆生产建设兵团第三师草湖现代农业产业园	新疆	2022 年	棉花
北大荒农垦集团有限公司北安分公司现代农业产业园	黑龙江	2022 年	大豆
北京市通州区现代农业产业园	北京	2021 年	蔬菜、农作物育种
天津市滨海新区现代农业产业园	天津	2021 年	食用菌
河北省隆化县现代农业产业园	河北	2021 年	肉牛
河北省临城县现代农业产业园	河北	2021 年	核桃
山西省大同市云州区现代农业产业园	山西	2021 年	黄花、鸡
山西省稷山县现代农业产业园	山西	2021 年	蛋鸡
内蒙古自治区克什克腾旗现代农业产业园	内蒙古	2021 年	肉羊
辽宁省凌源市现代农业产业园	辽宁	2021 年	球根花卉
辽宁省桓仁县现代农业产业园	辽宁	2021 年	山参
吉林省公主岭市现代农业产业园	吉林	2021 年	玉米
吉林省龙井市现代农业产业园	吉林	2021 年	牛
吉林省梨树县现代农业产业园	吉林	2021 年	玉米、生猪
黑龙江省勃利县现代农业产业园	黑龙江	2021 年	肉牛
黑龙江省五大连池市现代农业产业园	黑龙江	2021 年	大豆

续表

名称	所在省份	批准创建年份	主导产业
黑龙江省绥滨县现代农业产业园	黑龙江	2021 年	水稻
上海市崇明区现代农业产业园	上海	2021 年	渔业、水稻
江苏省泰州市海陵区现代农业产业园	江苏	2021 年	水稻、家禽
江苏省无锡市惠山区现代农业产业园	江苏	2021 年	水蜜桃、蔬菜
浙江省苍南县现代农业产业园	浙江	2021 年	生猪、茶叶
安徽省颍上县现代农业产业园	安徽	2021 年	水稻
福建省福鼎市现代农业产业园	福建	2021 年	茶叶
江西省萍乡市湘东区现代农业产业园	江西	2021 年	水稻
江西省广昌县现代农业产业园	江西	2021 年	食用菌、莲藕
山东省嘉祥县现代农业产业园	山东	2021 年	大豆种业
山东省烟台市莱山区现代农业产业园	山东	2021 年	苹果、葡萄
山东省齐河县现代农业产业园	山东	2021 年	小麦、玉米
河南省新乡市平原城乡一体化示范区现代农业产业园	河南	2021 年	小麦、玉米
河南省永城市现代农业产业园	河南	2021 年	小麦
湖北省孝感市孝南区现代农业产业园	湖北	2021 年	糯米、麻糖米酒
湖南省张家界市永定区现代农业产业园	湖南	2021 年	莓茶
广东省清远市清城区现代农业产业园	广东	2021 年	清远麻鸡种业
广东省化州市现代农业产业园	广东	2021 年	化橘红
广西壮族自治区全州县现代农业产业园	广西	2021 年	水稻
广西壮族自治区苍梧县现代农业产业园	广西	2021 年	六堡茶
海南省文昌市现代农业产业园	海南	2021 年	南美白对虾、罗非鱼
重庆市万州区现代农业产业园	重庆	2021 年	生猪、脐橙
重庆市丰都县现代农业产业园	重庆	2021 年	肉牛
四川省三台县现代农业产业园	四川	2021 年	生猪
四川省隆昌市现代农业产业园	四川	2021 年	稻渔
贵州省习水县现代农业产业园	贵州	2021 年	黔北麻羊、酒用有机高粱
贵州省石阡县现代农业产业园	贵州	2021 年	苔茶
云南省寻甸县现代农业产业园	云南	2021 年	肉牛
西藏自治区萨迦县现代农业产业园	西藏	2021 年	藏鸡
西藏自治区当雄县现代农业产业园	西藏	2021 年	牦牛

续 表

名 称	所在省份	批准创建年份	主导产业
陕西省柞水县现代农业产业园	陕西	2021年	木耳
甘肃省武威市凉州区现代农业产业园	甘肃	2021年	生猪
青海省门源县现代农业产业园	青海	2021年	青稞、牦牛
宁夏回族自治区银川市西夏区现代农业产业园	宁夏	2021年	葡萄
新疆维吾尔自治区墨玉县现代农业产业园	新疆	2021年	核桃、肉鸡
新疆维吾尔自治区霍城县现代农业产业园	新疆	2021年	薰衣草
北京市平谷区现代农业产业园	北京	2020年	蛋鸡、奶牛种业
天津市宝坻区现代农业产业园	天津	2020年	奶牛、小站稻
河北省安平县现代农业产业园	河北	2020年	生猪
河北省张家口市宣化区现代农业产业园	河北	2020年	谷子种业
山西省平顺县现代农业产业园	山西	2020年	中药材
内蒙古自治区乌兰察布市察右前旗现代农业产业园	内蒙古	2020年	马铃薯
辽宁省瓦房店市现代农业产业园	辽宁	2020年	海参、樱桃
吉林省吉林市昌邑区现代农业产业园	吉林	2020年	水稻
黑龙江省海伦市现代农业产业园	黑龙江	2020年	大豆
江苏省泰兴市现代农业产业园	江苏	2020年	银杏、生猪
江苏省盱眙县现代农业产业园	江苏	2020年	小龙虾、水稻
浙江省瑞安市现代农业产业园	浙江	2020年	水稻、蔬菜
安徽省宣城市宣州区现代农业产业园	安徽	2020年	家禽
福建省建宁县现代农业产业园	福建	2020年	水稻种业
江西省万年县现代农业产业园	江西	2020年	水稻、珍珠
山东省阳信县现代农业产业园	山东	2020年	肉牛
河南省灵宝市现代农业产业园	河南	2020年	苹果
河南省内乡县现代农业产业园	河南	2020年	生猪
湖北省蕲春县现代农业产业园	湖北	2020年	蕲艾
湖南省永顺县现代农业产业园	湖南	2020年	猕猴桃、柑橘
广东省云浮市云城区现代农业产业园	广东	2020年	中药材
重庆市奉节县现代农业产业园	重庆	2020年	脐橙
四川省资中县现代农业产业园	四川	2020年	血橙、生猪
四川省南江县现代农业产业园	四川	2020年	南江黄羊、金银花
贵州省安龙县现代农业产业园	贵州	2020年	食用菌

续 表

名 称	所在省份	批准创建年份	主导产业
西藏自治区工布江达县现代农业产业园	西藏	2020 年	藏猪、牦牛
西藏自治区那曲市色尼区现代农业产业园	西藏	2020 年	牦牛
陕西省陇县现代农业产业园	陕西	2020 年	奶山羊、玉米
新疆维吾尔自治区福海县现代农业产业园	新疆	2020 年	阿勒泰羊、准噶尔双峰驼
新疆维吾尔自治区昌吉市现代农业产业园	新疆	2020 年	玉米种业
新疆生产建设兵团第二师铁门关市现代农业产业园	新疆	2020 年	番茄、辣椒
北京市密云区现代农业产业园	北京	2019 年	特色果品、精品蔬菜
天津市宁河区现代农业产业园	天津	2019 年	水稻、生猪
河北省平泉市现代农业产业园	河北	2019 年	食用菌
山西省隰县现代农业产业园	山西	2019 年	玉露香梨
内蒙古自治区科尔沁左翼中旗现代农业产业园	内蒙古	2019 年	肉牛
辽宁省东港市现代农业产业园	辽宁	2019 年	草莓
吉林省东辽县现代农业产业园	吉林	2019 年	鸡蛋、玉米
黑龙江省富锦市现代农业产业园	黑龙江	2019 年	玉米、大豆
黑龙江省铁力市现代农业产业园	黑龙江	2019 年	中药材
黑龙江农垦建三江管理局七星现代农业产业园	黑龙江	2019 年	水稻
上海市金山区现代农业产业园	上海	2019 年	果蔬
江苏省东台市现代农业产业园	江苏	2019 年	西瓜、甜叶菊
江苏省南京市高淳区现代农业产业园	江苏	2019 年	螃蟹
浙江省杭州市余杭区现代农业产业园	浙江	2019 年	茶叶
安徽省天长市现代农业产业园	安徽	2019 年	水稻、芡实
福建省古田县现代农业产业园	福建	2019 年	食用菌
江西省彭泽县现代农业产业园	江西	2019 年	稻渔
山东省滨州市滨城区现代农业产业园	山东	2019 年	小麦、生猪
山东省庆云县现代农业产业园	山东	2019 年	蔬菜、小枣
河南省延津县现代农业产业园	河南	2019 年	小麦
河南省泌阳县现代农业产业园	河南	2019 年	肉牛
湖北省宜昌市夷陵区现代农业产业园	湖北	2019 年	柑橘、茶叶
湖北省随县现代农业产业园	湖北	2019 年	香菇
湖南省常德市鼎城区现代农业产业园	湖南	2019 年	水稻、油菜

续 表

名称	所在省份	批准创建年份	主导产业
湖南省长沙市芙蓉区现代农业产业园	湖南	2019 年	水稻种业
广东省梅州市梅县区现代农业产业园	广东	2019 年	柚子
广东省湛江市坡头区现代农业产业园	广东	2019 年	对虾
广东省新兴县现代农业产业园	广东	2019 年	鸡、猪
广东农垦湛江农垦（雷州半岛）现代农业产业园	广东	2019 年	农海产品加工
广西壮族自治区都安县现代农业产业园	广西	2019 年	肉牛、肉羊
海南省儋州市现代农业产业园	海南	2019 年	橡胶
海南省三亚市崖州区现代农业产业园	海南	2019 年	种业
重庆市江津区现代农业产业园	重庆	2019 年	花椒
四川省广汉市现代农业产业园	四川	2019 年	小麦、油菜
四川省邛崃市现代农业产业园	四川	2019 年	种业、种子及农产品加工
四川省安岳县现代农业产业园	四川	2019 年	柠檬
贵州省麻江县现代农业产业园	贵州	2019 年	蓝莓、生猪
云南省开远市现代农业产业园	云南	2019 年	花卉苗木、优质水稻
西藏自治区拉萨市城关区现代农业产业园	西藏	2019 年	蔬菜、奶业
陕西省榆林市榆阳区现代农业产业园	陕西	2019 年	马铃薯、湖羊
甘肃省酒泉市肃州区现代农业产业园	甘肃	2019 年	蔬菜、玉米种业
甘肃省宁县现代农业产业园	甘肃	2019 年	苹果
青海省泽库县现代农业产业园	青海	2019 年	牦牛、藏羊
宁夏回族自治区吴忠市利通区现代农业产业园	宁夏	2019 年	蔬菜、奶业
新疆维吾尔自治区博乐市现代农业产业园	新疆	2019 年	肉牛、玉米
陕西省眉县现代农业产业园	陕西	2018 年	猕猴桃
广东省茂名市现代农业产业园	广东	2018 年	荔枝
新疆生产建设兵团阿拉尔市现代农业产业园	新疆	2018 年	红枣
辽宁省盘锦市大洼区现代农业产业园	辽宁	2018 年	水稻、河蟹
黑龙江农垦宝泉岭垦区现代农业产业园	黑龙江	2018 年	玉米、大豆
河北省石家庄市鹿泉区现代农业产业园	河北	2018 年	奶业
山西省万荣县现代农业产业园	山西	2018 年	苹果
广西壮族自治区柳州市柳南区现代农业产业园	广西	2018 年	水稻、蔬菜
福建省平和县现代农业产业园	甘肃	2018 年	琯溪蜜柚

续 表

名 称	所在省份	批准创建年份	主导产业
山东省泰安市泰山区现代农业产业园	山东	2018 年	茶叶、奶业
贵州省修文县现代农业产业园	贵州	2018 年	猕猴桃
重庆市涪陵区现代农业产业园	重庆	2018 年	青菜头
江西省樟树市现代农业产业园	江西	2018 年	中药材
甘肃省定西市安定区现代农业产业园	甘肃	2018 年	马铃薯
湖南省安化县现代农业产业园	湖南	2018 年	黑茶
云南省芒市现代农业产业园	云南	2018 年	咖啡、茶叶
浙江省湖州市吴兴区现代农业产业园	浙江	2018 年	水稻、水产
四川省苍溪县现代农业产业园	西藏	2018 年	猕猴桃
安徽省金寨县现代农业产业园	安徽	2018 年	茶叶、中药材
河南省温县现代农业产业园	河南	2018 年	小麦、怀药
西藏自治区白朗县现代农业产业园	西藏	2018 年	青稞、园艺
四川省眉山市东坡区现代农业产业园	四川	2017 年	蔬菜
浙江省慈溪市现代农业产业园	浙江	2017 年	水稻、蔬菜
黑龙江省五常市现代农业产业园	黑龙江	2017 年	水稻
黑龙江省庆安县现代农业产业园	黑龙江	2017 年	水稻
江苏省泗阳县现代农业产业园	江苏	2017 年	食用菌、特色水产、精品桃果
浙江省诸暨市现代农业产业园	浙江	2017 年	珍珠、香榧
山东省金乡县现代农业产业园	山东	2017 年	大蒜
江西省信丰县现代农业产业园	江西	2017 年	脐橙
湖北省潜江市现代农业产业园	湖北	2017 年	小龙虾、水稻
贵州省水城县现代农业产业园	贵州	2017 年	猕猴桃、茶叶
广西壮族自治区横县现代农业产业园	广西	2017 年	茉莉花
安徽省宿州市埇桥区现代农业产业园	安徽	2017 年	小麦、生猪
重庆市潼南区现代农业产业园	重庆	2017 年	柠檬
宁夏回族自治区贺兰县现代农业产业园	宁夏	2017 年	瓜菜、水稻、草畜
湖南省靖州县现代农业产业园	湖南	2017 年	杨梅、茯苓
陕西省洛川县现代农业产业园	陕西	2017 年	苹果
吉林省集安市现代农业产业园	吉林	2017 年	人参
湖南省宁乡县现代农业产业园	湖南	2017 年	生猪、水稻
贵州省湄潭县现代农业产业园	贵州	2017 年	茶叶

续　表

名　称	所在省份	批准创建年份	主导产业
山东省栖霞市现代农业产业园	山东	2017年	苹果
内蒙古自治区扎赉特旗现代农业产业园	内蒙古	2017年	水稻
广东农垦湛江垦区现代农业产业园	广东	2017年	甘蔗、畜牧
四川省峨眉山市现代农业产业园	四川	2017年	茶叶
广东省江门市新会区现代农业产业园	广东	2017年	陈皮
黑龙江省宁安市现代农业产业园	黑龙江	2017年	西甜瓜、蔬菜
河南省正阳县现代农业产业园	河南	2017年	花生
河北省邯郸市滏东现代农业产业园	河北	2017年	蔬菜、鸡蛋
福建省安溪县现代农业产业园	福建	2017年	茶叶
海南省陵水县现代农业产业园	海南	2017年	蔬菜、芒果
江苏省无锡市锡山区现代农业产业园	江苏	2017年	种子种苗
四川省蒲江县现代农业产业园	四川	2017年	柑橘、猕猴桃
广西壮族自治区来宾市现代农业产业园	广西	2017年	甘蔗、柑橘
安徽省和县现代农业产业园	安徽	2017年	蔬菜、畜禽
青海省都兰县现代农业产业园	青海	2017年	枸杞
陕西省杨凌示范区现代农业产业园	陕西	2017年	蔬菜
北京市房山区现代农业产业园	北京	2017年	设施果蔬、花卉
甘肃省临洮县现代农业产业园	甘肃	2017年	蔬菜
山西省太谷县现代农业产业园	山西	2017年	生猪、果蔬
广东省徐闻县现代农业产业园	广东	2017年	菠萝
云南省普洱市思茅区现代农业产业园	云南	2017年	普洱茶
山东省潍坊市寒亭区现代农业产业园	山东	2017年	寒亭西瓜、潍县萝卜

附录 3　国家现代农业产业园认定名单

名　称	所在省份	认定批次	认定年份（公示/通知年份）	批准创建年份
四川省眉山市东坡区现代农业产业园	四川	第一批	2018 年	2017 年
河南省正阳县现代农业产业园	河南	第一批	2018 年	2017 年
山东省金乡县现代农业产业园	山东	第一批	2018 年	2017 年
黑龙江省五常市现代农业产业园	黑龙江	第一批	2018 年	2017 年
贵州省水城县现代农业产业园	贵州	第一批	2018 年	2017 年
福建省安溪县现代农业产业园	福建	第一批	2018 年	2017 年
湖北省潜江市现代农业产业园	湖北	第一批	2018 年	2017 年
陕西省洛川县现代农业产业园	陕西	第一批	2018 年	2017 年
吉林省集安市现代农业产业园	吉林	第一批	2018 年	2017 年
浙江省慈溪市现代农业产业园	浙江	第一批	2018 年	2017 年
广西壮族自治区来宾市现代农业产业园	广西	第一批	2018 年	2017 年
黑龙江省宁安市现代农业产业园	黑龙江	第一批	2018 年	2017 年
江西省信丰县现代农业产业园	江西	第一批	2018 年	2017 年
黑龙江省庆安县现代农业产业园	黑龙江	第一批	2018 年	2017 年
云南省普洱市思茅区现代农业产业园	云南	第一批	2018 年	2017 年
江苏省泗阳县现代农业产业园	江苏	第一批	2018 年	2017 年
内蒙古自治区扎赉特旗现代农业产业园	内蒙古	第一批	2018 年	2017 年
湖南省靖州县现代农业产业园	湖南	第一批	2018 年	2017 年
山东省潍坊市寒亭区现代农业产业园	山东	第一批	2018 年	2017 年
山东省栖霞市现代农业产业园	山东	第一批	2018 年	2017 年
广西壮族自治区横县现代农业产业园	广西	第二批	2019 年	2017 年
湖南省宁乡市现代农业产业园	湖南	第二批	2019 年	2017 年
河北省邯郸市滏东现代农业产业园	河北	第二批	2019 年	2017 年
四川省峨眉山市现代农业产业园	四川	第二批	2019 年	2017 年
浙江省诸暨市现代农业产业园	浙江	第二批	2019 年	2017 年
北京市房山区现代农业产业园	北京	第二批	2019 年	2017 年
广东省徐闻县现代农业产业园	广东	第二批	2019 年	2017 年

续　表

名　称	所在省份	认定批次	认定年份（公示/通知年份）	批准创建年份
山西省太谷县现代农业产业园	山西	第二批	2019年	2017年
广东省江门市新会区现代农业产业园	广东	第二批	2019年	2017年
安徽省和县现代农业产业园	安徽	第二批	2019年	2017年
贵州省湄潭县现代农业产业园	贵州	第二批	2019年	2017年
陕西省杨凌示范区现代农业产业园	陕西	第二批	2019年	2017年
江苏省无锡市锡山区现代农业产业园	江苏	第二批	2019年	2017年
青海省都兰县现代农业产业园	青海	第二批	2019年	2017年
安徽省宿州市埇桥区现代农业产业园	安徽	第二批	2019年	2017年
广东农垦湛江垦区现代农业产业园	广东	第二批	2019年	2017年
重庆市潼南区现代农业产业园	重庆	第二批	2019年	2017年
四川省蒲江县现代农业产业园	四川	第二批	2019年	2017年
宁夏回族自治区贺兰县现代农业产业园	宁夏	第二批	2019年	2017年
甘肃省临洮县现代农业产业园	甘肃	第二批	2019年	2017年
海南省陵水县现代农业产业园	海南	第二批	2019年	2017年
湖南省安化县现代农业产业园	湖南	第二批	2019年	2018年
山东省泰安市泰山区现代农业产业园	山东	第二批	2019年	2018年
重庆市涪陵区现代农业产业园	重庆	第二批	2019年	2018年
安徽省金寨县现代农业产业园	安徽	第二批	2019年	2018年
新疆生产建设兵团阿拉尔市现代农业产业园	新疆	第二批	2019年	2018年
陕西省眉县现代农业产业园	陕西	第二批	2019年	2018年
广西壮族自治区柳州市柳南区现代农业产业园	广西	第二批	2019年	2018年
甘肃省定西市安定区现代农业产业园	甘肃	第二批	2019年	2018年
天津市宁河区现代农业产业园	天津	第三批	2020年	2019年
河北省石家庄市鹿泉区现代农业产业园	河北	第三批	2020年	2018年
山西省万荣县现代农业产业园	山西	第三批	2020年	2018年
内蒙古自治区科尔沁左翼中旗现代农业产业园	内蒙古	第三批	2020年	2019年
辽宁省盘锦市大洼区现代农业产业园	辽宁	第三批	2020年	2018年
黑龙江省富锦市现代农业产业园	黑龙江	第三批	2020年	2019年
黑龙江农垦宝泉岭垦区现代农业产业园	黑龙江	第三批	2020年	2018年
上海市金山区现代农业产业园	上海	第三批	2020年	2019年
江苏省东台市现代农业产业园	江苏	第三批	2020年	2019年

续 表

名 称	所在省份	认定批次	认定年份（公示/通知年份）	批准创建年份
江苏省南京市高淳区现代农业产业园	江苏	第三批	2020 年	2019 年
江苏省邳州市现代农业产业园	江苏	第三批	2020 年	2019 年
江苏省沭阳县现代农业产业园	江苏	第三批	2020 年	2019 年
浙江省湖州市吴兴区现代农业产业园	浙江	第三批	2020 年	2018 年
浙江省杭州市余杭区现代农业产业园	浙江	第三批	2020 年	2019 年
安徽省天长市现代农业产业园	安徽	第三批	2020 年	2019 年
福建省平和县现代农业产业园	甘肃	第三批	2020 年	2018 年
福建省古田县现代农业产业园	福建	第三批	2020 年	2019 年
江西省樟树市现代农业产业园	江西	第三批	2020 年	2018 年
江西省彭泽县现代农业产业园	江西	第三批	2020 年	2019 年
山东省滨州市滨城区现代农业产业园	山东	第三批	2020 年	2019 年
山东省东阿县现代农业产业园	山东	第三批	2020 年	2019 年
河南省温县现代农业产业园	河南	第三批	2020 年	2018 年
河南省泌阳县现代农业产业园	河南	第三批	2020 年	2019 年
湖南省常德市鼎城区现代农业产业园	湖南	第三批	2020 年	2019 年
湖南省长沙市芙蓉区现代农业产业园	湖南	第三批	2020 年	2019 年
广东省茂名市现代农业产业园	广东	第三批	2020 年	2018 年
重庆市江津区现代农业产业园	重庆	第三批	2020 年	2019 年
四川省苍溪县现代农业产业园	西藏	第三批	2020 年	2018 年
四川省广汉市现代农业产业园	四川	第三批	2020 年	2019 年
四川省邛崃市现代农业产业园	四川	第三批	2020 年	2019 年
四川省安岳县现代农业产业园	四川	第三批	2020 年	2019 年
贵州省修文县现代农业产业园	贵州	第三批	2020 年	2018 年
云南省芒市现代农业产业园	云南	第三批	2020 年	2018 年
云南省开远市现代农业产业园	云南	第三批	2020 年	2019 年
西藏自治区白朗县现代农业产业园	西藏	第三批	2020 年	2018 年
甘肃省宁县现代农业产业园	甘肃	第三批	2020 年	2019 年
甘肃省酒泉市肃州区现代农业产业园	甘肃	第三批	2020 年	2019 年
青海省泽库县现代农业产业园	青海	第三批	2020 年	2019 年
新疆维吾尔自治区博乐市现代农业产业园	新疆	第四批	2022 年	2019 年
河南省延津县现代农业产业园	河南	第四批	2022 年	2019 年

续　表

名　称	所在省份	认定批次	认定年份（公示/通知年份）	批准创建年份
山西省隰县现代农业产业园	山西	第四批	2022 年	2019 年
广东省翁源县现代农业产业园	广东	第四批	2022 年	2019 年
北京市密云区现代农业产业园	北京	第四批	2022 年	2019 年
河北省平泉市现代农业产业园	河北	第四批	2022 年	2019 年
海南省三亚市崖州区现代农业产业园	海南	第四批	2022 年	2019 年
辽宁省东港市现代农业产业园	辽宁	第四批	2022 年	2019 年
广东省普宁市现代农业产业园	广东	第四批	2022 年	2019 年
山东省庆云县现代农业产业园	山东	第四批	2022 年	2019 年
广东省梅州市梅县区现代农业产业园	广东	第四批	2022 年	2019 年
陕西省榆林市榆阳区现代农业产业园	陕西	第四批	2022 年	2019 年
广东省新兴县现代农业产业园	广东	第四批	2022 年	2019 年
宁夏回族自治区吴忠市利通区现代农业产业园	宁夏	第四批	2022 年	2019 年
广东农垦湛江农垦（雷州半岛）现代农业产业园	广东	第四批	2022 年	2019 年
湖北省随县现代农业产业园	湖北	第四批	2022 年	2019 年
广东省湛江市坡头区现代农业产业园	广东	第四批	2022 年	2019 年
广西壮族自治区都安县现代农业产业园	广西	第四批	2022 年	2019 年
吉林省东辽县现代农业产业园	吉林	第四批	2022 年	2019 年
海南省儋州市现代农业产业园	海南	第四批	2022 年	2019 年
湖北省宜昌市夷陵区现代农业产业园	湖北	第四批	2022 年	2019 年
黑龙江省铁力市现代农业产业园	黑龙江	第四批	2022 年	2019 年
西藏自治区拉萨市城关区现代农业产业园	西藏	第四批	2022 年	2019 年
贵州省麻江县现代农业产业园	贵州	第四批	2022 年	2019 年
北大荒农垦集团有限公司建三江分公司七星现代农业产业园	黑龙江	第四批	2022 年	2019 年
江苏省苏州市吴江区现代农业产业园	江苏	第四批	2022 年	2020 年
江苏省泰兴市现代农业产业园	江苏	第四批	2022 年	2020 年
江苏省盱眙县现代农业产业园	江苏	第四批	2022 年	2020 年
山东省阳信县现代农业产业园	山东	第四批	2022 年	2020 年
江苏省宝应县现代农业产业园	江苏	第四批	2022 年	2020 年
广东省广州市从化区现代农业产业园	广东	第四批	2022 年	2020 年

续 表

名称	所在省份	认定批次	认定年份（公示/通知年份）	批准创建年份
四川省崇州市现代农业产业园	四川	第四批	2022 年	2020 年
广东省云浮市云城区现代农业产业园	广东	第四批	2022 年	2020 年
河南省灵宝市现代农业产业园	河南	第四批	2022 年	2020 年
陕西省陇县现代农业产业园	陕西	第四批	2022 年	2020 年
四川省南江县现代农业产业园	四川	第四批	2022 年	2020 年
四川省资中县现代农业产业园	四川	第四批	2022 年	2020 年
吉林省吉林市昌邑区现代农业产业园	吉林	第四批	2022 年	2020 年
河南省内乡县现代农业产业园	河南	第四批	2022 年	2020 年
新疆维吾尔自治区福海县现代农业产业园	新疆	第四批	2022 年	2020 年
新疆维吾尔自治区昌吉市现代农业产业园	新疆	第四批	2022 年	2020 年
浙江省瑞安市现代农业产业园	浙江	第四批	2022 年	2020 年
内蒙古自治区乌兰察布市察右前旗现代农业产业园	内蒙古	第四批	2022 年	2020 年
北京市平谷区现代农业产业园	北京	第五批	2023 年	2020 年
天津市宝坻区现代农业产业园	天津	第五批	2023 年	2020 年
河北省安平县现代农业产业园	河北	第五批	2023 年	2020 年
河北省张家口市宣化区现代农业产业园	河北	第五批	2023 年	2020 年
山西省平顺县现代农业产业园	山西	第五批	2023 年	2020 年
辽宁省瓦房店市现代农业产业园	辽宁	第五批	2023 年	2020 年
黑龙江省海伦市现代农业产业园	黑龙江	第五批	2023 年	2020 年
浙江省德清县现代农业产业园	浙江	第五批	2023 年	2020 年
安徽省宣城市宣州区现代农业产业园	安徽	第五批	2023 年	2020 年
福建省建宁县现代农业产业园	福建	第五批	2023 年	2020 年
江西省万年县现代农业产业园	江西	第五批	2023 年	2020 年
湖北省蕲春县现代农业产业园	湖北	第五批	2023 年	2020 年
湖南省永顺县现代农业产业园	湖南	第五批	2023 年	2020 年
广东省惠州市惠城区现代农业产业园	广东	第五批	2023 年	2020 年
广东省英德市现代农业产业园	广东	第五批	2023 年	2020 年
重庆市奉节县现代农业产业园	重庆	第五批	2023 年	2020 年
贵州省安龙县现代农业产业园	贵州	第五批	2023 年	2020 年
西藏自治区工布江达县现代农业产业园	西藏	第五批	2023 年	2020 年

续　表

名　称	所在省份	认定批次	认定年份（公示/通知年份）	批准创建年份
西藏自治区那曲市色尼区现代农业产业园	西藏	第五批	2023 年	2020 年
新疆生产建设兵团第二师铁门关市现代农业产业园	新疆	第五批	2023 年	2020 年

附录 4　2022—2023 年第一季度食材行业国家政策汇总

序号	发布时间	部　门	发文字号	政策名称	关键词/句
1	2022-01-05	国务院办公厅	国办发〔2021〕50 号	关于印发国家残疾预防行动计划（2021—2025 年）的通知	农产品和食品安全监管
2	2022-01-10	国务院办公厅	国办发〔2021〕46 号	关于印发“十四五”冷链物流发展规划的通知	密切农产品优势产区和大中消费市场联系；夯实农产品产地冷链物流基础；提高冷链运输服务质量；完善销地冷链物流网络；加强冷链物流全链条监管
3	2022-01-10	中共中央办公厅、国务院办公厅	—	印发《关于做好 2022 年元旦春节期间有关工作的通知》	做好粮油肉蛋奶果蔬等重要民生商品保供稳价工作
4	2022-01-11	国务院办公厅	国办发〔2021〕57 号	关于做好跨周期调节进一步稳外贸的意见	优势特色农产品出口
5	2022-01-18	国务院	国发〔2021〕27 号	关于印发“十四五”现代综合交通运输体系发展规划的通知	进规模化农产品基地等集疏运设施建设；农产品出村双向渠道
6	2022-01-19	国务院办公厅	国办发〔2021〕59 号	关于促进内外贸一体化发展的意见	农产品认证和管理；质量安全水平；对标国际先进农产品种植和生产标准
7	2022-01-20	国务院	国发〔2021〕32 号	关于印发“十四五”旅游业发展规划的通知	充分利用特色商业与餐饮美食

续　表

序号	发布时间	部　门	发文字号	政策名称	关键词/句
8	2022-01-21	国务院办公厅	国办发〔2021〕56号	关于印发“十四五”城乡社区服务体系建设规划的通知	依托村级综合服务设施、供销合作社等强化农村地区农产品收购、农资供应等服务供给
9	2022-01-26	国务院	国发〔2022〕2号	关于支持贵州在新时代西部大开发上闯新路的意见	特色优势农产品；农产品品牌
10	2022-01-27	国务院	国发〔2021〕30号	关于印发“十四五”市场监管现代化规划的通知	市场安全监管；农产品商标；农产品原产地追溯；农产品质量安全
11	2022-01-28	国务院	国发〔2021〕37号	关于印发计量发展规划（2021—2035年）的通知	监督检查；计量监管
12	2022-02-11	国务院	国发〔2021〕25号	关于印发“十四五”推进农业农村现代化规划的通知	农产品供给有效保障；绿色优质农产品；特色农产品优势区；农产品冷链物流设施；净菜、中央厨房
13	2022-02-21	国务院	国发〔2021〕35号	关于印发“十四五”国家老龄事业发展和养老服务体系规划的通知	老年人助餐服务网络；高质量多元化供餐
14	2022-03-10	中共中央、国务院	—	关于做好2022年全面推进乡村振兴重点工作的意见	抓好粮食生产和重要农产品供给；重点发展农产品加工；完善全产业链质量安全追溯体系；加快实施“互联网+”农产品出村进城工程；整县推进农产品产地仓储保鲜冷链物流设施建设
15	2022-03-25	国务院	国发〔2022〕9号	关于落实《政府工作报告》重点工作分工的意见	农产品稳产保供
16	2022-03-29	国务院办公厅	国办发〔2022〕5号	关于印发“十四五”中医药发展规划的通知	促进中医药与旅游餐等融合发展

续 表

序号	发布时间	部　门	发文字号	政策名称	关键词/句
17	2022-04-20	国务院办公厅	国办发〔2022〕9号	关于进一步释放消费潜力促进消费持续恢复的意见	农业提质升级；绿色有机食品、农产品；农产品出村进城；农产品的单元化包装；完善餐饮服务标准
18	2022-04-22	国务院办公厅	国办发〔2022〕8号	关于印发2022年政务公开工作要点的通知	餐饮行业帮扶政策
19	2022-04-30	中共中央、国务院	—	关于加快建设全国统一大市场的意见	防范粮食等重要产品供应短缺风险
20	2022-05-31	国务院	国发〔2022〕12号	关于印发扎实稳住经济一揽子政策措施的通知	农产品供应链体系建设；保供稳价；餐饮业财政政策
21	2022-06-14	国务院	国发〔2022〕13号	关于印发广州南沙深化面向世界的粤港澳全面合作总体方案的通知	建立粤港澳大湾区食品等商品供应链管理平台；建立健全与港澳之间食品原产地可追溯制度；建立食品安全风险交流与信息发布制度；提高大湾区食品安全监管信息化水平
22	2022-09-01	国务院办公厅	国办发〔2022〕29号	关于进一步加强商品过度包装治理的通知	食用农产品过度包装
23	2022-09-02	国务院	国发〔2022〕18号	关于支持山东深化新旧动能转换推动绿色低碳高质量发展的意见	农产品仓储保鲜冷链物流设施建设；重要农产品和蔬果供应保障基地
24	2022-12-15	国务院办公厅	国办发〔2022〕17号	关于印发“十四五”现代物流发展规划的通知	公益性农产品市场；农产品流通骨干网络；物流设施网络；物流质量效率；农产品品牌打造和标准化流通；鲜活农产品经营和质量安全风险保障
25	2022-12-28	国务院应对新型冠状病毒感染疫情联防联控机制春运工作专班	联防联控机制春运发电〔2022〕2号	关于印发《2023年综合运输春运疫情防控和运输服务保障总体工作方案》的通知	严格执行鲜活农产品运输“绿色通道”政策

续　表

序号	发布时间	部　门	发文字号	政策名称	关键词/句
26	2022-12-30	国务院物流保通保畅工作领导小组办公室	国物流领导小组办发电〔2022〕191 号	关于进一步畅通邮政快递服务保障民生物资运输的通知	为邮政快递企业调配一线从业人员解决餐饮等实际困难
27	2022-12-31	国务院联防联控机制、中央农村工作领导小组	—	关于印发加强当前农村地区新型冠状病毒感染疫情防控工作方案的通知	农产品稳产保供
28	2023-01-02	中共中央、国务院	—	关于做好 2023 年全面推进乡村振兴重点工作的意见	农产品稳产保供；物流设施建设；食品安全；净菜、中央厨房；培育发展预制菜产业
29	2023-01-10	中共中央办公厅、国务院办公厅	—	印发《关于做好 2023 年元旦春节期间有关工作的通知》	做好粮油肉蛋奶果蔬等重要民生商品保供稳价工作
30	2023-01-10	中共中央、国务院	—	扩大内需战略规划纲要（2022—2035 年）	增加健康、营养农产品和食品供给；推动食品产销供的冷链全覆盖；健全农产品流通网络；培育农产品网络品牌；高质量发展现代农产品加工业
31	2023-01-10	中共中央办公厅、国务院办公厅	—	乡村振兴责任制实施办法	确保粮食和重要农产品供给
32	2023-02-20	中共中央、国务院	—	质量强国建设纲要	农产品质量安全
33	2022-01-04	农业农村部	—	关于拓展农业多种功能促进乡村产业高质量发展的指导意见	以农产品加工业为重点打造农业全产业链；发展食材预处理、面制、米制、带馅、调理等主食加工，培育原料基地+中央厨房+物流配送（餐饮门店、商超销售）以及中央厨房+餐饮门店（连锁店、社区网点、终端客户）等模式；创响知名农业品牌；集成加工技术成果；建设标准原料基地

续 表

序号	发布时间	部 门	发文字号	政策名称	关键词/句
34	2022-01-27	农业农村部办公厅	农办法〔2022〕1号	关于开展农业综合行政执法"护奥运保春耕"专项行动的通知	确保农产品质量安全、农资质量安全和农业生产安全，保障国家粮食安全和重要农产品有效供给
35	2022-01-30	农业农村部办公厅	农办农〔2022〕1号	关于印发《"两增两减"虫口夺粮促丰收行动方案》的通知	强化大区联合监测；大力推进统防统治；大力推进绿色防控
36	2022-02-14	农业农村部	农渔发〔2022〕4号	关于促进"十四五"远洋渔业高质量发展的意见	
37	2022-02-16	农业农村部办公厅	农办质〔2022〕3号	关于全面排查食用农产品违法添加金银箔粉有关问题的通知	
38	2022-02-22	农业农村部	农质发〔2022〕1号	关于印发《"十四五"全国农产品质量安全提升规划》的通知	全面提升农产品质量安全水平
39	2022-02-28	农业农村部办公厅	农办牧〔2022〕6号	关于印发《2022年饲料质量安全监管工作方案》的通知	切实强化饲料质量安全监管，提高畜产品质量安全保障水平
40	2022-03-01	农业农村部	农发〔2022〕1号	关于落实党中央国务院2022年全面推进乡村振兴重点工作部署的实施意见	全力抓好粮食和农业生产，保障粮食等重要农产品有效供给；推进农业绿色转型；提升农产品加工业；加强农产品流通体系建设；培育壮大新型农业经营主体
41	2022-03-03	农业农村部	农市发〔2022〕3号	关于印发《"十四五"全国农产品产地市场体系发展规划》的通知	加快建设现代农产品产地市场体系

续　表

序号	发布时间	部　门	发文字号	政策名称	关键词/句
42	2022-03-04	农业农村部	农计财发〔2022〕4号	关于推进农业经营主体信贷直通车常态化服务的通知	信贷直通车服务聚焦支持农业生产及与农业生产直接相关的产业融合项目；强化重点领域专项服务；建立农业生产经营信息库
43	2022-03-08	农业农村部办公厅、财政部办公厅	农办计财〔2022〕6号	关于统筹做好2022年农业产业融合发展项目申报工作的通知	整体提升农业产业链供应链现代化水平，整体提升农业产业链供应链现代化水平；国家现代农业产业园；优势特色产业集群；农业产业强镇
44	2022-03-09	农业农村部办公厅	农办牧〔2022〕9号	关于印发2022年生猪等畜禽屠宰质量安全风险监测计划的通知	强化屠宰环节质量安全风险监测，保证畜禽产品质量安全
45	2022-03-17	农业农村部	农渔发〔2022〕7号	关于印发《2022年国家产地水产品兽药残留监控计划》《2022年国家水生动物疫病监测计划》的通知	加强水产养殖用兽药及其他投入品使用的监督管理；强化水生动物疫病风险预警和防控；提升养殖水产品质量安全和生物安全水平；保障水产品安全有效供给；推进水产养殖业绿色高质量发展
46	2022-03-18	农业农村部	农明字〔2022〕17号	关于开展蛙类养殖违法违规用药专项整治行动的通知	确保蛙类产品质量安全
47	2022-03-25	农业农村部、最高人民法院、最高人民检察院、工业和信息化部、公安部、市场监管总局、国家知识产权局	农种发〔2022〕2号	关于保护种业知识产权打击假冒伪劣套牌侵权营造种业振兴良好环境的指导意见	加快制定出台农产品质量安全领域行政执法与刑事司法衔接工作办法；提高主要农作物品种审定标准；推进非主要农作物登记品种清理；探索实施品种身份证管理
48	2022-03-25	农业农村部	农经发〔2022〕1号	关于实施新型农业经营主体提升行动的通知	推动农民合作社办公司；开展大豆油料扩种专项工作；鼓励各地引入物流、网络零售、农产品加工等各类优质企业，面向新型农业经营主体提供覆盖全产业链条的服务和产品；遴选社企对接重点县

续 表

序号	发布时间	部 门	发文字号	政策名称	关键词/句
49	2022-03-29	农业农村部办公厅	农办外〔2022〕2号	关于开展2022年农业国际贸易高质量发展基地建设的通知	
50	2022-03-30	农业农村部	农牧发〔2022〕13号	关于印发《畜间布鲁氏菌病防控五年行动方案（2022—2026年）》的通知	
51	2022-04-06	农业农村部办公厅	农办科［2022］10号	关于做好2022年高素质农民培育工作的通知	全面保障稳粮扩油和"菜篮子"产品稳定供给；加强良种识别、选购和消费者权益保护等方面的培训；大力开展金融担保知识培训，加大对高素质农民的金融扶持力度；加强农业绿色发展和两个"三品一标"知识技能培训，提升农业全产业链质量效益；鼓励开设农产品产地仓储保鲜实用技术和冷链物流运营管理等相关课程
52	2022-04-11	农业农村部办公厅、中国建设银行办公室	农办计财〔2022〕11号	关于开展"险贷直通车"专项创新服务的通知	支持农业保险保障覆盖的粮棉油肉糖胶林及地方优势特色农产品生产；保障初级农产品供给安全
53	2022-04-11	农业农村部办公厅	农办规〔2022〕6号	关于开展第三批国家农业绿色发展先行区创建工作的通知	推进农业资源利用集约化；推进农业投入品减量化；推进农业废弃物资源化；推进农业产业链低碳循环化；健全农业绿色发展支撑体系
54	2022-04-21	农业农村部办公厅	农业农村部办公厅	关于做好2022年基层农技推广体系改革与建设任务实施工作的通知	确保稳粮保供重点任务有效落实；加快主导品种主推技术落地应用；继续实施农业重大技术协同推广计划；打造先进农业技术示范展示平台；提高农技推广服务信息化水平
55	2022-04-25	农业农村部、财政部、国家发展改革委	农规发〔2022〕17号	关于开展2022年农业现代化示范区创建工作的通知	聚焦"两个要害"，强化现代农业基础支撑；引导农业产业化龙头企业到农业大县发展粮油加工、食品制造产业，完善联农带农机制；聚焦农业生产"三品一标"，推动农业全面绿色转型；聚焦信息技术与农机农艺融合，推进智慧农业发展

续　表

序号	发布时间	部　门	发文字号	政策名称	关键词/句
56	2022-05-09	农业农村部、最高人民法院、最高人民检察院、工业和信息化部、公安部、国家市场监督管理总局、中华全国供销合作总社	农质发〔2022〕2 号	关于印发《2022 年全国农资打假和监管工作要点》的通知	
57	2022-05-09	农业农村部、财政部	农计财发〔2022〕13 号	关于做好 2022 年农业生产发展等项目实施工作的通知	全力保障粮食和油料等重要农产品有效供给；大力推动农业产业融合发展和乡村人才振兴；推进农业资源保护利用和绿色转型发展
58	2022-05-11	农业农村部	农业农村部令 2022 年第 3 号	病死畜禽和病害畜禽产品无害化处理管理办法	无害化处理
59	2022-05-11	农业农村部办公厅	农办农〔2022〕11 号	关于加强农药监督检查的通知	
60	2022-05-12	农业农村部、中国石油天然气集团有限公司、中国石油化工集团有限公司	农机发〔2022〕2 号	关于做好“十四五”农机作业用油保障工作的通知	拓宽“互联网+”农产品出村进城销售渠道，对接特色农产品优势区、“互联网+”农产品出村进城试点县农产品，帮扶培育具有较强竞争力的农产品产业化运营主体，推动建立长期稳定的产销对接关系，促进脱贫地区品牌农产品销售
61	2022-05-25	农业农村部办公厅	农办产〔2022〕4 号	关于开展第十二批全国“一村一品”示范村镇认定工作的通知	
62	2022-05-30	农业农村部办公厅	农办质〔2022〕11 号	关于做好 2022 年地理标志农产品保护工程实施工作的通知	培优区域特色品种；建设核心生产基地；提升产品特色品质；推进全产业链标准化；叫响区域特色品牌

续 表

序号	发布时间	部　门	发文字号	政策名称	关键词/句
63	2022-06-01	农业农村部、国家发展改革委、财政部、自然资源部、生态环境部、交通运输部、商务部、国家卫生健康委、市场监管总局、中国银保监会、中国证监会	农市发〔2022〕6号	关于印发《统筹新冠肺炎疫情防控和"菜篮子"产品保供稳价工作指南》的通知	完善"菜篮子"产品保供稳价工作体系；加强"菜篮子"产品保供稳价应急准备；千方百计稳定"菜篮子"产品生产供应；多措并举畅通"菜篮子"产品运输通道；综合施策保障"菜篮子"产品终端配送
64	2022-06-06	农业农村部办公厅、财政部办公厅	农办市〔2022〕5号	关于做好2022年农产品产地冷藏保鲜设施建设工作的通知	合理集中建设产地冷藏保鲜设施；深入开展产地冷藏保鲜整县推进；推动冷链物流服务网络向农村延伸
65	2022-06-10	农业农村部办公厅	农办市〔2022〕8号	关于印发《农业品牌精品培育计划（2022—2025年）》的通知	实施农业品牌精品培育计划；持续提升供给质量；培育壮大品牌主体；加快品牌标准制定；提升品牌营销能力
66	2022-06-10	农业农村部办公厅	农办市〔2022〕9号	关于做好2022年脱贫地区农业品牌帮扶工作的通知	支持脱贫地区打造一批优质特色农产品品牌
67	2022-06-29	农业农村部	农牧发〔2022〕19号	关于印发《三类动物疫病防治规范》的通知	
68	2022-06-30	农业农村部办公厅	农办市〔2022〕10号	关于开展2022年农业品牌精品培育工作的通知	
69	2022-07-01	农业农村部、外交部、科技部、陕西省人民政府	农外发〔2022〕3号	关于印发《上海合作组织农业技术交流培训示范基地建设方案》的通知	创新推进农业科技合作和成果转化；打造农业国际培训教育品牌；促进高素质农民交流合作；培育现代农业技术推广队伍；提升农产品贸易便利化水平

续　表

序号	发布时间	部　门	发文字号	政策名称	关键词/句
70	2022-07-11	农业农村部	农质发〔2022〕4 号	关于开展国家现代农业全产业链标准化示范基地创建的通知	构建现代农业全产业链标准体系；提升基地按标生产能力；加强产品质量安全监管；打造绿色优质农产品精品；提升辐射带动作用和综合效益
71	2022-07-13	农业农村部办公厅	农办市〔2022〕11 号	关于做好 2022 年中国农民丰收节有关工作的通知	
72	2022-07-15	农业农村部办公厅、国家乡村振兴局综合司、国家开发银行办公室、中国农业发展银行办公室	农办计财〔2022〕20 号	关于推进政策性开发性金融支持农业农村基础设施建设的通知	推进政策性、开发性金融支持农业农村基础设施建设；耕地保护和质量提升；农业产业融合发展；现代设施农业；农业农村绿色发展
73	2022-07-21	农业农村部办公厅	农办种〔2022〕5 号	关于扶持国家种业阵型企业发展的通知	
74	2022-08-23	农业农村部办公厅	农办市〔2022〕12 号	关于印发《农业现代化示范区数字化建设指南》的通知	加快农业生产智慧转型；促进农产品加工智能转型；引导农产品流通数字转型
75	2022-09-05	农业农村部办公厅、中国农业银行办公室	农办牧〔2022〕21 号	关于印发《金融助力畜牧业高质量发展工作方案》的通知	
76	2022-09-16	农业农村部办公厅	农办种〔2022〕11 号	关于加快推进种业基地现代化建设的指导意见	优化基地布局，打造国家种源保障战略力量；优化基地布局，打造国家种源保障战略力量；强化监测储备，提高应急供种保障水平
77	2022-09-29	农业农村部	农质发〔2022〕8 号	关于实施农产品“三品一标”四大行动的通知	发展绿色、有机、地理标志和达标合格农产品

续 表

序号	发布时间	部　门	发文字号	政策名称	关键词/句
78	2022-10-25	农业农村部、水利部、国家发展和改革委员会、财政部、自然资源部、商务部、中国人民银行、中国银行保险监督管理委员会	农计财发〔2022〕29 号	关于印发《关于扩大当前农业农村基础设施建设投资的工作方案》的通知	现代设施农业建设；农产品仓储保鲜冷链物流设施建设；推行政府投资与金融信贷投贷联动；鼓励社会资本合作建设运营农业农村基础设施投资项目
79	2022-10-30	农业农村部	农渔发〔2022〕22 号	关于推进稻渔综合种养产业高质量发展的指导意见	夯实产业基础；推进转型升级；实现创新引领；打造全产业链；创建特色品牌
80	2022-11-16	农业农村部办公厅	农办牧〔2022〕31 号	关于进一步规范畜禽屠宰检疫有关工作的通知	
81	2022-11-18	农业农村部	农农发〔2022〕8 号	关于印发《到 2025 年化肥减量化行动方案》和《到 2025 年化学农药减量化行动方案》的通知	加快推进化肥农药减量增效；健全化肥农药减量化机制
82	2022-11-22	农业农村部	农渔发〔2022〕23 号	关于加强水生生物资源养护的指导意见	
83	2022-12-29	农业农村部	农渔发〔2022〕27 号	关于公布《国家级水产健康养殖和生态养殖示范区名单（2022 年）》的通知	
84	2023-01-13	农业农村部办公厅	农办牧〔2023〕1 号	关于印发《2023 年饲料质量安全监管工作方案》的通知	切实强化饲料质量安全监管
85	2023-02-09	农业农村部办公厅	农办牧〔2023〕4 号	关于开展 2023 年畜禽养殖标准化示范创建活动的通知	

续 表

序号	发布时间	部　门	发文字号	政策名称	关键词/句
86	2023-02-13	农业农村部办公厅	农办牧〔2023〕3号	关于印发2023年畜禽屠宰质量安全风险监测计划的通知	畜禽屠宰；质量安全风险监测
87	2023-02-15	农业农村部办公厅	农办经〔2023〕2号	关于推介第四批新型农业经营主体典型案例的通知	
88	2023-02-21	农业农村部	农发〔2023〕1号	关于落实党中央国务院2023年全面推进乡村振兴重点工作部署的实施意见	抓紧抓好粮食和农业生产，确保粮食和重要农产品稳定安全供给；加强农业科技和装备支撑；加强农业资源保护和环境治理，推进农业绿色全面转型
89	2023-02-28	农业农村部办公厅	农办渔〔2023〕4号	关于扎实抓好春季水产养殖生产的通知	加紧开展养殖生产设施装备整修；积极做好养殖渔民生产技术服务；大力推广水产优良品种和先进模式；持续做好病害防控和投入品使用监管
90	2023-03-01	农业农村部办公厅	农办渔〔2023〕3号	关于做好2023年水产绿色健康养殖技术推广"五大行动"工作的通知	生态健康养殖模式推广行动；养殖尾水治理模式推广行动；水产养殖用药减量行动；配合饲料替代幼杂鱼行动
91	2023-03-03	农业农村部办公厅	农办农〔2023〕10号	关于印发《2023年"虫口夺粮"保丰收行动方案》的通知	科学有效防控农作物病虫灾害；保障种植业稳产丰收；强化监测预报预警；大力推进统防统治；大力推进绿色防控
92	2023-03-13	农业农村部办公厅	农办法〔2023〕3号	关于开展全国农业综合行政执法"稳粮保供"专项行动的通知	加强种子质量和品种权保护执法；加强农资质量执法；加强农产品质量安全执法；加强耕地保护执法；加强转基因监管执法
93	2023-03-14	农业农村部	农渔发〔2023〕6号	关于印发《2023年国家产地水产品兽药残留监控计划》和《2023年国家水生动物疫病监测计划》的通知	提升养殖水产品质量安全和生物安全水平；保障水产品安全有效供给；推进水产养殖业绿色高质量发展；推进源头治理

续 表

序号	发布时间	部 门	发文字号	政策名称	关键词/句
94	2023-03-15	农业农村部办公厅	农办经〔2023〕3号	关于全面实行家庭农场“一码通”管理服务制度的通知	家庭农场“一码通”
95	2023-03-16	农业农村部	农渔发〔2023〕8号	关于印发《“中国渔政亮剑2023”系列专项执法行动方案》的通知	
96	2023-03-17	农业农村部	农机发〔2023〕1号	关于加快推进农产品初加工机械化高质量发展的意见	加快提升粮食油料初加工机械化水平；加快推进果蔬清选分级保质机械化发展；积极拓展特色优势农产品初加工机械化领域；全面提高畜禽产品初加工机械化水平；稳步推进水产品初加工机械化发展；加快推进农产品初加工机械化技术与应用体系建设
97	2023-03-28	农业农村部办公厅	农办规〔2023〕16号	关于印发《国家农业绿色发展先行区整建制全要素全链条推进农业面源污染综合防治实施方案》的通知	推进农业面源污染综合防治；加强系统设计；聚集资源力量；健全协同机制
98	2023-03-31	农业农村部办公厅、财政部办公厅	农办渔〔2023〕9号	关于开展国家级海洋牧场示范区创建工作的通知	
99	2023-03-31	农业农村部办公厅、财政部办公厅	农办渔〔2023〕8号	关于开展国家级沿海渔港经济区建设试点的通知	
100	2022-01-26	商务部、发展改革委、工业和信息化部、人民银行、海关总署、市场监管总局	商国际发〔2022〕10号	关于高质量实施《区域全面经济伙伴关系协定》（RCEP）的指导意见	推动扩大农产品等优势产品出口

续　表

序号	发布时间	部　门	发文字号	政策名称	关键词/句
101	2022-02-23	商务部、中国出口信用保险公司	商财函〔2022〕54 号	关于加大出口信用保险支持 做好跨周期调节进一步稳外贸的工作通知	继续保持对优势特色农产品等劳动密集型出口企业的服务力度
102	2022-02-23	商务部、中央网信办、国家发展改革委	—	关于印发《“十四五”电子商务发展规划》的通知	农产品进城渠道；提高农产品标准化、多元化、品牌化、可电商化水平；完善农产品安全追溯监管体系；创新农产品电商销售机制和模式；促进特色农产品电子商务发展
103	2022-05-10	商务部、发展改革委、教育部、工业和信息化部、财政部、交通运输部、农业农村部、人民银行、海关总署、税务总局、市场监管总局、银保监会、外汇局、知识产权局	商建函〔2022〕114 号	关于开展内外贸一体化试点的通知	加强农产品区域公用品牌建设；建设一批农产品产地市场；打造优势特色农产品内外贸一体化流通枢纽
104	2022-06-01	商务部、国家邮政局、中央网信办、发展改革委、农业农村部、市场监管总局、国家乡村振兴局、中华全国供销合作总社	商流通函〔2022〕143 号	关于加快贯通县乡村电子商务体系和快递物流配送体系有关工作的通知	农产品出村进城；建立健全适应农产品网络销售的供应链体系、运营服务体系和支撑保障体系；推进农产品仓储保鲜冷链物流设施建设；加快补齐产地冷链物流短板；促进农产品电子商务高质量发展
105	2022-07-13	商务部、工业和信息化部、生态环境部、农业农村部、人民银行、市场监管总局、银保监会、中国物流与采购联合会	商流通函〔2022〕123 号	关于印发《全国供应链创新与应用示范创建工作规范》的通知	农业农产品类

续 表

序号	发布时间	部　门	发文字号	政策名称	关键词/句
106	2022-09-06	商务部办公厅	商办流通函〔2022〕242号	关于建立商贸物流企业重点联系制度的通知	农产品供应链体系建设
107	2022-01-17	国家发展改革委	发改就业〔2022〕77号	关于做好近期促进消费工作的通知	促进消费；“家门口”消费；净菜上市；品牌农产品
108	2022-01-18	国家发展改革委、市场监管总局、中央网信办、工业和信息化部、人力资源社会保障部、农业农村部、商务部、人民银行、税务总局	发改高技〔2021〕1872号	关于推动平台经济规范健康持续发展的若干意见	农业数字化转型；农产品质量追溯体系；质量安全；“互联网+”农产品
109	2022-01-21	国家发展改革委、生态环境部、水利部	发改振兴〔2022〕101号	关于推动建立太湖流域生态保护补偿机制的指导意见	绿色有机农产品认证；完善农产品生产、加工、包装、储运标准和技术规范
110	2022-01-21	国家发展改革委、工业和信息化部、住房和城乡建设部、商务部、市场监管总局、国管局、中直管理局	发改就业〔2022〕107号	关于印发《促进绿色消费实施方案》的通知	提升食品消费绿色化水平；农产品；餐饮
111	2022-01-24	国家发展改革委	发改经贸〔2022〕78号	关于印发《“十四五”现代流通体系建设规划》的通知	农产品现代流通网络；物流设施体系；农产品产地市场；农产品稳定供应；农产品进城
112	2022-01-26	国家发展改革委、商务部	发改体改〔2022〕135号	关于深圳建设中国特色社会主义先行示范区放宽市场准入若干特别措施的意见	提升农产品供应链金融支持能力
113	2022-02-18	国家发展改革委	发改财金〔2022〕271号	印发《关于促进服务业领域困难行业恢复发展的若干政策》的通知	强农产品供应链体系建设；餐饮业纾困扶持

续　表

序号	发布时间	部　门	发文字号	政策名称	关键词/句
114	2022-03-17	国家发展改革委	发改规划〔2022〕371 号	关于印发《2022 年新型城镇化和城乡融合发展重点任务》的通知	建设重要农产品仓储设施和城乡冷链物流设施
115	2022-03-28	国家发展改革委	发改农经〔2022〕361 号	关于进一步做好粮食和大豆等重要农产品生产相关工作的通知	稳定粮食播种面积和产量；扩大大豆和油料生产；保障“菜篮子”产品生产和有效供给
116	2022-05-10	国家发展改革委、工业和信息化部、财政部、人民银行	发改运行〔2022〕672 号	关于做好 2022 年降成本重点工作的通知	物流提质增效降本；绿色通道
117	2022-06-07	国家发展改革委、工业和信息化部、商务部、国家市场监督管理总局	—	关于遏制“天价”月饼、促进行业健康发展的公告	价格；健康发展
118	2022-08-25	国家发展改革委、工业和信息化部、农业农村部、商务部、国务院国资委、市场监管总局、国家知识产权局	发改产业〔2022〕1183 号	关于新时代推进品牌建设的指导意见	农业品牌
119	2022-08-29	国家发展改革委、教育部、科技部、民政部、财政部、人力资源社会保障部、住房城乡建设部、卫生健康委、人民银行、国务院国资委、税务总局、市场监管总局、银保监会	发改财金〔2022〕1356 号	印发《养老托育服务业纾困扶持若干政策措施》的通知	鼓励餐饮企业为不具备餐饮自制能力的养老服务机构和居家养老的老年人提供助餐服务
120	2022-11-02	国家发展改革委、农业农村部、海关总署、国家林草局	发改农经规〔2021〕1273 号	关于印发农业领域相关专项中央预算内投资管理办法的通知	专项中央预算内投资管理办法

续 表

序号	发布时间	部 门	发文字号	政策名称	关键词/句
121	2022-11-07	国家发展改革委	发改投资〔2022〕1652号	关于进一步完善政策环境加大力度支持民间投资发展的意见	发挥政府性融资担保机构作用，按市场化原则对符合条件的餐饮行业民间投资项目提供融资担保支持
122	2022-11-08	国家发展改革委、粮食和储备局	发改经贸规〔2021〕568号	关于印发《粮食等重要农产品仓储设施中央预算内投资专项管理办法》的通知	中央预算内投资专项管理办法
123	2022-11-15	国家发展改革委	发改价格〔2004〕207号	关于实施新农产品成本调查核算指标体系的通知	农产品成本调查核算指标体系
124	2022-11-15	国家发展改革委	发改价格规〔2017〕1454号	关于印发《农产品成本调查管理办法》（修订版）的通知	农产品成本调查
125	2022-12-15	国家发展改革委	—	“十四五”扩大内需战略实施方案	现代农业；农产品现代流通设施；农产品产地市场体系建设；农产品加工业
126	2022-12-21	国家发展改革委、商务部、教育部、民政部、人力资源社会保障部、国家卫生健康委、市场监管总局、国家乡村振兴局、全国总工会、共青团中央、全国妇联	发改社会〔2022〕1786号	关于推动家政进社区的指导意见	支持取得餐饮配送服务资质的家政企业为居家老年人提供有针对性、多样化的上门送餐服务
127	2023-03-08	国家发展改革委、市场监管总局	发改环资规〔2023〕269号	关于进一步加强节能标准更新升级和应用实施的通知	加快研究制定种植业、养殖业生产过程节能降碳技术标准，完善设施农业、农业机械等节能降碳标准

续　表

序号	发布时间	部　门	发文字号	政策名称	关键词/句
128	2023-03-16	国家发展改革委、中央文明办、生态环境部、住房和城乡建设部、农业农村部、国家卫生健康委、市场监管总局、国家疾控局	发改环资〔2023〕224 号	关于全面巩固疫情防控重大成果 推动城乡医疗卫生和环境保护工作补短板强弱项的通知	要持续抓好农贸市场、小餐饮店等重点场所环境卫生治理
129	2022-01-29	交通运输部	交规划发〔2021〕108 号	公路“十四五”发展规划	加快推动冷链物流高质量发展
130	2022-02-22	交通运输部	交财审明电〔2022〕38 号	关于做好交通运输业助企纾困扶持政策落实工作的通知	餐饮业纾困扶持措施
131	2022-04-11	交通运输部、铁路局、民航局、邮政局、国铁集团	交运发〔2022〕49 号	关于加快推进冷链物流运输高质量发展的实施意见	冷链物流基础设施规划布局；发展面向高端生鲜食品的航空冷链物流；发展公路冷链专线、多温区共同配送、“生鲜电商+冷链宅配”“中央厨房+食材冷链配送”“水产品深加工+冷链运输”；绿色通道；农产品单元化包装
132	2022-04-12	交通运输部	交水明电〔2022〕78 号	关于切实加强水路运输保通保畅有关工作的通知	在公路服务区和防疫检查点等提供餐饮等基本生活服务保障
133	2022-04-24	交通运输部	交公路明电〔2022〕114 号	关于切实做好春季农业生产服务保障工作的通知	做好农资和农产品运输服务保障
134	2022-09-14	交通运输部办公厅	交办水函〔2022〕1300 号	关于印发《散粮港口作业减损节约管理指南》的通知	散粮；港口作业；减损节约

续 表

序号	发布时间	部 门	发文字号	政策名称	关键词/句
135	2022-10-10	交通运输部办公厅、邮政局办公室	交办运函〔2022〕1475 号	关于公布第三批农村物流服务品牌并组织开展第四批农村物流服务品牌的通知	引导推动农村物流与农产品生产加工、商贸流通等供应链上下游的跨业融通；积极探索“种植基地+生产加工+商贸流通+物流运输”等供应链协同发展模式
136	2022-11-15	交通运输部	交水明电〔2022〕318 号	关于印发《国内游轮常态化疫情防控工作指南（第六版）》的通知	科学餐饮管理；游轮应当保证船上食物来源卫生安全
137	2022-11-17	交通运输部	交通运输部令 2022 年第 37 号	铁路旅客运输规程	铁路运输企业应当提供符合食品安全标准的餐饮服务
138	2023-01-19	交通运输部办公厅、国家发展改革委办公厅、财政部办公厅、农业农村部办公厅	交办公路〔2022〕78 号	关于进一步提升鲜活农产品运输“绿色通道”政策服务水平的通知	鲜活农产品运输；“绿色通道”
139	2023-03-20	交通运输部办公厅、文化和旅游部办公厅	交办运〔2023〕10 号	关于加快推进城乡道路客运与旅游融合发展有关工作的通知	打造包含餐饮住宿等服务功能的“吃住行游购娱”信息平台
140	2023-01-29	市场监管总局	国市监食检规〔2023〕1 号	关于规范食品快速检测使用的意见	食品安全
141	2023-06-16	中国人民银行、国家金融监督管理总局、证监会、财政部、农业农村部	银发〔2023〕97 号	关于金融支持全面推进乡村振兴 加快建设农业强国的指导意见	
142	2022-11-07	国家发展和改革委员会、财政部、农业农村部、国家卫生健康委员会、国家市场监督管理总局、教育部	教财〔2022〕2 号	关于印发《农村义务教育学生营养改善计划实施办法》的通知	加强食品安全制度建设；全过程监管；建立健全食品、食用农产品安全追溯体系；优质食用农产品；建立学校蔬菜、水果等直供优质农产品基地

续　表

序号	发布时间	部　门	发文字号	政策名称	关键词/句
143	2022-07-27	民政部、国家发展改革委、教育部、公安部、司法部、财政部、人力资源社会保障部、住房和城乡建设部、交通运输部、农业农村部、文化和旅游部、国家卫生健康委、退役军人事务部、应急管理部、国家体育总局、国家医保局	民发〔2022〕56号	关于健全完善村级综合服务功能的意见	做好农产品质量安全监管；加大对农民合作社、家庭农场等规模化生产经营主体支持力度；提高农业保险服务质量
144	2022-01-10	生态环境部、农业农村部	环海洋〔2022〕3号	关于加强海水养殖生态环境监管的意见	
145	2022-06-13	生态环境部、国家发展改革委、工业和信息化部、住房和城乡建设部、交通运输部、农业农村部、国家能源局	环综合〔2022〕42号	关于印发《减污降碳协同增效实施方案》的通知	农产品主产区的减污降碳政策体系；推广农业及农产品加工设施等可再生能源替代
146	2022-03-21	文化和旅游部、教育部、自然资源部、农业农村部、乡村振兴局	文旅产业发〔2022〕33号	关于推动文化产业赋能乡村振兴的意见	加强农产品包装、设计和营销；提升农业品牌知名度和农产品文化附加值；带动农产品品牌形象塑造；促进特色农产品销售
147	2022-05-31	水利部	水规计〔2022〕239号	关于推进水利基础设施政府和社会资本合作（PPP）模式发展的指导意见	以粮食生产功能区、重要农产品生产保护区和特色农产品优势区为重点，在水土资源条件适宜地区建设一批现代化灌区；开展数字灌区建设

续 表

序号	发布时间	部门	发文字号	政策名称	关键词/句
148	2022-03-04	科技部、教育部、工业和信息化部、自然资源部、生态环境部、国资委、中国科学院、工程院、中国科协	国科发区〔2022〕25 号	关于印发《"十四五"东西部科技合作实施方案》的通知	开展农产品冷链物流、保鲜和质量追溯体系研发与示范；加快西藏特色农牧业科技成果转化
149	2022-01-06	财政部	财金〔2021〕130 号	关于印发《中央财政农业保险保费补贴管理办法》的通知	保险保费补贴
150	2022-02-18	国家粮食和物资储备局	国粮标规〔2022〕30 号	关于印发粮食质量安全风险监测管理暂行办法的通知	粮食质量安全风险监测
151	2023-03-29	工业和信息化部、国家发展和改革委员会、科学技术部、财政部、生态环境部、交通运输部、农业农村部、商务部、文化和旅游部、国家市场监督管理总局、中国银行保险监督管理委员会	工信部联消费〔2023〕31 号	关于培育传统优势食品产区和地方特色食品产业的指导意见	增强优质原料保障能力；引导企业向传统优势食品产区集中；加强农产品冷链物流设施建设；加强全过程食品安全监管；地方特色食品品牌建设

附录 5　2022—2023 年第一季度食材行业地方政策汇总

发布时间	部　门	发文字号	政策名称
2022-01-27	北京市商务局	京商消促字〔2022〕7 号	关于鼓励企业创新开展“2022 北京消费季”促消费活动的通知
2022-02-15	北京市交通委员会、北京市发展和改革委员会	京交财发〔2010〕373 号	关于完善鲜活农产品运输绿色通道政策的通知
2022-03-01	北京市人民政府办公厅	京政办发〔2022〕4 号	关于印发《打造“双枢纽”国际消费桥头堡实施方案（2021—2025 年）》的通知
2022-03-11	北京市商务局、中华人民共和国北京海关、北京市公安局、北京市城市管理委员会、北京市规划和自然资源委员会、北京市住房和城乡建设委员会、北京市市场监督管理局、北京市知识产权局、北京市消防救援总队、北京市投资促进服务中心	京商消促字〔2022〕14 号	关于印发《促进首店首发经济高质量发展若干措施》的通知
2022-03-29	北京市民政局、北京市财政局、北京市商务局、北京市市场监督管理局、北京市政务服务管理局	京民养老发〔2022〕69 号	关于印发《关于提升北京市养老助餐服务管理水平的实施意见》的通知
2022-04-22	北京市人民政府办公厅	京政办发〔2022〕14 号	印发《关于继续加大中小微企业帮扶力度加快困难企业恢复发展的若干措施》的通知
2022-04-25	北京市发展和改革委员会	京发改〔2022〕555 号	关于印发深入推进回龙观天通苑地区提升发展 2022 年工作计划的通知

续 表

发布时间	部　门	发文字号	政策名称
2022-04-25	北京市农业农村局、北京市规划和自然资源委员会、北京市住房和城乡建设委员会、北京市文化和旅游局、北京市水务局	京政农函〔2021〕87 号	关于进一步加强农村集体经济组织统筹引领闲置宅基地及住宅盘活利用工作的函
2022-05-09	北京市人力资源和社会保障局、国家税务总局北京市税务局、北京市财政局、北京市商务局、北京市文化和旅游局、北京市发展和改革委员会、北京市交通委员会、北京市市场监督管理局、北京市医疗保障局	京人社发〔2022〕3 号	关于对餐饮、零售、旅游、民航、公路铁路运输企业阶段性实施缓缴企业职工基本养老保险、失业保险、工伤保险费的通告
2022-05-11	北京市商务局	京商函字〔2022〕379 号	关于印发《把握 RCEP 机遇 助推“两区”高水平发展行动方案》的通知
2022-05-17	北京市昌平区人民政府办公室	昌政办发〔2022〕9 号	关于印发《关于继续加大中小微企业帮扶力度加快困难企业恢复发展的落实措施》的通知
2022-05-17	北京市东城区人民政府办公室	东政办发〔2022〕17 号	关于印发《北京市东城区关于落实继续加大中小微企业帮扶力度加快困难企业恢复发展的若干措施实施细则》的通知
2022-05-18	北京市怀柔区发展和改革委员	怀发改函〔2022〕67 号	怀柔区《关于继续加大中小微企业帮扶力度加快困难企业恢复发展的若干措施》的落实指引
2022-05-18	北京市平谷区人民政府办公室	京平政办发〔2022〕6 号	印发《关于继续加大中小微企业帮扶力度加快困难企业恢复发展的若干措施》的通知
2022-05-19	北京市石景山区人民政府办公室	石政办发〔2022〕4 号	关于印发《石景山区继续加大中小微企业帮扶力度加快困难企业恢复发展若干措施》的通知
2022-05-20	北京市通州区人民政府办公室	通政办发〔2022〕13 号	印发通州区《关于继续加大中小微企业帮扶力度加快困难企业恢复发展的若干措施》落实指引的通知

续　表

发布时间	部　门	发文字号	政策名称
2022-05-22	北京市朝阳区人民政府办公室	朝政办发〔2022〕3 号	印发《关于继续加大中小微企业帮扶力度加快困难企业恢复发展的若干措施》的通知
2022-05-23	北京市密云区人民政府办公室	密政办字〔2022〕7 号	关于印发《密云区落实〈继续加大中小微企业帮扶力度加快困难企业恢复发展若干措施〉的实施细则（试行）》的通知
2022-05-25	北京经济技术开发区管理委员会	京技管〔2022〕74 号	关于印发《北京经济技术开发区关于加大企业帮扶力度支持企业高质量发展的若干措施》的通知
2022-05-26	北京市海淀区发展改革委	海政办发〔2022〕5 号	海淀区关于促进中小微企业恢复发展的工作方案
2022-06-02	北京市人力资源和社会保障局、北京市发展和改革委员会、北京市财政局、国家税务总局北京市税务局	京人社发〔2022〕4 号	关于扩大阶段性缓缴社会保险费实施办法的通告
2022-06-02	北京市人民政府	京政发〔2022〕23 号	关于印发《北京市统筹疫情防控和稳定经济增长的实施方案》的通知
2022-06-08	北京市经济和信息化局、北京市商务局	京经信发〔2022〕46 号	北京市数字消费能级提升工作方案
2022-06-08	北京市农业农村局、北京市财政局、北京市商务局	京政农发〔2022〕73 号	关于印发《共建环京周边蔬菜生产基地实施方案》和《环京周边蔬菜生产基地建设管理办法（试行）》的通知
2022-06-09	北京市石景山区人民政府	石政发〔2022〕3 号	关于印发《石景山区统筹疫情防控和稳定经济增长的实施方案》的通知
2022-06-09	北京市延庆区人民政府办公室	延政办发〔2022〕13 号	延庆区关于《北京市统筹疫情防控和稳定经济增长的实施方案》的落实指引的通知
2022-06-10	北京市昌平区人民政府	昌政发〔2022〕8 号	关于印发《昌平区贯彻落实统筹疫情防控和稳定经济增长的实施方案》的通知

续 表

发布时间	部　门	发文字号	政策名称
2022-06-10	北京市财政局、北京市经济和信息化局	京财经建〔2022〕1197号	关于加大小微企业融资担保支持力度降低担保费率的实施细则
2022-06-10	北京市平谷区人民政府	京平政发〔2022〕9号	关于印发《平谷区贯彻落实统筹疫情防控和稳定经济增长的实施方案》的通知
2022-06-11	北京市海淀区人民政府	海政发〔2022〕10号	关于印发《海淀区统筹疫情防控和稳定经济增长若干措施》的通知
2022-06-13	北京市丰台区人民政府	丰政发〔2022〕14号	关于印发《丰台区统筹疫情防控和稳定经济增长实施方案》的通知
2022-06-13	北京市经济和信息化局、北京市政务服务管理局、北京市地方金融监督管理局、中国银行保险监督管理委员会北京监管局、北京市财政局	京经信发〔2022〕34号	关于印发《北京市中小微企业首次贷款贴息及担保费用补助实施细则》的通知
2022-06-14	北京市东城区人民政府	东政发〔2022〕8号	东城区关于落实《北京市统筹疫情防控和稳定经济增长的实施方案》的实施细则
2022-06-29	北京市农业农村局、北京市财政局	京政农函〔2022〕40号	关于印发《2022年北京市农产品产地冷藏保鲜设施建设工作实施方案》的通知
2022-07-01	北京市农业农村局	京政农发〔2022〕71号	关于印发北京市2022年高素质农民培育工作实施方案的通知
2022-07-12	北京市商务局、北京市规划和自然资源委员会、北京市住房和城乡建设委员会、北京市市场监督管理局、北京市人民政府国有资产监督管理委员会、北京市人民防空办公室、北京市消防救援总队、北京市民政局北京市城市管理委员会、北京市城市管理综合行政执法局、北京市地方金融监督管理局、北京市人力资源和社会保障局	京商生活字〔2022〕37号	关于印发《加快建设一刻钟便民生活圈 促进生活服务业转型升级的若干措施》的通知

续　表

发布时间	部　门	发文字号	政策名称
2022-07-15	北京国际消费中心城市领导小组办公室	京商消促字〔2022〕33 号	关于印发《北京市促进夜间经济繁荣发展的若干措施》的通知
2022-08-08	北京市商务局、北京市财政局	京商财务字〔2022〕22 号	关于印发《北京市外经贸发展资金支持北京市对外投资合作实施方案》的通知
2022-08-12	北京市商务局	京商生活字〔2022〕48 号	关于申报 2022 年农村便民商业网点改造提升项目的通知
2022-09-01	北京市商务局	京商消促字〔2022〕51 号	关于鼓励企业创新开展“2022 北京消费季”促消费活动的补充通知
2022-09-06	北京市农业农村局	京政农发〔2022〕107 号	关于印发《北京市畜禽屠宰行业发展规划（2022—2030 年）》的通知
2022-09-20	北京市农业农村局、中共北京市委网络安全和信息化委员会办公室	京政农发〔2022〕90 号	关于印发《北京市加快推进数字农业农村发展行动计划（2022—2025）》的通知
2022-12-05	北京市农业农村局、北京市财政局	京政农函〔2022〕66 号	关于印发《北京市设施农业发展以奖代补项目实施办法》的函
2022-12-14	北京市发展和改革委员会	京发改规〔2022〕3 号	关于印发推动“五子”联动对部分领域设备购置与更新改造贷款贴息实施方案的通知
2023-01-06	首都严格进京管理联防联控协调机制办公室、北京新型冠状病毒感染疫情防控工作领导小组办公室	—	北京市农村地区新型冠状病毒感染防控工作方案
2023-01-06	中共北京市委、北京市人民政府	京发〔2022〕24 号	印发《关于新时代高质量推动生态涵养区生态保护和绿色发展的实施方案》的通知

续 表

发布时间	部　门	发文字号	政策名称
2023-02-07	北京市发展和改革委员会、北京市科学技术委员会、中关村科技园区管理委员会、北京市经济和信息化局、北京市财政局、北京市人力资源和社会保障局、北京市规划和自然资源委员会、北京市商务局、北京市市场监督管理局、北京市人民政府国有资产监督管理委员会、北京市统计局、北京市地方金融监督管理局	京发改〔2023〕83号	关于北京市推动先进制造业和现代服务业深度融合发展的实施意见
2023-03-07	北京市商务局	京商消促字〔2023〕18号	关于鼓励企业创新开展“2023北京消费季”促消费活动的通知
2023-03-07	北京市商务局	京商消促字〔2023〕19号	关于发布2023年度鼓励发展商业品牌首店首发项目申报指南的通知
2022-01-17	天津市人民政府办公厅	津政办发〔2022〕2号	关于印发天津市生态环境保护“十四五”规划的通知
2022-01-26	天津市人民政府	津政发〔2022〕1号	关于印发天津市贯彻落实《国家综合立体交通网规划纲要》实施方案的通知
2022-01-30	天津市农业农村委	津农委计财〔2022〕3号	关于印发《天津市2022年耕地绿肥休耕和粮豆轮（间）作实施方案》的通知
2022-02-23	天津市农业农村委、天津市金融局、建设银行天津市分行	津农委〔2022〕5号	关于贯彻落实《天津市人民政府 中国建设银行股份有限公司全面推进乡村振兴战略合作协议》的通知
2022-03-11	天津市海港疫情防控暨进口冷链物品管控专业组	津海冷专发〔2022〕1号	关于印发天津口岸环节进口冷链食品预防性全面消毒和从业人员健康管理工作指引（第四版）的通知
2022-03-14	天津市商务局	津商市场〔2022〕4号	关于进一步加强农产品批发市场菜市场大中型超市等重点场所疫情防控工作的紧急通知

续　表

发布时间	部　门	发文字号	政策名称
2022-03-15	天津市发展改革委、天津市农业农村委、天津市商务局、天津市市场监管委、天津市粮食和物资局	津发改环资〔2022〕68 号	关于印发《天津市反食品浪费与粮食节约减损工作方案》的通知
2022-03-16	天津市人民政府办公厅	津政办发〔2022〕15 号	印发关于促进生活性服务业发展若干措施的通知
2022-03-18	天津市商务局	津商市场〔2022〕3 号	关于印发《2022 年天津市培育建设国际消费中心城市开展消费促进活动工作指引》的通知
2022-03-21	天津市农业农村委	津农委计财〔2022〕10 号	关于推进农业经营主体信贷直通车常态化服务暨开展春耕备耕专项行动的通知
2022-03-25	天津市人民政府办公厅	津政办规〔2022〕6 号	印发关于助企纾困和支持市场主体发展若干措施的通知
2022-03-29	天津市人民政府	津政发〔2022〕7 号	关于印发天津市加快建立健全绿色低碳循环发展经济体系实施方案的通知
2022-03-30	天津市商务局	津商服务〔2022〕2 号	关于餐饮行业贯彻落实反食品浪费法相关工作的通知
2022-03-30	天津市人民政府办公厅	津政办发〔2022〕17 号	关于印发天津市构建高标准市场体系若干措施的通知
2022-04-07	天津市人民政府办公厅	津政办发〔2022〕18 号	关于印发天津市加快农村寄递物流体系建设实施方案的通知
2022-04-14	天津市农业农村委	津农委〔2022〕13 号	关于印发《天津市农业科技创新“十四五”发展规划》的通知
2022-04-25	天津市农业农村委	津农委〔2022〕14 号	关于印发《天津市农业农村国际合作“十四五”规划》的通知
2022-04-25	天津市商务局	津商市场〔2022〕6 号	关于印发《新冠疫情期间天津市农产品批发市场和菜市场保供工作导则》的通知
2022-04-28	天津市商务局	津商服务〔2022〕5 号	关于开展城市一刻钟便民生活圈试点申报工作的通知
2022-04-30	天津市人民政府办公厅	津政办发〔2022〕23 号	关于不误农时全力抓好春季农业生产的通知

续 表

发布时间	部　门	发文字号	政策名称
2022-05-10	天津市人民政府办公厅	津政办发〔2022〕26 号	关于印发天津市高质量落实《区域全面经济伙伴关系协定》（RCEP）若干措施的通知
2022-05-10	天津市人民政府	津政发〔2022〕9 号	印发关于落实国务院《政府工作报告》重点工作任务分工的通知
2022-05-16	天津市人民政府办公厅	津政办发〔2022〕27 号	关于印发天津市航空物流发展“十四五”规划的通知
2022-05-19	天津市商务局	津商市场〔2022〕5 号	关于印发 2022 年天津市培育建设国际消费中心城市推动夜间经济创新发展重点工作的通知
2022-05-20	天津市人民政府办公厅	津政办发〔2022〕30 号	关于印发天津市 2022 年食品安全监督管理计划的通知
2022-05-20	天津市人民政府办公厅	津政办发〔2022〕29 号	关于印发天津市促进内外贸一体化发展若干措施的通知
2022-05-23	天津市农业农村委	津农委〔2022〕15 号	关于印发天津市种植业“十四五”发展规划的通知
2022-05-31	天津市人民政府	津政发〔2022〕12 号	关于印发天津市贯彻落实《扎实稳住经济的一揽子政策措施》实施方案的通知
2022-06-02	天津市商务局、中国建设银行天津市分行	津商贸运〔2022〕9 号	关于联合印发《2022 年做好跨周期调节进一步稳外贸金融支持措施》的通知
2022-06-07	天津市交通运输委员会	津交发〔2022〕118 号	关于进一步落实鲜活农产品运输绿色通道政策的通知
2022-06-07	天津市农业农村委	津农委计财〔2022〕31 号	关于印发 2022 年天津市生猪良种补贴工作方案的通知
2022-06-14	天津市人民政府办公厅	津政办发〔2022〕35 号	关于印发天津市残疾预防行动计划（2022—2025 年）的通知
2022-06-15	天津市农业农村委	津农委计财〔2022〕35 号	关于印发《天津市 2022 年奶牛家庭牧场和奶农合作社升级改造项目实施方案》的通知
2022-06-15	天津市商务局	津商市场〔2022〕13 号	关于印发《第二届海河国际消费季方案》的通知
2022-06-16	天津市发展改革委、国家开发银行天津市分行	津发改财金〔2022〕168 号	关于推进开发性金融支持全面加强基础设施建设的通知

续　表

发布时间	部　门	发文字号	政策名称
2022-06-16	天津市农业农村委	津农委〔2022〕19 号	关于印发天津市农业国际贸易高质量发展基地建设行动方案（2022—2025 年）的通知
2022-06-30	天津市农业农村委	津农委计财〔2022〕39 号	关于印发天津市农作物品种研发与推广后补助项目实施方案的通知
2022-07-01	天津市农业农村委、天津市财政局	津农委计财〔2022〕41 号	关于印发 2022 年天津市农产品产地冷藏保鲜设施建设实施方案的通知
2022-07-05	天津市商务局	津商服务〔2022〕6 号	关于深入贯彻落实促进餐饮业恢复发展扶持政策的通知
2022-07-08	天津市农业农村委	津农委〔2022〕22 号	关于印发吸引社会资本投入乡村振兴意见和天津市社会资本投资农业农村指引（2022 年）的通知
2022-07-26	天津市港航管理局	津港航发〔2022〕14 号	关于印发《市内水上旅游客船新冠肺炎疫情防控指南》的通知
2022-08-02	天津市商务局	津商服务〔2022〕7 号	关于印发《关于促进我市老字号创新发展的实施意见》的通知
2022-08-03	天津市商务局、天津市财政局	津商流通〔2022〕9 号	关于开展农产品供应链体系建设进一步促进冷链物流发展项目申报工作的通知
2022-08-03	天津市商务局、天津市财政局、天津市乡村振兴局	津商市场〔2022〕16 号	关于支持实施县域商业建设行动的通知
2022-08-04	天津市农业农村委、天津市发展改革委	津农委计财〔2022〕45 号	关于做好种业振兴基础设施建设储备项目申报工作的通知
2022-08-05	天津市海港疫情防控暨进口冷链物品管控专业组	津海冷专发〔2022〕7 号	关于印发天津口岸环节进口冷链食品预防性全面消毒和从业人员健康管理工作指引（第五版）的通知
2022-08-17	天津市人民政府	津政发〔2022〕17 号	关于印发天津市贯彻落实“十四五”市场监管现代化规划实施方案的通知
2022-09-09	天津市扶持个体工商户发展联席会议办公室	—	关于印发《天津市进一步支持个体工商户纾困发展若干措施》的通知

续 表

发布时间	部　门	发文字号	政策名称
2022-09-17	天津市发展改革委、天津市工业和信息化局、天津市住房城乡建设委、天津市交通运输委、天津市商务局、天津市文化和旅游局	津发改服务〔2022〕280 号	关于印发《天津市关于促进消费恢复提振的若干措施》的通知
2022-09-21	天津市商务局、天津市财政局	津商市场〔2022〕23 号	关于商贸流通企业 2022 年疫情防控发挥重要保供作用给予资金奖励补助申报工作的通知
2022-09-22	天津市商务局、天津市农业农村委员会	津商市场〔2022〕24 号	关于印发推进我市净菜上市有关工作指导意见的通知
2022-10-11	天津市农业农村委	津农委计财〔2022〕59 号	关于印发《天津市推进活体畜禽抵押融资工作方案》的通知
2022-10-13	天津市发展改革委	津发改服务〔2022〕283 号	关于印发天津市推进现代流通体系建设实施方案的通知
2022-10-14	天津市人民政府、甘肃省人民政府	津政发〔2022〕24 号	关于印发天津市与庆阳市对口合作实施方案的通知
2022-10-15	天津市农业农村委	津农委〔2022〕26 号	关于印发天津市农业农村人才队伍建设规划（2022—2025 年）的通知
2022-10-18	天津市发展改革委、天津市商务局委	津发改服务〔2022〕285 号	关于印发天津市加快冷链物流发展实施方案的通知
2022-10-25	天津市农业农村委	津农委〔2022〕28 号	关于印发天津市市级农业产业融合发展项目培育工作实施方案的通知
2022-10-28	天津市农业农村委	津农委〔2022〕29 号	关于认定首批天津市农业国际贸易高质量发展基地的通知
2022-11-02	天津市发展改革委、天津市教委、天津市科技局、天津市民政局、天津市财政局、天津市人社局、天津市住房城乡建设委、天津市卫生健康委、人民银行天津分行、天津市国资委、天津市税务局、天津市市场监管委、天津银保监局	津发改财金〔2022〕306 号	印发《养老托育服务业纾困扶持若干措施》的通知

续　表

发布时间	部　门	发文字号	政策名称
2022-11-16	天津市商务局	津外贸办〔2022〕16 号	关于印发加强招商引贸推动外贸保稳提质工作方案的通知
2022-12-01	天津市人民政府办公厅	津政办规〔2022〕16 号	关于印发天津市牛羊定点屠宰管理办法的通知
2022-12-05	天津市港航管理局	津港航发〔2022〕25 号	关于印发《市内水上旅游客船新冠肺炎疫情防控指南》的通知
2023-01-06	天津市商务局	津商贸发〔2022〕21 号	关于印发 2023 年天津市企业提升国际化经营能力项目申报指南的通知
2023-01-06	天津市商务局、天津市财政局	津商贸发〔2022〕11 号	关于印发 2022 年天津市企业提升国际化经营能力项目申报指南的通知
2023-01-12	天津市商务局	津商服务〔2023〕1 号	关于印发《天津市社区商业配置规范指引（试行）》的通知
2023-01-20	天津市农业农村委	津农委〔2023〕2 号	关于印发 2023 年天津市动物疫病强制免疫计划的通知
2023-01-29	天津市商务局	津国消办〔2023〕1 号	关于印发 2023 天津消费年活动方案的通知
2023-02-09	天津市发展和改革委员会	—	津市“十四五”扩大内需战略实施方案
2023-02-14	天津市发展改革委、天津市市场监管委	津发改体改〔2023〕38 号	关于印发天津市全面落实《中共中央 国务院关于加快建设全国统一大市场的意见》工作方案的通知
2023-03-16	天津市农业农村委	津农委计财〔2023〕8 号	关于印发天津市 2023 年耕地资源保护（大豆油料生产扶持）项目实施方案的通知
2022-01-10	河北省发展和改革委员会	冀发改服务〔2022〕45 号	关于印发支持中国（河北）自贸试验区创新发展若干措施的通知
2022-01-14	河北省人民政府	冀政字〔2022〕2 号	关于印发河北省生态环境保护“十四五”规划的通知
2022-01-16	河北省人民政府办公厅	冀政办字〔2022〕6 号	关于印发河北省对外开放“十四五”规划的通知
2022-01-17	河北省人民政府办公厅	冀政办字〔2022〕7 号	关于印发河北省制造业高质量发展“十四五”规划的通知
2022-01-30	河北省人民政府办公厅	冀政办字〔2022〕21 号	关于印发河北省“十四五”冷链物流发展实施方案的通知

续 表

发布时间	部　门	发文字号	政策名称
2022-02-15	河北省商务厅	冀商规字〔2022〕1 号	关于印发《河北省省级肉类储备第三方公正检验实施细则》的通知
2022-03-04	河北省发展和改革委员会、河北省工业和信息化厅、河北省住房和城乡建设厅、河北省商务厅、河北省市场监督管理局、河北省机关事务管局	冀发改就业〔2022〕302 号	关于印发《河北省促进绿色消费实施方案》的通知
2022-03-08	河北省人民政府办公厅	冀政办字〔2022〕32 号	关于印发河北省城乡社区服务体系建设“十四五”规划的通知
2022-03-19	河北省发展和改革委员会、河北省文化和旅游厅、河北省商务厅、河北省住房和城乡建设厅、河北省自然资源厅、河北省公安厅、河北省卫生健康委员会、河北省市场监督管理局、中国人民银行石家庄中心支行	冀发改就业〔2022〕372 号	印发《关于支持新型文旅商业消费集聚区加快发展的若干措施》的通知
2022-03-23	河北省发展和改革委员会	冀发改财金〔2022〕394 号	关于印发《 河北省关于促进服务业领域困难行业恢复发展的实施方案 》的通知
2022-03-24	河北省现代服务业发展领导小组	冀服务〔2022〕1 号	关于印发《河北省“十四五”现代流通体系建设方案》的通知
2022-03-29	河北省人民政府办公厅	冀政办字〔2022〕42 号	关于印发河北省残疾预防行动计划（2022—2025 年）的通知
2022-04-01	河北省农业农村厅	冀农发〔2022〕21 号	关于印发《河北省“两增两减”虫口夺粮促丰收行动实施方案》的通知
2022-04-08	河北省委办公厅、河北省政府办公厅	—	《河北省农村人居环境整治提升五年行动实施方案（2021—2025 年）》
2022-04-13	河北省人民政府办公厅	冀政办字〔2022〕51 号	关于印发河北省促进内外贸一体化发展若干措施的通知
2022-04-15	河北省人民政府	冀政字〔2022〕23 号	关于印发河北省养老服务体系建设“十四五”规划的通知

续　表

发布时间	部　门	发文字号	政策名称
2022-04-23	河北省人民政府办公厅	冀政办字〔2022〕55 号	印发关于做好跨周期调节稳外贸工作若干措施的通知
2022-04-25	河北省人民政府	冀政字〔2022〕25 号	关于印发河北省“十四五”现代综合交通运输体系发展规划的通知
2022-05-10	河北省发展和改革委员会、河北省水利厅	冀发改支援〔2022〕606 号	印发《关于贯彻落实〈全国对口支援三峡库区合作规划（2021—2025 年）〉的实施方案》的通知
2022-05-26	河北省人民政府办公厅	冀政办字〔2022〕72 号	关于印发河北省“十四五”国民健康规划的通知
2022-06-18	河北省农业农村厅	—	关于扎实推进农业经济发展的十四条政策措施
2022-06-19	河北省发展和改革委员会、中国农业发展银行河北省分行	冀发改财金〔2022〕796 号	关于开展农业政策性金融支持全省稳定经济运行专项工作的通知
2022-06-28	河北省人民政府办公厅	冀政办字〔2022〕93 号	关于进一步强化奶业振兴支持政策的通知
2022-07-08	河北省人民政府办公厅	冀政办字〔2022〕86 号	关于印发河北省推动外贸保稳提质若干措施的通知
2022-07-25	河北省发展和改革委员会、中国建设银行股份有限公司河北省分行	冀发改财金〔2022〕982 号	关于开展 2022 年河北省“金融助力稳定全省经济运行”专项工作的通知
2022-08-09	河北省发展和改革委员会、中国工商银行河北省分行	冀发改规划〔2022〕1045 号	关于开展 2022 年新型城镇化和城乡融合发展融资专项工作的通知
2022-09-06	河北省人民政府	冀政字〔2022〕45 号	印发关于全面提升产品质量若干措施的通知
2022-10-28	河北省农业农村厅	冀农发〔2022〕136 号	关于印发《河北省创建国家现代农业全产业链标准化示范基地实施方案》的通知
2022-12-18	河北省人民政府办公厅	冀政办字〔2022〕159 号	关于印发河北省新污染物治理工作方案的通知
2022-12-31	河北省人民政府办公厅	冀政办字〔2022〕169 号	关于加快综合保税区高质量发展的实施意见

续 表

发布时间	部　门	发文字号	政策名称
2023-01-20	河北省人民政府办公厅	冀政办字〔2023〕13 号	关于印发加快建设数字河北行动方案（2023—2027 年）的通知
2023-02-03	河北省农业农村厅、中国农业银行河北省分行	冀农发〔2022〕164 号	关于印发《河北省金融助力畜牧业高质量发展工作实施方案》的通知
2023-02-20	河北省农业农村厅	冀农发〔2022〕167 号	关于印发《河北省推进高标准农田改造提升实施方案》的通知
2023-03-03	河北省人民政府办公厅	冀政办字〔2023〕33 号	关于印发河北省加快建设物流强省行动方案（2023—2027 年）的通知
2023-03-08	河北省农业农村厅	冀农发〔2023〕5 号	关于印发《河北省生猪屠宰行业发展规划（2023—2030 年）》的通知
2023-03-08	河北省人民政府办公厅	冀政办字〔2023〕37 号	关于印发河北省加快建设旅游强省行动方案（2023—2027 年）的通知
2023-03-13	河北省农业农村厅	冀农函〔2023〕23 号	关于印发《2023 年河北省巩固提升脱贫地区农业特色产业工作方案》的通知
2023-03-24	河北省人民政府办公厅	冀政办字〔2023〕41 号	关于印发河北省质量强省建设行动方案（2023—2027 年）的通知
2022-01-06	山西省发展和改革委员会、山西省商务厅、山西省邮政管理局	晋发改资环发〔2022〕4 号	关于组织开展可循环快递包装规模化应用试点的通知
2022-01-12	山西省农业农村厅办公室	晋农办种业发〔2022〕6 号	关于发布山西省 2022 年农业生产主推品种的通知
2022-01-26	山西省发展和改革委员会、山西省自然资源厅、山西省生态环境厅、山西省科学技术厅、山西省工业和信息化厅、山西省商务厅、山西省文化和旅游厅、山西省农业农村厅、山西省体育局、山西省市场监督管理局、山西省行政审批服务管理局	晋发改人口发〔2022〕24 号	关于印发《全省特色小镇规范健康发展管理细则（试行）》的通知

续　表

发布时间	部　门	发文字号	政策名称
2022-02-14	山西省发展和改革委员会、山西省文化和旅游厅	晋发改社会发〔2022〕31 号	关于印发《山西省“十四五”时期落实〈太行山旅游业发展规划（2020—2035 年）〉行动方案》的通知
2022-02-14	山西省农业农村厅	晋农种业发〔2022〕1 号	关于做好 2022 年大豆玉米带状复合种植种子保供工作的通知
2022-02-15	山西省发展和改革委员会、山西省财政厅、山西省邮政管理局	晋发改经贸发〔2022〕32 号	关于印发《2022 年农村寄递物流服务全覆盖实施方案》的通知
2022-02-24	山西省农业农村厅办公室	晋农办经发〔2022〕24 号	关于组织引导农业服务组织开展生产托管搞好春季农业生产的通知
2022-02-25	山西省农业农村厅办公室	晋农办质监发〔2022〕25 号	关于印发《2022 年全省农产品质量安全工作要点》的通知
2022-03-03	山西省商务厅	晋商运便〔2022〕6 号	关于组织开展 2022 年全国消费促进月暨“晋情消费 · 品质生活”促消费系列活动的通知
2022-03-14	山西省农业农村厅、山西省财政厅	晋农计财发〔2022〕6 号	关于组织申报 2022 年农业产业融合发展项目的通知
2022-03-16	山西省发展和改革委员会	晋发改经贸发〔2022〕88 号	关于印发《山西省降低物流成本支持市场主体发展实施方案》的通知
2022-03-28	山西省发展和改革委员会、中共山西省委农村工作领导小组办公室	晋发改经贸发〔2022〕103 号	关于印发《山西省粮食节约行动实施方案》的通知
2022-04-02	山西省农业农村厅办公室	晋农办垦渔发〔2022〕69 号	关于印发《2022 年山西省农垦工作要点》的通知
2022-04-02	山西省农业农村厅办公室	晋农办牧医发〔2022〕66 号	关于印发 2022 年山西省生猪等畜禽屠宰质量安全风险监测方案的通知
2022-04-02	山西省商务厅、山西省财政厅、山西省乡村振兴局	晋商建〔2022〕58 号	关于印发山西省培育乡村 e 镇工作实施方案的通知
2022-04-19	山西省农业农村厅办公室	晋农办种植发〔2022〕79 号	关于加强春耕农资保障和“菜篮子”产品产销衔接的通知

续 表

发布时间	部　门	发文字号	政策名称
2022-04-26	山西省人民政府	晋政发〔2022〕12号	关于加快建立健全我省绿色低碳循环发展经济体系的实施意见
2022-04-28	山西省农业农村厅	晋农质监发〔2022〕6号	关于进一步做好疫情防控时期农产品质量安全工作的通知
2022-04-28	山西省农业农村厅	晋农产发〔2022〕3号	关于做好2022年农林文旅康产业融合试点工作的通知
2022-04-29	山西省商务厅	—	关于上报农产品供应链体系建设项目有关情况的通知
2022-05-05	山西省农业农村厅办公室	晋农办〔2022〕49号	关于印发《2022年山西省水产绿色健康养殖技术推广“五大行动”实施方案》的通知
2022-05-12	山西省农业农村厅	晋农种业发〔2022〕5号	关于保护种业知识产权打击假冒伪劣套牌侵权营造种业振兴良好环境的实施意见
2022-05-23	山西省商务厅	晋商服便〔2022〕38号	关于鼓励餐饮企业为老年人提供助餐服务的指导意见
2022-05-30	山西省发展和改革委员会、山西省工业和信息化厅、山西省住房和城乡建设厅、山西省商务厅、山西省市场监督管理局、山西省机关事务管理局	晋发改就业发〔2022〕197号	关于印发《促进绿色消费实施方案》的通知
2022-06-02	山西省人民政府	晋政发〔2022〕14号	关于印发山西省扎实推进稳住经济一揽子政策措施行动计划的通知
2022-06-07	山西省农业农村厅办公室	晋农办政改函〔2022〕9号	关于推广使用家庭农场“随手记”记账软件的通知
2022-06-29	山西省商务厅、山西省发展和改革委员会、山西省民政厅、山西省财政厅、山西省人力资源和社会保障厅、山西省自然资源厅、山西省住房和城乡建设厅、山西省文化和旅游厅、山西省税务局、山西省市场监督管理局、山西省邮政管理局	晋商流通〔2022〕126号	关于印发山西省推进城市一刻钟便民生活圈建设试点实施方案（2022—2024年）的通知

续　表

发布时间	部　门	发文字号	政策名称
2022-08-05	山西省商务厅	晋商综〔2022〕154 号	关于印发太忻经济一体化发展商务领域任务分解及落实措施的通知
2022-08-05	山西省商务厅、山西省财政厅	晋商电函〔2022〕291 号	关于征集商务事业发展电子商务项目的通知
2022-08-17	山西省商务厅、山西省发展和改革委员会	晋商招〔2022〕161 号	关于印发山西省黄河流域生态保护和高质量发展对内对外开放和交流合作专项规划的通知
2022-09-02	山西省人民政府	晋政发〔2022〕19 号	关于贯彻落实计量发展规划（2021—2035 年）的实施意见
2022-09-06	山西省人民政府	晋政发〔2022〕21 号	关于印发山西省“十四五”推进农业农村现代化规划的通知
2022-09-23	山西省商务厅、山西省财政厅	晋商消费〔2022〕197 号	关于印发 2022 年住宿、餐饮、家政等商贸服务业市场主体倍增项目申报指南的通知
2022-10-19	山西省商务厅	晋商电便〔2022〕69 号	关于开展 2022“晋情消费 品质生活”双十一线上促消费活动的通知
2022-10-28	山西省商务厅	晋商建函〔2022〕402 号	关于印发 2022 年商务领域乡村振兴重点工作方案的通知
2022-11-08	山西省商务厅	晋商运便〔2022〕26 号	关于印发促进全省社零增长冲刺 60 天行动计划的通知
2022-11-28	山西省新冠肺炎疫情防控工作领导小组物资保障组	晋疫情防控组物资保障组〔2022〕2 号	关于印发《山西省居民生活必需品市场供应保障工作指南（第一版）》的通知
2022-12-13	山西省商务厅	晋商综〔2022〕241 号	关于印发推动商务领域企业快速复工复产工作方案的通知
2022-12-31	山西省商务厅	晋商建便〔2022〕45 号	关于印发全省商务系统今冬明春安全生产工作方案的通知
2023-01-12	山西省人民政府	晋政发〔2022〕30 号	关于全面推进质量强省建设的实施意见
2023-01-21	山西省商务厅	晋商建函〔2023〕30 号	关于做好 2023 年县域商业建设行动工作的通知
2023-02-08	山西省商务厅	晋商建〔2023〕1 号	关于做好 2023 年全省商务系统安全生产工作的通知

续　表

发布时间	部　门	发文字号	政策名称
2023-02-21	山西省人民政府办公厅	晋政办发〔2023〕10 号	印发山西省关于加快电子商务体系和快递物流配送体系贯通发展行动计划的通知
2023-03-01	山西省招商引资工作领导小组	晋招商组〔2023〕1 号	关于印发 2023 年全省招商引资行动计划的通知
2022-01-11	内蒙古自治区人民政府办公厅	内政办发〔2021〕91 号	关于印发自治区“十四五”文化和旅游融合发展规划的通知
2022-01-11	内蒙古自治区人民政府办公厅	内政办发〔2021〕94 号	关于印发自治区加快农村牧区寄递物流体系建设工作方案的通知
2022-01-24	内蒙古自治区人民政府	内政发〔2021〕21 号	关于印发自治区“十四五”推进农牧业农村牧区现代化发展规划的通知
2022-02-08	内蒙古自治区人民政府办公厅	内政办发〔2022〕11 号	关于印发自治区“十四五”节能规划的通知
2022-02-09	内蒙古自治区人民政府办公厅	内政办发〔2023〕22 号	关于下达 2022 年自治区国民经济和社会发展计划的通知
2022-02-10	内蒙古自治区农牧厅	内农牧产发〔2022〕60 号	关于做好 2022 年自治区农牧业产业化项目组织实施工作的通知
2022-03-04	内蒙古自治区人民政府办公厅	内政办发〔2022〕16 号	关于印发自治区“十四五”能源发展规划的通知
2022-03-14	内蒙古自治区人民政府	内政发〔2022〕7 号	关于印发自治区 2022 年坚持稳中求进推动产业高质量发展政策清单的通知
2022-04-12	内蒙古自治区人民政府办公厅	内政办发〔2022〕24 号	关于促进内外贸一体化发展若干措施的通知
2022-04-13	内蒙古自治区人民政府办公厅	内政办发〔2022〕1 号	关于印发自治区促进服务业高质量发展实施方案（2022 版）等政策文件的通知
2022-04-24	内蒙古自治区人民政府办公厅	内政办字〔2022〕37 号	关于印发自治区抢抓《区域全面经济伙伴关系协定》（RCEP）机遇深化与日韩合作工作方案的通知
2022-04-25	内蒙古自治区商务厅	—	内蒙古自治区消费促进 2022 年行动方案
2022-04-29	内蒙古自治区人民政府办公厅	内政办发电〔2022〕4 号	关于接触性聚集性服务业精准纾困若干政策措施的通知

续　表

发布时间	部　门	发文字号	政策名称
2022-04-29	内蒙古自治区人民政府办公厅	内政办发〔2022〕28 号	关于印发自治区 2022 年政务公开工作要点的通知
2022-05-06	内蒙古自治区农牧厅	内农牧质发〔2022〕251 号	关于印发《内蒙古自治区地理标志农产品保护工程项目管理办法》的通知
2022-05-16	内蒙古自治区农牧厅	公告〔2022〕45 号	关于 2022 年农产品产地冷藏保鲜整县推进实施名单的公示
2022-05-19	内蒙古自治区人民政府办公厅	内政办发〔2022〕33 号	关于大力发展首店首发经济促进服务业高质量发展若干政策措施的通知
2022-05-27	内蒙古自治区农牧厅	内农牧质发〔2022〕279 号	转发《关于加强国家农产品质量安全县“亮牌”工作的通知》
2022-06-11	内蒙古自治区人民政府	内政发电〔2022〕2 号	关于印发自治区贯彻落实《国务院扎实稳住经济的一揽子政策措施》意见的通知
2022-07-05	内蒙古自治区农牧厅、内蒙古自治区财政厅	内农牧市发〔2022〕329 号	关于印发《内蒙古自治区 2022 年农产品产地冷藏保鲜设施建设实施方案》的通知
2022-08-12	内蒙古自治区农牧厅	内农牧厅规〔2022〕2 号	关于修订印发《内蒙古自治区农牧业产业化示范联合体认定和监测管理办法》的通知
2022-08-15	内蒙古自治区农牧厅	内农牧厅规〔2022〕3 号	关于修订印发《内蒙古自治区农牧业产业化重点龙头企业认定和运行监测管理办法》的通知
2022-08-19	内蒙古自治区农牧厅	内农牧质发〔2022〕452 号	关于印发《内蒙古自治区农牧厅贯彻落实〈“十四五”全国农产品质量安全提升规划〉实施方案》的通知
2022-08-19	内蒙古自治区人民政府办公厅	内政办发〔2022〕61 号	关于印发自治区残疾预防行动计划（2022—2025 年）的通知
2022-09-28	内蒙古自治区人民政府	内政字〔2022〕101 号	关于印发中国（鄂尔多斯）跨境电子商务综合试验区建设实施方案的通知
2022-11-04	内蒙古自治区农牧厅	—	关于推荐 2022 年国家级水产健康养殖和生态养殖示范区的公示

续 表

发布时间	部　门	发文字号	政策名称
2022-12-07	内蒙古自治区农牧厅	—	关于印发《“十四五”内蒙古自治区种植业发展规划》的通知
2022-12-08	内蒙古自治区农牧厅	—	关于印发《内蒙古自治区“十四五”农牧业机械化发展规划》的通知
2022-12-08	内蒙古自治区人民政府办公厅	内政办发〔2022〕82 号	关于印发自治区冷链物流发展实施方案的通知
2022-12-15	内蒙古自治区农牧厅	公告〔2022〕103 号	内蒙古自治区 2022 年全年养殖水产品质量安全风险隐患警示信息公示
2022-12-19	内蒙古自治区人民政府办公厅	内政办发〔2022〕85 号	关于全面推行食品安全责任保险工作的指导意见
2022-12-30	内蒙古自治区人民政府办公厅	内政办发〔2022〕95 号	印发关于推动复工复产复商复市若干政策的通知
2022-12-31	内蒙古自治区人民政府	内政发〔2022〕33 号	关于加快推进数字经济发展若干政策的通知
2023-01-28	内蒙古自治区人民政府	内政发〔2023〕3 号	关于印发自治区 2023 年坚持稳中快进稳中优进推动产业高质量发展政策清单的通知
2023-01-29	内蒙古自治区人民政府	内政发〔2023〕2 号	关于下达 2023 年自治区国民经济和社会发展计划的通知
2023-02-02	内蒙古自治区人民政府办公厅	内政办发〔2023〕9 号	关于印发 2023 年自治区推动产业优化升级促进经济高质量发展工作要点的通知
2023-02-10	内蒙古自治区农牧厅	内农牧质发〔2023〕42 号	关于印发《内蒙古自治区农畜产品“三品一标”四大行动实施方案》的通知
2023-02-13	内蒙古自治区农牧厅	内农牧质发〔2023〕43 号	关于开展 2023 年度农畜水产品质量安全检测技术能力验证工作的通知
2023-02-24	内蒙古自治区农牧厅	公告〔2023〕14 号	关于第九批内蒙古自治区农牧业产业化重点龙头企业监测合格和拟认定企业名单的通知

续　表

发布时间	部　门	发文字号	政策名称
2023-03-13	内蒙古自治区农牧厅	内农牧科发〔2023〕94 号	关于发布 2023 年农牧业主导品种和主推技术的通知
2022-01-07	辽宁省人民政府办公厅	辽政办发〔2021〕36 号	关于印发辽宁省“十四五”综合交通运输发展规划的通知
2022-01-12	辽宁省商务厅、辽宁省发展和改革委员会、辽宁省财政厅、辽宁省自然资源厅、辽宁省住房和城乡建设厅、辽宁省交通运输厅、大连海关、沈阳海关、辽宁省市场监督管理局、辽宁省邮政管理局	辽商零售函〔2021〕202 号	关于印发《辽宁省推动商贸物流高质量发展专项行动工作方案》的通知
2022-01-14	辽宁省人民政府办公厅	辽政办发〔2022〕9 号	关于印发辽宁省“十四五”服务业发展规划的通知
2022-01-14	辽宁省人民政府办公厅	辽政办发〔2022〕2 号	关于印发辽宁省“十四五”海洋经济发展规划的通知
2022-01-14	辽宁省人民政府办公厅	辽政办发〔2021〕37 号	关于印发辽宁省“十四五”就业和社会保障发展规划的通知
2022-01-14	辽宁省人民政府办公厅	辽政办发〔2022〕4 号	关于印发辽宁省“十四五”林业草原发展规划的通知
2022-01-14	辽宁省人民政府办公厅	辽政办发〔2022〕3 号	关于印发辽宁省“十四五”生态经济发展规划的通知
2022-01-26	辽宁省人民政府办公厅	辽政办发〔2022〕13 号	关于印发辽宁省“十四五”金融业发展规划的通知
2022-02-28	辽宁省人民政府	辽政发〔2022〕6 号	关于印发辽宁省推进“一圈一带两区”区域协调发展三年行动方案的通知
2022-03-18	辽宁省人民政府办公厅	辽政办发〔2022〕25 号	关于加快发展外贸新业态新模式的实施意见
2022-03-23	辽宁省人民政府	辽政发〔2022〕9 号	关于印发进一步深化中国（辽宁）自由贸易试验区改革开放方案的通知
2022-03-24	辽宁省农业农村厅	辽农办农发〔2022〕125 号	关于不误农时抓好春耕生产全力以赴保障农产品供给工作的通知
2022-04-05	辽宁省人民政府	辽政发〔2022〕4 号	关于印发《2022 年省〈政府工作报告〉任务分解和责任分工方案》的通知

续 表

发布时间	部 门	发文字号	政策名称
2022-04-05	辽宁省人民政府	辽政发〔2022〕11号	关于印发2022年国务院《政府工作报告》相关任务分解和责任分工方案的通知
2022-04-11	辽宁省人民政府办公厅	辽政办〔2022〕14号	关于印发辽宁省促进服务业领域困难行业恢复发展的若干举措的通知
2022-06-02	辽宁省人民政府	辽政发〔2022〕15号	关于印发《辽宁省贯彻落实国务院扎实稳住经济一揽子政策措施若干举措》的通知
2022-06-10	辽宁省人民政府办公厅	辽政办发〔2022〕31号	关于印发辽宁省加快推进农村寄递物流体系建设实施方案的通知
2022-07-28	辽宁省人民政府办公厅	辽政办发〔2022〕35号	关于印发辽宁省“十四五”城乡社区服务体系建设规划的通知
2022-08-22	辽宁省人民政府办公厅	辽政办发〔2022〕37号	关于印发辽宁省推进重点领域盘活存量资产扩大有效投资实施方案的通知
2022-08-30	辽宁省人民政府办公厅	辽政办发〔2022〕39号	关于印发辽宁省残疾预防行动计划（2022—2025年）的通知
2022-10-11	辽宁省人民政府办公厅	辽政办发〔2022〕45号	关于印发《辽宁省冷链物流高质量发展实施方案（2022—2025年）》的通知
2023-01-27	辽宁省人民政府	辽政发〔2023〕2号	关于印发《2023年省〈政府工作报告〉任务分解和责任分工方案》的通知
2023-01-27	辽宁省人民政府	辽政发〔2023〕1号	关于印发《辽宁省进一步稳经济若干政策举措》的通知
2022-01-12	吉林省人民政府	吉政发〔2022〕1号	关于实施“专精特新”中小企业高质量发展梯度培育工程的意见
2022-01-20	吉林省农业农村厅、中国农业银行吉林省分行	吉农产发〔2021〕29号	关于金融支持农业产业化联合体发展的实施意见

续　表

发布时间	部　门	发文字号	政策名称
2022-01-25	吉林省人民政府办公厅	吉政办函〔2022〕11 号	关于印发吉林省全面对接《区域全面经济伙伴关系协定》（RCEP）行动计划的通知
2022-02-21	吉林省发展改革委、省住房城乡建设厅	吉发改收费联〔2021〕877 号	关于转发国家发展改革委 住房城乡建设部推进非居民厨余垃圾处理计量收费指导意见的通知
2022-02-24	吉林省供销合作社、吉林省农业融资担保有限公司	吉合金联字〔2022〕16 号	关于开展惠农联合合作的通知
2022-03-01	吉林省粮食和储备局、吉林省工业和信息化厅	吉粮米联函〔2022〕10 号	关于印发 2022 年吉林省水稻、玉米、鲜食玉米产业集群发展推进工作方案的通知
2022-03-02	吉林省人民政府	吉政明电〔2022〕2 号	关于印发吉林省进一步促进服务业恢复发展行动方案的通知
2022-04-03	吉林省人民政府办公厅	吉政办明电〔2022〕7 号	关于应对新冠肺炎疫情冲击进一步帮助市场主体纾困解难若干政策措施的通知
2022-04-06	吉林省乡村振兴局	吉农办〔2022〕9 号	关于印发《吉林省乡村振兴局应对新冠肺炎疫情影响巩固拓展脱贫攻坚成果十一条措施》的通知
2022-04-06	吉林省人力资源和社会保障厅	吉人社发〔2022〕9 号	关于印发《吉林省人社领域全力支持抗击新冠疫情若干政策措施》的通知
2022-04-11	吉林省人民政府办公厅	吉政办明电〔2022〕8 号	关于积极应对新冠肺炎疫情进一步促进商务经济平稳发展若干措施的通知
2022-04-20	吉林省人民政府办公厅	吉政办明电〔2022〕9 号	关于统筹做好疫情防控有序恢复经济发展秩序若干措施的通知
2022-04-30	吉林省人民政府办公厅	吉政办明电〔2022〕14 号	关于夺取全年农业丰收的若干意见
2022-04-30	吉林省人民政府办公厅	吉政办明电〔2022〕15 号	关于积极应对疫情影响促进消费回补和潜力释放若干措施的通知

续 表

发布时间	部 门	发文字号	政策名称
2022-05-02	吉林省乡村振兴局	吉乡振〔2022〕13号	关于印发《2022年全省乡村振兴系统培训工作方案》的通知
2022-05-02	吉林省乡村振兴局	吉乡振〔2022〕14号	关于印发《吉林省乡村振兴"四库两基地"创建工作方案》的通知
2022-05-06	吉林省畜牧业管理局	吉牧办发〔2022〕37号	关于印发《关于支持全省畜牧业复工复产的十条政策措施》的通知
2022-05-07	吉林省人民政府办公厅	吉政办发〔2022〕4号	吉林省人民政府办公厅关于做好跨周期调节进一步稳外贸的实施意见
2022-05-09	吉林省人力资源和社会保障厅	吉就组〔2022〕2号	关于印发《关于积极应对疫情影响 全力做好高校毕业生等重点群体就业工作的若干措施》的通知
2022-05-11	吉林省畜牧业管理局	吉牧加发〔2022〕31号	关于印发全省畜牧业产业集群2022年工作推进方案的通知
2022-05-13	吉林省供销合作社	吉合业字〔2022〕36号	关于印发《吉林省供销合作社关于开展供销合作社县域流通服务网络建设提升行动方案》的通知
2022-05-17	吉林省粮食和物资储备局	吉粮仓〔2022〕24号	关于印发《吉林省"十四五"粮食仓储物流设施建设指导意见》的通知
2022-05-20	吉林省民政厅	吉民发〔2022〕9号	关于印发《关于动员引导社会组织参与乡村振兴"六项行动"实施方案》的通知
2022-05-23	吉林省人民政府办公厅	吉政办函〔2022〕52号	关于印发2022年全省乡村建设行动"千村示范"创建工作方案的通知
2022-05-24	吉林省财政厅	吉农保字〔2022〕1号	关于印发《吉林省2022年农业保险工作实施方案》的通知
2022-05-26	吉林省人民政府办公厅	吉政办发〔2022〕8号	关于加快推进全省人参产业高质量发展的实施意见
2022-05-27	吉林省人民政府	吉政发〔2022〕9号	关于印发稳定全省经济若干措施的通知

续　表

发布时间	部　门	发文字号	政策名称
2022-06-10	吉林省人力资源和社会保障厅	吉人社联〔2022〕82 号	关于扩大阶段性社会保险助企纾困政策实施范围的通知
2022-06-21	吉林省人民政府办公厅	吉政办函〔2022〕67 号	关于加快推进全省食药用菌产业高质量发展若干措施的通知
2022-06-23	吉林省人民政府办公厅	吉政办发〔2022〕14 号	关于加快梅花鹿产业发展的意见
2022-06-27	吉林省财政厅	吉财金〔2022〕537 号	关于印发《2022 年中央财政融资担保机构降费奖补资金申报指南》的通知
2022-06-30	吉林省粮食和物资储备局、吉林省财政厅	吉粮仓联〔2022〕44 号	关于深入推进优质粮食工程的通知
2022-07-21	吉林省人民政府办公厅	吉政办发〔2022〕21 号	关于扶优做强种业企业政策措施的意见
2022-08-01	吉林省人民政府	吉政发〔2022〕11 号	关于印发吉林省碳达峰实施方案的通知
2022-08-16	吉林省人民政府办公厅	吉政办发〔2022〕25 号	关于推进养老产业加快发展的实施意见
2022-08-17	吉林省粮食和物资储备局	吉粮市函〔2022〕47 号	关于进一步做好吉林省与浙江省粮食对口合作工作的通知
2022-08-17	吉林省人民政府办公厅	吉政办发〔2022〕26 号	关于印发吉林省科技创新生态优化工程实施方案的通知
2022-10-08	吉林省人民政府办公厅	吉政办发〔2022〕34 号	关于智慧农业发展的实施意见
2022-11-14	吉林省文化和旅游厅	吉文旅发〔2022〕373 号	关于进一步加强 2022 年新雪季期间全省文旅行业疫情防控及安全生产工作的通知
2022-12-07	吉林省人民政府	吉政发〔2022〕24 号	关于支持吉林长春国家农业高新技术产业示范区高质量发展的若干意见
2022-12-11	吉林省粮食和物资储备局	吉粮米函〔2022〕81 号	关于印发《关于落实吉林大米品牌跃升工程的工作细案》的通知
2023-01-18	吉林省人民政府办公厅	吉政办发〔2023〕1 号	关于印发支持生猪、家禽产业高质量发展若干政策措施的通知

续 表

发布时间	部　门	发文字号	政策名称
2023-02-13	吉林省农业农村厅	吉农办渔发〔2023〕2号	关于申报2023年省级乡村振兴专项资金（渔业绿色发展）项目的通知
2023-02-27	吉林省粮食和物资储备局、吉林省工业和信息化厅、吉林省畜牧业管理局	吉粮科联〔2023〕1号	关于印发2023年吉林省玉米水稻产业集群推进工作方案的通知
2023-03-01	吉林省人民政府办公厅	吉政办发〔2023〕5号	关于印发支持全省肉牛产业发展有关政策措施的通知
2023-03-02	吉林省人民政府办公厅	吉政办发〔2023〕7号	关于印发吉林省乡村建设“百村提升”工作方案的通知
2023-03-13	吉林省农业农村厅	吉农办渔发〔2023〕3号	关于印发吉林省贯彻落实《农业农村部关于推进稻渔综合种养产业高质量发展的指导意见》工作方案的通知
2023-03-15	吉林省农业农村厅	吉农办产发〔2023〕2号	关于公布2023年度省级农产品加工示范园区认定结果的通知
2023-03-15	吉林省农业农村厅	吉农办渔发〔2023〕5号	关于贯彻落实2023年全国渔业安全生产视频工作会议精神加强春季渔业安全生产管理工作的通知
2023-03-15	吉林省农业农村厅	吉农办渔发〔2023〕7号	关于印发2023年水产绿色健康养殖技术推广“五大行动”实施方案的通知
2023-03-15	吉林省农业农村厅	吉农办渔发〔2023〕8号	关于转发农业农村部办公厅扎实抓好春季水产养殖生产有关要求的通知
2023-03-28	吉林省人民政府办公厅	吉政办发〔2023〕11号	关于印发吉林省乡村畅通工程实施方案的通知
2022-01-05	黑龙江省县域经济工作领导小组办公室	黑县域办发〔2022〕1号	关于印发《黑龙江省县域经济高质量发展“十四五”规划》的通知
2022-01-05	黑龙江省人民政府办公厅	黑政办规〔2021〕47号	关于印发黑龙江省“十四五”综合交通运输体系发展规划的通知
2022-01-05	黑龙江省人民政府	黑政规〔2021〕23号	关于印发黑龙江省建立健全绿色低碳循环发展经济体系实施方案的通知

续　表

发布时间	部　门	发文字号	政策名称
2022-01-07	黑龙江省农业农村厅	黑农厅发〔2021〕341 号	黑龙江省“十四五”水稻生产发展规划
2022-01-07	黑龙江省农业农村厅	黑农厅发〔2021〕341 号	黑龙江省植物保护“十四五”发展规划
2022-02-28	黑龙江省人民政府办公厅	黑政办函〔2022〕17 号	转发黑龙江省发展改革委关于推动生活性服务业补短板上水平提高人民生活品质行动计划的通知
2022-03-03	黑龙江省人民政府办公厅	黑政办规〔2022〕6 号	关于印发黑龙江省支持对外贸易发展若干措施的通知
2022-03-18	黑龙江省人民政府办公厅	黑政办规〔2022〕9 号	关于印发黑龙江省鼓励总部经济发展若干政策措施的通知
2022-03-25	黑龙江省人民政府	黑政发〔2022〕7 号	关于印发黑龙江省冰雪经济发展规划（2022—2030 年）的通知
2022-03-25	黑龙江省人民政府	黑政发〔2022〕8 号	关于印发黑龙江省创意设计产业发展专项规划（2022—2030 年）的通知
2022-03-28	黑龙江省人民政府	黑政发〔2022〕9 号	关于印发黑龙江省“十四五”数字经济发展规划的通知
2022-03-28	黑龙江省人民政府办公厅	黑政办发〔2022〕12 号	关于印发黑龙江省 2022 年巩固拓展脱贫攻坚成果同乡村振兴有效衔接工作责任分工方案的通知
2022-03-28	中共黑龙江省委办公厅、黑龙江省人民政府办公厅	—	黑龙江省加快平台经济高质量发展的实施意见
2022-03-28	黑龙江省人民政府办公厅	黑政办规〔2022〕14 号	印发关于加快畜牧业高质量发展的意见和黑龙江省加快畜牧业高质量发展若干政策措施的通知
2022-04-01	黑龙江省农业农村厅	黑农厅函〔2022〕393 号	关于印发《2022 年黑龙江省渔业渔政工作要点》的通知
2022-04-24	黑龙江省农业农村厅	黑农厅函〔2022〕626 号	关于印发《黑龙江省粮食机械化生产提质增产减损行动方案》的通知
2022-05-24	黑龙江省人民政府办公厅	黑政办规〔2022〕17 号	关于推进社会信用体系建设高质量发展促进形成新发展格局的实施意见

续 表

发布时间	部 门	发文字号	政策名称
2022-06-07	黑龙江省人民政府	黑政规〔2022〕3 号	关于印发贯彻落实国务院扎实稳住经济一揽子政策措施实施方案的通知
2022-06-21	黑龙江省人民政府	黑政发〔2022〕15 号	关于印发黑龙江省产业振兴行动计划（2022—2026 年）的通知
2022-06-28	黑龙江省人民政府办公厅	黑政办发〔2022〕26 号	关于印发《黑龙江省残疾预防行动计划（2022—2025 年）》的通知
2022-06-29	黑龙江省农业农村厅、黑龙江省财政厅、黑龙江省林业和草原局	黑农厅联发〔2022〕180 号	关于印发《黑龙江省 2022—2025 年草原生态保护补助奖励政策实施方案》的通知
2022-07-04	黑龙江省人民政府办公厅	黑政办发〔2022〕27 号	关于印发黑龙江省科技成果产业化行动计划（2022—2025 年）的通知
2022-07-07	黑龙江省农业农村厅、黑龙江省财政厅	黑农厅联发〔2022〕191 号	关于印发《黑龙江省 2022 年蜂业质量提升行动项目实施方案》的通知
2022-07-15	黑龙江省农业农村厅、黑龙江省财政厅	黑农厅联发〔2022〕219 号	关于印发《2022—2023 年黑龙江省奶业生产能力提升整县推进项目实施方案》的通知
2022-07-15	黑龙江省农业农村厅、黑龙江省财政厅	黑农厅联发〔2022〕218 号	关于印发《2022 年基础母牛扩群提质项目实施方案》的通知
2022-08-04	黑龙江省农业农村厅、黑龙江省财政厅	黑农厅联发〔2022〕263 号	关于印发《2022 年黑龙江省粮改饲工作实施方案》的通知
2022-08-04	黑龙江省农业农村厅、黑龙江省财政厅	黑农厅联发〔2022〕260 号	关于印发《2022 年黑龙江省肉牛优质冻精补助实施方案》的通知
2022-08-04	黑龙江省农业农村厅、黑龙江省财政厅	黑农厅联发〔2022〕262 号	关于印发 2022 年畜牧业经营主体贷款贴息实施方案的通知
2022-08-09	黑龙江省人民政府办公厅	黑政办函〔2022〕89 号	转发黑龙江省发改委关于在重点工程项目中大力实施以工代赈促进当地群众就业增收实施方案的通知
2022-08-31	黑龙江省农业农村厅	黑农厅规〔2022〕8 号	关于印发《黑龙江省农业农村厅财政支农项目资金管理办法（试行）》的通知

续　表

发布时间	部　门	发文字号	政策名称
2022-09-05	黑龙江省人民政府办公厅	黑政办规〔2022〕21 号	印发关于支持佳木斯国家农业高新技术产业示范区建设若干政策措施的通知
2022-09-14	黑龙江省人民政府办公厅	黑政办发〔2022〕45 号	关于印发黑龙江省养老托育服务业发展专项行动方案（2022—2026 年）的通知
2022-09-27	黑龙江省农业农村厅、黑龙江省委宣传部、黑龙江省发展和改革委员会、黑龙江省财政厅、黑龙江省工业和信息化厅、黑龙江省市场监督管理局、黑龙江省商务厅、黑龙江省粮食和物资储备局、黑龙江省供销合作社联合社、黑龙江省林业和草原局、黑龙江省乡村振兴局、黑龙江省中医药管理局	黑农厅联发〔2022〕367 号	关于印发《黑龙江省品牌农业建设工作方案》的通知
2022-10-08	黑龙江省人民政府办公厅	黑政办发〔2022〕50 号	关于印发黑龙江省现代信息服务业振兴行动方案（2022—2026 年）的通知
2022-10-31	黑龙江省农业农村厅、黑龙江省财政厅	黑农厅联发〔2022〕416 号	关于印发《黑龙江省生猪和肉牛屠宰加工补贴项目实施方案》的通知
2022-11-03	黑龙江省人民政府办公厅	黑政办发〔2022〕55 号	关于印发加大接触性服务业纾困帮扶力度若干措施的通知
2022-11-28	黑龙江省农业农村厅	黑农厅规〔2022〕10 号	关于印发《黑龙江省“黑土优品”农业品牌标识管理办法（试行）》的通知
2023-01-20	黑龙江省人民政府办公厅	黑政办规〔2023〕1 号	印发关于促进全省经济运行整体好转若干政策措施的通知
2023-01-29	黑龙江省人民政府	黑政发〔2023〕4 号	关于印发中国（同江）跨境电子商务综合试验区实施方案的通知
2023-03-09	黑龙江省农业农村厅	黑农厅函〔2023〕163 号	关于发布推介 2023 年黑龙江省农业主推技术的通知
2023-03-22	黑龙江省农业技术推广站	黑农技（2023）第 12 号	关于印发《2023 年备春耕生产技术指导意见》的通知

续 表

发布时间	部　门	发文字号	政策名称
2023-03-23	黑龙江省农业农村厅	黑农厅发〔2023〕62 号	关于印发《黑龙江省到 2025 年化学农药减量化行动实施方案》的通知
2023-03-27	黑龙江省农业农村厅	黑农厅〔2023〕467 号	2023 年优势特色产业集群、农业产业强镇推荐名单遴选结果公示
2022-01-10	上海市农业农村委员会	沪农委〔2021〕423 号	关于 2021 年度蔬菜生产“机器换人”示范基地创建情况的通报
2022-01-14	上海市人民政府	沪府发〔2022〕1 号	关于印发《崇明世界级生态岛发展规划纲要（2021—2035 年）》的通知
2022-01-18	上海市农业农村委员会	沪农委〔2022〕2 号	关于 2021 年水产养殖绿色生产和健康养殖示范场任务清单完成情况的通报
2022-01-18	上海市农业农村委员会	沪农委〔2021〕425 号	关于公布农业产业化上海市重点龙头企业名单的通知
2022-01-18	上海市农业农村委员会	沪农委〔2021〕430 号	关于印发《上海市兽用抗菌药使用减量化行动工作方案（2021—2025 年）》的通知
2022-02-07	上海市农业农村委员会、上海市财政局	沪农委〔2021〕379 号	关于印发《上海市实施渔业发展补助政策推动渔业高质量发展实施方案》的通知
2022-02-08	上海市农业农村委员会、上海市发展和改革委员会、上海市财政局、上海市人力资源和社会保障局、上海市规划和自然资源局、上海市地方金融监督管理局、上海市科学技术委员会、中国人民银行上海分行	沪农委〔2022〕14 号	关于支持本市高质量农业项目建设的指导意见
2022-02-08	上海市农业农村委员会	沪农委〔2022〕16 号	关于抓好 2022 年蔬菜生产工作的通知
2022-02-09	上海市农业农村委员会、上海市市场监督管理局	沪农委〔2021〕364 号	关于进一步推进食用农产品合格证制度与食品安全信息追溯衔接工作的通知

续　表

发布时间	部　门	发文字号	政策名称
2022-02-15	上海市商务委员会、上海市财政局、中国人民银行上海分行、国家税务总局上海市税务局、中国银行保险监督管理委员会上海监管局、国家外汇管理局上海市分局、上海市地方金融监督管理局、上海市文化和旅游局	沪商财〔2022〕13 号	关于支持线下零售、住宿餐饮、外资外贸等市场主体纾困发展有关工作的通知
2022-02-18	上海市人民政府办公厅	沪府办发〔2022〕3 号	关于印发《上海市促进养老托育服务高质量发展实施方案》的通知
2022-02-18	上海市商务委员会	沪商自贸〔2022〕24 号	关于印发《上海市关于高质量落实〈区域全面经济伙伴关系协定〉（RCEP）的若干措施》的通知
2022-03-04	上海市农业技术推广服务中心	—	关于 2021 年度上海市粮食绿色高质高效创建优秀示范方考核结果公示
2022-03-11	上海市农业农村委员会、上海市财政局	沪农委〔2022〕39 号	关于嘉定区 2020 年上海都市蔬菜优势特色产业集群项目验收的意见
2022-03-21	上海市人民政府办公厅	沪府办规〔2022〕4 号	印发《关于进一步促进上海乡村民宿健康发展的指导意见》的通知
2022-03-29	上海市人民政府办公厅	沪府办规〔2022〕5 号	关于印发《上海市全力抗疫情助企业促发展的若干政策措施》的通知
2022-04-06	上海市商务委员会、中国进出口银行上海分行	沪商贸发〔2022〕56 号	关于进一步支持外经贸企业抗疫情促发展的通知
2022-04-20	上海市人民政府办公厅	沪府办发〔2022〕5 号	关于印发《上海城市数字化转型标准化建设实施方案》的通知
2022-05-09	上海市社会信用建设办公室	沪信用办〔2022〕5 号	关于印发《2022 年上海市社会信用体系建设工作要点》的通知
2022-05-09	上海市人民政府办公厅	沪府办发〔2022〕6 号	关于印发《上海市资源节约和循环经济发展“十四五”规划》的通知

续 表

发布时间	部　门	发文字号	政策名称
2022-05-29	上海市人民政府	沪府规〔2022〕5号	关于印发《上海市加快经济恢复和重振行动方案》的通知
2022-06-15	上海市农业农村委员会	沪农委〔2022〕60号	关于公布本市第二批生态循环农业示范创建工作验收通过单位名单的通知
2022-06-20	上海市人民政府	沪府发〔2022〕5号	印发《关于加快推进南北转型发展的实施意见》的通知
2022-06-21	中共上海市委、上海市人民政府	—	关于充分彰显都市乡村价值全面推进乡村振兴的实施意见
2022-06-29	上海市农业农村委员会	沪农委〔2022〕106号	关于印发《2022年上海市农产品质量安全监管工作要点》的通知
2022-07-04	上海市商务委员会	沪商运行〔2022〕121号	关于本市开展智慧菜场创建工作的通知
2022-07-08	上海市农业农村委员会、上海市财政局	沪农委〔2022〕72号	关于奉贤区2020年上海都市蔬菜优势特色产业集群项目验收的意见
2022-07-08	上海市农业农村委员会、上海市财政局	沪农委〔2022〕73号	关于开展2022年上海都市蔬菜优势特色产业集群续建项目申报工作的通知
2022-07-08	上海市农业农村委员会、上海市财政局	沪农委〔2022〕118号	关于青浦区2020年上海都市蔬菜优势特色产业集群项目验收的意见
2022-07-21	上海市农业农村委员会	沪农委〔2022〕132号	关于印发《2022年上海市农产品产地冷藏保鲜设施建设实施方案》的通知
2022-07-28	上海市人民政府	沪府发〔2022〕7号	关于印发《上海市碳达峰实施方案》的通知
2022-07-28	上海市农业农村委员会、上海市财政局	沪农委规〔2022〕5号	关于印发《上海市乡村振兴专项资金管理办法》的通知
2022-07-29	上海市建设国际消费中心城市领导小组办公室	—	关于印发《第三届"五五购物节"总体方案》的通知
2022-08-16	上海市农业农村委员会	沪农委〔2022〕64号	关于加强2022年蔬菜生产机器换人示范基地建设的通知
2022-08-16	上海市农业农村委员会	沪农委〔2022〕87号	关于印发《上海市设施菜田宜机化导则》的通知

续　表

发布时间	部　门	发文字号	政策名称
2022-08-24	上海市农业农村委员会、上海市财政局	沪农委〔2022〕175 号	关于宝山区 2020 年上海都市蔬菜优势特色产业集群项目验收的意见
2022-08-24	上海市农业农村委员会、上海市财政局	沪农委〔2022〕174 号	关于闵行区 2020 年上海都市蔬菜优势特色产业集群项目验收的意见
2022-09-08	上海市发展和改革委员会、上海市农业农村委员会、上海市商务委员会、上海市市场监督管理局、上海市粮食和物资储备局	沪发改环资〔2022〕113 号	关于印发《上海市加强粮食节约和反食品浪费重点任务安排（2022—2025 年）》的通知
2022-09-13	上海市商务委员会、上海市农业农村委员会	沪商运行〔2019〕167 号	关于推行“净菜上市”的实施意见
2022-09-19	上海市人民政府办公厅	沪府办发〔2022〕16 号	印发《关于加快本市农村寄递物流体系建设的实施意见》的通知
2022-09-20	上海市农业农村委员会	沪农委〔2022〕68 号	关于做好 2022 年上海市农业生产发展资金高素质农民培育项目工作的通知
2022-09-21	上海市商务委员会、上海市市场监督管理局	沪商运行〔2019〕282 号	关于严格落实食品经营企业规范处置不可食用生猪产品规定的通知
2022-09-28	上海市人民政府	沪府规〔2022〕12 号	关于印发《上海市助行业强主体稳增长的若干政策措施》的通知
2022-10-14	上海市人民政府	沪府发〔2022〕10 号	关于新时代支持革命老区振兴发展的实施意见
2022-10-21	上海市人民政府办公厅	沪府办发〔2022〕20 号	印发《关于促进上海域外农场高质量发展的实施意见》的通知
2022-10-26	上海市农业农村委员会、上海市财政局	沪农委规〔2022〕6 号	关于印发上海市农业绿色生产补贴管理细则的通知
2022-11-03	上海市农业农村委员会、上海市财政局	沪农委〔2022〕229 号	关于金山区 2020 年上海都市蔬菜优势特色产业集群项目验收的意见

续 表

发布时间	部 门	发文字号	政策名称
2022-11-08	上海市商务委员会、上海市市场监督管理局	沪商市场〔2022〕253 号	印发《关于加强本市商务领域标准化建设的实施意见》的通知
2022-11-18	上海市人民政府	—	关于进一步加强生物多样性保护的实施意见
2022-11-19	上海市商务委员会、上海市财政局	沪商商贸〔2022〕270 号	关于印发《上海市商务高质量发展专项资金（2022 年度消费市场创新发展奖励项目）申报指南》的通知
2022-11-24	上海市商务委员会	沪商商贸〔2022〕283 号	关于印发《上海市县域商业建设行动工作方案》的通知
2022-11-25	上海市商务委员会	沪商商贸〔2022〕282 号	关于开展 2022 年度本市县域商业建设行动专项资金申报工作的通知
2022-12-08	上海市人民政府办公厅	沪府办规〔2022〕11 号	关于印发《本市推动外贸保稳提质的实施意见》的通知
2022-12-26	上海市人民政府	沪府规〔2022〕19 号	关于印发修订后的《上海市激发重点群体活力带动城乡居民增收实施方案》的通知
2023-01-06	上海市农业农村委员会、上海市财政局	沪农委〔2022〕323 号	关于崇明区 2020 年上海都市蔬菜优势特色产业集群项目验收的意见
2023-01-17	上海市人民政府、安徽省人民政府	沪府〔2022〕68 号	关于印发《上海市与六安市对口合作实施方案（2023—2025 年）》的通知
2023-01-17	上海市人民政府、福建省人民政府	沪府〔2022〕67 号	关于印发《上海市与三明市对口合作实施方案（2023—2025 年）》的通知
2023-01-18	上海市农业农村委员会、上海市财政局	沪农委规〔2022〕9 号	关于印发上海市设施菜田项目建设管理细则的通知
2023-01-20	上海市人民政府	沪府发〔2023〕1 号	关于印发《上海现代农业产业园（横沙新洲）发展战略规划（2023—2035 年）》的通知
2023-01-29	上海市人民政府	沪府规〔2023〕1 号	关于印发《上海市提信心扩需求稳增长促发展行动方案》的通知
2023-01-31	上海市农业农村委员会	沪农委〔2023〕13 号	关于通报 2022 年上海市农产品绿色生产基地创建验收结果的通知

续　表

发布时间	部　门	发文字号	政策名称
2023-02-01	上海市人民政府办公厅	沪府办发〔2023〕1 号	关于印发《上海市残疾预防行动计划（2023—2025 年）》的通知
2023-02-14	上海市人民政府办公厅	沪府办规〔2023〕3 号	关于印发《上海市新污染物治理行动工作方案》的通知
2023-02-20	上海市商务委员会	沪商运行〔2023〕21 号	关于印发《2023 年上海市示范性智慧菜场建设工作方案》的通知
2023-03-01	上海市农业农村委员会	沪农委〔2023〕29 号	关于 2022 年度蔬菜生产“机器换人”示范基地创建情况的通报
2023-03-01	上海市农业农村委员会	沪农委〔2023〕33 号	关于公布本市第三批生态循环农业示范创建工作验收通过名单的通知
2023-03-01	上海市建设国际消费中心城市领导小组办公室	沪商商贸〔2023〕32 号	关于印发《2023 年上海建设国际消费中心城市工作要点》的通知
2023-03-01	上海市农业农村委员会	沪农委〔2023〕30 号	关于做好 2023 年蔬菜生产“机器换人”示范创建工作的通知
2023-03-02	上海市农业农村委员会	沪农委〔2023〕20 号	关于印发《上海市农产品“三品一标”四大行动实施方案》的通知
2023-03-02	上海市农业农村委员会	沪农委〔2023〕25 号	关于抓好 2023 年蔬菜生产工作的通知
2023-03-07	上海市农业农村委员会、上海市发展和改革委员会、上海市经济和信息化委员会、上海市商务委员会、上海市教育委员会、上海市科学技术委员会、上海市财政局、上海市人力资源和社会保障局、上海市规划和自然资源局、上海市退役军人事务局、中国银保监会上海监管局	沪农委规〔2023〕2 号	关于本市进一步支持返乡入乡人员创业创新促进农村一二三产业融合发展的实施意见
2023-03-13	上海市农业农村委员会	沪农委〔2023〕38 号	关于印发《2023 年上海市畜禽屠宰质量安全风险监测计划》的通知
2023-03-14	上海市农业技术推广服务中心	—	关于 2022 年度上海市粮食绿色高质高效创建优秀示范方考核结果公示

续 表

发布时间	部　门	发文字号	政策名称
2023-03-20	上海市农业农村委员会	—	关于2022年上海市农民专业合作社示范社的公示
2023-03-23	上海市建设国际消费中心城市领导小组办公室	沪商商贸〔2023〕50号	关于印发《2023年上海市促消费系列活动方案》和《第四届"五五购物节"总体方案》的通知
2023-03-23	上海市建设国际消费中心城市领导小组办公室	沪商商贸〔2023〕51号	关于印发我市进一步促进和扩大消费的若干措施的通知
2023-03-29	上海市农业农村委员会	沪农委〔2023〕48号	关于印发《2023年上海市水产绿色健康养殖技术推广"五大行动"实施方案》的通知
2023-03-31	上海市实施乡村振兴战略工作领导小组办公室	沪乡村振兴办〔2023〕6号	关于印发《2023年上海市乡村建设行动任务清单》的通知
2022-01-09	江苏省人民政府办公厅	苏政办发〔2022〕2号	关于印发江苏省全域"无废城市"建设工作方案的通知
2022-01-18	江苏省农业农村厅	—	江苏省"十四五"耕地质量建设与保护规划
2022-01-18	江苏省农业农村厅	—	江苏省"十四五"农村改革发展规划
2022-01-18	江苏省农业农村厅	—	江苏省"十四五"数字农业农村发展规划
2022-01-18	江苏省农业农村厅	—	江苏省"十四五"种植业发展规划
2022-01-19	江苏省农业农村厅	—	江苏省"十四五"渔业发展规划
2022-01-20	江苏省农业农村厅	—	江苏省"十四五"农业机械化发展规划
2022-01-20	江苏省农业农村厅	—	江苏省"十四五"现代畜牧业发展规划
2022-01-21	江苏省农业农村厅	—	江苏省"十四五"农产品质量安全监管规划
2022-01-21	江苏省农业农村厅	—	江苏省"十四五"现代种业发展规划
2022-01-25	江苏省人民政府	苏政发〔2022〕8号	关于加快建立健全绿色低碳循环发展经济体系的实施意见
2022-01-28	江苏省农业农村厅	—	江苏省"十四五"乡村产业发展规划
2022-01-29	江苏省人民政府办公厅	苏政办发〔2022〕8号	关于新形势下进一步加大配套督查激励支持力度的通知

续　表

发布时间	部　门	发文字号	政策名称
2022-02-17	江苏省农业农村厅办公室	—	关于开展禽蛋产品质量安全提升行动的通知
2022-02-25	江苏省人民政府办公厅	苏政办发〔2022〕14 号	关于加快农村寄递物流体系建设的实施意见
2022-02-27	江苏省人民政府	苏政发〔2022〕1 号	印发关于进一步帮助市场主体纾困解难着力稳定经济增长若干政策措施的通知
2022-03-08	江苏省市场价格调控联席会议	苏价调控联〔2022〕1 号	关于江苏省 2022 年价格调控目标责任制的实施意见
2022-03-14	江苏省农业农村厅	—	关于开展省级农业生产全程全面机械化示范县建设工作的通知
2022-03-21	江苏省人民政府办公厅	苏政办发〔2022〕20 号	印发关于做好跨周期调节进一步稳外贸若干措施的通知
2022-03-25	江苏省人民政府办公厅	苏政办发〔2022〕21 号	转发省市场监管局等部门关于深入推进绿色认证促进绿色低碳循环发展意见的通知
2022-03-29	江苏省农业农村厅	苏农传〔2022〕10 号	关于不误农时抓好春季农业生产的通知
2022-04-07	中共江苏省委农村工作领导小组	—	关于加快推进农业农村重大项目建设工作的通知
2022-04-12	江苏省商务厅	—	印发关于进一步帮助商务领域市场主体纾困解难若干措施的通知
2022-04-17	江苏省人民政府办公厅	苏政办发〔2022〕25 号	印发关于有效应对疫情新变化新冲击进一步助企纾困政策措施的通知
2022-04-21	江苏省人力资源社会保障厅、江苏省发展改革委、江苏省教育厅、江苏省民政厅、江苏省卫生健康委、江苏省乡村振兴局、江苏省总工会、共青团江苏省委、江苏省妇联、江苏省工商联	苏人社发〔2022〕42 号	关于开展 2022 年就业富民助力乡村振兴行动的通知
2022-05-07	江苏省农业农村厅、江苏省财政厅	苏农业〔2022〕19 号	关于印发 2022 年全省粮食生产重点工作清单和支持政策清单的通知

续 表

发布时间	部 门	发文字号	政策名称
2022-05-07	江苏省人民政府办公厅	苏政办发〔2022〕27 号	印发关于“十四五”深入推进农业数字化建设实施方案的通知
2022-05-07	江苏省人民政府办公厅	苏政办发〔2022〕28 号	印发关于进一步加强财政金融支持农业农村发展若干政策措施的通知
2022-05-16	江苏省发展改革委	苏发改农经发（2022）438 号	关于转发《国家发展改革委关于进一步做好粮食和大豆等重要农产品生产相关工作的通知》的通知
2022-05-17	江苏省人民政府办公厅	苏政办发〔2022〕34 号	转发省发展改革委等部门关于加快推进基础设施投资建设若干措施的通知
2022-05-23	江苏省农业农村厅	—	江苏省“十四五”开放型农业发展规划
2022-05-24	江苏省人民政府办公厅	苏政办发〔2022〕31 号	关于印发江苏省残疾预防行动计划（2021—2025 年）的通知
2022-05-24	江苏省人民政府办公厅	苏政办发〔2022〕30 号	转发省发展改革委关于推动生活性服务业补短板上水平提高人民生活品质行动方案（2022—2025 年）的通知
2022-06-06	江苏省人民政府办公厅	苏政办发〔2022〕40 号	印发关于促进内外贸一体化发展若干措施的通知
2022-06-10	江苏省发展和改革委员会、江苏省工业和信息化厅、江苏省住房和城乡建设厅、江苏省商务厅、江苏省市场监督管理局、江苏省机关事务管理局	苏发改就业发〔2022〕535 号	关于印发《江苏省促进绿色消费实施方案》的通知
2022-06-10	江苏省人力资源社会保障厅、江苏省财政厅、江苏省税务局	苏人社发〔2022〕68 号	关于做好失业保险稳岗位提技能防失业工作的通知
2022-06-13	江苏省人民政府办公厅	苏政办发〔2022〕41 号	关于充分发挥融资担保体系作用更大力度支持小微企业和“三农”发展的通知
2022-06-21	江苏省人民政府办公厅	苏政办发〔2022〕46 号	关于进一步加强农村集体资产监督管理促进新型集体经济高质量发展的意见

续　表

发布时间	部　门	发文字号	政策名称
2022-06-30	江苏省人民政府办公厅	苏政办发〔2022〕50 号	关于进一步释放消费潜力促进消费加快恢复和高质量发展的实施意见
2022-06-30	江苏省人民政府	苏政复〔2022〕20 号	关于同意中国（扬州）、中国（镇江）、中国（泰州）跨境电子商务综合试验区实施方案的批复
2022-07-05	江苏省人力资源社会保障厅、江苏省发展改革委、江苏省民政厅、江苏省财政厅、江苏省住房城乡建设厅、江苏省农业农村厅、江苏省医疗保障局	苏人社发〔2022〕88 号	关于进一步做好长江流域重点水域退捕渔民安置保障工作的通知
2022-07-08	江苏省农业农村厅	—	《江苏省畜禽屠宰行业发展规划（2022—2025 年）》
2022-07-28	江苏省人民政府办公厅	苏政办发〔2022〕60 号	关于印发江苏省“十四五”城乡社区服务体系建设规划的通知
2022-07-29	江苏省人民政府办公厅	苏政办发〔2022〕61 号	关于印发江苏省冷链物流发展规划（2022—2030 年）的通知
2022-08-01	江苏省农业农村厅、江苏省林业局、江苏省发展和改革委员会、江苏省财政厅、江苏省科学技术、江苏省自然资源厅、江苏省水利厅	—	关于公布 2022 年江苏省特色农产品优势区的通知
2022-08-05	江苏省农业农村厅	—	关于组织开展打赢农业防灾减灾保秋粮丰收攻坚战行动的通知
2022-08-09	江苏省知识产权局、江苏省商务厅、江苏省文化和旅游厅、中国银行江苏省分行	苏知发〔2022〕76 号	关于开展商标质押助力商贸、文旅等重点行业纾困“知惠行”专项活动的通知
2022-08-18	江苏省农业农村厅办公室	苏农办政改〔2022〕2 号	关于公布 2022 年省级示范家庭农场和家庭农场典型案例名单的通知
2022-08-24	江苏省人民政府办公厅	苏政办发〔2022〕66 号	关于印发江苏省防汛抗旱应急预案的通知
2022-08-24	江苏省人民政府办公厅	苏政办发〔2022〕63 号	关于转发省发展改革委江苏省“十四五”现代流通体系建设方案的通知

续 表

发布时间	部　门	发文字号	政策名称
2022-09-06	江苏省农业农村厅	—	关于抓好秋冬蔬菜稳产保供工作的通知
2022-09-15	江苏省商务厅、中共江苏省委宣传部、江苏省自然资源厅、江苏省住房和城乡建设厅、江苏省文化和旅游厅、江苏省市场监督管理局、江苏省知识产权局、江苏省文物局	—	关于印发促进老字号创新发展的若干政策措施的通知
2022-09-29	江苏省农业农村厅	—	关于切实做好 2022 年全省秋播工作的通知
2022-11-14	江苏省农业农村厅、江苏省财政厅	—	关于印发 2022 年省级现代农业发展等专项实施意见的通知
2022-11-16	江苏省人民政府办公厅	苏政办发〔2022〕78 号	关于印发江苏省深入打好净土保卫战实施方案的通知
2022-11-21	江苏省人民政府办公厅	苏政办发〔2022〕80 号	关于印发支持革命老区相对薄弱乡镇振兴发展促进共同富裕若干措施的通知
2022-11-29	江苏省农业农村厅	—	江苏省农产品产地仓储保鲜冷链物流建设三年行动方案（2023—2025 年）
2022-12-13	江苏省人民政府办公厅	苏政办发〔2022〕81 号	关于印发江苏省新污染物治理工作方案的通知
2023-01-06	江苏省人民政府办公厅	苏政办发〔2022〕88 号	关于印发江苏省生产性服务业十年倍增计划实施方案的通知
2023-02-07	江苏省农业农村厅	—	关于切实稳定生猪生产的通知
2023-02-16	江苏省农业农村厅办公室	苏农规〔2023〕4 号	关于印发进一步促进农业农村经济发展若干政策措施的通知
2023-02-17	江苏省财政厅、江苏省工业和信息化厅、江苏省地方金融监督管理局、中国人民银行南京分行、中国银保监会江苏监管局	—	关于设立江苏省中小微企业纾困增产增效专项资金贷款的通知
2023-02-21	江苏省农业农村厅	—	关于公布 2020—2022 年全省农业农村重大项目建设典型的通知

续　表

发布时间	部　门	发文字号	政策名称
2023-03-13	江苏省农业农村厅	—	关于印发《江苏省农业农村重大项目建设三年行动计划（2023—2025 年）》的通知
2022-01-11	浙江省外贸工作领导小组办公室	浙外贸组办〔2021〕4 号	关于印发《浙江省落实区域全面经济伙伴关系协定三年行动计划（2022—2024）》的通知
2022-01-27	浙江省财政厅、浙江省农业农村厅	浙财农〔2022〕1 号	关于印发浙江省中央财政渔业发展补助资金管理实施细则的通知
2022-01-29	浙江省发展和改革委员会、浙江省省农业农村厅	—	关于印发《浙江省现代种业发展“十四五”规划》的通知
2022-02-07	浙江省人民政府办公厅	浙政办发〔2022〕4 号	关于开展未来乡村建设的指导意见
2022-02-16	浙江省人民政府	浙政发〔2019〕29 号	关于推进健康浙江行动的实施意见
2022-02-17	浙江省发展和改革委员会	浙发改高技函〔2022〕73 号	关于印发 2021 年数字赋能促进新业态新模式典型企业和平台名单的通知
2022-02-21	浙江省人民政府办公厅	浙政办发〔2021〕76 号	关于支持冷链物流高质量发展的若干意见
2022-02-25	浙江省人民政府办公厅	浙政办发〔2017〕132 号	关于加强残疾预防和残疾人康复工作的若干意见
2022-02-25	浙江省人民政府办公厅	浙政办发〔2018〕20 号	关于强化农药兽药管理切实提升食品质量安全水平的通知
2022-03-04	浙江省人民政府办公厅	浙政办发〔2019〕11 号	关于促进县域创新驱动发展的实施意见
2022-03-11	浙江省人民政府办公厅	浙政办发〔2017〕142 号	关于印发浙江省推进物流业降本增效行动方案的通知
2022-04-13	浙江省人民政府办公厅	浙政办发〔2022〕17 号	关于印发浙江省加强涉海涉渔领域安全生产系统治理促进海洋渔业高质量发展行动方案（2022—2024 年）的通知

续 表

发布时间	部 门	发文字号	政策名称
2022-04-27	浙江省发展和改革委员会、浙江省林业局、浙江省科学技术厅、浙江省财政厅、浙江省自然资源厅、江省农业农村厅、国家税务总局浙江省税务局、浙江省市场监督管理局、浙江省药品监督管理局、中国人民银行杭州中心支行、中国银行保险监督管理委员会浙江监管局、中国证券监督管理委员会浙江监管局	浙发改农经〔2022〕107 号	关于印发《关于科学利用林地资源促进木本粮油和林下经济高质量发展的实施意见》的通知
2022-04-28	浙江省人民政府办公厅	浙政办发〔2022〕25 号	关于进一步减负纾困助力中小微企业发展的若干意见
2022-05-16	浙江省人民政府办公厅	浙政办发〔2022〕28 号	关于印发浙江省贯彻《国家残疾预防行动计划（2021—2025 年）》实施方案的通知
2022-06-08	浙江省新型冠状病毒肺炎疫情防控工作领导小组办公室	省疫情防控办〔2022〕81 号	关于高效统筹疫情防控和旅游餐饮住宿等服务业发展的通知
2022-06-08	浙江省人民政府	浙政发〔2022〕14 号	关于印发浙江省贯彻落实国务院扎实稳住经济一揽子政策措施实施方案的通知
2022-06-10	浙江省人民政府办公厅	浙政办发〔2022〕35 号	关于引导支持农业龙头企业高质量发展的若干意见
2022-06-13	浙江省商务厅、中共浙江省委宣传部、浙江省发展和改革委员会、浙江省经济和信息化厅 、浙江省科学技术厅、浙江省司法厅、浙江省财政厅、浙江省人力资源和社会保障厅、浙江省自然资源厅、浙江省住房和城乡建设厅、浙江省文化和旅游厅、浙江省卫生健康委员会、浙江省人民政府国有资产监督管理委员会、浙江省市场监督管理局、浙江省地方金融监督管理局、浙江省医疗保障局、浙江省文物局、国家税务总局浙江省税务局	浙商务联发〔2022〕55 号	关于促进老字号传承创新发展的实施意见

续　表

发布时间	部　门	发文字号	政策名称
2022-06-17	浙江省发展和改革委员会	浙发改服务〔2022〕160 号	关于印发《促进消费和物流发展的 10 项具体举措》的通知
2022-06-30	浙江省人民政府	浙政发〔2017〕19 号	关于印发浙江省“十三五”节能减排综合工作方案的通知
2022-06-30	浙江省人民政府	浙政发〔2017〕26 号	关于印发浙江省“机器人+”行动计划的通知
2022-07-07	浙江省人民政府办公厅	浙政办发〔2022〕24 号	关于扶持个体工商户纾困发展的若干意见
2022-07-13	浙江省人民政府办公厅	浙政办发〔2022〕46 号	关于积极发挥暑期效应加快释放消费活力的意见
2022-07-18	浙江省人民政府办公厅	浙政办发〔2019〕31 号	关于印发 2019 年浙江省食品安全工作要点的通知
2022-07-27	浙江省人民政府办公厅	浙政办发〔2016〕90 号	关于加快推进重要产品追溯体系建设的实施意见
2022-08-01	浙江省农业农村厅	浙农渔发〔2022〕14 号	关于印发浙江省水产健康养殖和生态养殖示范区管理细则的通知
2022-08-03	浙江省自然资源厅、浙江省发展改革委、浙江省农业农村厅	浙自然资规〔2022〕11 号	关于保障农村一二三产业融合发展用地促进乡村振兴的指导意见
2022-08-05	浙江省人民政府办公厅	浙政办发〔2016〕104 号	关于印发浙江省经济体制改革“十三五”规划的通知
2022-08-29	浙江省人民政府办公厅	浙政办发〔2022〕52 号	关于印发浙江省城乡现代社区服务体系建设“十四五”规划的通知
2022-09-21	浙江省粮食和物资储备局、浙江省财政厅	浙粮〔2022〕38 号	关于深入推进优质粮食工程 加快粮食产业高质量发展的通知
2022-09-22	浙江省人民政府办公厅	浙政办发〔2015〕39 号	关于推进国家主体功能区建设试点示范工作的指导意见
2022-09-28	浙江省财政厅、浙江省农业农村厅	浙财农〔2022〕60 号	关于印发浙江省农业农村重大项目投资激励实施办法的通知
2022-09-29	浙江省农业农村厅	浙农渔发〔2022〕17 号	关于促进远洋渔业高质量发展的若干意见
2022-10-08	浙江省人民政府办公厅	浙政办发〔2022〕62 号	印发关于进一步支持稳外贸稳外资促消费若干措施的通知
2022-11-10	浙江省农业农村厅	浙农专发〔2022〕46 号	关于印发浙江省深化兽用抗菌药减量化和饲料环保化行动实施方案（2022—2025 年）的通知

续 表

发布时间	部 门	发文字号	政策名称
2022-12-06	浙江省经信厅	浙经信服务〔2022〕213号	关于深入推进服务型制造促进制造业高质量发展的实施意见
2022-12-09	浙江省市场监督管局、浙江省农业农村厅	浙市监质〔2022〕9号	关于进一步加强"品字标浙江农产"品牌建设工作的通知
2022-12-13	浙江省生态环境厅、浙江省发展和改革委员会、浙江省经济和信息化厅、浙江省科学技术厅、浙江省住房和城乡建设厅、浙江省交通运输厅、浙江省农业农村厅、浙江省能源局、浙江省林业局	浙环函〔2022〕308号	关于印发《浙江省减污降碳协同创新区建设实施方案》的通知
2022-12-31	浙江省人民政府办公厅	浙政办发〔2022〕81号	关于加快建设农业科技创新高地推动科技惠农富民的实施意见
2023-01-18	浙江省人民政府	浙政发〔2023〕2号	印发关于推动经济高质量发展若干政策的通知
2023-01-19	浙江省人民政府办公厅	浙政办发〔2023〕4号	关于全域推进未来社区建设的指导意见
2023-01-21	浙江省人民政府办公厅	浙政办发〔2023〕6号	关于印发2023年政府工作报告重点工作责任分解的通知
2023-01-30	浙江省交通运输厅办公室	浙交办〔2023〕4号	转发交通运输部办公厅等4部门关于进一步提升鲜活农产品运输"绿色通道"政策服务水平的通知
2023-02-24	浙江省科学技术厅	浙科发农〔2023〕9号	关于公布2023年度省级农业科技园区创建名单的通知
2023-03-16	浙江省人民政府办公厅	浙政办发〔2023〕19号	关于印发乡村振兴支持政策二十条的通知
2023-03-23	浙江省农业农村厅	浙农专发〔2023〕8号	关于加强种业企业培育的指导意见
2022-01-04	安徽省推动长三角地区更高质量一体化发展领导小组办公室	皖长三角〔2021〕7号	安徽省实施长三角一体化发展规划"十四五"行动方案
2022-01-04	安徽省人民政府办公厅	皖政办秘〔2021〕118号	印发关于加快农村寄递物流体系建设实施方案的通知
2022-01-06	中共安徽省委办公厅、安徽省人民政府办公厅	—	安徽省建设高标准市场体系行动实施方案

续　表

发布时间	部　门	发文字号	政策名称
2022-01-13	安徽省人民政府办公厅	皖政办〔2021〕18 号	关于印发加快“数字皖农”建设若干措施的通知
2022-01-14	安徽省农业农村厅、安徽省发展和改革委员会	皖农社〔2022〕6 号	关于印发安徽省“十四五”美丽乡村建设规划的通知
2022-01-26	安徽省完善促进消费体制机制厅际联席会议	—	关于印发进一步做好近期促进消费工作若干措施的通知
2022-01-30	安徽省人民政府办公厅	皖政办秘〔2022〕10 号	关于印发安徽省“十四五”知识产权发展规划的通知
2022-02-07	安徽省人民政府	皖政〔2022〕9 号	关于 2022 年重点工作及责任分解的通知
2022-02-22	安徽省人民政府办公厅	皖政办秘〔2022〕15 号	关于印发安徽省有效投资攻坚行动方案（2022）的通知
2022-02-28	安徽省农业农村厅、安徽省发展和改革委员会	—	关于印发安徽省“十四五”农业农村现代化规划的通知
2022-03-13	安徽省农业农村厅	皖农机〔2022〕39 号	关于印发全程机械化综合农事服务中心等建设指导意见的通知
2022-03-21	安徽省人民政府办公厅	皖政办〔2022〕3 号	关于推动绿色食品产业高质量发展的实施意见
2022-03-29	安徽省农业农村厅	—	关于优化常用低风险农业植物和植物产品跨区域流通检疫申请流程的公告
2022-04-02	安徽省农业农村厅	皖农规函〔2022〕306 号	关于公布第二批省级长三角绿色农产品生产加工供应基地认定名单与 2022 年示范创建名单的通知
2022-04-07	安徽省农业农村厅	皖农机函〔2022〕321 号	关于加快推进水稻机械化种植工作的通知
2022-04-16	中共安徽省委、安徽省人民政府	—	关于做好 2022 年全面推进乡村振兴重点工作的实施意见
2022-04-19	安徽省人民政府办公厅	皖政办秘〔2022〕26 号	关于印发鼓励和支持社会资本参与生态保护修复若干措施的通知
2022-04-20	安徽省人民政府办公厅	皖政办明电〔2022〕6 号	关于印发进一步支持市场主体纾困发展若干政策和举措的通知
2022-04-26	安徽省农业农村厅	皖农特函〔2022〕417 号	关于进一步做好新冠疫情期间蔬菜稳产保供工作的通知
2022-04-28	安徽省商务厅	—	关于印发助力商贸流通市场主体纾困解难促进消费的若干措施的通知

续 表

发布时间	部门	发文字号	政策名称
2022-04-29	安徽省推动长三角地区更高质量一体化发展领导小组办公室	皖长三角办〔2022〕1 号	推进落实沪苏浙城市结对合作帮扶皖北城市工作方案
2022-05-05	安徽省农业农村厅	—	关于印发《安徽省"十四五"渔业发展规划》的通知
2022-05-05	安徽省农业农村厅	—	关于印发安徽省"十四五"农业机械化发展规划的通知
2022-05-16	安徽省人民政府办公厅	皖政办秘〔2022〕31 号	关于印发安徽省冷链物流发展实施方案（2022—2025 年）的通知
2022-05-25	安徽省发展改革委	皖发改皖西〔2022〕287 号	关于印发安徽省"十四五"特殊类型地区振兴发展实施方案的通知
2022-05-25	安徽省农业农村厅、安徽省乡村振兴局、安徽省教育厅、安徽省科学技术厅、安徽省经济和信息化厅、安徽省财政厅、安徽省住房和城乡建设厅、安徽省水利厅、安徽省商务厅、安徽省文化和旅游厅、安徽省卫生健康委员会、中国人民银行合肥中心支行、安徽省粮食和物资储备局、安徽省能源局	皖发改皖西〔2022〕234 号	关于印发安徽省"十四五"支持革命老区巩固拓展脱贫攻坚成果衔接推进乡村振兴行动方案的通知
2022-05-26	安徽省农业农村厅	皖农建〔2022〕83 号	关于印发安徽省高标准农田建设规划（2021—2030 年）的通知
2022-06-02	安徽省人民政府	皖政〔2022〕62 号	关于印发稳住经济一揽子政策措施实施方案的通知
2022-06-27	安徽省商务厅、安徽省财政厅	皖商办建函〔2022〕207 号	关于印发《安徽省文明菜市行动专项资金管理办法》的通知
2022-06-30	安徽省农业农村厅、安徽省财政厅	皖农计财函〔2022〕704 号	关于做好 2022 年中央财政农业生产发展等项目实施工作的通知
2022-07-19	安徽省发展改革委	皖发改贸服〔2022〕367 号	安徽省物流提质增效降本三年专项行动计划（2022—2024 年）
2022-07-19	安徽省发展改革委	皖发改贸服〔2022〕367 号	安徽省现代流通体系建设方案（2022—2025 年）
2022-09-13	安徽省人民政府办公厅	皖政办〔2022〕10 号	关于印发加快发展数字经济行动方案（2022—2024 年）的通知

续 表

发布时间	部 门	发文字号	政策名称
2022-10-18	安徽省服务业锻长补短行动领导小组办公室	—	关于印发安徽省加快生产性服务业发展行动方案的通知
2022-10-18	安徽省农业农村厅	皖农规函〔2022〕1006号	关于开展第五批省级现代农业产业园申报创建工作的通知
2022-11-15	安徽省发展改革委	皖发改就业〔2022〕612号	关于印发促进农民就近就业增收若干措施的通知
2022-11-29	安徽省商务厅、中共安徽省委农村工作领导小组办公室、安徽省发展和改革委员会、安徽省经济和信息化厅、安徽省公安厅、安徽省财政厅、安徽省自然资源厅、安徽省住房和城乡建设厅、安徽省交通运输厅、安徽省农业农村厅、安徽省文化和旅游厅、中国人民银行合肥中心支行、安徽省市场监督管理局、中国银行保险监督管理委员会安徽监管局、安徽省乡村振兴局、安徽省供销合作社联合社	皖商办建函〔2022〕336号	关于印发《安徽省加强县域商业体系建设促进农村消费实施方案》的通知
2022-11-29	安徽省商务厅、安徽省发展和改革委员会、安徽省教育厅、安徽省经济和信息化厅、安徽省财政厅、安徽省人力资源和社会保障厅、安徽省交通运输厅、安徽省农业农村厅、安徽省市场监督管理局、安徽省林业局、中国国际贸易促进委员会安徽省委员会、中华人民共和国合肥海关、中国银行保险监督管理委员会安徽监管局、中国出口信用保险公司安徽分公司	—	关于印发安徽省促进内外贸一体化发展行动方案的通知
2022-12-07	中共安徽省委、安徽省人民政府	—	关于完整准确全面贯彻新发展理念做好碳达峰碳中和工作的实施意见

续 表

发布时间	部门	发文字号	政策名称
2022-12-07	安徽省人民政府	皖政〔2022〕83 号	关于印发安徽省碳达峰实施方案的通知
2023-01-28	安徽省人民政府办公厅	皖政办秘〔2022〕68 号	关于印发进一步盘活存量资产扩大有效投资实施方案的通知
2023-02-02	安徽省人民政府办公厅	皖政办〔2022〕17 号	关于印发支持社会资本参与林业发展若干措施的通知
2023-02-06	安徽省发展改革委	皖发改规划〔2023〕69 号	安徽省“十四五”新型城镇化实施方案
2023-02-21	安徽省人民政府办公厅	皖政办秘〔2023〕5 号	关于印发安徽省有效投资专项行动方案（2023）的通知
2023-03-03	安徽省商务厅、安徽省财政厅	皖商办流通函〔2023〕75 号	关于 2023 年商贸流通业发展促进政策的通知
2023-03-08	安徽省人民政府	皖政〔2023〕13 号	关于进一步提振市场信心促进经济平稳健康运行若干政策举措的通知
2023-03-24	安徽省发展改革委	皖发改地区〔2023〕133 号	安徽省县域特色产业集群（基地）建设成效评估实施方案（修订）
2022-01-12	福建省农业农村厅、中国邮政集团有限公司福建省分公司、中国邮政储蓄银行福建省分行	闽农综〔2022〕5 号	印发《关于深化社企对接助力新型农业经营主体高质量发展的实施方案》的通知
2022-01-17	福建省发展和改革委员会、福建省生态环境厅	闽发改规〔2022〕2 号	关于印发《福建省“十四五”塑料污染治理行动方案》的通知
2022-03-07	福建省农业农村厅、福建省财政厅、福建省地方金融监督管理局、人民银行福州中心支行、福建银保监局	闽农规〔2022〕2 号	关于印发《福建省乡村振兴贷实施暂行办法》的通知
2022-03-14	福建省人民政府办公厅	闽政办〔2022〕14 号	关于印发福建省加快农村寄递物流体系建设实施方案的通知
2022-03-22	福建省农业农村厅	闽农综〔2022〕21 号	关于印发《福建省现代农业产业园项目实施方案》的通知
2022-03-30	福建省发展和改革委员会	闽发改生态〔2022〕175 号	关于印发建立健全生态产品价值实现机制的实施方案的通知
2022-04-01	福建省人民政府办公厅	闽政办〔2022〕16 号	关于印发 2022 年数字福建工作要点的通知

续　表

发布时间	部　门	发文字号	政策名称
2022-04-07	福建省人民政府	闽政〔2022〕9 号	关于印发福建省积极应对疫情影响进一步帮助市场主体纾困解难若干措施的通知
2022-04-08	福建省对口支援工作办公室	闽援办〔2022〕3 号	关于印发福建省“十四五”对口支援三峡万州库区合作实施方案的通知
2022-04-20	福建省农业农村厅	闽农综〔2022〕31 号	印发《关于新型农业经营主体提升行动的实施方案》的通知
2022-04-20	福建省发展和改革委员会	闽发改综合〔2022〕246 号	印发关于进一步支持泉州市应对新冠肺炎疫情影响加快恢复发展若干措施的通知
2022-05-31	中共福建省委、福建省人民政府	—	印发《福建省深入打好污染防治攻坚战实施方案》
2022-06-16	福建省农业农村厅、福建省财政厅	闽农综〔2022〕53 号	关于印发《福建省“一村一品”建设实施方案》的通知
2022-06-17	福建省人民政府	闽政文〔2022〕288 号	关于印发福建省“十四五”推进农业农村现代化实施方案的通知
2022-06-21	福建省发展和改革委员会、福建省工业和信息化厅、福建省住房和城乡建设厅、福建省商务厅、福建省市场监督管理局、福建省机关事务管理局	闽发改规〔2022〕6 号	关于印发福建省促进绿色消费实施方案的通知
2022-07-04	福建省人民政府办公厅	闽政办〔2022〕35 号	关于印发福建省贯彻国家残疾预防行动计划（2021—2025 年）实施方案的通知
2022-08-18	福建省人民政府办公厅	闽政办〔2022〕42 号	关于印发福建省推进绿色经济发展行动计划（2022—2025 年）的通知
2022-11-15	福建省人民政府办公厅	闽政办〔2022〕53 号	关于印发福建省贯彻“十四五”冷链物流发展规划实施方案的通知
2022-11-21	福建省农业农村厅、福建省乡村振兴局	闽农规〔2022〕5 号	关于鼓励引导农村地区高质量发展庭院经济的实施意见

续 表

发布时间	部 门	发文字号	政策名称
2022-11-28	福建省农业农村厅、福建省乡村振兴局	闽农综〔2022〕128 号	关于印发《全省乡村振兴示范乡镇、示范村创建工作方案》的通知
2022-11-30	福建省农业农村厅、福建省财政厅	闽农综〔2022〕130 号	关于公布 2022 年度福建省农民专业合作社示范社名单的通知
2022-12-02	福建省发展和改革委员会	闽发改综合〔2022〕666 号	印发关于稳住经济大盘进一步帮助市场主体纾困解难补充措施的通知
2022-12-05	福建省人民政府	闽政〔2022〕29 号	关于支持莆田市践行木兰溪治理理念建设绿色高质量发展先行市的意见
2022-12-06	福建省农业农村厅、福建省财政厅、福建省林业局、福建省海洋与渔业局关于	闽农综〔2022〕132 号	关于公布 2022 年度省级示范家庭农场名单的通知
2022-12-07	福建省农业农村厅	闽农综〔2022〕135 号	关于公布 2022 年度省级“一村一品”专业村和农业产业化联合体名单的通知
2022-12-19	福建省农业农村厅	闽农规〔2022〕6 号	关于印发《推进“一园两区”建设加快农业现代化的若干措施》的通知
2023-01-05	福建省发展和改革委员会	闽发改综合〔2023〕1 号	印发关于做好 2023 年一季度经济工作若干措施的通知
2023-01-12	福建省人民政府	闽政〔2022〕33 号	关于全面实施标准化战略的意见
2023-01-16	福建省农业农村厅	闽农综〔2023〕8 号	关于做好 2023 年一季度农业农村重点工作的通知
2023-02-13	福建省农业农村厅	闽农综〔2023〕21 号	关于进一步加强动物检疫工作的通知
2023-02-17	中共福建省委、福建省人民政府	—	关于做好 2023 年全面推进乡村振兴重点工作的实施意见
2023-03-01	福建省农业农村厅	闽农综〔2023〕1 号	关于落实省委和省政府 2023 年全面推进乡村振兴重点工作部署的实施意见
2023-03-06	福建省优化营商环境工作推进小组办公室	闽营商办〔2023〕1 号	关于学习推广优化营商环境工作典型

续　表

发布时间	部　门	发文字号	政策名称
2023-03-07	福建省人民政府办公厅	闽政办〔2023〕8 号	关于印发巩固拓展经济向好势头的一揽子政策措施的通知
2023-03-28	福建省农业农村厅、福建省市场监督管理局	闽农综〔2023〕39 号	关于组织开展第一批国家现代农业全产业链标准化示范基地项目考核评价工作的通知
2023-03-29	福建省农业农村厅、福建省财政厅	闽农综〔2023〕40 号	关于印发 2023 年稳定发展粮油生产九条措施的通知
2022-01-04	江西省水利厅、江西省发展和改革委员会关于	—	关于印发江西省“十四五”水安全保障规划的通知
2022-01-07	中共江西省委、江西省人民政府	赣发〔2021〕12 号	关于新时代进一步推动江西革命老区振兴发展的实施意见
2022-01-07	中共江西省委、江西省人民政府	赣发〔2021〕16 号	关于印发《关于建立健全生态产品价值实现机制的实施方案》的通知
2022-01-11	江西省人民政府办公厅	赣府厅发〔2022〕2 号	关于促进养老托育服务健康发展的实施意见
2022-01-13	江西省商务厅、中共江西省委农村工作领导小组办公室、江西省发展和改革委员会、江西省工业和信息化厅、江西省公安厅、江西省财政厅、江西省自然资源厅、江西省住房和城乡建设厅、江西省交通运输厅、江西省农业农村厅、江西省文化和旅游厅、江西省市场监督管理局、江西省乡村振兴局江西省供销合作社联合社、中国人民银行南昌中心支行、中国银行保险监督管理委员会江西监管局、江西省邮政管理局	赣商务建设字〔2022〕6 号	关于加强全省县域商业体系建设 促进农村消费的实施意见
2022-01-13	江西省农业农村厅	—	省农业农村厅 2021 年工作总结及 2022 年工作打算
2022-01-17	江西省人民政府	赣府字〔2022〕2 号	关于江西省高标准农田建设规划（2021—2030 年）的批复
2022-01-18	江西省人民政府办公厅	赣府厅发〔2022〕3 号	关于印发江西省“十四五”养老服务体系建设规划的通知

续 表

发布时间	部　门	发文字号	政策名称
2022-01-26	江西省人民政府办公厅	赣府厅发〔2022〕4号	关于印发江西省“十四五”就业促进规划的通知
2022-01-26	江西省人民政府	赣府发〔2022〕1号	关于印发江西省“十四五”农业农村现代化规划的通知
2022-01-29	江西省人民政府	赣府发〔2022〕2号	印发关于降本增效促进市场主体发展若干政策措施的通知
2022-02-25	江西省人民政府办公厅	赣府厅发〔2022〕7号	关于全力以赴做好粮食生产工作的通知
2022-03-08	江西省人民政府办公厅	赣府厅字〔2022〕15号	转发省发展改革委关于推动生活性服务业补短板上水平提高人民生活品质行动方案的通知
2022-03-09	江西省人民政府办公厅	赣府厅发〔2022〕8号	关于推进旅游业高质量发展的实施意见
2022-03-11	江西省农业农村厅办公室	赣农厅办函〔2022〕6号	关于印发2022年全省畜禽养殖标准化示范创建活动工作方案的通知
2022-03-30	江西省人民政府	赣府字〔2022〕14号	印发关于有效应对疫情帮助中小企业纾困解难若干政策措施的通知
2022-03-31	江西省农业农村厅	赣农字〔2022〕14号	关于做好2022年全省大豆生产工作的通知
2022-04-01	江西省商务厅	—	印发关于帮助市场主体纾困解难促进商贸流通领域复商复市若干措施的通知
2022-04-06	江西省发展和改革委员会	—	关于完整准确全面贯彻新发展理念做好碳达峰碳中和工作的实施意见
2022-04-15	江西省人民政府办公厅	赣府厅字〔2022〕31号	转发省供销合作社联合社关于推进“互联网+第四方物流”供销集配体系标准化规范化品牌化建设实施意见的通知
2022-04-18	江西省人民政府	赣府发〔2022〕9号	印发关于科学精准做好疫情防控推进经济强劲发展若干措施的通知
2022-04-21	江西省农业农村厅	赣农字〔2022〕20号	关于开展新型农业经营主体提升行动的通知

续 表

发布时间	部 门	发文字号	政策名称
2022-04-27	江西省人民政府办公厅	赣府厅字〔2022〕35 号	关于印发“强攻二季度、确保双过半”行动方案的通知
2022-04-27	江西省人民政府口岸管理办公室	—	关于印发《江西省“十四五”口岸发展规划》的通知
2022-04-28	江西省商务厅	—	关于印发《江西省电子商务“十四五”发展规划》的通知
2022-05-07	江西省农业农村厅	赣农字〔2022〕22 号	关于加快发展农业社会化服务的实施意见
2022-05-12	江西省商务厅	赣商务服务业字〔2022〕74 号	关于印发加快电子商务与产业融合促进线上消费提质升级的指导意见的通知
2022-05-13	江西省人民政府办公厅	赣府厅字〔2022〕42 号	关于印发 2022 年全省食品安全重点工作安排的通知
2022-05-16	江西省人民政府办公厅	赣府厅字〔2022〕43 号	关于印发江西省促进商贸消费提质扩容三年行动方案（2022—2024 年）的通知
2022-05-23	江西省人民政府办公厅	赣府厅字〔2022〕46 号	关于印发长江中游城市群发展“十四五”实施方案江西省分工方案的通知
2022-05-24	江西省人民政府办公厅	赣府厅字〔2022〕48 号	关于印发江西省推动湘赣边区域合作示范区建设行动方案的通知
2022-05-25	江西省人民政府办公厅	赣府厅发〔2022〕17 号	关于促进我省内外贸一体化发展的实施意见
2022-05-25	江西省人民政府	赣府发〔2022〕11 号	关于印发江西省“十四五”数字经济发展规划的通知
2022-06-02	江西省农业农村厅	赣农规计字〔2022〕33 号	关于印发 2022 年中央财政支持农民合作社、家庭农场和农业生产托管等 3 个项目实施方案的通知
2022-06-06	江西省人民政府	赣府发〔2022〕12 号	印发关于切实稳住经济发展若干措施的通知
2022-06-14	江西省人民政府	赣府发〔2022〕13 号	关于印发江西省“十四五”自然资源保护和利用规划的通知
2022-06-15	江西省商务厅	—	印发关于进一步稳住商务经济发展若干措施的通知
2022-06-16	江西省商务厅	—	江西省深度融入长珠闽 积极承接发达地区产业转移“十四五”规划

续 表

发布时间	部 门	发文字号	政策名称
2022-06-20	江西省人民政府办公厅	赣府厅发〔2022〕21 号	关于推进林下经济高质量发展的意见
2022-06-29	江西省人民政府	赣府发〔2022〕14 号	关于贯彻落实国家标准化发展纲要的实施意见
2022-07-01	江西省农业农村厅	赣农字〔2022〕32 号	关于抓好秋杂粮生产的通知
2022-07-08	江西省人民政府	赣府发〔2022〕17 号	关于印发江西省碳达峰实施方案的通知
2022-07-13	江西省农业农村厅、江西省财政厅	赣农字〔2022〕35 号	关于印发 2022 年全省农产品产地冷藏保鲜设施建设实施方案的通知
2022-07-15	江西省人民政府办公厅	赣府厅字〔2022〕67 号	关于印发江西省残疾预防行动计划（2022—2025 年）的通知
2022-07-21	江西省人民政府办公厅	赣府厅字〔2022〕71 号	关于印发“赣服通”5.0 版建设工作方案的通知
2022-08-02	江西省农业农村厅、江西省财政厅	赣农字〔2022〕43 号	关于印发完善“财农信贷通”工作机制实施方案的通知
2022-08-04	江西省人民政府办公厅	赣府厅字〔2022〕72 号	关于印发江西省推进革命老区重点城市对口合作任务分工方案的通知
2022-08-06	江西省人民政府	赣府字〔2022〕45 号	关于印发江西省农业七大产业高质量发展三年行动方案（2023—2025 年）的通知
2022-08-13	江西省人民政府办公厅	赣府厅字〔2022〕77 号	关于印发江西省贯彻落实“十四五”城乡社区服务体系建设规划实施方案的通知
2022-08-25	江西省农业农村厅	赣农字〔2022〕47 号	印发关于新形势下进一步推进“五型”政府建设走深走实若干措施的通知
2022-08-26	江西省农业农村厅、共青团江西省委	赣农字〔2022〕48 号	关于印发江西省乡村振兴青年农技人员“培基”行动实施方案的通知
2022-09-01	江西省人民政府办公厅	赣府厅字〔2022〕88 号	关于印发加快推动富硒功能农业高质量发展三年行动方案（2023—2025 年）的通知

续 表

发布时间	部 门	发文字号	政策名称
2022-09-16	江西省农业农村厅	赣农字〔2022〕50号	关于印发推进移风易俗乡风文明三年专项行动实施方案的通知
2022-09-19	江西省农业农村厅、江西省发展和改革委员会	赣农字〔2022〕51号	关于印发江西省农业农村减排固碳实施方案的通知
2022-09-22	江西省人民政府办公厅	赣府厅字〔2022〕97号	印发关于支持九江高标准建设长江经济带重要节点城市若干政策措施的通知
2022-09-29	江西省农业农村厅	赣农字〔2022〕53号	关于进一步加强欠发达国有农场巩固提升项目实施的指导意见
2022-10-22	江西省人民政府办公厅	赣府厅发〔2022〕34号	关于进一步释放消费潜力促进消费持续恢复的实施意见
2022-11-07	江西省促进商贸消费提质扩容工作领导小组办公室	—	关于印发江西省培育建设消费中心城市实施意见的通知
2022-11-10	江西省商务厅	—	关于加强品牌建设促进餐饮市场主体做大做强若干措施的通知
2022-11-22	江西省人民政府办公厅	赣府厅字〔2022〕116号	关于印发全省深化“放管服”改革持续优化营商环境重点任务分工方案的通知
2022-12-02	江西省农业农村厅、中国农业发展银行江西省分行	赣农字〔2022〕67号	关于做好政策性金融助力打造新时代乡村振兴样板县战略合作有关工作的通知
2022-12-27	江西省农业农村厅	—	关于印发《江西省富硒功能农业发展规划（2023—2025年）》的通知
2022-12-29	江西省农业农村厅	—	关于印发《江西省“十四五”农业农村信息化发展规划》的通知
2022-12-30	江西省农业农村厅	赣农字〔2022〕74号	关于公布2022年新增省级农民合作社示范社名单的通知
2022-12-30	江西省农业农村厅	—	关于印发《江西省“十四五”畜牧兽医行业发展规划》的通知
2023-02-18	江西省人民政府办公厅	赣府厅发〔2023〕2号	关于印发赣州革命老区高质量发展示范区发展规划的通知

续 表

发布时间	部　门	发文字号	政策名称
2023-02-23	江西省发展和改革委员会	——	“十四五”时期江西省特殊类型地区振兴发展规划
2023-03-08	江西省农业农村厅	赣农字〔2023〕4号	关于2023—2025年设施蔬菜高质量发展的实施意见
2023-03-09	江西省农业农村厅办公室	农办种〔2022〕11号	关于加快推进种业基地现代化建设的实施意见
2023-03-10	江西省农业农村厅、江西省财政厅、江西省自然资源厅	赣农字〔2023〕6号	关于切实做好高标准农田建设有关工作的通知
2023-03-16	江西省农业农村厅	赣农字〔2023〕8号	关于印发《江西绿色有机农产品发展三年行动方案（2023—2025年）》的通知
2023-03-20	江西省农业农村厅	赣农字〔2023〕10号	关于印发《江西省“十四五”渔业渔政发展规划》的通知
2023-03-21	江西省农业农村厅	赣农字〔2023〕9号	关于印发《江西省“十四五”乡村产业发展规划》的通知
2022-01-04	山东省人民政府	鲁政发〔2021〕21号	关于印发山东省“十四五”推进农业农村现代化规划的通知
2022-01-06	山东省人民政府	鲁政发〔2021〕24号	关于印发山东半岛城市群发展规划的通知
2022-01-14	山东省人民政府办公厅	鲁政办字〔2022〕4号	关于公布2021年度齐鲁乡村之星名单的通知
2022-01-19	山东省发展和改革委员会	鲁发改动能办〔2022〕10号	关于印发莱西莱阳一体化发展先行区建设实施方案的通知
2022-01-20	山东省人民政府	鲁政字〔2022〕19号	关于下达2022年省重大项目名单的通知
2022-01-21	山东省人民政府	鲁政发〔2022〕1号	关于印发《山东省新型城镇化规划（2021—2035年）》的通知
2022-01-22	山东省人民政府	鲁政字〔2022〕20号	关于印发进一步提高居民可支配收入若干政策措施的通知
2022-03-01	山东省发展和改革委员会、中国农业发展银行山东省分行	—	关于组织开展第四批乡村振兴重大项目库申报工作的通知
2022-03-17	山东省人民政府办公厅	鲁政办字〔2022〕20号	关于印发《中国（山东）自由贸易试验区联动创新区建设实施方案》的通知

续　表

发布时间	部　门	发文字号	政策名称
2022-03-31	山东省供销合作社联合社	鲁供发〔2022〕4 号	关于推动全省系统流通经济跨越发展的指导意见
2022-03-31	山东省农业农村厅、山东省财政厅、山东省地方金融监督管理局、山东银保监局	鲁农计财字〔2022〕3 号	关于印发《山东省三大粮食作物制种保险工作方案》的通知
2022-04-01	山东省人民政府	鲁政发〔2022〕4 号	关于印发 2022 年“稳中求进”高质量发展政策清单（第二批）的通知
2022-04-06	山东省人民政府办公厅	鲁政办字〔2022〕28 号	关于印发“十大创新”“十强产业”“十大扩需求”2022 年行动计划的通知
2022-04-08	山东省人民政府办公厅	鲁政办字〔2022〕31 号	关于印发《山东省“十四五”冷链物流发展规划》的通知
2022-04-08	山东省发展和改革委员会、山东省自然资源厅、山东省生态环境厅、山东省统计局	鲁发改法规〔2022〕241 号	关于印发《山东省 2022 年度建立健全生态产品价值实现机制工作要点》的通知
2022-04-13	山东省农业农村厅	鲁农种植字〔2022〕16 号	关于持续推进化肥农药减量增效工作的意见
2022-04-18	山东省农业农村厅	鲁农建字〔2022〕15 号	关于进一步加快构建全省高标准农田建设规划体系的通知
2022-04-22	山东省农业农村厅、山东省农村信用社联合社	鲁农计财字〔2022〕12 号	关于发挥区域金融主力军作用全力支持乡村振兴的通知
2022-05-23	山东省人民政府	鲁政发〔2022〕8 号	关于印发 2022 年“稳中求进”高质量发展政策清单（第三批）的通知
2022-05-23	山东省农业农村厅	鲁农发规字〔2022〕15 号	关于印发山东省“十四五”农业农村领域系列专项、专题规划的通知
2022-05-24	山东省人民政府	鲁政字〔2022〕82 号	关于印发中国（淄博）跨境电子商务综合试验区实施方案和中国（日照）跨境电子商务综合试验区实施方案的通知
2022-06-02	山东省人民政府办公厅	鲁政办字〔2022〕52 号	印发关于支持德州市深化融入京津冀协同发展的若干措施的通知

续 表

发布时间	部 门	发文字号	政策名称
2022-06-22	山东省农业农村厅	鲁农外字〔2022〕5 号	关于认定第二批山东省农产品出口产业集聚区和农产品出口示范企业的通知
2022-06-23	山东省人民政府	鲁政字〔2022〕83 号	关于印发基础设施“七网”建设行动计划的通知
2022-06-30	山东省人民政府办公厅	鲁政办发〔2022〕11 号	关于印发山东省残疾预防行动计划（2022—2025 年）的通知
2022-07-01	山东省人民政府	鲁政字〔2022〕118 号	关于支持黄河三角洲国家农业高新技术产业示范区高质量发展的意见
2022-07-12	山东省人民政府	鲁政字〔2022〕126 号	关于山东省高标准农田建设规划（2021—2030 年）的批复
2022-07-18	山东省人民政府	鲁政字〔2022〕130 号	关于印发山东省“无废城市”建设工作方案的通知
2022-07-21	山东省农业农村厅、山东省财政厅、山东省地方金融监督管理局、山东银保监局	鲁农计财字〔2022〕22 号	关于调整大豆种植保险政策的通知
2022-07-21	山东省农业农村厅	鲁农渔字〔2022〕21 号	关于公布山东省水产种业领军企业的通知
2022-07-22	山东省人民政府	鲁政发〔2022〕12 号	关于印发 2022 年“稳中求进”高质量发展政策清单（第四批）的通知
2022-07-27	山东省农业农村厅	鲁农渔字〔2022〕23 号	关于印发《山东省规范牡蛎产业发展指导意见》的通知
2022-07-28	山东省农业农村厅	鲁农渔字〔2022〕24 号	关于鼓励发展乡村坑塘渔业的通知
2022-08-04	山东省商务厅、山东省发展和改革委员会、山东省工业和信息化厅、山东省财政、山东省文化和旅游厅、山东省体育局、山东省统计局	—	关于继续实施促进消费政策的通知
2022-08-05	山东省农业农村厅、山东省财政厅	鲁农计财字〔2022〕26 号	关于印发《山东省 2022 年中央财政渔业发展补助资金项目实施方案》的通知
2022-08-10	山东省人民政府	鲁政字〔2022〕154 号	关于印发山东省南四湖生态保护和高质量发展规划的通知

续　表

发布时间	部　门	发文字号	政策名称
2022-08-22	山东省人民政府办公厅	鲁政办发〔2022〕13 号	关于印发《济南新旧动能转换起步区发展规划（2021—2035 年）》的通知
2022-08-23	山东省人力资源和社会保障厅、山东省财政厅	鲁人社函〔2022〕83 号	关于开展“鲁菜师傅”创业能力提升培训试点工作的通知
2022-08-23	山东省农业农村厅、山东省自然资源厅、山东省发展改革委、山东省畜牧兽医局	鲁农市信字〔2022〕6 号	关于认定山东省特色农产品优势区（第五批）的通知
2022-09-05	山东省人民政府办公厅	鲁政办字〔2022〕95 号	关于印发支持黄河流域生态保护和高质量发展若干财政政策的通知
2022-10-08	山东省农业农村厅、山东省财政厅	鲁农计财字〔2022〕36 号	关于印发 2022 年度优势特色产业集群和国家农业产业强镇建设项目实施工作方案的通知
2022-10-23	山东省发展和改革委员会、山东省财政厅、山东省自然资源厅、山东省生态环境厅、山东省统计局、山东省地方金融监督管理局	鲁发改法规〔2022〕889 号	关于开展山东省省级建立健全生态产品价值实现试点工作的通知
2022-10-26	山东省人民政府办公厅	鲁政办字〔2022〕117 号	关于印发山东半岛工业互联网示范区建设规划（2022—2025 年）的通知
2022-10-28	山东省人民政府	鲁政字〔2022〕203 号	关于加快推动平台经济规范健康持续发展的实施意见
2022-11-03	山东省发展和改革委员会、山东省工业和信息化厅、山东省科学技术厅、山东省自然资源厅、山东省生态环境厅、山东省住房和城乡建设厅、山东省商务厅、山东省能源局	鲁发改环资〔2022〕923 号	关于印发《山东省新一轮园区循环化改造实施方案》的通知
2022-11-04	山东省人民政府办公厅	鲁政办字〔2022〕128 号	关于印发《国务院关于支持山东深化新旧动能转换推动绿色低碳高质量发展的意见》分工落实方案的通知
2022-11-16	山东省人民政府办公厅	鲁政办字〔2022〕138 号	关于推进全省预制菜产业高质量发展的意见

续 表

发布时间	部 门	发文字号	政策名称
2022-11-16	山东省人民政府办公厅	鲁政办字〔2022〕140 号	关于印发支持沿黄 25 县（市、区）推动黄河流域生态保护和高质量发展若干政策措施的通知
2022-12-02	山东省农业农村厅	鲁农经字〔2022〕23 号	关于公布 2022 年山东省农民合作社示范社名单的通知
2022-12-09	山东省人民政府办公厅	鲁政办字〔2022〕157 号	印发关于支持枣庄市建设国家可持续发展议程创新示范区的若干政策的通知
2022-12-14	山东省农业农村厅	鲁农种字〔2022〕25 号	关于加快推进全省农作物种业基地现代化建设的通知
2022-12-15	山东省农业农村厅	鲁农产业字〔2022〕22 号	关于公布监测合格农业产业化省级重点龙头企业名单的通知
2022-12-15	山东省农业农村厅	鲁农计财字〔2022〕23 号	关于做好 2022 年大豆玉米带状复合种植模式作物保险投保工作的通知
2022-12-21	山东省农业农村厅	鲁农经字〔2022〕24 号	关于公布第七批家庭农场省级示范场名单的通知
2022-12-24	山东省农业农村厅	鲁农渔字〔2022〕36 号	关于印发《山东省盐碱地生态渔业发展规划（2022—2030 年）》的通知
2022-12-26	山东省农业农村厅、山东省发展和改革委员会、山东省工业和信息化厅、山东省财政厅、山东省商务厅、山东省供销合作社联合社、中国人民银行济南分行、国家税务总局山东省税务局、中国证券监督管理委员会山东监管局	鲁农产业字〔2022〕21 号	关于公布第九批农业产业化省级重点龙头企业名单的通知
2022-12-28	山东省人民政府	鲁政字〔2022〕242 号	关于印发山东省碳达峰实施方案的通知
2022-12-29	山东省人民政府办公厅	鲁政办字〔2022〕167 号	关于公布 2022 年度齐鲁乡村之星名单的通知
2022-12-29	山东省农业农村厅	鲁农函字〔2022〕389 号	关于公布 2022 年度省级海洋牧场示范区创建名单的通知

续　表

发布时间	部　门	发文字号	政策名称
2022-12-30	山东省人民政府办公厅	鲁政办字〔2022〕169 号	关于开展小城镇创新提升行动的意见
2022-12-31	山东省人民政府	鲁政发〔2022〕18 号	关于印发 2023 年“稳中向好、进中提质”政策清单（第一批）的通知
2023-01-03	山东省农业农村厅	鲁农建字〔2022〕27 号	关于印发《山东省高标准农田建设规划（2021—2030 年）》的通知
2023-01-17	山东省商务厅、山东省发展和改革委员会、山东省财政厅	鲁商发〔2023〕2 号	关于印发支持商贸流通行业促进居民消费的政策措施的通知
2023-01-17	山东省人民政府办公厅	鲁政办字〔2023〕3 号	印发关于推进以县城为重要载体的城镇化建设若干措施的通知
2023-01-19	山东省人民政府	鲁政字〔2023〕11 号	关于印发《中国（山东）自由贸易试验区深化改革创新方案》的通知
2023-01-20	山东省人民政府办公厅	鲁政办字〔2023〕5 号	关于印发山东省建设绿色低碳高质量发展先行区 2023 年重点工作任务的通知
2023-02-05	山东省人民政府	鲁政发〔2023〕1 号	关于促进经济加快恢复发展的若干政策措施暨 2023 年“稳中向好、进中提质”政策清单（第二批）的通知
2023-02-20	山东省农业农村厅	鲁农函字〔2023〕26 号	关于公布 2022 年省级海洋牧场示范区考核评价结果的通知
2023-02-24	山东省农业农村厅、山东省财政厅	鲁农发规字〔2023〕1 号	关于认定第三批省级现代农业产业园的通知
2023-03-03	山东省农业农村厅	鲁农函字〔2023〕44 号	关于扎实做好春季水产养殖生产的通知
2023-03-13	山东省农业农村厅	鲁农渔字〔2023〕5 号	关于印发《2023 年山东省水产绿色健康养殖技术推广“五大行动”实施方案》的通知
2023-03-13	山东省农业农村厅	鲁农机字〔2023〕2 号	关于印发《山东省提高粮油作物机械化播种质量工作方案》的通知

续 表

发布时间	部　门	发文字号	政策名称
2023-03-14	山东省人民政府办公厅	鲁政办发〔2023〕2号	印发关于促进内外贸一体化发展持续打造对外开放新高地的若干措施的通知
2023-03-22	山东省农业农村厅	鲁农技字〔2023〕8号	关于印发山东省2023年“虫口夺粮”保丰收行动方案的通知
2023-03-30	山东省人民政府办公厅	鲁政办字〔2023〕31号	关于印发济南-临沂对口合作实施方案的通知
2023-03-31	山东省发展和改革委员会、中国人民财产保险股份有限公司山东省分公司	鲁发改价格〔2023〕207号	关于全面加强农产品成本调查与农业保险合作的通知
2023-03-31	山东省农业农村厅	鲁农建字〔2023〕9号	关于下达2023年农田建设任务的通知
2022-01-13	河南省人民政府	豫政〔2021〕39号	关于印发河南省“十四五”文化旅游融合发展规划的通知
2022-01-13	河南省人民政府	豫政〔2021〕38号	关于印发河南省“十四五”招商引资和承接产业转移规划的通知
2022-01-17	河南省人民政府	豫政〔2021〕47号	关于印发河南省“十四五”市场监管现代化规划的通知
2022-01-18	河南省人民政府办公厅	豫政办〔2022〕5号	关于印发河南省建设高标准市场体系实施方案的通知
2022-01-21	河南省人民政府	豫政〔2021〕63号	关于印发河南省“十四五”公共卫生体系和全民健康规划的通知
2022-01-21	河南省人民政府	豫政〔2021〕59号	关于印发河南省“十四五”开放型经济新体制和开放强省建设规划的通知
2022-01-21	河南省人民政府	豫政〔2021〕42号	关于印发河南省“十四五”水安全保障和水生态环境保护规划的通知
2022-01-21	河南省人民政府	豫政〔2021〕56号	关于印发河南省“十四五”乡村振兴和农业农村现代化规划的通知
2022-01-21	河南省人民政府	豫政〔2021〕64号	关于印发河南省“十四五”养老服务体系和康养产业发展规划的通知

续　表

发布时间	部　门	发文字号	政策名称
2022-01-21	河南省人民政府办公厅	豫政办〔2022〕4 号	关于印发河南省加快传统产业提质发展行动方案等三个方案的通知
2022-01-24	河南省人民政府	豫政〔2021〕52 号	关于印发河南省“十四五”现代流通体系发展规划的通知
2022-01-24	河南省人民政府	豫政〔2021〕50 号	关于印发河南省“十四五”战略性新兴产业和未来产业发展规划的通知
2022-01-26	河南省人民政府	豫政〔2021〕57 号	关于印发河南省“十四五”现代综合交通运输体系和枢纽经济发展规划的通知
2022-01-26	河南省人民政府	豫政〔2021〕49 号	关于印发河南省“十四五”制造业高质量发展规划和现代服务业发展规划的通知
2022-01-28	河南省人民政府办公厅	豫政办〔2022〕11 号	关于印发河南省深化食品安全放心工程建设攻坚行动工作方案（2022—2024 年）的通知
2022-02-08	河南省发展和改革委员会办公室	豫发改办振兴〔2022〕7 号	关于组织开展“消费帮扶新春行动”促进消费持续恢复的通知
2022-02-09	河南省人民政府办公厅	豫政办〔2022〕14 号	关于进一步做好惠企纾困工作促进经济平稳健康发展的通知
2022-02-09	河南省发展和改革委员会	豫发改数字〔2022〕52 号	关于印发河南省“十四五”新型基础设施建设规划的通知
2022-02-14	河南省人民政府	豫政〔2021〕45 号	关于印发河南省“十四五”自然资源保护和利用规划的通知
2022-02-16	河南省人民政府	豫政〔2021〕61 号	关于印发河南省“十四五”公共服务和社会保障规划的通知
2022-02-16	河南省人民政府	豫政〔2021〕60 号	关于印发河南省“十四五”深化区域合作融入对接国家重大战略规划的通知
2022-02-16	河南省人民政府	豫政〔2021〕51 号	关于印发河南省“十四五”数字经济和信息化发展规划的通知
2022-02-16	河南省人民政府	豫政〔2021〕55 号	关于印发河南省新型城镇化规划（2021—2035 年）的通知

续 表

发布时间	部 门	发文字号	政策名称
2022-02-22	河南省人民政府	豫政〔2021〕58 号	关于印发河南省“十四五”现代能源体系和碳达峰碳中和规划的通知
2022-02-23	河南省人民政府	豫政〔2021〕41 号	关于印发河南省“十四五”科技创新和一流创新生态建设规划的通知
2022-02-23	河南省人民政府	豫政〔2021〕44 号	关于印发河南省“十四五”生态环境保护和生态经济发展规划的通知
2022-02-23	河南省人民政府	豫政〔2021〕48 号	关于印发河南省“十四五”现代供应链发展规划的通知
2022-03-09	河南省商务厅办公室	—	关于印发河南省“十四五”电子商务发展规划的通知
2022-03-10	河南省人民政府	豫政〔2022〕2 号	关于明确政府工作报告提出的 2022 年重点工作责任单位的通知
2022-03-17	河南省农业农村厅	豫农文〔2022〕67 号	关于印发《河南省高标准农田建设标准》的通知
2022-03-17	河南省商务厅	豫商建函〔2022〕8 号	关于印发 2022 年河南省市场体系建设工作要点的通知
2022-03-24	河南省农业农村厅、河南省市场监督管理局、河南省公安厅、中共河南省委网络安全和信息化委员会办公室、河南省通信管理局	豫农发〔2022〕73 号	关于印发《河南省农药兽药使用减量行动实施方案（2022—2024 年）》的通知
2022-03-24	河南省农业农村厅	豫农发〔2022〕2 号	关于印发《河南省养殖水域滩涂规划（2020—2030 年）》的通知
2022-03-29	河南省人民政府	豫政〔2022〕9 号	关于印发河南省 2022 年国民经济和社会发展计划的通知
2022-04-11	河南省农业农村厅	豫农文〔2022〕101 号	关于印发《河南省 2022 年大豆玉米带状复合种植实施方案》的通知
2022-04-12	河南省人民政府办公厅	豫政办〔2022〕30 号	关于印发河南省加快农村寄递物流体系建设实施方案的通知
2022-04-12	河南省人民政府办公厅	豫政办〔2022〕31 号	关于印发河南省肉牛奶牛产业发展行动计划的通知

续　表

发布时间	部　门	发文字号	政策名称
2022-04-20	河南省农业农村厅、河南省乡村振兴局、河南省商务厅、河南省机关事务管理局、河南省总工会	豫农文〔2022〕106 号	关于开展“2022 年互联网+ 促销售 助消费 情浓端午”专项活动的通知
2022-04-21	河南省人民政府	豫政〔2022〕12 号	关于印发河南省“十四五”现代物流业发展规划的通知
2022-04-21	河南省人民政府	豫政〔2022〕15 号	关于印发“中原农谷”建设方案的通知
2022-05-16	河南省发展和改革委、河南省乡村振兴局	豫发改振兴〔2022〕403 号	关于印发《2022 年省级层面消费帮扶重点推进工作事项》并同步建立调度机制的通知
2022-05-18	河南省发展和改革委员会	豫发改工业〔2022〕402 号	关于印发河南省推进资源型地区高质量发展“十四五”实施方案的通知
2022-05-26	河南省人民政府	豫政〔2022〕17 号	关于持续增加农民收入的指导意见
2022-05-30	河南省商务厅	—	关于印发《河南省“十四五”现代商贸流通体系发展规划》的通知
2022-05-31	河南省商务厅	豫商运〔2022〕14 号	关于做好 2022 年消费促进工作的通知
2022-06-08	河南省发展和改革委员会、河南省财政厅	豫发改服务业〔2022〕485 号	关于印发《省发展改革委 2022 年定点帮扶工作计划》的通知
2022-06-08	河南省人民政府	豫政〔2022〕19 号	关于印发河南省贯彻落实稳住经济一揽子政策措施实施方案的通知
2022-06-10	河南省人民政府办公厅	豫政办〔2022〕53 号	关于加快平台经济健康发展的实施意见
2022-06-16	河南省农业农村厅、河南省财政厅	豫农文〔2022〕189 号	关于印发《2022 年河南省加快推进农产品产地冷藏保鲜设施建设工作实施方案》的通知
2022-06-20	河南省商务厅	豫商运函〔2022〕34 号	关于印发河南省商贸流通领域第一批促消费活动计划的通知
2022-07-06	河南省人民政府办公厅	豫政办〔2022〕60 号	关于印发河南省残疾预防行动计划（2022—2025 年）的通知

续 表

发布时间	部 门	发文字号	政策名称
2022-07-15	河南省人民政府办公厅	豫政办〔2022〕63号	关于印发河南省进一步释放消费潜力促进消费持续恢复实施方案的通知
2022-07-15	河南省农业农村厅、河南省财政厅	—	关于做好2022年中央农业生产发展等项目实施工作的通知
2022-07-29	河南省人民政府	豫政〔2022〕27号	关于印发支持现代物流强省建设若干政策的通知
2022-08-08	河南省人民政府	豫政〔2022〕30号	关于印发河南省"十四五"老龄事业发展规划的通知
2022-08-08	河南省人民政府办公厅	豫政办〔2022〕67号	关于印发河南省全面加快基础设施建设稳住经济大盘工作方案的通知
2022-08-15	河南省人民政府办公厅	豫政办〔2022〕71号	关于培育壮大市场主体的实施意见
2022-08-15	河南省人民政府办公厅	豫政办〔2022〕70号	关于印发河南省发挥供销合作社主渠道作用运用综合手段建立化肥保供稳价市场调节机制工作方案的通知
2022-08-15	河南省人民政府	豫政〔2022〕31号	关于印发河南省加快推动现代服务业发展实施方案的通知
2022-08-24	河南省人民政府办公厅	豫政办〔2022〕79号	关于印发河南省"十四五"城乡社区服务体系建设规划的通知
2022-08-30	河南省人民政府	豫政〔2022〕32号	关于印发高质量推进信用河南建设促进形成新发展格局实施方案的通知
2022-09-06	河南省人民政府办公厅	豫政办〔2022〕82号	关于印发设计河南建设中长期规划（2022—2035年）和设计河南建设行动方案（2022—2025年）的通知
2022-09-08	河南省发展和改革委员会、河南省工业和信息化厅、河南省财政厅、中国人民银行郑州中心支行	豫发改运行〔2022〕730号	关于做好2022年河南省降成本重点工作的通知
2022-09-21	河南省人民政府办公厅	豫政办〔2022〕90号	关于印发河南省大数据产业发展行动计划（2022—2025年）的通知

续　表

发布时间	部　门	发文字号	政策名称
2022-09-21	河南省人民政府办公厅	豫政办〔2022〕88号	关于印发河南省绿色食品集群培育行动计划的通知
2022-09-30	河南省人民政府办公厅	豫政办〔2022〕92号	关于印发河南省高标准农田示范区建设实施方案的通知
2022-10-26	河南省人民政府办公厅	豫政办〔2022〕97号	关于印发河南省加快预制菜产业发展行动方案（2022—2025年）的通知
2022-11-10	河南省人民政府重点项目建设办公室	豫发改重点〔2022〕877号	关于选报2023年度河南省重点建设项目的通知
2022-11-11	河南省发展和改革委员会、河南省商务厅	豫发改经贸〔2022〕880号	关于做好2022—2023年城市冬春蔬菜储备保供稳价工作的通知
2022-11-15	河南省商务厅	豫商建函〔2022〕92号	关于做好疫情防控期间农产品滞销卖难问题的通知
2022-12-27	河南省人民政府办公厅	豫政办〔2022〕115号	关于推进羊产业高质量发展的意见
2022-12-30	河南省人民政府办公厅	豫政办〔2022〕118号	关于推进河南省农业高新技术产业示范区建设发展的实施意见
2023-01-03	河南省人民政府	豫政〔2022〕41号	关于印发大力提振市场信心促进经济稳定向好政策措施的通知
2023-01-05	河南省人民政府办公厅	豫政办〔2022〕124号	关于促进老字号创新发展的实施意见
2023-01-05	河南省人民政府	豫政〔2022〕40号	关于公布农业产业化省重点龙头企业名单的通知
2023-01-06	中共河南省委农村工作领导小组	豫农领发〔2022〕6号	关于印发《河南省贯彻落实〈乡村建设行动实施方案〉工作方案》的通
2023-01-31	河南省数字经济发展领导小组	豫数字〔2023〕1号	关于河南印发2023年数字经济发展工作方案
2023-01-31	河南省人民政府	豫政〔2023〕5号	关于明确政府工作报告提出的2023年重点工作责任单位的通知
2023-02-20	河南省人民政府	豫政〔2023〕3号	关于实施品牌发展战略推进“美豫名品”公共品牌建设的实施意见
2023-02-20	河南省人民政府办公厅	豫政办〔2023〕7号	关于印发支持绿色食品业加快发展若干政策措施的通知
2023-03-02	河南省人民政府	豫政〔2023〕11号	关于印发河南省2023年国民经济和社会发展计划的通知

续 表

发布时间	部 门	发文字号	政策名称
2023-03-28	河南省人民政府办公厅	豫政办〔2023〕11 号	关于印发“河南链”建设实施方案（2023—2025 年）的通知
2023-03-29	河南省对外开放工作领导小组办公室	豫开发办〔2023〕3 号	关于印发《2022 年河南省对外开放工作总结》的通知
2023-03-29	河南省商务厅	豫开放办〔2023〕4 号	关于印发《2023 年河南省对外开放工作要点》的通知
2023-03-29	河南省对外开放工作领导小组办公室	豫开放办〔2023〕2 号	关于转发省发展改革委、省教育厅等 16 个部门 2023 年对外开放工作专项方案的通知
2022-02-15	湖北省林业局	鄂林改〔2022〕20 号	关于印发《湖北省木本油料“十四五”发展规划》的通知
2022-02-17	湖北省人民政府	—	湖北省县域经济发展“十四五”规划
2022-02-23	湖北省交通运输厅	鄂交发〔2022〕12 号	关于印发湖北省综合运输服务发展“十四五”规划的通知
2022-03-09	湖北省人民政府	鄂政发〔2022〕1 号	批转省发改委关于 2022 年全省国民经济和社会发展计划报告的通知
2022-03-10	湖北省农业农村厅	鄂农发〔2022〕10 号	关于加强全省农业产业化招商引资工作的指导意见
2022-03-14	湖北省民政厅、湖北省发展和改革委员会	鄂民政发〔2022〕8 号	关于印发湖北省城乡社区服务体系建设“十四五”规划的通知
2022-03-16	湖北省经济和信息化厅	鄂经信规划〔2021〕204 号	关于印发湖北省大数据产业“十四五”发展规划的通知
2022-03-16	湖北省经济和信息化厅	鄂经信规划〔2021〕205 号	关于印发湖北省人工智能产业“十四五”发展规划的通知
2022-03-18	湖北省农业农村厅	鄂农发〔2022〕1 号	关于印发 2022 年湖北省农业农村工作要点的通知
2022-03-18	湖北省财政厅、湖北省农业农村厅、湖北省乡村振兴局、湖北省供销合作总社、湖北省总工会	鄂财采发〔2022〕4 号	关于做好 2022 年政府采购脱贫地区农副产品工作推进乡村产业振兴的通知
2022-03-25	湖北省交通运输厅	鄂交发〔2022〕21 号	关于印发《湖北省道路运输发展“十四五”规划》和《湖北省交通物流发展“十四五”规划》的通知

续　表

发布时间	部　门	发文字号	政策名称
2022-03-30	中共湖北省委、湖北省人民政府	鄂发〔2022〕1 号	关于做好 2022 年全面推进乡村振兴重点工作的意见
2022-04-14	湖北省人民政府办公厅	鄂政办发〔2022〕10 号	关于持续深化供销合作社综合改革推进供销合作事业高质量发展的实施意见
2022-04-15	湖北省农业农村厅	鄂农发〔2022〕12 号	湖北省高标准农田建设规划（2022—2030 年）
2022-04-23	湖北省人民政府办公厅	鄂政办发〔2022〕16 号	关于印发长江中游城市群发展“十四五”实施方案湖北省主要目标和任务分工方案的通知
2022-05-24	湖北省人民政府办公厅	鄂政办发〔2022〕22 号	关于印发加快消费恢复提振若干措施的通知
2022-05-30	湖北省人民政府办公厅	鄂政办发〔2022〕24 号	关于印发加强金融助企纾困工作若干措施的通知
2022-06-04	湖北省自然资源厅	鄂自然资发〔2022〕6 号	关于印发强化自然资源要素保障服务扩投资稳增长十条措施的通知
2022-06-21	湖北省知识产权局、省农业农村厅、省市场监管局、省乡村振兴局	鄂知发〔2022〕14 号	关于开展地理标志助力乡村振兴行动的通知
2022-08-26	湖北省农业产业化经营领导小组办公室	—	关于拟认定农业产业化省级重点龙头企业的公示
2022-08-31	湖北省人民政府办公厅	鄂政办发〔2022〕40 号	印发关于进一步激发市场活力稳住经济增长若干措施的通知
2022-09-09	湖北省农业产业化经营领导小组	鄂农产发〔2022〕1 号	关于公布 2022 年度湖北省农业产业化省级重点龙头企业名单的通知
2022-09-13	湖北省人民政府办公厅	鄂政办发〔2022〕34 号	关于印发湖北数字经济强省三年行动计划（2022—2024 年）的通知
2022-09-21	湖北省林业局、湖北省财政厅、湖北省自然资源厅、湖北省农业农村厅、中国人民银行武汉分行	鄂林改〔2022〕111 号	关于印发《湖北省油茶产业扩面提质增效行动方案（2022—2025）》的通知

续 表

发布时间	部 门	发文字号	政策名称
2022-10-13	湖北省发展和改革委员会、湖北省地质局	鄂地质〔2022〕27 号	关于印发湖北省富硒产业发展规划（2021—2025 年）的通知
2022-12-13	中共湖北省委、湖北省人民政府	鄂发〔2022〕23 号	印发《湖北省质量强省建设纲要》
2023-02-03	湖北省人民政府	鄂政发〔2023〕1 号	批转省发改委关于 2023 年全省国民经济和社会发展计划报告的通知
2023-03-01	湖北省农业农村厅	—	关于印发 2023 年湖北省农业农村工作要点的通知
2023-03-03	湖北省人民政府办公厅	鄂政办发〔2022〕48 号	关于新时代推进品牌建设的实施意见
2023-03-03	湖北省人民政府办公厅	鄂政办发〔2022〕44 号	关于印发湖北省残疾预防行动计划（2022—2025 年）的通知
2023-03-03	湖北省人民政府办公厅	鄂政办发〔2022〕52 号	关于印发以控制成本为核心优化营商环境若干措施的通知
2023-03-10	湖北省人民政府	鄂政发〔2022〕21 号	关于贯彻落实《国家标准化发展纲要》的实施意见
2023-03-10	湖北省人民政府办公厅	鄂政办函〔2023〕1 号	关于印发 2023 年全省“稳预期、扩内需、促消费”工作方案的通知
2023-03-24	湖北省交通运输厅	鄂交函〔2023〕38 号	关于印发《进一步做好全省高速公路“绿色通道”政策规范落实工作实施方案》的通知
2023-03-27	湖北省财政厅、湖北省农业农村厅、湖北省林业局、中国银保监会湖北监管局	鄂财金规〔2023〕1 号	关于印发《湖北省农业保险保费补贴管理实施办法》的通知
2023-03-29	湖北省农业农村厅办公室	—	关于印发 2023 年植物保护工作要点的通知
2022-01-11	湖南省人民政府	湘政发〔2022〕2 号	关于优化营商环境促进市场主体高质量发展的意见
2022-01-18	湖南省人民政府办公厅	湘政办发〔2022〕6 号	关于印发《湖南省贯彻落实〈中华人民共和国长江保护法〉实施方案》的通知
2022-01-19	湖南省商务厅	湘商运〔2022〕1 号	关于印发《湖南省“十四五”内贸流通发展规划》的通知

续　表

发布时间	部　门	发文字号	政策名称
2022-01-19	湖南省人民政府	湘政发〔2022〕1 号	关于印发《落实〈政府工作报告〉重点工作分工的意见》的通知
2022-01-21	湖南省商务厅	湘商电〔2021〕21 号	关于印发《湖南省“十四五”电子商务发展规划》的通知
2022-03-11	湖南省发展和改革委员会、湖南省邮政管理局、湖南省工业和信息化厅、湖南省司法厅、湖南省生态环境厅、湖南省住房和城乡建设厅、湖南省商务厅、湖南省市场监督管理局	湘发改环资规〔2022〕126 号	关于印发《加快推进快递包装绿色转型的若干措施》的通知
2022-03-22	湖南省人民政府	湘政发〔2022〕6 号	关于印发《长株潭都市圈发展规划》的通知
2022-03-23	湖南省商务厅	—	关于印发《湖南省“十四五”商贸服务业发展规划》的通知
2022-03-23	湖南省人民政府	湘政发〔2022〕7 号	关于印发《湖南省 2022 年国民经济和社会发展计划》的通知
2022-03-28	湖南省人民政府办公厅	湘政办发〔2022〕14 号	关于印发《湖南省促进服务业领域部分困难行业恢复发展的若干政策》的通知
2022-04-29	湖南省农业农村厅、湖南省财政厅、湖南省地方金融监督管理局、中国银保监会湖南监管局	湘农联〔2022〕34 号	关于进一步加大金融支持力度促进生猪产业稳定发展的通知
2022-04-29	湖南省人民政府办公厅	湘政办发〔2022〕22 号	关于印发《湖南省贯彻落实〈“十四五”就业促进规划〉实施方案》的通知
2022-05-12	湖南省人民政府办公厅	湘政办发〔2022〕24 号	印发《关于深度融入“一带一路”支持怀化国际陆港建设实施方案》的通知
2022-05-25	湖南省人民政府办公厅	湘政办发〔2022〕25 号	关于加快农村寄递物流体系建设的实施意见
2022-06-09	湖南省发展和改革委员会、湖南省商务厅	湘发改就服规〔2022〕441 号	关于印发《关于进一步促进消费持续恢复的若干措施》的通知
2022-06-17	湖南省发展和改革委员会	—	关于印发《2022 年省级层面消费帮扶重点推进工作事项》的通知

续 表

发布时间	部　门	发文字号	政策名称
2022-06-30	湖南省人民政府办公厅	湘政办发〔2022〕35 号	关于印发《湖南省残疾预防行动计划（2022—2025 年）》的通知
2022-07-08	湖南省农业农村厅	湘农发〔2022〕49 号	关于印发《“十四五”湖南省种植业发展规划》的通知
2022-07-14	湖南省人民政府办公厅	湘政办发〔2022〕38 号	关于贯彻落实《国家标准化发展纲要》的实施意见
2022-07-25	湖南省人民政府	湘政发〔2022〕13 号	关于印发《深入推进中国（湖南）自由贸易试验区改革创新的若干措施》的通知
2022-07-26	湖南省人民政府办公厅	湘政办发〔2022〕39 号	关于印发《“十四五”支持革命老区振兴发展实施方案》的通知
2022-08-10	湖南省发展和改革委员会	湘发就服规〔2022〕568 号	关于印发《湖南省促进绿色消费实施方案》的通知
2022-08-24	湖南省人民政府办公厅	湘政办发〔2022〕45 号	关于印发《湖南省冷链物流体系建设行动方案（2022—2025 年）》的通知
2022-09-16	湖南省发展和改革委员会	湘发改经贸〔2022〕543 号	关于印发《湖南省现代流通体系建设方案（2022—2025 年）》的通知
2022-09-23	湖南省人民政府办公厅	湘政办发〔2022〕52 号	关于印发《湖南省“十四五”城乡社区服务体系建设规划》的通知
2022-10-11	湖南省发展和改革委员会	湘发改能源规〔2022〕772 号	关于印发《湖南省推动能源绿色低碳转型做好碳达峰工作的实施方案》的通知
2022-10-16	湖南省商务厅、湖南省文化和旅游厅	湘商运〔2022〕8 号	关于印发《湖南省推动“夜经济”高质量发展进一步扩消费促就业的若干意见》的通知
2022-10-27	湖南省人民政府办公厅	湘政办发〔2022〕56 号	关于印发《湖南省品牌建设工程行动计划》的通知
2022-10-31	湖南省人民政府办公厅	湘政办发〔2022〕57 号	关于印发《支持郴州市建设国家可持续发展议程创新示范区的若干政策措施》的通知

续　表

发布时间	部　门	发文字号	政策名称
2022-11-03	湖南省发展和改革委员会、中共湖南省委台湾工作办公室、湖南省工业和信息化厅、湖南省商务厅	湘发改经贸〔2022〕887 号	关于印发《海峡两岸产业合作区（湖南）数字化低碳化发展规划》的通知
2022-11-23	湖南省农业农村厅、湖南省发展和改革委员会、湖南省财政厅、湖南省自然资源厅	湘农联〔2022〕109 号	关于印发《全省高标准农田建设投贷联动等投融资创新实施意见》的通知
2022-12-27	湖南省农业农村厅	湘农发〔2022〕109 号	关于进一步推进规模以下畜禽养殖废弃物资源化利用的通知
2023-01-20	湖南省人民政府、江苏省人民政府	湘政函〔2022〕186 号	关于印发《张家界市南京市对口合作实施方案（2022—2026 年）》的通知
2023-02-05	湖南省人民政府办公厅	湘政办发〔2023〕4 号	印发《关于打好经济增长主动仗实现经济运行整体好转的若干政策措施》的通知
2023-02-28	中共湖南省委、湖南省人民政府	—	关于锚定建设农业强省目标扎实做好 2023 年全面推进乡村振兴重点工作的意见
2023-03-14	湖南省农业农村厅、湖南省财政厅	湘农联〔2023〕10 号	关于印发《湖南省加快推进集中育秧设施建设实施方案》的通知
2023-03-15	湖南省商务厅	—	2023 年湖南商务和开放型经济工作要点
2023-03-23	湖南省人民政府	湘政发〔2023〕4 号	关于印发《湖南省 2023 年国民经济和社会发展计划》的通知
2022-01-04	广东省农业农村厅	粤农农〔2021〕359 号	关于印发《广东省农业农村厅关于促进农业产业化龙头企业做大做强的实施意见》的通知
2022-01-12	广东省财政厅、广东省农业农村厅、广东省地方金融监管局、中国人民银行广州分行、中国银行保险监督管理委员会广东监管局	粤财金〔2021〕42 号	关于进一步做好全省农业信贷担保工作的通知
2022-02-15	广东省人民政府	粤府函〔2022〕11 号	印发关于推进广东自贸试验区贸易投资便利化改革创新若干措施的通知

续 表

发布时间	部 门	发文字号	政策名称
2022-02-28	广东省自然资源厅、广东省发展和改革委员会、广东省农业农村厅、广东省林业局	粤自然资规字〔2022〕1号	关于保障农村一二三产业融合发展用地促进乡村振兴的指导意见
2022-03-03	广东省人民政府办公厅	粤府办〔2022〕6号	关于印发广东省进一步支持中小企业和个体工商户纾困发展若干政策措施的通知
2022-03-14	广东省人民政府	粤府〔2022〕13号	关于印发2022年省《政府工作报告》重点任务分工方案的通知
2022-03-25	广东省人民政府办公厅	粤府办〔2022〕10号	关于印发《加快推进广东预制菜产业高质量发展十条措施》的通知
2022-03-25	广东省人民政府办公厅	粤办函〔2022〕40号	关于印发广东省促进服务业领域困难行业恢复发展若干措施的通知
2022-03-25	广东省人民政府办公厅	粤办函〔2022〕41号	关于印发广东省促进工业经济平稳增长行动方案的通知
2022-04-28	广东省人民政府办公厅	粤府办〔2022〕13号	关于印发广东金融支持受疫情影响企业纾困和经济稳增长行动方案的通知
2022-04-28	广东省人民政府办公厅	粤府办〔2022〕11号	关于印发广东省进一步促进消费若干措施的通知
2022-05-05	广东省人民政府	粤府函〔2022〕58号	关于印发中国（韶关）等8个跨境电子商务综合试验区实施方案的通知
2022-05-26	广东省人民政府办公厅	粤府办〔2022〕15号	关于加快推进现代渔业高质量发展的意见
2022-06-01	广东省人民政府	粤府〔2022〕51号	关于印发广东省贯彻落实国务院扎实稳住经济一揽子政策措施实施方案的通知
2022-06-15	广东省人力资源和社会保障厅、广东省财政厅、国家税务总局广东省税务局	粤人社规〔2022〕9号	关于做好失业保险稳岗位提技能防失业工作的通知
2022-07-05	广东省人民政府办公厅	粤办函〔2022〕223号	关于印发广东省残疾预防行动计划（2022—2025年）的通知

续　表

发布时间	部　门	发文字号	政策名称
2022-07-13	广东省人民政府办公厅	粤办函〔2022〕234 号	关于印发农业农村部广东省人民政府共同推进广东乡村振兴战略实施 2022 年度工作要点的通知
2022-08-04	广东省发展改革委、广东省生态环境厅	粤发改资环函〔2022〕1250 号	关于印发广东省塑料污染治理行动方案（2022—2025 年）的通知
2022-08-05	广东省人力资源和社会保障厅、广东省发展和改革委员会、广东省财政厅、国家税务总局广东省税务局	粤人社规〔2022〕15 号	关于实施扩大阶段性缓缴社会保险费政策实施范围等政策的通知
2022-08-18	广东省人民政府办公厅	粤办函〔2022〕257 号	关于印发广东省粮食节约减损实施方案的通知
2022-08-23	横琴粤澳深度合作区执行委员会	—	关于印发《横琴粤澳深度合作区贯彻落实国务院〈扎实稳住经济的一揽子政策措施〉实施方案》的通知
2022-08-31	广东省人民政府办公厅	粤办函〔2022〕274 号	关于印发广东省加大力度持续促进消费若干措施的通知
2022-09-08	广东省人民政府办公厅	粤办函〔2022〕268 号	关于印发广东省促进老字号创新发展行动方案（2022—2025）的通知
2022-09-16	广东省人民政府	粤府〔2022〕68 号	关于印发广东省“十四五”节能减排实施方案的通知
2022-09-30	广东省人民政府办公厅	粤府办〔2022〕28 号	关于印发广东省推进冷链物流高质量发展“十四五”实施方案的通知
2022-11-01	广东省人民政府办公厅	粤府办〔2022〕30 号	关于印发广东省建立健全生态产品价值实现机制实施方案的通知
2022-11-03	广东省发展改革委	粤发改资环〔2022〕390 号	关于印发《广东省循环经济发展实施方案（2022—2025 年）》的通知
2022-11-03	广东省人民政府办公厅	粤府办〔2022〕32 号	关于印发支持韶关建设国家老工业城市和资源型城市产业转型升级示范区若干意见的通知

续 表

发布时间	部 门	发文字号	政策名称
2022-11-21	广东省农业农村厅、广东省生态环境厅	粤农农规〔2022〕3 号	关于印发《广东省生猪屠宰行业发展规划》的通知
2023-01-04	广东省人民政府办公厅	粤府办〔2022〕38 号	转发国务院办公厅关于印发第十次全国深化“放管服”改革电视电话会议重点任务分工方案的通知
2023-01-17	广东省交通运输厅	粤交营函〔2023〕30 号	转发交通运输部办公厅 国家发展改革委办公厅 财政部办公厅 农业农村部办公厅关于进一步提升鲜活农产品运输“绿色通道”政策服务水平的通知
2023-01-29	广东省人民政府办公厅	粤办函〔2023〕12 号	关于印发广东省培育扶持个体工商户若干措施的通知
2023-02-07	广东省人民政府	粤府〔2022〕56 号	关于印发广东省碳达峰实施方案的通知
2023-02-24	广东省农业农村厅	粤农农函〔2023〕127 号	关于印发《广东省推进金融支持农业农村基础设施重大项目投资建设的实施方案》的通知
2023-03-01	横琴粤澳深度合作区执行委员会	—	关于印发《横琴粤澳深度合作区关于支持澳资企业发展的扶持办法》的通知
2023-03-02	广东省人民政府办公厅	粤办函〔2023〕35 号	关于印发 2023 年广东金融支持经济高质量发展行动方案的通知
2023-03-02	广东省人民政府	粤府〔2023〕23 号	关于印发广东省激发企业活力推动高质量发展若干政策措施的通知
2023-03-15	广东省人民政府办公厅	粤府办〔2023〕2 号	关于印发广东省新污染物治理工作方案的通知
2023-03-20	广东省人民政府办公厅	粤府办〔2023〕3 号	关于印发广东省促进个体工商户发展实施办法的通知
2023-03-28	中共广东省委、广东省人民政府	—	印发《关于推动产业有序转移促进区域协调发展的若干措施》
2022-01-04	广西壮族自治区农业农村厅	桂农厅发〔2022〕2 号	关于公布 2021 年自治区级农业龙头企业名单的通知
2022-01-04	广西壮族自治区人民政府办公厅	桂政办函〔2021〕40 号	关于印发广西大宗农产品销售应急预案的通知

续 表

发布时间	部 门	发文字号	政策名称
2022-01-04	广西壮族自治区人民政府办公厅	桂政办发〔2021〕134 号	关于印发广西糖业发展“十四五”规划的通知
2022-01-04	广西壮族自治区交通运输厅	桂交运管发〔2021〕123 号	关于印发全面提升广西道路运输从业资格高频服务事项“跨省通办”服务水平工作方案的通知
2022-01-06	广西壮族自治区人民政府办公厅	桂政办发〔2021〕140 号	关于印发广西农业机械化改革发展实施方案（2022—2025 年）的通知
2022-01-10	广西壮族自治区人民政府办公厅	桂政办发〔2021〕142 号	关于印发广西“十四五”区域协调发展试点（来宾）实施方案的通知
2022-01-14	广西壮族自治区人民政府办公厅	桂政办发〔2022〕1 号	关于印发广西“十四五”文化和旅游发展规划的通知
2022-01-14	广西壮族自治区人民政府办公厅	桂政办发〔2021〕143 号	关于印发广西北部湾经济区高质量发展“十四五”规划的通知
2022-01-14	广西壮族自治区人民政府	桂政发〔2021〕50 号	关于印发广西工业和信息化高质量发展“十四五”规划的通知
2022-01-14	广西壮族自治区人民政府办公厅	桂政办发〔2021〕145 号	关于印发广西生态环境保护“十四五”规划的通知
2022-01-14	广西壮族自治区人民政府办公厅	桂政办发〔2021〕144 号	关于印发广西现代特色农业示范区高质量建设五年行动方案（2021—2025 年）的通知
2022-01-25	广西壮族自治区商务厅、中共广西壮族自治区委员会农村工作（乡村振兴）领导小组办公室、广西壮族自治区发展和改革委员会、广西壮族自治区工业和信息化厅、广西壮族自治区公安厅、广西壮族自治区财政厅、广西壮族自治区自然资源厅、广西壮族自治区住房和城乡建设厅、广西壮族自治区交通运输厅、广西壮族自治区农业农村厅、广西壮族自治区文化和旅游厅、广西壮族自治区市场监督管理局、广西壮族自治区乡村振兴局、广西壮族自治区供销合作联社、广西邮政管理局、中国人民银行南宁中心支行、中国银行保险监督管理委员会广西监管局	桂商建发〔2022〕5 号	关于印发《关于加强县域商业体系建设促进农村消费的实施方案》的通知

续 表

发布时间	部 门	发文字号	政策名称
2022-01-26	广西壮族自治区农业农村厅	桂农厅发〔2022〕13 号	关于印发加快推进广西六堡茶及特色优势茶产业高质量发展实施方案的通知
2022-01-29	广西壮族自治区发展和改革委员会、广西壮族自治区住房和城乡建设厅	桂发改收费〔2022〕100 号	转发国家发展改革委 住房城乡建设部关于推进非居民厨余垃圾处理计量收费指导意见的通知
2022-01-30	广西壮族自治区人民政府	桂政发〔2022〕3 号	关于落实 2022 年自治区《政府工作报告》重点工作部门分工的意见
2022-01-30	广西壮族自治区人民政府办公厅	桂政办发〔2022〕9 号	关于印发促进加工贸易高质量发展实施方案的通知
2022-02-10	广西壮族自治区农业农村厅办公室	桂农厅办发〔2022〕17 号	关于印发广西壮族自治区 2021—2025 年近海渔民减船转产项目实施方案（试行）的通知
2022-02-21	广西壮族自治区人民政府办公厅	桂政办电〔2022〕19 号	关于印发支持百色市复工复产稳增长若干政策措施的通知
2022-02-21	广西壮族自治区农业农村厅	桂农厅公告〔2022〕8 号	广西壮族自治区农业农村厅 2022 年部门预算公告
2022-02-23	广西壮族自治区人民政府办公厅	桂政办发〔2022〕15 号	关于印发加强常态化驻点招商工作方案的通知
2022-02-25	广西壮族自治区商务厅、广西壮族自治区发展和改革委员会、广西壮族自治区民政厅、广西壮族自治区财政厅、广西壮族自治区人力资源和社会保障厅、广西壮族自治区自然资源厅、广西壮族自治区住房和城乡建设厅、广西壮族自治区文化和旅游厅、广西壮族自治区市场监管局、国家税务总局广西壮族自治区税务局、中国银行保险监督管理委员会广西监管局、广西壮族自治区邮政管理局	桂商流通发〔2022〕8 号	关于印发《推进城市一刻钟便民生活圈建设的实施方案》的通知
2022-03-05	广西壮族自治区农业农村厅、广西壮族自治区乡村振兴局	桂农厅发〔2022〕27 号	关于加快品牌农产品数字化产地仓建设助力乡村振兴的通知

续　表

发布时间	部　门	发文字号	政策名称
2022-03-14	广西壮族自治区农业农村厅、广西壮族自治区财政厅	桂农厅发〔2022〕28 号	关于公布 2022 年自治区级现代农业产业园创建名单及开展创建工作的通知
2022-03-15	广西壮族自治区人民政府办公厅	桂政办发〔2022〕18 号	关于印发扩大柳州螺蛳粉出口工作方案的通知
2022-03-16	广西壮族自治区农业农村厅办公室	桂农厅办发〔2022〕39 号	关于印发 2022 年化肥农药减量增效工作方案的通知
2022-03-16	广西壮族自治区农业农村厅	桂农厅办发〔2022〕40 号	关于印发 2022 年全区农产品质量安全网格化监管示范县乡创建活动实施方案的通知
2022-03-21	广西壮族自治区农业农村厅	桂农厅发〔2022〕34 号	关于 2022 年支持牛羊产业发展若干政策措施的通知
2022-03-25	广西壮族自治区农业农村厅办公室	桂农厅办发〔2022〕51 号	关于印发 2022 年广西现代农业产业招商工作方案的通知
2022-03-26	广西壮族自治区人民政府办公厅	桂政办发〔2022〕23 号	关于印发广西贯彻落实《国家标准化发展纲要》实施方案的通知
2022-04-01	广西壮族自治区农业农村厅、广西壮族自治区财政厅、广西壮族自治区人力资源和社会保障厅、广西壮族自治区乡村振兴局	桂农厅发〔2022〕41 号	关于印发广西积极应对新冠肺炎疫情影响巩固拓展脱贫攻坚成果的若干措施的通知
2022-04-07	广西壮族自治区农业农村厅办公室	桂农厅办发〔2022〕59 号	关于印发 2022 年 全区 “三品一标” 发展工作方案的通知
2022-04-08	广西壮族自治区人民政府办公厅	桂政办发〔2022〕25 号	关于印发促进邮政快递业高质量发展实施方案的通知
2022-04-08	广西壮族自治区农业农村厅	桂农厅发〔2022〕43 号	关于印发自治区农业农村厅 2022 年工作要点的通知
2022-04-12	广西壮族自治区农业农村厅	桂农厅发〔2022〕47 号	关于印发“十四五”广西农产品产地市场高质量发展规划的通知
2022-04-12	广西壮族自治区人民政府办公厅	桂政办发〔2022〕26 号	关于印发广西物流业发展“十四五”规划的通知
2022-04-18	广西壮族自治区农业农村厅办公室	桂农厅办发〔2022〕63 号	关于做好 2022 年全区食用菌产业发展工作的通知
2022-04-26	广西壮族自治区农业农村厅	桂农厅发〔2022〕52 号	关于印发保障物流畅通促进农业产业链供应链稳定九条措施的通知

续 表

发布时间	部 门	发文字号	政策名称
2022-04-29	广西壮族自治区农业农村厅办公室	桂农厅办发〔2022〕81 号	关于印发 2022 年广西水产绿色健康养殖技术推广“五大行动”实施方案的通知
2022-04-29	广西壮族自治区人民政府办公厅	桂政办发〔2022〕30 号	关于支持河池市建设绿色发展先行试验区的指导意见
2022-05-05	广西壮族自治区发展和改革委员会、广西壮族自治区财政厅、广西壮族自治区人力资源和社会保障厅、广西壮族自治区住房和城乡建设厅、广西壮族自治区交通运输厅等多部门	桂发改财信规〔2022〕464 号	关于印发广西壮族自治区促进服务业领域困难行业恢复发展若干政策措施的通知
2022-05-13	广西壮族自治区人民政府	桂政发〔2022〕13 号	关于印发广西高质量实施 RCEP 行动方案（2022—2025 年）的通知
2022-06-09	广西壮族自治区人民政府办公厅	桂政办发〔2022〕36 号	关于印发广西入河入海排污口监督管理工作方案（2022—2025 年）的通知
2022-06-14	广西壮族自治区人民政府办公厅	桂政办发〔2022〕38 号	关于印发促进广西内外贸一体化发展实施方案的通知
2022-06-22	广西壮族自治区农业农村厅办公室	桂农厅办发〔2022〕105 号	关于印发支持边境地区产业发展若干措施的通知
2022-06-23	广西壮族自治区人民政府办公厅	桂政办发〔2022〕41 号	关于印发广西推进水果产业高质量发展实施方案的通知
2022-06-23	广西壮族自治区农业农村厅、广西壮族自治区财政厅	桂农厅规〔2022〕2 号	关于印发广西壮族自治区渔业发展补助资金管理实施细则（试行）的通知
2022-07-11	广西壮族自治区人民政府办公厅	桂政办发〔2022〕50 号	关于印发推进多式联运高质量发展优化调整运输结构实施方案（2022—2025 年）的通知
2022-07-12	广西壮族自治区农业农村厅、广西壮族自治区乡村振兴局、中国人民财产保险股份有限公司广西壮族自治区分公司	桂农厅发〔2022〕95 号	关于加强政保合作助力乡村振兴的通知

续　表

发布时间	部　门	发文字号	政策名称
2022-07-13	广西壮族自治区农业农村厅	桂农厅规〔2022〕6 号	关于加快推进农业社会化服务的实施意见
2022-07-14	广西壮族自治区农业农村厅、广西壮族自治区财政厅	桂农厅发〔2022〕97 号	关于印发广西壮族自治区 2021—2025 年渔业发展支持政策总体实施方案的通知
2022-07-25	广西壮族自治区人民政府办公厅	桂政办发〔2022〕51 号	关于印发广西残疾预防行动计划（2022—2025 年）的通知
2022-08-15	广西壮族自治区农业农村厅	桂农厅发〔2022〕115 号	关于印发广西壮族自治区渔业绿色循环发展试点工作实施方案的通知
2022-08-17	广西壮族自治区人民政府办公厅	桂政办发〔2022〕56 号	印发关于进一步促进消费若干措施的通知
2022-08-23	广西壮族自治区人民政府办公厅	桂政办发〔2022〕57 号	关于印发钦州—北海—防城港港口型国家物流枢纽高质量建设三年行动计划（2022—2024 年）的通知
2022-08-25	广西壮族自治区发展和改革委员会	桂发改经贸〔2022〕894 号	关于印发广西“十四五”现代流通体系建设规划的通知
2022-09-01	广西壮族自治区发展和改革委员会、广西壮族自治区农业农村厅、广西壮族自治区乡村振兴局	桂发改新能〔2022〕946 号	关于印发《加快广西农村能源转型发展助力乡村振兴的实施方案》的通知
2022-09-02	广西壮族自治区农业农村厅办公室	桂农厅办发〔2022〕136 号	关于印发 2022 年广西庆祝中国农民丰收节组织实施工作方案的通知
2022-09-07	广西壮族自治区人民政府办公厅	桂政办发〔2022〕60 号	关于印发支持打造桂林世界级旅游城市若干政策措施（试行）的通知
2022-09-30	广西壮族自治区人民政府办公厅	桂政办发〔2022〕65 号	关于加快发展“五个金融”的实施意见
2022-10-11	广西壮族自治区人民政府办公厅	桂政办发〔2022〕67 号	关于印发广西创建生态文明建设示范区工作方案的通知
2022-10-25	广西壮族自治区农业农村厅	桂农厅发〔2022〕137 号	关于公布 2022 年自治区农业产业化重点龙头企业名单的通知
2022-10-28	广西壮族自治区农业农村厅办公室	桂农厅办发〔2022〕152 号	关于 2022 年全区秋冬种生产的指导意见

续 表

发布时间	部　门	发文字号	政策名称
2022-11-02	广西壮族自治区农业农村厅、广西壮族自治区发展和改革委员会、广西壮族自治区财政厅、广西壮族自治区自然资源厅、广西壮族自治区水利厅、广西壮族自治区市场监督管理局、广西壮族自治区林业局、广西壮族自治区地方金融监督管理局、广西壮族自治区乡村振兴局、广西壮族自治区供销合作联社、国家税务总局广西壮族自治区税务局委员会、中国银行保险监督管理广西监管局	桂农厅发〔2022〕147 号	关于公布 2021 年度自治区级农民合作社示范社及示范家庭农场名单的通知
2022-11-23	广西壮族自治区农业农村厅	桂农厅发〔2022〕148 号	关于认定 2022 年广西供应深圳农产品示范基地的通知
2022-11-24	广西壮族自治区农业农村厅、广西壮族自治区财政厅	桂农厅发〔2022〕149 号	关于印发广西壮族自治区高标准农田建设提升行动方案（2023—2025 年）的通知
2022-11-30	广西壮族自治区人民政府办公厅	桂政办发〔2022〕78 号	关于印发广西对接长江经济带发展实施方案（2022—2025 年）的通知
2022-12-12	广西壮族自治区人民政府办公厅	桂政办发〔2022〕81 号	关于防止耕地“非粮化”稳定粮食生产的补充通知
2022-12-20	广西壮族自治区人民政府办公厅	桂政办发〔2022〕85 号	关于印发广西强商贸扩内需促消费行动方案（2022—2025 年）的通知
2022-12-28	广西壮族自治区人民政府办公厅	桂政办发〔2022〕86 号	关于发挥广西旅游发展集团龙头企业作用助推文化旅游强区建设的实施意见
2023-01-01	广西壮族自治区人民政府办公厅	桂政办发〔2022〕92 号	关于印发广西复制推广营商环境创新试点改革举措任务清单的通知
2023-01-15	广西壮族自治区人民政府	桂政函〔2023〕11 号	关于以智赋能以数提效推动我区数字经济高质量发展情况报告审议意见研究处理情况的报告

续 表

发布时间	部 门	发文字号	政策名称
2023-01-18	广西壮族自治区人民政府办公厅	桂政办发〔2022〕35号	关于加强广西财政衔接推进乡村振兴补助资金管理提升资金使用效益的通知
2023-01-18	广西壮族自治区农业农村厅办公室	桂农厅办发〔2023〕5号	关于印发广西农产品“三品一标”四大行动实施方案的通知
2023-01-18	广西壮族自治区人民政府办公厅	桂政办发〔2023〕4号	印发关于加快文化旅游业全面恢复振兴若干政策措施的通知
2023-01-30	广西壮族自治区人民政府	桂政发〔2022〕37号	关于印发广西壮族自治区碳达峰实施方案的通知
2023-01-31	广西壮族自治区人民政府办公厅	桂政办发〔2023〕7号	关于印发广西进一步加强商品过度包装治理工作方案的通知
2023-02-08	广西壮族自治区农业农村厅	桂农厅公告〔2023〕10号	广西壮族自治区农业农村厅2023年部门预算公告
2023-02-10	广西壮族自治区人民政府	桂政发〔2023〕7号	关于落实2023年自治区《政府工作报告》重点工作部门分工的意见
2023-02-10	广西壮族自治区人民政府办公厅	桂政办发〔2023〕10号	印发关于进一步促进充分就业增强市场活力若干措施的通知
2023-02-14	广西壮族自治区农业农村厅办公室	桂农厅办发〔2023〕14号	关于印发2023年广西农业全产业链开发项目实施方案的通知
2023-02-16	广西壮族自治区农业农村厅办公室	桂农厅办发〔2023〕20号	关于印发2023年广西食用农产品承诺达标合格证达标市创建方案的通知
2023-02-16	广西壮族自治区农业农村厅办公室	桂农厅办发〔2023〕22号	关于印发2023年全区农产品质量安全网格化监管达标乡镇创建活动实施方案的通知
2023-02-28	广西壮族自治区农业农村厅、广西壮族自治区糖业发展办公室	桂农厅发〔2023〕9号	关于印发到2025年化肥和化学农药减量化行动实施方案的通知
2023-03-01	广西壮族自治区农业农村厅、广西壮族自治区林业局、广西壮族自治区糖业发展办公室	桂农厅发〔2023〕12号	关于印发支持第一产业发展确保农业稳产增产政策措施的通知
2023-03-01	广西壮族自治区农业农村厅办公室	桂农厅办发〔2023〕31号	关于组织万名农技员“网格化”包村联户开展“送技上门”春季科技服务活动的通知

续 表

发布时间	部　门	发文字号	政策名称
2023-03-08	广西壮族自治区农业农村厅、广西壮族自治区发展和改革委员会、广西壮族自治区糖业发展办公室	桂农厅发〔2023〕17 号	关于印发广西农业农村减排固碳实施方案的通知
2023-03-13	广西壮族自治区农业农村厅、广西壮族自治区财政厅	桂农厅发〔2023〕18 号	关于印发广西集中育秧设施建设项目实施方案的通知
2023-03-20	广西壮族自治区农业农村厅	桂农厅发〔2023〕19 号	关于扎实推进广西农业高质量对接 RCEP 促进农业国际合作与农产品贸易的通知
2023-03-28	广西壮族自治区农业农村厅办公室	桂农厅办发〔2023〕54 号	关于 2023 年对外合作与行业产业宣传项目的实施意见
2023-03-28	广西壮族自治区农业农村厅办公室	桂农厅办发〔2023〕53 号	关于做好 2023 年水产绿色健康养殖技术推广“五大行动”实施工作的通知
2023-03-29	广西壮族自治区农业农村厅	桂农厅发〔2023〕21 号	关于印发自治区农业农村厅 2023 年工作要点的通知
2022-01-05	中共海南省委办公厅、海南省人民政府办公厅	琼办发〔2021〕56 号	关于印发《海南省建立健全生态产品价值实现机制实施方案》的通知
2022-01-12	海南省民族宗教事务委员会	琼族〔2022〕1 号	关于印发《海南省民族工作高质量发展“十四五”规划》的通知
2022-01-30	海南省工业和信息化厅	—	海南省工业和信息化厅 2022 年重点工作目标任务
2022-02-07	中共海南省委办公厅、海南省人民政府办公厅	琼厅字〔2022〕6 号	关于印发《省委、省政府 2022 年为民办实事事项》的通知
2022-02-15	海南省供销合作联社	琼供〔2022〕6 号	关于报送 2022 年消费帮扶工作计划的通知
2022-02-15	海南省农业农村厅、海南省交通运输厅、海南省市场监督管理局	琼农字〔2022〕74 号	关于食用农产品产地准出的通告
2022-02-25	中共海南省委、海南省人民政府办公厅	琼办发〔2022〕10 号	印发《海南省推进知识产权强省建设强化知识产权保护和运用的实施意见》的通知

续　表

发布时间	部　门	发文字号	政策名称
2022-03-03	海南省人民政府	琼府〔2022〕10 号	关于印发《海南省创新型省份建设实施方案》的通知
2022-03-08	海南省人民政府办公厅	琼府办〔2022〕13 号	关于海南省贯彻落实《国家标准化发展纲要》的实施意见
2022-03-09	海南省财政厅、海南省农业农村厅	琼财农〔2022〕108 号	关于印发推动渔业高质量发展财政支持政策实施方案（2021—2025 年）的通知
2022-03-14	中共海南省委、海南省人民政府	琼发〔2022〕1 号	关于做好 2022 年全面推进乡村振兴重点工作的实施意见
2022-03-18	海南省农业农村厅办公室	琼农办〔2022〕42 号	关于推介发布 2022 年农业主推技术的通知
2022-03-28	海南省交通运输厅	—	关于进一步做好当前道路运输领域新冠肺炎疫情防控有关工作的通知
2022-04-15	中共海南省委办公厅、海南省人民政府办公厅	琼办发〔2022〕14 号	印发《关于进一步推进垦地融合发展的若干措施》的通知
2022-04-18	海南省供销合作联社	—	关于积极做好海南农产品运销工作的通知
2022-04-26	海南省人民政府办公厅	琼府办函〔2022〕122 号	关于印发海南省进一步为中小微企业纾困解难的措施的通知
2022-05-09	中共海南省委、海南省人民政府	琼发〔2022〕9 号	关于支持儋州洋浦一体化发展的若干意见
2022-05-25	海南省人民政府	琼府〔2022〕21 号	关于印发海南省人均预期寿命提升行动计划（2022—2025 年）的通知
2022-06-14	海南省人民政府办公厅	琼府办〔2022〕28 号	关于印发《海南省超常规稳住经济大盘行动方案》和《海南省稳经济助企纾困发展特别措施》的通知
2022-06-17	海南省人力资源和社会保障厅、海南省财政厅、国家税务总局海南省税务局、海南省社会保险服务中心	琼人社发〔2022〕59 号	关于做好失业保险稳就业保民生工作的通知
2022-06-20	海南省人民政府办公厅	琼府办函〔2022〕183 号	关于印发《海南自由贸易港进一步优化营商环境行动方案（2022—2025 年）》的通知

续 表

发布时间	部 门	发文字号	政策名称
2022-06-24	海南省财政厅	琼财金〔2022〕335 号	关于进一步发挥财政引导作用支持金融助力市场主体纾困发展的通知
2022-06-29	海南省财政厅、海南省农业农村厅、海南省乡村振兴局、海南省发展和改革委员会、海南省民族宗教事务委员会、海南省林业局	琼财农〔2022〕370 号	关于加强衔接推进乡村振兴补助资金使用管理的实施意见
2022-07-13	海南省农业农村厅	琼农字〔2022〕249 号	关于开展 2022 年省级农业国际贸易高质量发展基地创建工作的通知
2022-07-15	海南省财政厅	琼财建〔2022〕491 号	关于下达 2022 年城乡冷链和国家物流枢纽建设项目基建支出预算的通知
2022-07-25	海南省农业农村厅、海南省财政厅	琼农函〔2022〕53 号	关于开展申报创建 2022 年省级现代农业高质量发展产业园工作的函
2022-08-15	海南省人民政府办公厅	琼府办〔2022〕35 号	关于印发海南省残疾预防行动计划（2022—2025 年）的通知
2022-08-17	海南省供销合作联社	琼供〔2022〕48 号	关于加强全省供销社系统疫情防控工作的通知
2022-08-19	海南省供销合作联社	琼供〔2022〕49 号	关于印发《2022 年深化供销合作社综合改革重点工作任务书（一本三基四梁八柱重点任务清单）》的通知
2022-08-22	海南省人民政府	琼府〔2022〕27 号	关于印发海南省碳达峰实施方案的通知
2022-08-23	海南省推进共享农庄发展工作专班	—	关于印发《海南共享农庄建设规范》和《海南共享农庄认定和运行监测管理暂行办法》的通知
2022-08-23	中共海南省委、海南省人民政府	琼发〔2022〕18 号	关于印发《海南省深入打好污染防治攻坚战行动方案》的通知
2022-08-24	海南省供销合作联社	琼供〔2022〕51 号	关于应对疫情冲击推进农业生产互助共济 做好农资供应农产品运销有关工作的通知

续 表

发布时间	部 门	发文字号	政策名称
2022-09-02	海南省农业农村厅	琼农字〔2022〕310 号	海南省农业农村厅关于公布 2022 年省级水产良种场名单的通知
2022-09-07	海南省交通运输厅	—	关于印发《海南省交通运输系统助力复工复产 18 条措施》的通知
2022-09-09	海南省农业农村厅	琼农字〔2022〕334 号	关于印发 2022 年海南省现代农业全产业链标准化示范基地创建实施方案的通知
2022-09-16	海南省发展和改革委员会	琼发改社会〔2022〕750 号	关于印发《海南省生活性服务业发展行动方案》的通知
2022-09-17	海南省人民政府办公厅	琼府办〔2022〕41 号	关于印发《海南省统筹疫情防控和经济恢复提振行动方案》和《海南省稳经济助企纾困发展特别措施（2.0 版）》的通知
2022-09-26	海南省供销合作联社	琼供〔2022〕56 号	关于印发《海南省供销合作联社关于持续深化社有企业改革的实施方案》的通知
2022-09-27	海南省供销合作联社	琼供〔2022〕60 号	关于统筹做好疫情防控有序推进复工复产工作的通知
2022-11-04	海南省乡村振兴局、海南省农业农村厅、海南省财政厅	—	关于建立健全经营性扶贫项目资产收益帮扶机制的指导意见
2022-11-21	中共海南省委办公厅、海南省人民政府办公厅	琼办发〔2022〕32 号	印发《关于在城乡建设中加强历史文化保护传承的实施意见》的通知
2022-11-25	海南省人民政府、国家知识产权局	琼府〔2022〕39 号	关于印发《海南省人民政府 国家知识产权局共建全面深化改革开放知识产权强省实施方案》的通知
2022-12-27	海南省民政厅、海南省发展和改革委员会	琼民发〔2022〕15 号	关于印发《海南省城乡社区服务体系建设规划（2022—2025 年）》的通知
2022-12-31	海南省人民政府	琼府〔2022〕48 号	关于印发海南省老龄事业发展和养老服务体系三年行动计划（2023—2025）的通知

续 表

发布时间	部　门	发文字号	政策名称
2023-01-10	海南省农业农村厅、海南省市场监督管理局	琼农字〔2023〕2号	关于第一批创建现代农业全产业链标准化 示范基地的通知
2023-01-12	海南省人民政府办公厅	琼府办〔2023〕1号	关于海南省农业品牌建设的指导意见
2023-02-07	海南省农业农村厅	琼农字〔2022〕450号	关于公布2022年省级热带作物良种（苗）繁育基地和省级热带优异果蔬展示示范基地名单的通知
2023-02-19	海南省农业保险工作领导小组办公室	琼农险〔2023〕82号	关于印发海南省2023年农业保险工作实施方案的通知
2023-03-08	海南省人民政府办公厅	琼府办〔2023〕8号	关于印发加快渔业转型升级 促进海南渔业高质量发展若干措施的通知
2023-03-09	海南省人民政府办公厅	琼府办函〔2023〕62号	关于印发加快渔业转型升级促进海南渔业高质量发展三年行动方案（2023—2025年）的通知
2023-03-22	中共海南省委、海南省人民政府	琼发〔2023〕1号	关于做好2023年全面推进乡村振兴重点工作的实施意见
2023-03-23	海南省人民政府办公厅	琼府办〔2023〕11号	关于促进海南文体会展活动恢复振兴若干措施的通知
2023-03-23	海南省发展和改革委员会	琼发改价格〔2023〕238号	关于印发《海南省“十四五”时期深化价格机制改革实施方案》的通知
2022-01-05	重庆市农业农村委员会、重庆市规划和自然资源局	渝农规〔2023〕1号	关于进一步加强农村宅基地规范管理工作的通知
2022-01-06	重庆市人民政府办公厅	渝府办发〔2021〕149号	关于印发重庆市巩固拓展脱贫攻坚成果同乡村振兴有效衔接“十四五”规划（2021—2025年）的通知
2022-01-13	重庆市人民政府	—	关于加快建立健全绿色低碳循环经济体系的实施意见
2022-01-13	重庆市人民政府	渝府发〔2022〕4号	关于印发重庆市市场监管现代化“十四五”规划（2021—2025年）的通知
2022-01-19	重庆市人民政府	渝府发〔2022〕5号	关于印发重庆市就业促进“十四五”规划（2021—2025年）的通知

续　表

发布时间	部　门	发文字号	政策名称
2022-01-19	重庆市人民政府办公厅	渝府办发〔2021〕157 号	关于印发重庆市现代物流业发展“十四五”规划（2021—2025 年）和重庆市口岸发展“十四五”规划（2021—2025 年）的通知
2022-01-25	重庆市商务委员会	—	关于印发重庆市“十四五”电子商务发展规划的通知
2022-01-27	重庆市商务委员会	—	关于印发《重庆市商贸物流发展“十四五”规划》的通知
2022-01-27	重庆市人民政府	渝府发〔2022〕2 号	关于印发重庆市营商环境创新试点实施方案的通知
2022-01-29	重庆市人民政府	渝府发〔2022〕7 号	关于印发重庆市金融改革发展“十四五”规划（2021—2025 年）的通知
2022-01-30	重庆市人民政府办公厅	渝府办发〔2022〕10 号	关于印发重庆市城乡环境卫生发展“十四五”规划（2021—2025 年）的通知
2022-02-07	重庆市发展和改革委员会、四川省发展和改革委员会	渝发改推进〔2022〕159 号	关于印发《城宣万革命老区振兴发展示范区总体方案》的通知
2022-02-08	重庆市人民政府办公厅	渝府办发〔2022〕12 号	关于印发重庆市民政事业发展“十四五”规划（2021—2025 年）的通知
2022-02-08	重庆市人民政府	渝府发〔2022〕11 号	关于印发重庆市生态环境保护“十四五”规划（2021—2025 年）的通知
2022-02-08	重庆市人民政府	渝府发〔2022〕9 号	关于印发重庆市新型城镇化规划（2021—2035 年）的通知
2022-02-10	重庆市发展和改革委员会、重庆市商务委员会、重庆市文化和旅游发展委员会、重庆市财政局、重庆市人力资源和社会保障局	—	关于印发《支持服务业等困难行业纾困恢复十条措施》的通知
2022-02-15	重庆市人民政府办公厅	渝府办发〔2022〕18 号	关于印发重庆市培育建设国际消费中心城市若干政策的通知

续　表

发布时间	部　门	发文字号	政策名称
2022-02-23	重庆市发展和改革委员会、四川省发展和改革委员会	渝发改推进〔2022〕160 号	关于印发《合广长协同发展示范区总体方案》的通知
2022-02-23	重庆市人民政府办公厅、四川省人民政府办公厅	渝府办发〔2022〕22 号	关于印发成渝地区双城经济圈碳达峰碳中和联合行动方案的通知
2022-03-11	重庆市人民政府办公厅、四川省人民政府办公厅	渝府办发〔2022〕24 号	关于印发共建成渝地区双城经济圈口岸物流体系实施方案的通知
2022-03-18	重庆市人民政府	渝府发〔2022〕18 号	关于印发重庆市战略性新兴产业发展“十四五”规划（2021—2025 年）的通知
2022-03-18	重庆市人民政府办公厅	渝府办发〔2022〕31 号	关于重庆市“十四五”时期推进西部陆海新通道高质量建设的实施意见
2022-03-19	重庆市农业农村委员会	渝农规〔2022〕2 号	关于印发重庆市养殖水域滩涂规划（2022—2030 年）的通知
2022-03-25	重庆市人民政府办公厅	渝府办发〔2022〕39 号	关于加快农村寄递物流体系建设的实施意见
2022-03-25	重庆市人民政府办公厅	渝府办发〔2022〕32 号	关于做好 2022 年市级重大项目实施有关工作的通知
2022-03-31	重庆市人民政府	渝府发〔2022〕23 号	关于印发重庆市文化和旅游发展“十四五”规划（2021—2025 年）的通知
2022-04-24	重庆市发展和改革委员会、重庆市经济和信息化委员会、重庆市财政局、重庆市住房和城乡建设委员会、重庆市农业农村委员会、重庆市商务委员会、重庆市文化和旅游发展委员会、重庆市体育局	渝发改政研〔2022〕463 号	关于印发《促进消费恢复发展若干政策措施》的通知
2022-04-29	重庆市农业农村委员会	渝农发〔2022〕49 号	关于印发重庆市高标准农田建设规划（2021—2030 年）的通知

续　表

发布时间	部　门	发文字号	政策名称
2022-05-08	中国人民银行重庆营业管理部、国家外汇管理局重庆外汇管理部	—	重庆市金融服务疫情防控和经济社会发展工作方案
2022-05-10	重庆市发展和改革委员会、重庆市科学技术局、重庆市经济和信息化委员会、重庆市财政局多部门	渝发改规范〔2022〕2 号	关于印发《重庆市污水资源化利用实施方案》的通知
2022-05-20	重庆市人民政府办公厅	渝府办发〔2022〕59 号	关于印发贯彻落实国务院办公厅 2022 年政务公开工作要点任务分工的通知
2022-05-20	重庆市人民政府办公厅	渝府办发〔2022〕58 号	关于印发中国（重庆）自由贸易试验区“十四五”规划（2021—2025 年）的通知
2022-05-31	重庆市发展和改革委员会、重庆市财政局、重庆市规划和自然资源局	渝发改规范〔2022〕5 号	关于印发《重庆市推进资源型地区高质量发展实施方案（2022—2025 年）》的通知
2022-06-11	重庆市人力资源和社会保障局、重庆市发展和改革委员会、重庆市财政局、国家税务总局重庆市税务局	渝人社发〔2022〕22 号	关于做好扩大阶段性缓缴社会保险费政策实施范围等工作的通知
2022-06-16	重庆市人民政府办公厅	渝府办发〔2022〕69 号	关于印发重庆市残疾预防行动实施方案（2021—2025 年）的通知
2022-06-22	重庆市人民政府办公厅	渝府办发〔2022〕72 号	关于印发重庆市进一步释放消费潜力促进消费持续恢复若干措施的通知
2022-06-23	重庆市人民政府	渝府发〔2021〕33 号	关于印发重庆市培育建设国际消费中心城市实施方案的通知
2022-06-24	重庆市人民政府办公厅	渝府办发〔2022〕73 号	关于对 2021 年落实有关重大政策措施真抓实干成效明显地方予以督查激励的通报

续　表

发布时间	部　门	发文字号	政策名称
2022-06-27	重庆市商务委员会、重庆市财政局、重庆市规划和自然资源局、重庆市住房和城乡建设委员会、重庆市交通局、重庆市市场监督管理局、重庆市人民政府口岸和物流办公室、中国人民银行重庆营业管理部、中国银行保险监督管理委员会重庆监管局、重庆海关、重庆市邮政管理局	渝商务发〔2022〕12 号	关于印发《重庆市商贸物流高质量发展专项行动工作方案（2021—2025 年）》的通知
2022-06-30	重庆市粮食局、重庆市财政局	渝粮规范〔2022〕4 号	关于印发《重庆市深入推进优质粮食工程实施方案》的通知
2022-07-01	重庆市人民政府办公厅	渝府办发〔2022〕74 号	关于开展 2022 年督查激励工作的通知
2022-07-06	重庆市发展和改革委员会	渝发改规范〔2022〕8 号	关于印发《重庆市“十四五”清洁生产推行工作方案》的通知
2022-07-07	重庆市发展和改革委员会、重庆市财政局、重庆市经济和信息化委员会、重庆市城市管理局	渝发改规范〔2022〕9 号	关于落实中小微企业、个体工商户水电气费支持政策的通知
2022-07-16	重庆市人民政府办公厅	渝府办发〔2022〕81 号	关于加强财政金融联动支持实体经济发展的通知
2022-07-19	重庆市人民政府办公厅	渝府办发〔2022〕79 号	关于推动城乡建设绿色发展的实施意见
2022-07-21	重庆市发展和改革委员会、中国银行保险监督管理委员会重庆监管局	渝发改规范〔2022〕10 号	关于印发《建设完善重庆市融资信用服务平台网络促进中小微企业融资的实施方案》的通知
2022-07-27	重庆市商务委员会、重庆市财政局、重庆市乡村振兴局	渝商务发〔2022〕18 号	关于印发《重庆市县域商业建设行动专项资金管理实施细则》的通知
2022-07-28	重庆市人民政府办公厅、四川省人民政府办公厅	渝府办发〔2022〕82 号	关于印发共建长江上游航运中心实施方案的通知
2022-07-28	重庆市人民政府办公厅	渝府办发〔2022〕83 号	关于印发重庆市高质量实施《区域全面经济伙伴关系协定》（RCEP）行动计划的通知

续　表

发布时间	部　门	发文字号	政策名称
2022-07-28	重庆市人民政府办公厅	渝府办发〔2022〕80 号	关于印发重庆市冷链物流高质量发展“十四五”规划（2021—2025 年）的通知
2022-08-03	重庆市人民政府办公厅、四川省人民政府办公厅	渝府办发〔2022〕87 号	关于印发建设富有巴蜀特色的国际消费目的地实施方案的通知
2022-08-08	重庆市人民政府	渝府发〔2022〕31 号	关于印发重庆市城市更新提升“十四五”行动计划的通知
2022-08-15	重庆市人民政府办公厅、四川省人民政府办公厅	渝府办发〔2022〕86 号	关于印发成渝地区联手打造内陆开放高地方案的通知
2022-08-15	重庆市人民政府办公厅	其他〔2022〕69 号	关于转发市民政局重庆市城乡社区服务体系建设“十四五”规划（2021—2025 年）的通知
2022-08-22	重庆市人民政府、四川省人民政府	渝府发〔2022〕37 号	关于印发重庆都市圈发展规划的通知
2022-09-20	重庆市人民政府办公厅	渝府办发〔2022〕107 号	关于印发重庆市推动外贸高质量发展三年行动计划（2022—2024 年）和重庆市建设高质量外资集聚地三年行动计划（2022—2024 年）的通知
2022-10-08	重庆市发展和改革委员会	渝发改规范〔2022〕11 号	关于印发《重庆市促进绿色消费实施方案》的通知
2022-10-12	重庆市人民政府办公厅	渝府办发〔2022〕109 号	关于促进内外贸一体化发展的实施意见
2022-12-14	重庆市人民政府办公厅、四川省人民政府办公厅	渝府办发〔2022〕126 号	关于印发成渝共建西部金融中心规划联合实施细则的通知
2023-01-09	重庆市人民政府办公厅	渝府办发〔2023〕1 号	关于全力做好 2023 年春运疫情防控和运输服务保障工作的通知
2023-02-01	重庆市商务委员会、重庆市财政局	渝商务发〔2023〕8 号	关于印发重庆市商务发展专项资金支持商贸服务业发展实施细则的通知
2023-02-15	重庆市人民政府办公厅	渝府办发〔2023〕8 号	关于印发 2023 年市政府工作报告目标任务分解方案的通知

续 表

发布时间	部　门	发文字号	政策名称
2023-02-20	重庆市人民政府办公厅、四川省人民政府办公厅	渝府办发〔2023〕15 号	关于印发推动成渝地区双城经济圈市场一体化建设行动方案的通知
2023-02-21	重庆市人民政府办公厅	渝府办发〔2023〕17 号	关于印发重庆市进一步支持市场主体发展推动经济企稳恢复提振政策措施的通知
2023-03-17	重庆市人民政府、四川省人民政府	渝府发〔2023〕9 号	关于印发推动川渝万达开地区统筹发展总体方案的通知
2023-03-23	重庆市人民政府	渝府发〔2023〕8 号	关于印发重庆市推动成渝地区双城经济圈建设行动方案（2023—2027 年）的通知
2022-01-17	四川省人民政府	川府发〔2022〕2 号	关于印发《四川省“十四五”生态环境保护规划》的通知
2022-01-17	四川省农业农村厅	川农发〔2022〕1 号	关于印发《四川省高标准农田建设规划（2021—2030 年）》的通知
2022-01-25	中共四川省委、四川省人民政府	—	关于做好 2022 年“三农”重点工作全面推进乡村振兴的意见
2022-01-26	四川省农业农村厅	—	关于印发《四川省养殖水域滩涂规划（2019—2030 年）》的通知
2022-01-28	四川省商务厅	川商发〔2021〕26 号	关于印发《四川省“十四五”商务发展规划》的通知
2022-02-21	四川省农业农村厅、四川省发展和改革委员会、四川省林业和草原局	川农发〔2022〕5 号	关于印发《四川省“十四五”现代种业发展规划》的通知
2022-02-22	四川省发展和改革委员会、重庆市发展和改革委员会	川发改双城项目〔2022〕79 号	关于印发《资大文旅融合发展示范区总体方案》的通知
2022-03-24	四川省农业农村厅	—	关于做好水产业防止耕地“非粮化”稳定粮食生产工作的通知
2022-03-30	四川省发展和改革委员会	川发改财金〔2022〕115 号	关于印发《四川省贯彻落实促进服务业领域困难行业恢复发展若干政策的实施方案》的通知

续　表

发布时间	部　门	发文字号	政策名称
2022-04-22	四川省人民政府	川府发〔2022〕13 号	关于印发《四川省“十四五”自然资源保护和利用规划》的通知
2022-04-22	四川省农业农村厅、四川省财政厅	川农函〔2022〕259 号	关于做好 2022 年农业产业化银行贷款贴息申报工作的通知
2022-04-28	四川省发展和改革委员会	川发改地区〔2022〕210 号	印发《沱江绿色发展经济带建设总体方案》的通知
2022-05-23	中共四川省委办公厅、四川省人民政府办公厅	—	关于推动城乡建设绿色发展的实施方案
2022-05-31	四川省人民政府	川府发〔2022〕17 号	关于印发《四川省综合立体交通网规划纲要》的通知
2022-06-02	四川省人民政府	川府发〔2022〕16 号	关于印发扎实稳住经济增长若干政策措施的通知
2022-06-09	四川省农业农村厅	—	关于印发《四川省“十四五”生猪产业发展推进方案》《四川省“十四五”牛羊禽兔蜂饲草饲料业发展推进方案》的通知
2022-06-17	中共四川省委农村工作领导小组	川农领〔2022〕4 号	关于印发《四川省促进生猪稳产保价七条措施》的通知
2022-07-01	四川省人民政府办公厅	川办发〔2022〕56 号	关于印发《四川省加强成渝地区双城经济圈交通基础设施建设规划》的通知
2022-07-18	四川省人民政府办公厅	川办发〔2022〕61 号	关于印发《四川省入河排污口排查整治工作方案》的通知
2022-07-21	四川省人民政府	川府发〔2022〕20 号	关于印发《四川省“十四五”节能减排综合工作方案》的通知
2022-07-26	四川省农业农村厅	川农函〔2022〕476 号	关于做好 2022 年地理标志农产品保护工程项目实施的通知
2022-08-18	四川省人民政府办公厅	川办发〔2022〕60 号	关于加强草原保护修复和草业发展的实施意见
2022-08-22	四川省人民政府	川府发〔2022〕25 号	关于印发四川省建设国家中医药综合改革示范区实施方案的通知
2022-08-23	四川省人民政府办公厅、重庆市人民政府办公厅	川办发〔2022〕62 号	关于印发支持成渝地区双城经济圈市场主体健康发展若干政策措施的通知
2022-09-19	四川省人民政府办公厅	川办发〔2022〕65 号	关于加快发展油茶产业的实施意见

续 表

发布时间	部 门	发文字号	政策名称
2022-09-23	四川省人民政府办公厅	川办发〔2022〕67 号	关于承接制造业有序转移的实施意见
2022-10-11	四川省人民政府	川府函〔2022〕223 号	关于印发《中国（南充）跨境电子商务综合试验区实施方案》《中国（眉山）跨境电子商务综合试验区实施方案》的通知
2022-10-21	四川省发展和改革委员会	川发改经贸〔2022〕590 号	关于印发《四川省“十四五”现代流通体系建设实施方案》的通知
2022-11-22	四川省人民政府	川府发〔2022〕33 号	关于印发《安宁河流域国土空间规划（2022—2035 年）》的通知
2022-12-27	四川省人民政府办公厅	川办发〔2022〕77 号	关于印发《四川省新污染物治理工作方案》的通知
2022-12-29	四川省人民政府办公厅	川办发〔2022〕78 号	关于推动精制川茶产业高质量发展促进富民增收的意见
2023-01-05	四川省人民政府办公厅	川办发〔2022〕83 号	关于印发“9·5”泸定地震灾后恢复重建景区恢复和产业发展专项实施方案的通知
2023-01-05	四川省人民政府	川府发〔2022〕39 号	关于印发“9·5”泸定地震灾后恢复重建支持政策措施的通知
2023-01-05	四川省人民政府	川府发〔2022〕38 号	关于印发“9·5”泸定地震灾后恢复重建总体规划的通知
2023-01-10	四川省人民政府办公厅	川办发〔2023〕2 号	关于印发四川省贯彻《成渝共建西部金融中心规划》实施方案的通知
2023-02-03	四川省发展和改革委员会	川发改地区〔2023〕28 号	关于印发《成都天府临空经济区建设方案》的通知
2023-02-07	四川省人民政府	川府发〔2023〕5 号	关于印发《聚焦高质量发展推动经济运行整体好转的若干政策措施》的通知
2023-02-24	四川省农业农村厅	—	关于命名四川省第八批家庭农场省级示范场的通知
2023-02-28	四川省人民政府	川府发〔2023〕8 号	关于实施“三品一创”消费提质扩容工程 加快培育“蜀里安逸”消费品牌的意见

续　表

发布时间	部　门	发文字号	政策名称
2023-03-16	中共四川省委、四川省人民政府	—	关于做好 2023 年乡村振兴重点工作加快推进农业强省建设的意见
2023-03-28	四川省人民政府、重庆市人民政府	川府发〔2023〕9 号	关于印发推动川南渝西地区融合发展总体方案的通知
2022-01-04	贵州省人民政府办公厅	黔府办发〔2021〕29 号	关于加快推进生态渔业高质量发展的意见
2022-01-10	贵州省人民政府办公厅	黔府办函〔2021〕106 号	关于推动快递业高质量发展的意见
2022-01-13	贵州省商务厅	—	关于印发《惠民提质推动共同富裕行动方案（2022—2025 年）》的通知
2022-01-14	贵州省人民政府办公厅	黔府办发〔2021〕36 号	关于印发贵州省城市更新行动实施方案的通知
2022-02-07	贵州省人民政府办公厅	黔府办发〔2022〕4 号	关于印发 2022 年《政府工作报告》重点工作责任分工方案的通知
2022-02-17	贵州省人民政府办公厅	黔府办发〔2022〕5 号	关于印发贵州省“十四五”自然资源保护和利用规划的通知
2022-03-18	贵州省农业农村厅、贵州省发展和改革委员会、贵州省财政厅、贵州省生态环境厅、贵州省商务厅、中国银行保险监督管理委员会贵州监管局	黔农发〔2022〕7 号	关于促进生猪产业稳健发展的实施意见
2022-03-30	贵州省商务厅、贵州省发展和改革委员会、贵州省工业和信息化厅、贵州省自然资源厅等多部门	—	关于印发《贵州省商贸物流高质量发展专项行动工作方案（2022—2025 年）》的通知
2022-03-31	贵州省农业农村厅	黔农发〔2022〕17 号	关于印发贵州省 2022 年大豆种植补贴实施方案的通知
2022-04-11	贵州省农业农村厅、贵州省发展和改革委员会、贵州省工业和信息化厅、贵州省水利厅、贵州省商务厅、贵州省市场监督管理局、贵州省广播电视局、贵州省林业局、贵州省供销合作社联合社	黔农发〔2022〕21 号	关于印发《贵州省 2022 年农产品质量品牌提升行动方案》的通知

续 表

发布时间	部 门	发文字号	政策名称
2022-04-15	贵州省农业农村厅	黔农发〔2022〕24 号	关于印发贵州省 2022 年特色优势产业巩固提升行动方案的通知
2022-04-19	贵州省人民政府	黔府发〔2022〕6 号	关于印发贵州省促进居民增收三年行动方案（2022—2024 年）的通知
2022-04-25	贵州省人民政府	黔府发〔2022〕7 号	关于支持黔东南自治州“黎从榕”打造对接融入粤港澳大湾区“桥头堡”的实施意见
2022-04-28	贵州省农业农村厅办公室	黔农办发〔2022〕25 号	关于印发《2022 年全省种业发展工作要点》的通知
2022-04-28	贵州省人民政府办公厅	黔府办函〔2022〕42 号	关于印发贵州省促进服务业领域困难行业恢复发展实施方案的通知
2022-04-28	贵州省人民政府办公厅	黔府办函〔2022〕41 号	关于印发贵州省工业企业纾困解难实施方案的通知
2022-05-06	贵州省农业农村厅、贵州省发展和改革委员会	—	关于印发《贵州省“十四五”农业种业发展规划》的通知
2022-05-24	贵州省人民政府办公厅	黔府办发〔2022〕14 号	关于印发 2022 年“多彩贵州·助商惠民”促消费专项行动方案的通知
2022-05-27	贵州省农业农村厅	—	关于印发《贵州省 2022 年高标准农田建设行动方案》的通知
2022-06-06	贵州省人民政府办公厅	黔府办发〔2022〕17 号	关于印发贵州省进一步加快重大项目建设扩大有效投资若干措施的通知
2022-06-07	贵州省人民政府	黔府发〔2022〕10 号	关于贯彻落实《国务院关于印发扎实稳住经济一揽子政策措施的通知》任务清单的通知
2022-06-13	贵州省农业农村厅办公室	黔农办发〔2022〕33 号	关于印发《贵州省 2022 年粮改饲工作实施方案》的通知
2022-07-01	贵州省人民政府	黔府发〔2022〕11 号	关于印发“十四五”贵州省老龄事业发展和养老服务体系规划的通知
2022-07-06	贵州省农业农村厅	黔农发〔2022〕37 号	关于加强农村集体资产管理经营的意见

续 表

发布时间	部　门	发文字号	政策名称
2022-07-18	贵州省发展改革委员会、贵州省农业农村厅	黔发改农经〔2022〕303 号	关于印发《贵州省“十四五”现代山地特色高效农业发展规划》的通知
2022-07-27	贵州省农业农村厅	—	关于组织开展国家现代农业全产业链标准化示范基地创建的通知
2022-08-08	中共贵州省委办公厅、贵州省人民政府办公厅	—	关于印发《贵州省建立健全生态产品价值实现机制行动方案》的通知
2022-08-22	贵州省交通厅	—	贵州省“十四五”交通运输发展规划
2022-08-29	贵州省人民政府办公厅	黔府办函〔2022〕72 号	关于印发贵州省 2022 年下半年经济工作有关专项行动方案的通知
2022-10-08	贵州省人民政府、广东省人民政府	黔府发〔2022〕12 号	关于建立粤黔两省更加紧密的结对帮扶关系的实施意见
2022-10-08	贵州省人民政府办公厅	黔府办发〔2022〕24 号	关于印发贵州省残疾预防行动计划（2022—2025 年）的通知
2022-10-08	贵州省人民政府办公厅	黔府办函〔2022〕83 号	转发省发展改革委关于推动生活性服务业补短板上水平提高人民生活品质实施意见的通知
2022-10-10	贵州省人民政府办公厅	黔府办函〔2022〕93 号	关于印发贵州省推动复工复产复市促进经济恢复提振行动方案的通知
2022-10-11	贵州省商务厅、贵州省投资促进局	—	关于印发支持毕节市开放型经济高质量发展的意见的通知
2022-10-26	贵州省商务厅、贵州省财政厅、贵州省乡村振兴局	—	关于印发《贵州省 2022 年县域商业体系建设工作方案》的通知
2022-10-27	贵州省人民政府办公厅	黔府办发〔2022〕25 号	关于印发贵州省新型基础设施建设三年行动方案（2022—2024 年）的通知
2022-11-21	中共贵州省委、贵州省人民政府	—	关于印发《贵州省碳达峰实施方案》的通知

续 表

发布时间	部 门	发文字号	政策名称
2022-11-24	贵州省发展和改革委员会、贵州省工业和信息化厅、贵州省住房和城乡建设厅、贵州省商务厅、贵州省市场监督管理局、贵州省机关事务管理局	黔发改就业〔2022〕878 号	关于印发《贵州省促进绿色消费实施方案》的通知
2022-11-30	贵州省人民政府	黔府发〔2022〕15 号	关于加快建立健全绿色低碳循环发展经济体系的实施意见
2023-01-06	贵州省商务厅	黔商发〔2023〕1 号	关于印发《贵州省推动电子商务发展“十百千万”工程实施方案》的通知
2023-01-29	贵州省人民政府办公厅	黔府办发〔2023〕2 号	关于印发 2023 年《政府工作报告》重点工作责任分工方案的通知
2023-02-06	贵州省人民政府办公厅	黔府办函〔2023〕6 号	关于做好 2023 年一季度全省经济工作确保实现“开门稳”的通知
2022-01-13	云南省人民政府办公厅	云政办发〔2022〕1 号	关于印发云南省“十四五”综合交通运输发展规划的通知
2022-01-13	云南省人民政府	云政发〔2022〕1 号	关于印发云南省加快建立健全绿色低碳循环发展经济体系行动计划的通知
2022-01-14	云南省发展和改革委员会	—	关于印发加快建设区域物流中心若干政策措施的通知
2022-01-26	云南省人民政府	云政发〔2022〕5 号	关于印发云南省加快对接 RCEP 行动计划的通知
2022-01-29	云南省发展和改革委员会、云南省乡村振兴局、云南省教育厅、云南省财政厅、云南省农业农村厅、云南省商务厅、云南省市场监督管理局、云南省供销合作社联合社、云南省工商业联合会	云发改易地〔2022〕42 号	关于印发云南省贯彻落实继续大力实施消费帮扶巩固拓展脱贫攻坚成果指导意见实施方案的通知

续　表

发布时间	部　门	发文字号	政策名称
2022-01-30	云南省人民政府	云政发〔2022〕7 号	关于印发 2022 年稳增长若干政策措施的通知
2022-02-11	云南省农业农村厅	云农环〔2022〕1 号	云南省九大高原湖泊流域农业绿色发展总体规划（2021—2025 年）
2022-02-18	云南省人民政府	云政发〔2022〕9 号	关于印发云南省“十四五”民营经济暨中小企业发展规划的通知
2022-02-24	中共云南省委、云南省人民政府	—	贯彻落实习近平总书记重要讲话精神维护好运营好中老铁路开发好建设好中老铁路沿线三年行动计划
2022-03-01	云南省农业农村厅	云农牧〔2022〕3 号	关于印发云南“十四五”畜牧业高质量发展实施意见的通知
2022-03-08	云南省人民政府办公厅	云政办发〔2022〕10 号	印发关于精准做好疫情防控加快旅游业恢复发展若干政策措施的通知
2022-03-10	云南省人民政府	云政发〔2022〕12 号	关于印发云南省“十四五”健康服务业发展规划的通知
2022-03-10	云南省乡村振兴局、云南省工商业联合会	云乡振发〔2022〕9 号	关于印发云南省“万企兴万村”行动倾斜支持乡村振兴重点帮扶县专项工作方案的通知
2022-03-11	中共云南省委办公厅、云南省人民政府办公厅	—	云南省缓解基层财政困难三年行动计划
2022-03-15	云南省人民政府办公厅	云政办发〔2022〕12 号	关于印发云南省“十四五”现代服务业发展规划的通知
2022-03-17	中共云南省委办公厅、云南省人民政府办公厅	—	关于推动城乡建设绿色发展的实施意见
2022-03-18	云南省农业农村厅	云农环〔2022〕4 号	关于印发《云南省“十四五”农作物秸秆综合利用实施方案》的通知
2022-04-07	中共云南省委、云南省人民政府	—	关于做好 2022 年全面推进乡村振兴重点工作的实施意见

续 表

发布时间	部　门	发文字号	政策名称
2022-04-14	云南省人民政府	云政发〔2022〕20 号	关于印发云南省推进自由贸易试验区贸易投资便利化改革创新实施方案的通知
2022-04-18	云南省农业农村厅	云农办〔2022〕1 号	关于印发 2022 年全省农业农村工作要点的通知
2022-04-18	云南省人民政府	云政发〔2022〕22 号	关于印发云南省“十四五”农业农村现代化发展规划的通知
2022-04-19	中共云南省委、云南省人民政府	—	关于贯彻《知识产权强国建设纲要（2021—2035 年）》的实施意见
2022-04-19	云南省农业农村厅	云农牧〔2022〕8 号	关于印发《云南省生猪屠宰行业发展规划（2022—2030 年）》的通知
2022-04-21	云南省人民政府办公厅	云政办发〔2022〕25 号	关于印发云南省“十四五”区域协调发展规划的通知
2022-04-25	云南省人民政府办公厅	云政办发〔2022〕28 号	关于印发云南省残疾预防行动计划（2021—2025 年）的通知
2022-04-25	中共云南省委办公厅、云南省人民政府办公厅	—	云南省农村人居环境整治提升五年行动实施方案（2021—2025 年）
2022-04-26	云南省人民政府办公厅	云政办发〔2022〕29 号	关于印发云南省“十四五”城乡社区服务体系建设规划的通知
2022-04-27	云南省人民政府办公厅	云政办发〔2022〕30 号	关于印发云南省加快农村寄递物流体系建设实施方案的通知
2022-05-08	中共云南省委办公厅、云南省人民政府办公厅	—	建设高标准市场体系实施方案
2022-05-09	云南省人民政府	云政发〔2022〕28 号	关于印发云南省“十四五”新型基础设施建设规划的通知
2022-05-10	云南省人民政府	云政发〔2022〕26 号	关于印发“十四五”数字云南规划的通知
2022-05-10	云南省人民政府	云政发〔2022〕27 号	关于印发云南省数字经济发展三年行动方案（2022—2024 年）的通知

续 表

发布时间	部 门	发文字号	政策名称
2022-05-11	云南省人民政府	云政发〔2022〕24 号	关于印发云南省“十四五”制造业高质量发展规划的通知
2022-05-21	中共云南省委、云南省人民政府	—	云南省生态文明建设排头兵规划（2021—2025 年）
2022-05-27	云南省人民政府	云政发〔2022〕31 号	关于印发云南省“十四五”文化和旅游发展规划的通知
2022-05-27	云南省人力资源和社会保障厅、云南省财政厅、国家税务总局云南省税务局	云人社发〔2022〕21 号	关于做好 2022 年失业保险稳岗位提技能防失业工作的通知
2022-05-27	中共云南省委农村工作领导小组	云农领发〔2022〕7 号	印发《关于加快推进云南省乡村振兴“百千万”工程建设的指导意见》的通知
2022-05-31	中共云南省委办公厅、云南省人民政府办公厅	—	印发云南省打造一流营商环境三年行动计划（2022—2024 年）
2022-06-02	云南省人民政府办公厅	云政办发〔2022〕42 号	关于印发云南省进一步帮扶中小微企业纾困发展工作方案的通知
2022-06-06	云南省人民政府办公厅	云政办发〔2022〕43 号	关于印发云南省促进内外贸一体化发展若干措施的通知
2022-06-09	云南省人民政府办公厅	云政办发〔2022〕48 号	关于印发云南省“十四五”冷链物流发展实施方案的通知
2022-06-12	云南省人力资源和社会保障厅、云南省发展和改革委员会、云南省财政厅、国家税务总局云南省税务局	云人社发〔2022〕22 号	关于印发云南省阶段性缓缴社会保险费政策扩围延期实施办法的通知
2022-06-13	云南省农业农村厅、云南省财政厅	云农牧〔2022〕12 号	关于印发 2022 年肉牛增量提质行动实施方案的通知
2022-06-13	云南省人民政府	云政发〔2022〕35 号	关于印发云南省“十四五”旅游业发展实施方案的通知
2022-06-21	云南省人民政府办公厅	云政办发〔2022〕52 号	关于印发云南省扶持个体工商户纾难解困工作方案的通知
2022-06-21	云南省人民政府办公厅	云政办发〔2022〕53 号	关于印发云南省农业现代化三年行动方案（2022—2024 年）的通知

续 表

发布时间	部　门	发文字号	政策名称
2022-06-22	中共云南省委办公厅、云南省人民政府办公厅	—	云南省脱贫人口持续增收三年行动方案（2022—2024 年）
2022-06-28	云南省巩固脱贫攻坚推进乡村振兴领导小组	云巩固振兴组〔2022〕9 号	关于印发 2022 年促进脱贫人口和监测对象增收若干措施的通知
2022-07-04	云南省人民政府办公厅	云政办发〔2022〕57 号	关于印发“十四五”中国（云南）自由贸易试验区建设规划的通知
2022-07-13	云南省人民政府办公厅	云政办发〔2022〕61 号	关于印发云南省促进消费恢复发展若干政策措施的通知
2022-07-25	云南省人民政府	云政发〔2022〕43 号	关于印发云南省贯彻“十四五”市场监管现代化规划实施方案的通知
2022-07-27	中共云南省委办公厅、云南省人民政府办公厅	—	云南省推进乡村建设行动实施方案
2022-07-29	中共云南省委、云南省人民政府	—	关于贯彻《国家标准化发展纲要》的实施意见
2022-08-03	云南省农业农村厅、云南省财政厅、云南省工业和信息化厅	云农绿〔2022〕8 号	印发关于推动咖啡精品率和精深加工率提升若干政策措施的通知
2022-08-06	中共云南省委办公厅、云南省人民政府办公厅	—	关于高质量推进以县城为重要载体的城镇化建设实施方案
2022-08-08	云南省农业农村厅	云农经〔2022〕11 号	关于印发《云南省新型农业经营主体提升行动实施方案》的通知
2022-08-08	云南省人民政府办公厅	云政办发〔2022〕67 号	关于印发云南省促消费稳增长三年行动计划（2022—2024 年）的通知
2022-08-09	云南省人民政府办公厅	云政办发〔2022〕65 号	关于印发云南省“十四五”现代物流业发展规划的通知

续　表

发布时间	部　门	发文字号	政策名称
2022-08-10	中共云南省委、云南省人民政府	—	关于支持曲靖市建设云南副中心城市的若干意见
2022-08-17	云南省人力资源和社会保障厅、云南省财政厅、云南省市场监督管理局、财政部云南监管局、中国人民银行昆明中心支行、云南银保监局	云人社发〔2022〕41 号	关于进一步加大创业担保贷款支持力度服务保障创业就业工作的通知
2022-08-25	云南省人民政府	云政发〔2022〕47 号	关于印发云南省“十四五”老龄事业发展和养老服务体系规划的通知
2022-09-02	云南省人民政府办公厅	云政办发〔2022〕76 号	关于印发云南省“十四五”产业园区发展规划的通知
2022-09-30	中共云南省委农村工作领导小组办公室、云南省农业农村厅、云南省工业和信息化厅、云南省商务厅、云南省市场监督管理局	云农办通〔2022〕21 号	关于印发《云南省预制菜产业发展实施意见》的通知
2022-10-08	云南省人民政府办公厅	云政办发〔2022〕84 号	关于印发云南省林草产业高质量发展行动方案（2022—2025 年）的通知
2022-10-12	中共云南省委农村工作领导小组办公室	云农办通〔2022〕22 号	关于印发《云南省加快奶牛产业高质量发展三年行动方案（2023—2025 年）》的通知
2022-10-19	中共云南省委办公厅、云南省人民政府办公厅	—	云南省促进民营经济高质量发展三年行动计划（2022—2024 年）
2022-10-21	中共云南省委农村工作领导小组办公室、云南省农业农村厅、云南省农垦局	云农办通〔2022〕24 号	关于印发《云南省天然橡胶产业三年行动实施方案（2022—2024 年）》的通知
2022-10-28	云南省农业农村厅办公室、中国农业银行云南省分行办公室	云农办牧〔2022〕43 号	关于印发《金融助力云南省畜牧业高质量发展工作方案》的通知

续 表

发布时间	部 门	发文字号	政策名称
2022-11-22	中共云南省委农村工作领导小组办公室、云南省林业和草原局、云南省工业和信息化厅、云南省农业农村厅	云农办通〔2022〕27 号	关于印发《云南省核桃产业高质量发展三年行动方案（2023—2025 年）》的通知
2022-11-30	云南省农业产业化经营协调领导小组	云农产协〔2022〕3 号	关于公布 2022 年农业产业化省级重点龙头企业运行监测结果的通知
2022-12-01	云南省人民政府	云政发〔2022〕53 号	关于进一步加强招商引资工作的指导意见
2022-12-14	中共云南省委、云南省人民政府	—	关于完整准确全面贯彻新发展理念做好碳达峰碳中和工作的实施意见
2022-12-29	云南省人民政府办公厅	云政办发〔2022〕97 号	关于印发滇菜标准化品牌化产业化发展三年行动计划（2023—2025 年）的通知
2023-03-07	云南省人民政府办公厅	云政办发〔2023〕12 号	关于印发云南省深化质量提升三年行动方案（2023—2025 年）的通知
2023-03-22	云南省人民政府	云政发〔2023〕11 号	关于印发中国（云南）自由贸易试验区深化改革开放方案的通知
2023-03-24	中共云南省委、云南省人民政府	—	关于做好 2023 年全面推进乡村振兴重点工作的实施意见
2022-07-14	西藏自治区人民政府办公厅	藏政办发〔2022〕24 号	西藏自治区 2022 年优化营商环境行动方案
2022-12-01	西藏自治区人民政府办公厅	藏政办发〔2022〕43 号	关于印发西藏自治区残疾预防行动计划（2021—2025 年）的通知
2022-12-01	西藏自治区人民政府	藏政发〔2022〕18 号	关于印发《关于稳经济若干临时性措施》的通知
2022-12-30	西藏自治区农业农村厅	藏农厅发〔2022〕175 号	关于做好跨省调运种用乳用和继续饲养用畜禽调运监管工作的通知

续　表

发布时间	部　门	发文字号	政策名称
2022-01-14	陕西省农业农村厅	陕农发〔2022〕3 号	关于加快发展农业社会化服务的实施意见
2022-01-28	陕西省农业农村厅办公室	陕农办发〔2022〕5 号	关于印发加快推进大水面生态渔业发展实施意见的通知
2022-02-21	陕西省农业农村厅	陕农发〔2022〕8 号	关于印发陕西省主要农作物生产全程机械化示范县创建方案的通知
2022-03-02	陕西省人民政府办公厅	陕政办函〔2022〕16 号	关于印发“十四五”农业节水行动方案的通知
2022-03-10	陕西省农业农村厅	陕农发〔2022〕13 号	关于公布 2021 年陕西省农民专业合作社百强示范社认定和监测合格名单的通知
2022-03-14	陕西省农业农村厅办公室	陕农办发〔2022〕28 号	关于开展特色产业全产业链标准化试点工作的通知
2022-03-22	陕西省农业农村厅办公室	陕农办发〔2022〕34 号	关于印发 2022 年水产绿色健康养殖“五大行动”实施方案的通知
2022-04-14	陕西省人民政府办公厅	陕政办发〔2022〕8 号	关于印发蓝天碧水净土保卫战 2022 年工作方案的通知
2022-04-21	陕西省农业农村厅	陕农发〔2022〕23 号	关于印发《陕西省“十四五”乡村产业发展规划》的通知
2022-04-27	陕西省农业农村厅	陕农发〔2022〕27 号	关于印发《陕西省“十四五”数字农业农村发展规划》的通知
2022-04-28	陕西省农业农村厅	陕农发〔2022〕28 号	关于印发《陕西省“十四五”畜牧兽医发展规划》的通知
2022-04-29	陕西省人力资源和社会保障厅、陕西省发展和改革委员会、陕西省教育厅、陕西省科学技术厅、陕西省工业和信息化厅等多部门	陕人社发〔2022〕13 号	关于加强劳务品牌建设的实施意见
2022-04-29	陕西省人民政府办公厅	陕政办函〔2022〕39 号	关于进一步抓好春季农业生产的通知
2022-05-05	陕西省农业农村厅	陕农发〔2022〕31 号	关于印发《陕西省“十四五”渔业高质量发展规划》的通知

续 表

发布时间	部　门	发文字号	政策名称
2022-05-09	陕西省农业农村厅	陕农发〔2022〕33 号	关于印发《陕西省“十四五”农业机械化发展规划》的通知
2022-05-10	陕西省商务厅	陕商函〔2022〕226 号	关于组织开展“中华美食荟·清凉一夏”陕西美食促消费活动的通知
2022-05-18	陕西省人民政府办公厅	陕政办发〔2022〕15 号	关于印发进一步激发消费活力促进消费增长三年行动方案（2022—2024 年）的通知
2022-05-20	陕西省农业农村厅	陕农发〔2022〕36 号	关于印发《陕西省“十四五”新型农业经营主体和服务主体高质量发展规划》的通知
2022-05-24	陕西省人民政府办公厅	陕政办函〔2022〕59 号	关于印发 2022 年政务公开工作重点任务分解方案和绩效评估指标的通知
2022-05-25	陕西省人民政府	陕政函〔2022〕48 号	关于印发金融服务农业产业化龙头企业行动方案的通知
2022-05-31	陕西省商务厅	陕商函〔2022〕261 号	关于印发省级生活必需品保供企业名单的通知
2022-06-15	陕西省人力资源社会保障厅、陕西省财政厅、国家税务总局陕西省税务局	陕人社发〔2022〕17 号	关于做好失业保险援企纾困保障民生有关工作的通知
2022-06-21	陕西省农业农村厅办公室	陕农发〔2022〕50 号	关于做好服务农业产业化龙头企业工作的通知
2022-06-27	陕西省发展和改革委员会、陕西省工业和信息化厅、中国银行股份有限公司陕西省分行	陕发改财金〔2022〕1070 号	关于开展“支实体稳经济促发展”专项金融服务工作的通知
2022-06-27	陕西省人力资源和社会保障厅、陕西省发展和改革委员会、陕西省财政厅、国家税务总局陕西省税务局	陕人社发〔2022〕18 号	关于扩大阶段性缓缴社会保险费政策实施办法的通知
2022-07-04	陕西省人民政府	陕政发〔2022〕16 号	关于贯彻落实《国家标准化发展纲要》的实施意见
2022-07-15	陕西省地方金融监督管理局	陕金发〔2022〕53 号	关于全省地方金融监管系统支持经济稳定发展若干措施的通知

续　表

发布时间	部　门	发文字号	政策名称
2022-08-15	陕西省商务厅	陕商发〔2022〕2 号	关于印发《2022 年全省商务工作报告》的通知
2022-08-16	陕西省商务厅、陕西省发展和改革委员会、陕西省财政厅、陕西省自然资源厅、陕西省住房和城乡建设厅、陕西省交通运输厅、陕西省农业农村厅、陕西省市场监督管理局、陕西省邮政管理局、中华人民共和国西安海关	陕商发〔2021〕38 号	关于印发《促进商贸物流高质量发展若干措施》的通知
2022-08-16	陕西省商务厅、陕西省委文明办、陕西省市场监督管理局	陕商函〔2020〕239 号	关于印发《陕西省餐饮服务业“公筷公勺分餐”行动实施指引》的通知
2022-08-16	陕西省商务厅、陕西省文明办	陕商发〔2017〕42 号	关于转发《商务部中央文明办关于推动餐饮行业深入开展“厉行勤俭节约反对餐饮浪费”工作的通知》的通知
2022-09-02	陕西省商务厅	陕商发〔2022〕36 号	关于印发《陕西省促进餐饮业恢复发展若干措施》的通知
2022-09-05	陕西省商务厅、陕西省委农村工作领导小组、陕西省发展和改革委员会、陕西省工业和信息化厅、陕西省公安厅、陕西省财政厅、陕西省自然资源厅、陕西省住房城乡建设厅、陕西省交通运输厅、陕西省农业农村厅、陕西省文化和旅游厅、中国人民银行西安分行、陕西省市场监督管理局、中国银行保险监督管理委员会陕西监管局、陕西省邮政管理局、陕西省乡村振兴局、陕西省供销合作总社	陕商发〔2021〕22 号	关于加强县域商业体系建设促进农村消费的实施意见
2022-09-09	陕西省农业农村厅办公室	陕农办发〔2022〕109 号	关于切实做好 2022 年秋播工作的通知

续　表

发布时间	部　门	发文字号	政策名称
2022-09-09	陕西省农业农村厅	陕农发〔2022〕72 号	关于印发《陕西省“十四五”粮食综合生产能力提升规划》的通知
2022-09-09	陕西省农业农村厅	陕农发〔2022〕73 号	关于印发陕西省“十四五”果菜茶产业发展规划的通知
2022-09-29	陕西省发展和改革委员会、陕西省财政厅	陕发改贸服〔2022〕1768 号	关于做好 2023 年陕西省产业结构调整（服务业）专项资金项目申报工作的通知
2022-10-02	陕西省人民政府办公厅	陕政办函〔2022〕140 号	关于印发加快高标准农田建设行动方案的通知
2022-10-14	陕西省人民政府	陕政字〔2022〕69 号	关于对 2021 年落实有关重大政策措施真抓实干成效明显地方予以督查激励的通报
2022-10-29	中共陕西省委办公厅、陕西省人民政府办公厅	陕办发〔2022〕22 号	印发《关于发展壮大新型农村集体经济若干措施》的通知
2022-11-24	陕西省交通运输厅	陕交函〔2022〕735 号	关于转发《涉交通运输业国家主要财税金融优惠政策目录清单》的通知
2022-11-25	陕西省农业农村厅办公室	陕农办发〔2022〕129 号	关于规范畜禽屠宰检疫有关工作的通知
2022-12-01	陕西省农业农村厅	陕农发〔2022〕26 号	关于印发全省现代农业全产业链建设 2022 年工作任务的通知
2022-12-02	陕西省农业农村厅	陕农发〔2022〕34 号	关于印发《陕西省高标准农田建设规划（2021—2030 年）》的通知
2022-12-22	陕西省农业农村厅	陕农发〔2022〕104 号	关于公布省级现代农业全产业链典型县名单的通知
2023-01-03	陕西省农业农村厅	陕农发〔2022〕103 号	关于印发农产品“三品一标”四大行动实施方案的通知
2023-01-21	陕西省交通运输厅	—	关于转发《交通运输部办公厅 国家发展改革委办公厅 财政部办公厅 农业农村部办公厅关于进一步提升鲜活农产品运输“绿色通道”政策服务水平的通知》的通知

续　表

发布时间	部　门	发文字号	政策名称
2023-02-02	陕西省发展和改革委员会	陕发改规划〔2023〕183 号	关于印发支持国家城乡融合发展试验区西咸接合片区深化改革创新的意见的通知
2023-02-06	陕西省人民政府、江苏省人民政府	陕政发〔2023〕3 号	关于印发延安市无锡市对口合作实施方案（2022—2026 年）的通知
2023-02-08	陕西省人民政府	陕政发〔2022〕25 号	关于印发“十四五”节能减排综合工作实施方案的通知
2023-02-17	陕西省人民政府	陕政发〔2022〕18 号	关于印发碳达峰实施方案的通知
2023-02-22	陕西省商务厅、陕西省财政厅、陕西省乡村振兴局	陕商发〔2023〕8 号	关于开展 2023 年县域商业建设行动县申报工作的通知
2023-03-02	中共陕西省委、陕西省人民政府	—	关于印发《进一步提振信心恢复活力推动经济社会平稳健康发展的若干措施》的通知
2023-03-09	陕西省农业农村厅办公室	陕农办发〔2023〕14 号	关于开展规范畜禽养殖用药专项整治行动的通知
2023-03-28	陕西省农业农村厅办公室	陕农办发〔2023〕22 号	关于做好 2023 年兽用抗菌药使用减量化工作的通知
2022-01-10	甘肃省人民政府办公厅	甘政办发〔2021〕120 号	关于印发《甘肃省“十四五”制造业发展规划》和《甘肃省“十四五”工业互联网发展规划》的通知
2022-01-11	甘肃省农业农村厅、甘肃省发展和改革委员会、甘肃省财政厅、甘肃省工业和信息化厅、甘肃省商务厅、中国人民银行兰州中心支行、国家税务总局甘肃省税务局、甘肃省供销合作社联合社、中国证券监督管理委员会甘肃监管局	—	关于公布甘肃省第十三批农业产业化重点龙头企业名单的通知
2022-01-13	甘肃省农业农村厅	甘农农发〔2022〕3 号	关于印发 2022 年玉米-大豆带状复合种植实施方案的通知

续 表

发布时间	部　门	发文字号	政策名称
2022-01-14	甘肃省农业农村厅	甘农农发〔2022〕2号	关于印发2022年甘肃省春小麦扩种实施方案的通知
2022-01-20	甘肃省人民政府办公厅	甘政办发〔2022〕7号	关于印发甘肃省“十四五”公共服务规划的通知
2022-01-24	甘肃省人民政府	甘政发〔2022〕9号	关于分解落实《政府工作报告》主要指标和重点任务的通知
2022-01-26	甘肃省商务厅、甘肃省供销合作社联合社	甘商务市建发〔2021〕389号	关于充分发挥优势共同服务乡村全面振兴的实施意见
2022-01-26	甘肃省商务厅	—	关于加快推进重要产品追溯体系建设的通知
2022-01-27	甘肃省农业农村厅、甘肃省工业和信息化厅、甘肃省商务厅	甘农发〔2022〕2号	关于印发《甘肃省特色农产品及食品加工产业链实施方案》的通知
2022-03-01	甘肃省人民政府	甘政发〔2022〕17号	关于印发甘肃省“十四五”推进农业农村现代化规划的通知
2022-03-04	甘肃省发展改革委、甘肃省财政厅、甘肃省人社厅、甘肃省住建厅、甘肃省交通厅、甘肃省商务厅、甘肃省文旅厅、甘肃省卫生健康委、人行兰州中心支行、甘肃省政府国资委、甘肃省税务局、甘肃省市场监管局、甘肃银保监局、甘肃省金融监管局、民航甘肃监管局	甘发改财金〔2022〕117号	关于印发《甘肃省贯彻落实促进服务业领域困难行业恢复发展若干政策的实施方案》的通知
2022-03-09	甘肃省人民政府办公厅	甘政办发〔2022〕28号	关于印发甘肃省加快农村寄递物流体系建设行动方案的通知
2022-03-10	甘肃省商务厅	甘商务电商发〔2022〕70号	关于印发《甘肃省商务厅2022年东西部消费协作和招商引资实施方案》的通知
2022-03-28	甘肃省农业农村厅	甘农经发〔2022〕3号	关于做好新型农业经营主体和社会化服务组织扩种大豆油料工作的通知
2022-03-31	甘肃省农业农村厅	甘农财发〔2022〕8号	关于下达2022年省级财政农业生态环境保护项目实施方案及资金计划的通知

续　表

发布时间	部　门	发文字号	政策名称
2022-04-06	甘肃省农业农村厅	甘农财发〔2022〕25号	关于下达2022年第二批中央财政农业资源及生态保护补助资金计划的通知
2022-04-19	甘肃省人民政府办公厅	甘政办发〔2022〕46号	转发省发展改革委关于推动生活性服务业补短板上水平提高人民生活品质行动方案（2022—2025年）的通知
2022-04-21	甘肃省人民政府办公厅	甘政办发〔2022〕47号	关于分解落实国务院《政府工作报告》涉及地方重点工作任务的通知
2022-05-05	甘肃省人民政府办公厅	甘政办发〔2022〕54号	关于印发甘肃省残疾预防行动计划（2021—2025年）的通知
2022-05-25	甘肃省人民政府办公厅	甘政办发〔2022〕61号	关于印发甘肃省打造路衍经济千亿级产业集群行动计划（2022—2025年）的通知
2022-05-26	甘肃省人民政府办公厅	甘政办发〔2022〕62号	关于印发甘肃省“十四五”城乡社区服务体系建设规划的通知
2022-06-01	甘肃省人民政府办公厅	甘政办发〔2022〕64号	关于促进内外贸一体化发展的实施意见
2022-06-06	甘肃省人民政府办公厅	甘政办发〔2022〕65号	关于印发甘肃省“十四五”旅游业发展实施方案的通知
2022-06-07	甘肃省发展和改革委员会	—	关于印发《甘肃省“十四五”现代流通体系建设方案》的通知
2022-06-08	甘肃省人民政府	甘政发〔2022〕37号	关于印发甘肃省贯彻落实稳住经济一揽子政策措施实施方案的通知
2022-06-08	甘肃省人民政府	甘政发〔2022〕33号	印发关于进一步稳定和扩大就业若干措施的通知
2022-06-23	甘肃省农业农村厅	甘农财发〔2022〕40号	关于印发2022年化肥减量增效实施方案的通知
2022-06-23	甘肃省农业农村厅	甘农财发〔2022〕39号	关于印发2022年绿色种养循环农业试点项目实施方案的通知
2022-07-25	甘肃省农业农村厅、甘肃省交通运输厅、甘肃省公安厅	—	关于新冠肺炎疫情防控期间保障“菜篮子”产品正常流通秩序的紧急通知

续 表

发布时间	部　门	发文字号	政策名称
2022-07-30	甘肃省交通运输厅	甘交政法〔2022〕3 号	关于印发《全省交通运输行业深化“放管服”改革优化营商环境 2.0 升级方案》的通知
2022-08-01	甘肃省人民政府办公厅	甘政办发〔2022〕91 号	关于印发甘肃省“十四五”冷链物流高质量发展实施方案的通知
2022-08-23	甘肃省人民政府办公厅	甘政办发〔2022〕98 号	关于印发贯彻落实全省优化营商环境大会精神若干措施的通知
2022-09-01	甘肃省人民政府办公厅	甘政办发〔2022〕101 号	关于印发甘肃省进一步强化金融支持中小微企业纾困发展实施方案的通知
2022-09-16	甘肃省人民政府办公厅	甘政办发〔2022〕108 号	关于印发甘肃省进一步释放消费潜力促进消费增长若干措施的通知
2022-09-26	甘肃省农业农村厅	—	关于下达 2022 年中央财政扶持农民专业合作社资金分配计划及项目实施方案的通知
2022-09-26	甘肃省农业农村厅	—	关于印发 2022 年中央财政资金扶持家庭农场方案的通知
2022-10-20	甘肃省发展改革委、甘肃省教育厅、甘肃省科技厅、甘肃省民政厅、甘肃省财政厅、甘肃省人社厅、甘肃省住建厅、甘肃省卫生健康委、人行兰州中心支行、甘肃省政府国资委、甘肃省税务局、甘肃省市场监管局、甘肃银保监局	—	关于印发《甘肃省贯彻落实养老托育服务业纾困扶持若干政策措施的实施方案》的通知
2022-11-28	甘肃省人民政府办公厅	甘政办发〔2022〕128 号	关于认定全省代表性园区的通报
2022-11-28	甘肃省人民政府	甘政发〔2022〕68 号	关于印发“十四五”老龄事业发展和养老服务体系规划的通知
2022-12-05	甘肃省人民政府办公厅	甘政办发〔2022〕129 号	印发关于以养殖业为牵引带动农业产业结构优化升级实施方案的通知

续 表

发布时间	部 门	发文字号	政策名称
2022-12-27	甘肃省人民政府办公厅	甘政办发〔2022〕131 号	关于实施金融“四大工程”激发市场活力的意见
2023-01-03	甘肃省人民政府办公厅	甘政办发〔2022〕133 号	关于印发“十四五”市场监管现代化实施方案的通知
2023-01-10	甘肃省农业农村厅、甘肃省发展和改革委员会、甘肃省财政厅、甘肃省自然资源厅、中国人民银行兰州中心支行、国家税务总局甘肃省税务局	甘农产发〔2022〕6 号	关于公布第二批农业产业化联合体名单的通知
2023-01-10	甘肃省农业农村厅	甘农产发〔2022〕7 号	关于公布省农业产业化龙头企业监测结果的通知
2023-01-18	甘肃省人民政府办公厅	甘政办发〔2023〕2 号	关于印发入河排污口监督管理工作实施方案的通知
2023-01-20	甘肃省人民政府	甘政发〔2023〕6 号	关于分解落实《政府工作报告》主要指标和重点任务的通知
2023-02-03	甘肃省人民政府办公厅	甘政办发〔2023〕10 号	关于进一步加强商品过度包装治理的通知
2023-02-04	甘肃省人民政府	甘政发〔2023〕12 号	关于印发促进经济稳中有进推动高质量发展若干政策措施的通知
2023-02-21	甘肃省人民政府办公厅	甘政办发〔2023〕14 号	关于提升国家乡村振兴重点帮扶县产业发展水平切实巩固拓展脱贫攻坚成果的指导意见
2023-03-06	甘肃省人民政府办公厅	甘政办发〔2023〕20 号	关于印发 10 件为民实事方案的通知
2022-01-04	青海省发展和改革委员会、青海省生态环境厅	青发改循环〔2021〕842 号	关于印发《青海省“十四五”塑料污染治理行动方案》的通知
2022-01-06	青海省人民政府办公厅	青政办〔2021〕105 号	关于印发青海省“十四五”商务发展规划的通知
2022-01-11	青海省农业农村厅	青农医〔2021〕273 号	关于印发《青海省兽用抗菌药使用减量化行动工作方案（2021—2025 年）》的通知
2022-01-11	青海省农业农村厅	青农医〔2021〕246 号	关于印发青海省兽医经营质量管理规范实施细则等配套文件的通知

续 表

发布时间	部 门	发文字号	政策名称
2022-01-20	青海省人民政府办公厅	青政办〔2022〕3号	关于印发青海省"十四五"巩固拓展脱贫攻坚成果同乡村振兴有效衔接规划的通知
2022-01-28	青海省完善促进消费体制机制部门联席会议办公室	青发改社会〔2022〕72号	关于做好当前促进消费工作的十条措施
2022-02-07	青海省人民政府办公厅、甘肃省人民政府办公厅	青政办〔2022〕5号	关于印发兰州—西宁城市群发展"十四五"实施方案的通知
2022-02-15	青海省人民政府办公厅	青政办函〔2022〕22号	关于切实做好春季农牧业生产的通知
2022-02-24	青海省人民政府办公厅	青政办〔2022〕11号	关于印发青海打造国际生态旅游目的地行动方案任务分工的通知
2022-03-17	青海省人民政府办公厅	青政办〔2022〕6号	关于推进现代物流体系建设的意见
2022-04-13	青海省发展和改革委员会、青海省科学技术厅、青海省工业和信息化厅、青海省财政厅、青海省生态环境厅、青海省住房和城乡建设厅、青海省交通运输厅、青海省农业农村厅、青海省商务厅、青海省市场监督管理局	青发改环资〔2022〕242号	关于印发《青海省"十四五"推行清洁生产实施方案》的通知
2022-04-15	青海省发展改革委疫情防控领导小组办公室	青发改办文〔2022〕11号	关于做好近期疫情防控工作的补充通知
2022-04-26	青海省农业农村厅、青海省财政厅	青农牧〔2022〕66号	关于印发《青海省畜牧业绿色发展项目指南》的通知
2022-04-26	青海省发展和改革委员会	青发改规划〔2022〕268号	关于印发青海省2022年新型城镇化和城乡融合发展工作要点的通知
2022-04-29	青海省农业农村厅	青农种植〔2022〕69号	关于切实做好春耕生产和冬小麦田间管理工作的通知
2022-05-09	青海省人民政府办公厅	青政办〔2022〕24号	关于印发青海省推进多式联运发展优化调整运输结构工作实施方案的通知

续　表

发布时间	部　门	发文字号	政策名称
2022-05-15	青海省人民政府办公厅	青政办〔2022〕30 号	关于印发青海省助企纾困和支持市场主体发展十条措施的通知
2022-05-31	青海省人民政府办公厅	青政办〔2022〕33 号	关于印发青海省就业创业提质增效工程实施方案的通知
2022-06-01	青海省人民政府	青政〔2022〕24 号	关于印发贯彻落实国务院扎实稳住经济一揽子政策措施实施方案的通知
2022-06-02	青海省人民政府办公厅	青政办〔2022〕37 号	转发省发展改革委关于青海省推动生活性服务业补短板上水平提高人民生活品质行动方案（2022—2025 年）的通知
2022-06-08	青海省人民政府办公厅	青政办〔2022〕38 号	关于印发青海省“十四五”冷链物流发展实施方案的通知
2022-06-10	青海省发展和改革委员会	青发改财贸〔2022〕398 号	关于印发《青海省“十四五”现代流通体系建设方案》的通知
2022-07-06	青海省人民政府办公厅	—	黄河青海流域生态保护和高质量发展规划
2022-07-12	青海省人民政府	青政〔2022〕31 号	关于印发青海省“十四五”市场监管现代化规划的通知
2022-07-12	青海省人民政府办公厅	青政办〔2022〕52 号	关于印发青海省残疾预防行动计划（2022—2025 年）的通知
2022-07-28	青海省人民政府办公厅	青政办〔2022〕61 号	关于进一步做好农牧民稳定增收工作的通知
2022-08-02	青海省农业农村厅	青农发〔2022〕151 号	关于印发《青海省农业农村领域贯彻落实国务院扎实稳住经济一揽子政策措施任务分工方案》的通知
2022-08-04	青海省农业农村厅、青海省发展和改革委员会	青农种业〔2022〕81 号	关于印发《“十四五”现代种业提升工程建设规划》的通知
2022-09-20	青海省发展和改革委员会、青海省工业和信息化厅、青海省财政厅、青海省人力资源和社会保障厅、青海省自然资源厅、青海省生态环境厅、青海省交通运输厅、青海省商务厅、中国人民银行西宁中心支行、中国银行保险监督管理委员会青海监管局、国家税务总局青海省税务局、青海省能源局	青发改产业〔2022〕578 号	关于印发青海省促进工业经济平稳增长行动方案的通知

续 表

发布时间	部　门	发文字号	政策名称
2022-09-20	青海省发展和改革委员会	青发改办〔2022〕612 号	关于做好近期疫情防控处置工作的通知
2022-11-16	青海省人民政府办公厅	青政办〔2022〕95 号	关于印发青海省推动外贸保稳提质若干措施的通知
2022-12-18	青海省人民政府	青政〔2022〕65 号	关于印发青海省碳达峰实施方案的通知
2022-12-26	青海省发展和改革委员会、青海省市场监督管理局、青海省工业和信息化厅、青海省商务厅、青海省邮政管理局	青发改循环〔2022〕933 号	关于印发《关于做好“十四五”期间商品过度包装治理工作的通知》的通知
2023-01-05	青海省农业农村厅、国家开发银行青海分行、农业发展银行青海分行	青农发〔2022〕194 号	关于推进金融支持农业现代化示范区建设的通知
2023-01-09	青海省人民政府办公厅	青政办〔2023〕2 号	关于加快推进内外贸一体化发展的实施意见
2023-01-09	青海省人民政府办公厅、农业农村部办公厅	青政办〔2023〕9 号	关于印发《打造青海绿色有机农畜产品输出地专项规划（2022—2025 年）》的通知
2023-01-11	青海省人民政府办公厅	青政办〔2023〕4 号	关于加强“十四五”时期“无废城市”建设工作的指导意见
2023-01-31	青海省人民政府办公厅	青政办〔2023〕12 号	关于印发青海省食用菌产业发展三年行动计划（2023—2025 年）的通知
2023-02-03	青海省人民政府办公厅	青政办〔2023〕14 号	关于印发青海省促进消费持续恢复升级若干措施的通知
2023-02-17	青海省商务厅、青海省发展和改革委员会、青海省工业和信息化厅、青海省住房和城乡建设厅、青海省市场监督管理局、青海省省直机关事务管理局	青商运字〔2023〕8 号	关于印发《青海省绿色消费实施方案》的通知
2023-03-11	青海省人民政府办公厅	青政办〔2023〕24 号	关于印发“青信融”平台提质增效专项行动方案的通知
2023-03-24	青海省人民政府办公厅	青政办〔2023〕29 号	关于加快推进高原冷凉蔬菜产业发展的实施意见

续　表

发布时间	部　门	发文字号	政策名称
2023-03-30	青海省人民政府办公厅	青政办〔2023〕32 号	关于促进生态畜牧业转型升级的实施意见
2022-01-04	宁夏回族自治区农业农村厅	宁农（渔）发〔2021〕7 号	关于印发宁夏回族自治区渔业“十四五”发展规划的通知
2022-01-06	宁夏回族自治区人民政府办公厅	宁政办发〔2021〕101 号	关于印发宁夏回族自治区信息化建设“十四五”规划的通知
2022-01-13	宁夏回族自治区人民政府办公厅	宁政办发〔2021〕105 号	关于印发宁夏回族自治区妇女和儿童发展规划的通知
2022-01-13	宁夏回族自治区人民政府办公厅	宁政办发〔2021〕69 号	关于印发宁夏回族自治区数字经济发展“十四五”规划的通知
2022-01-13	宁夏回族自治区人民政府办公厅	宁政办发〔2021〕103 号	关于印发宁夏回族自治区信息通信业发展“十四五”规划的通知
2022-01-18	宁夏回族自治区人民政府	宁政发〔2021〕39 号	关于加快建立健全绿色低碳循环发展经济体系的实施意见
2022-01-18	宁夏回族自治区人民政府办公厅	宁政办发〔2021〕108 号	关于印发宁夏回族自治区粮食和物资储备发展“十四五”规划的通知
2022-01-18	宁夏回族自治区人民政府	宁政发〔2022〕2 号	关于印发宁夏回族自治区知识产权保护和运用“十四五”规划的通知
2022-02-08	宁夏回族自治区人民政府办公厅	宁政办发〔2022〕1 号	关于 2022 年自治区政府工作报告任务分工的通知
2022-02-09	宁夏回族自治区人民政府	宁政发（2022）10 号	关于印发宁夏回族自治区推动高质量发展标准体系建设方案（2021—2025 年）的通知
2022-02-22	宁夏回族自治区人民政府办公厅	宁政办发〔2022〕10 号	关于加强动物疫病防控工作的意见
2022-03-14	宁夏回族自治区人民政府办公厅	宁政办发〔2022〕16 号	关于促进农村客运高质量发展的实施意见
2022-03-14	宁夏回族自治区人民政府办公厅	宁政办发〔2022〕12 号	关于印发宁夏回族自治区公共服务发展“十四五”规划的通知
2022-03-21	宁夏回族自治区人民政府办公厅	宁政办发〔2022〕18 号	关于印发加快全区农村寄递物流体系建设实施方案的通知

续 表

发布时间	部 门	发文字号	政策名称
2022-05-05	宁夏回族自治区商务厅、宁夏回族自治区发展和改革委员会、宁夏回族自治区公安厅、宁夏回族自治区交通运输厅、宁夏回族自治区农业农村厅、宁夏回族自治区应急管理厅、宁夏回族自治区市场监督管理厅、宁夏回族自治区乡村振兴局、宁夏回族自治区供销合作社联合社、宁夏回族自治区邮政管理局	宁商发〔2022〕20 号	关于印发《促进商贸物流高质量发展的实施意见》的通知
2022-05-14	宁夏回族自治区交通运输厅	宁交办发〔2022〕38 号	关于印发《自治区交通运输厅物流保通保畅工作方案》的通知
2022-05-30	宁夏回族自治区人民政府办公厅	宁政办规发〔2022〕4 号	关于印发《自治区支持扩大消费的若干政策措施》的通知
2022-06-07	宁夏回族自治区人民政府办公厅	宁政办规发〔2022〕5 号	关于支持农产品加工业高质量发展政策的意见
2022-06-13	宁夏回族自治区人民政府办公厅	宁政办规发〔2022〕6 号	印发关于进一步促进农民增收 13 条政策措施的通知
2022-07-04	宁夏回族自治区人民政府办公厅	宁政办发〔2022〕43 号	关于印发加力帮扶中小微企业纾困解难工作实施方案的通知
2022-07-18	宁夏回族自治区人民政府办公厅	宁政办函〔2022〕20 号	转发自治区发展改革委关于推动生活性服务业补短板上水平提高人民生活品质的行动方案（2022—2025 年）的通知
2022-08-09	宁夏回族自治区人民政府办公厅	宁政办发〔2022〕49 号	印发关于推进全区内外贸一体化发展若干措施的通知
2022-08-16	宁夏回族自治区人民政府办公厅	宁政办发〔2022〕57 号	关于印发宁夏回族自治区残疾预防行动计划（2021—2025 年）的通知
2022-08-31	宁夏回族自治区农业农村厅	宁农（机）发〔2022〕10 号	关于印发《宁夏回族自治区农业机械化“十四五”发展规划》的通知
2022-09-08	宁夏回族自治区商务厅、宁夏回族自治区财政厅	宁商规发〔2022〕2 号	关于印发《宁夏回族自治区鼓励电子商务产业发展若干政策》的通知

续　表

发布时间	部　门	发文字号	政策名称
2022-09-13	宁夏回族自治区人民政府办公厅	宁政办发〔2022〕61 号	关于印发宁夏回族自治区“十四五”城乡社区服务体系建设规划的通知
2022-09-21	宁夏回族自治区现代物流业高质量发展包抓机制专班办公室	宁物流包抓办发〔2022〕3 号	关于印发《现代物流业高质量发展实施方案（2022 年—2027 年）》的通知
2022-10-25	宁夏回族自治区商务厅	宁商发〔2022〕52 号	关于印发《宁夏回族自治区“十四五”内贸流通发展规划》的通知
2022-10-27	宁夏回族自治区发展和改革委员会	—	宁夏回族自治区“十四五”扩大内需实施方案
2022-11-01	宁夏回族自治区农业农村厅	宁农（种）发〔2022〕36 号	关于印发《宁夏回族自治区冷凉蔬菜产业高质量发展规划（2022—2027 年）》的通知
2022-11-04	宁夏回族自治区农业农村厅	宁农（种）发〔2022〕21 号	关于印发《宁夏回族自治区种植业发展“十四五”规划》的通知
2022-11-16	宁夏回族自治区农业农村厅	宁农（质）发〔2022〕12 号	关于印发农产品“三品一标”四大行动方案的通知
2022-11-29	宁夏回族自治区商务厅、宁夏回族自治区财政厅	宁商发〔2022〕4 号	关于印发《宁夏回族自治区推动现代物流业高质量发展的若干扶持政策》的通知
2022-12-15	宁夏回族自治区电子商务产业高质量发展包抓机制	宁电商包抓发〔2022〕1 号	关于印发《加快电子商务产业高质量发展实施方案》《电子商务产业高质量发展重点任务清单》的通知
2023-01-04	宁夏回族自治区人民政府办公厅	宁政办发〔2022〕72 号	关于印发宁夏回族自治区新污染物治理工作方案和加强入河（湖、沟）排污口监督管理工作方案的通知
2023-01-11	宁夏回族自治区农业农村厅	宁党农办发〔2023〕5 号	关于印发《宁夏现代高效节水农业发展规划（2021—2025 年）》的通知
2023-01-29	宁夏回族自治区人民政府办公厅	宁政办规发〔2023〕1 号	关于印发宁夏回族自治区消费需求促进年活动实施方案的通知

续 表

发布时间	部 门	发文字号	政策名称
2023-03-02	宁夏回族自治区发展和改革委员会	宁发改能源（发展）〔2023〕128 号	关于印发《宁夏回族自治区能源领域碳达峰实施方案》的通知
2023-03-03	宁夏回族自治区商务厅	宁商发〔2023〕10 号	关于印发《宁夏电子商务发展 五年行动计划（2023—2027 年）》的通知
2023-03-06	宁夏回族自治区发展和改革委员会	宁发改投资〔2023〕133 号	关于印发《自治区项目“五比”活动实施方案》的通知
2023-03-13	宁夏回族自治区发展和改革委员会	宁发改综合函〔2023〕44 号	关于《“十四五”扩大内需实施方案》对外进行部分公开发布的函
2023-03-14	宁夏回族自治区人民政府办公厅	宁政办发〔2023〕11 号	关于印发数字宁夏“1244+N”行动计划实施方案的通知
2022-01-04	新疆维吾尔自治区人民政府	新政发〔2021〕93 号	关于实施“新疆品质”区域公共品牌建设工程的指导意见
2022-01-14	新疆维吾尔自治区党委、新疆维吾尔自治区人民政府	—	新疆生态环境保护“十四五”规划
2022-01-28	新疆维吾尔自治区交通运输厅	—	2021 年自治区交通运输工作总结
2022-02-24	新疆维吾尔自治区人民政府	新政发〔2022〕21 号	关于印发 2022 年自治区国民经济和社会发展计划及主要指标的通知
2022-02-28	新疆维吾尔自治区人民政府办公厅	新政办发〔2022〕11 号	关于加快新疆马产业高质量发展的意见
2022-02-28	新疆维吾尔自治区人民政府办公厅	新政办发〔2022〕12 号	印发关于进一步加大对中小企业纾困帮扶力度的实施意见的通知
2022-03-08	新疆维吾尔自治区交通运输厅	—	2022 年自治区交通运输工作计划
2022-04-25	新疆维吾尔自治区人民政府、浙江省人民政府	新政发〔2022〕52 号	印发《关于贯彻落实第八次全国对口支援新疆工作会议精神创新推进浙江省“1+X”“组团式”对口支援新疆阿克苏地区和兵团第一师实施方案》的通知

续　表

发布时间	部　门	发文字号	政策名称
2022-05-07	新疆维吾尔自治区人民政府	新政发〔2022〕54 号	关于印发《新疆维吾尔自治区现代物流业发展“十四五”规划》的通知
2022-05-25	新疆维吾尔自治区人民政府办公厅	新政办发〔2022〕29 号	关于印发新疆维吾尔自治区“十四五”粮食产业高质量发展规划的通知
2022-06-07	新疆维吾尔自治区人民政府	新政发〔2022〕61 号	关于印发《自治区贯彻落实国发〔2022〕12 号文件精神推进经济稳增长一揽子政策措施》的通知
2022-08-17	新疆维吾尔自治区人民政府	新政发〔2022〕69 号	关于印发新疆维吾尔自治区“十四五”老龄事业发展和养老服务体系规划的通知
2022-08-24	新疆维吾尔自治区人民政府办公厅	新政办发〔2022〕49 号	印发关于进一步加大对中小微企业和个体工商户助企纾困力度若干政策措施的通知
2022-08-29	新疆维吾尔自治区人民政府办公厅	新政办发〔2022〕53 号	关于印发抓好当前和今后几个月经济工作的若干政策措施的通知
2022-11-22	新疆维吾尔自治区党委办公厅、新疆维吾尔自治区人民政府办公厅	—	关于进一步深化农垦改革推进国有农牧场高质量发展的实施方案
2022-11-24	新疆维吾尔自治区党委、新疆维吾尔自治区人民政府	—	自治区粮食节约行动实施方案
2023-02-02	新疆维吾尔自治区人民政府	新政发〔2023〕7 号	关于印发 2023 年自治区国民经济和社会发展计划及主要指标的通知
2023-02-03	新疆维吾尔自治区人民政府办公厅	新政办发〔2023〕5 号	关于印发自治区落实优化营商环境降低市场主体制度性交易成本工作方案的通知
2023-02-16	新疆维吾尔自治区农业农村厅、自治区发展和改革委员会	—	关于印发《自治区农业农村减排固碳实施方案（2022—2030 年）》的通知

续 表

发布时间	部　门	发文字号	政策名称
2023-03-17	新疆维吾尔自治区农业农村厅办公室、新疆维吾尔自治区财政厅办公室	—	关于做好2023年农业产业融合发展项目申报工作的通知
2022-03-08	中共新疆生产建设兵团委员会办公厅、新疆生产建设兵团办公厅	—	新疆生产建设兵团连队人居环境整治提升五年行动方案（2021—2025年）
2022-05-24	新疆生产建设兵团办公厅	新兵办发〔2022〕17号	关于印发《兵团加快农村寄递物流体系建设实施方案》的通知
2022-05-31	中共新疆生产建设兵团委员会办公厅、新疆生产建设兵团办公厅	—	关于印发《兵团粮食节约行动实施方案》的通知
2022-06-13	新疆生产建设兵团	新兵发〔2022〕14号	关于印发《兵团贯彻落实国务院〈扎实稳住经济的一揽子政策措施〉工作方案》的通知
2022-07-29	新疆生产建设兵团	新兵发〔2022〕20号	关于印发《新疆生产建设兵团"十四五"老龄事业发展和养老服务体系规划》的通知
2022-08-21	新疆生产建设兵团办公厅	新兵办发〔2022〕40号	印发《兵团关于进一步释放消费潜力促进消费持续恢复的实施方案》的通知
2022-08-27	新疆生产建设兵团办公厅	新兵办发〔2022〕41号	印发《兵团关于进一步扶持中小微企业和个体工商户纾困解难的若干政策措施》的通知
2023-01-16	新疆生产建设兵团办公厅	新兵办发〔2022〕69号	关于印发《兵团进一步支持南疆师市工业发展措施》的通知
2023-02-25	中共新疆生产建设兵团委员会办公厅、新疆生产建设兵团办公厅	—	关于印发《新疆生产建设兵团乡村振兴责任制实施细则》的通知

Haier
Carrier
海尔开利 · 商用冷冻行业的引航者
开利致力于为客户
减少温室气体的排放
为客户减少 超过十亿吨的碳足迹
PowerCOOL
第四代工业级跨临界CO₂系统
2021
COOLtecEvo
第三代跨临界CO₂系统
2014
COOLtec
第二代跨临界CO₂系统
2009
HybridCOOL
第一代CO₂复叠系统
2000
海尔开利CO₂产品阵容图
PowerCOOL
工业应用
店铺扩建
小型冷库
QuietCOOL
冷库
配送中心
CO2
NATURAL
REFRIGERANT
便利店
QuietCOOL
Multi-Compressor
MaxiCOOL compact
大型商超
超市
MiniCOOL compact
COOLtecEvo
1 kW~1.5 MW全冷量多业态CO₂整体解决方案
全球超20000成功应用案例
注：数据源于开利统计，截止于2022年9月。
官方微信公众号
400 678 1888
www.haiercarrier.com

江西省供销冷链科技有限公司

中国供销合作社
CHINA CO-OP

PROFILE

公司简介

打造百亿冷链科技企业，培育千亿冷链科技产业

江西省供销冷链科技有限公司隶属于江西省供销合作社联合社，是冷链物流体系下的“国家队”，也是全国领先的智慧冷链综合运营服务商。公司致力于江西省城乡冷链物流骨干网的投资、建设及运营，计划5年内投资115亿元建设约50个冷链项目、120万吨冷冻冷藏库，购置2000辆冷藏车，目前已建成冷库、冷藏库容约60万吨；搭建一个全省乃至全国冷链大数据智慧交易平台，实现“车、库、网”合而为一；构筑连通全省对接全国的现代化城乡冷链物流服务体系，促进城乡冷链物流双向大流通。

信丰冷链物流园

项目是对接粤港澳大湾区桥头堡，为全省城乡冷链物流骨干网的重要节点，系粤港澳大湾区“菜篮子”工程第14个区域配送中心，包含集冷链加工配送、农产品特色交易区，绿色智慧商服于一体的智慧综合物流港。项目总建筑面积16.4万平方米，总设计容量近4万吨，项目投入运营后，将实现年36万吨农产品冷链物流仓储的高周转运营，成为农产品市场批发、交易基地。

全南冷链物流园

项目紧邻粤港澳大湾区，将充分发挥“粤港澳大湾区菜篮子配送中心”名片，做大区域蔬菜产业。项目占地面积96亩，总建筑面积约6.1万平方米，其中冷库容量约为2万吨。为整个全南县及周边地区提供仓储物流服务，形成规模效益，产生集聚效应和辐射效应。

定南冷链物流园

项目充分依托定南港公铁联运、铁海联运等多式联运，实现以点带面辐射全省的发展格局。项目占地面积160亩，总建筑面积约8.9万平方米，其中冷库容量约为2.5万吨，项目投入运营后，将实现年22万吨农产品冷链物流仓储的高周转运营，成为农产品市场批发、交易基地。

于都冷链物流园

项目地处赣南核心圈，对接珠三角和海峡西岸经济区，辐射带动沿线经济发展壮大。项目占地面积146亩，总建筑面积约9.4万平方米，其中冷库容量约为3.5万吨。项目投入运营后，将实现年24万吨农产品冷链物流仓储的高周转运营，成为农产品市场批发、交易基地。

铜鼓冷链物流园

项目辐射长株潭经济商圈，为整个江西的农副产品流通中转的重要枢纽。项目占地面积100亩，总建筑面积约6.4万平方米，其中冷库容量约为2万吨。项目投入运营后，将实现年24万吨农产品冷链物流仓储的高周转运营，成为农产品市场批发、交易基地。

共青城冷链物流园

共青城地处南昌和九江中心节点位置，辐射南昌经济圈和九江经济圈，赋能中转仓。项目占地面积140亩，总建筑面积约7.6万平方米，其中冷库容量约为2万吨，项目投入运营后，将实现年20万吨农产品冷链物流仓储的高周转运营，成为农产品市场批发、交易基地。

临川冷链物流园

项目地处长三角、珠三角和闽东南三角区腹地，可作为江西的农副产品流通中转的枢纽。项目占地面积120.84亩，总建筑面积约8.8万平方米，其中冷库容量约为2万吨。建设冷库、仓储和办公生活区、农产品市场等，临川项目建成后将成为服务省会南昌、辐射赣中区域的重要节点仓。

湘东冷链物流园

项目地处赣湘边界，辐射珠三角经济带、长江经济带、京九沿线地区。项目占地面积143亩，总建筑面积约12.4万平方米，其中冷库容量约为3万吨，项目将按照“高起点规划、高标准建设、高质量运营”的原则，以“商业综合体+生鲜冷链产业园”为载体，精心打造“赣西第一门户”。

芦溪冷链物流园

项目地处江西西部，资源丰富，有“赣西粮仓”之称，项目将依托茶叶产业打造“旅游+手工制茶体验+电商平台”多线路发展模式。项目占地面积180.66亩，总建筑面积12万平方米，其中冷库容量约为15万吨，项目建成投入运营后，将实现24万吨农产品冷链物流仓储的高周转运营，成为农产品市场批发、交易基地。

贵溪冷链物流园

项目占地300亩，为24万平方米的一站式农副产品采购基地，将以“商业综合体+生鲜冷链产业园”为核心，服务周边地块，辐射贵溪中心区整体，响应国家打造“绿色智慧城市”的号召，匠心筑造鹰潭、江西农产品走进贵溪人民新时代智能生活的根据地。

德安冷链物流园

项目总投资8亿元，规划总用地面积为149.64亩（其中冷链物流用地80亩、农产品交易市场用地70亩），规划建设包括2万吨冷库的农产品冷链物流基地及农产品交易市场。项目建成投入运营后，将实现年10万吨农产品冷链物流仓储的高周转运营，成为农产品市场批发、交易基地。

修水冷链物流园

项目总投资15亿元，占地约282亩，总建筑面积20.1万平方米。项目立足修水，全面打造赣湘鄂三省九县优质农副产品贸易和集散中心，构建产销对接大平台，助推乡村振兴发展的重点项目。

为美好生活而来！